知的財産・著作権の
ライセンス契約

山本 孝夫 [著]

三省堂

装丁＝やぶはな あきお
組版＝有限会社 木精舎

まえがき

　近年、交通・通信手段の発達と情報化・国際取引の進展が加速して進んでいる。海外で生産された商品・物資が流通経済の中で身近になっただけでなく、メディアやコンピュータを通じて、日本と海外の経済活動・情報・文化・生活・エンターテインメントが互いに密接に関わるようになってきた。ソフトウエア、情報の取引と呼ばれることがある。ソフトウエアの開発・取引や通信のデジタル化の促進がハードウエアの取引を支え、産業基盤を支える時代が訪れている。技術と感性にもとづく創造とその発展の継続がソフトウエアビジネスの要素をなしている。従来の産業分野を超えて、あらゆる業種の企業と新興ベンチャー企業が、ソフトウエア取引に取り組む機会が増加している。

　急速に拡大・発展を遂げているソフトウエア国際取引を法制・契約面からみると、従来の動産売買取引とならび、ともすれば見逃しがちな権利である知的財産・著作権に関わる取引・ビジネスが盛んになっている。ソフトウエア・情報は権利としてみれば、1980年代に強化が始まった近年の知的財産法制により、知的財産・著作権として保護される。知的財産・著作権ビジネス・取引の特徴は、ライセンスである。権利や情報を売買・譲渡せず、使用を許諾するのである。

　私たちは、個人の権利・自由を重んじ、私的自治、契約自由の原則を指導理念とする社会に生きている。契約自由の原則のもとで企業や個人が経済活動で発展を遂げるには、人も企業も契約を重んじ、契約知識・技術を修得することが必要である。契約自由の原則にもとづき、国境を越えて行われる国際取引では、契約書のドラフティングとは、それぞれのビジネスで契約当事者を律する法を書き上げることなのである。

　本書（新版）は、2008年に刊行した本書の前身にあたる『知的財産・著作権のライセンス契約入門』（全310頁）第2版を基盤にして、最近10年の進展を反映し、内容、テーマ、例文、ボリュームを拡充し、タイトルを改め、新版として制作したものである。本書は、タイトルを『知的

財産・著作権のライセンス契約』とし、契約交渉実務の上で、重要性を増している「エンターテインメント契約（Entertainment Agreement）」に関わる例文・対訳（英・和文共）、和文契約を第4部を設けて新規追加した。新しく執筆した第4部が加わり、収録例文数は、前掲書第2版の170から、新版（本書）では、314と飛躍的に増加した。

第1部〜第3部では、前掲書（第2版）同様、抽象的・無味乾燥な契約解説に陥るのを避け、身近に感じていただくため、具体的な主人公とストーリーを設定して紹介した。サンフランシスコの若手実業家Karen View女史の率いるKaren View Corporationと日本の日高尋春氏が知的財産部長をつとめるAurora Borealis Corporation間のライセンスビジネスを想定して、それぞれの契約条件の交渉のシーンに応じた契約条項を紹介する方式をとった。交渉には、Karen View CorporationのNancy弁護士と、Aurora Borealis Corporationの新人法務部員の飛鳥凜も登場する。第4部では、例文に新しい会社やキャラクター、アーティストを登場させた。

私は、明治大学で「国際取引法」「法律英語」の講義・ゼミナールを15年（1999〜2014年）にわたり担当し、模範裁判、模擬交渉などを行った。毎年の清里のセミナーハウスでの合宿や模擬法廷（明治大学など）で、模擬裁判をデジタル一眼レフカメラで撮影することがあった。鋭い明確な狙いを持った各条項の例文は、カメラでいえば表現目的を実現するシャープな交換レンズに相当する。ねらいによって、レンズを選ぶ。

契約書は、いわばビジネスという身体をつつむ服である。ひとつひとつのビジネスに合わせて契約書という服を織り上げていく。知的財産・著作権ビジネスが発展を続ける限り、契約法務の研究とドラフティングはつねに未完成であり、成長を続ける。

本書や前掲書の執筆中、筆を休めて、しばしばかたわらのJohn Keatsの詩集を手にとった。ロンドンのWentworth Roadに住んでいた頃、「Keatsの家」が近くのWentworth Placeにあった。春先にはKeatsの家やHampsteadの白い館ケンウッドハウスの庭には水仙、クロッカス、アーモンドが咲く。夕べにはKeatsの詩のRecitation（朗読）が行われる。Keatsの『Ode to Psyche』に「Rosy Sanctuary」「Morning Rose」「Sweet Enforcement」ということばがある。契約書は法によるEnforcement（強

制）を狙ってつくる。法によらず、蜂を誘う薔薇の香りのごとき「甘き強制」（Sweet Enforcement）を契約書に取り入れる処方箋はないのだろうか。それは、相手をひきつける Commercial Terms それともビジネス成功の夢・甘き香りだろうか。

　Keats は外科医（Surgeon）見習いから出発し、16歳で詩人に転じた。ビジネス契約書はどんなに複雑に見えても、その語彙は、1821年に25歳でその生涯をとじた詩人 Keats の詩集の語彙の豊穣さに及ばない。ライセンス契約・国際取引契約のドラフティングと交渉は、ビジネスのリスクとポイントを把握し、契約条件をねらい通り英語で表現する力さえ身につければ少しもむずかしくはない。

　では、英語表現力を高めるにはどうすればよいのだろうか。登山と同じようにひとりひとりに合った登攀（とうはん）方法がある。筆者の場合、そのひとつは、美しく正確に書かれた英文契約書を選んで、詩文を朗読するように読むことであり、もうひとつは、IJPC や S.F. で英文契約のディクテーションを行うことであった。大切なのは、向上心と心構えであろう。私にとっての心構えは、次の言葉である。それはアンナーバー・キャンパスで、契約書のドラフティングに携わる際の心構えとして学び、いつも思い浮かべ、口ずさみそうになる言葉なのだ（複数の方の言葉を自分の流儀で表現した）。最近（2019年2月）刊行したばかりの拙著『英文ビジネス契約フォーム大辞典』の表紙（函）にも記した。

　『Trust yourself. Nothing is as trustworthy as your own judgement. Nevertheless, the English language is a double-edged sword, and must be used with all the precision of a surgeon handling a scalpel.』（あなた自身を信じよ。あなた自身の判断ほど信頼できる判断はない。しかしながら、英語という言語は、諸刃の剣であり、外科医が手術で Scalpel（メス）を扱う精確さで扱わなければならない。）

　本書を手に取っていただいたおひとりおひとりがそれぞれご自身に一番合った英文契約修得方法を見つけて、力を磨き、国際舞台や現場で活躍されるのを祈っている。

　本書は、実用書の衣装をまとっているが、筆者にとっては、社会人と

して最初に着任した夏（1966年7月）に思い立ち、取り組んできた国際
契約の研究書であり、教育論の書、教科書でもある。

　　2019年4月　満開の桜の美しい季節に
　　　　　神田駿河台　山の上ホテル・ヒルトップにて
　　　　　　　　　　　　　　　　　　　　　　　山本　孝夫

目　次

まえがき……………………………………………………………………… iii

はじめに

1　工業所有権・無体財産権の時代から知的財産ライセンスの時代へ
　　2
2　「隣接領域」の誕生——はじめはコンピュータの発達・米国（レーガ
　　ン時代）の国策から　　3
　　1　隣接領域はなぜ成長したか／ 3
　　2　1980年代アメリカ産業振興の切り札——知的財産権保護の強化／ 3
　　3　日米知的財産紛争の発生／ 4
　　4　知的財産権侵害訴訟が花形に／ 5
　　5　世界各国でコンピュータ・プログラム、トレードシークレットの保護
　　　　立法／ 5
　　6　Class of 1973（ジョン・ジャクソン教授の International Trade）／ 6
　　7　学問研究とは／ 7
　　8　本書の果たそうとする役割／ 8
3　知的財産権時代の花形——トレードシークレット（営業秘密）、
　　著作権、商標のライセンス　　9
　　1　ライセンスの特徴・発展性／ 9
　　2　トレードシークレット・ライセンス／ 10
　　3　著作権ライセンス／ 10
　　4　商標ライセンス／ 11
　　5　エンターテインメント契約／ 11
4　トレードシークレット、著作権、商標のライセンス契約に共通の
　　問題　　11
　　1　適正なロイヤルティーの決定／ 11
　　2　ライセンスと真正な権利者の確認／ 12
　　3　ブランド、トレードシークレット、著作権のライセンスと契約のドラ

vii

フティング／ 12

4　ライセンス契約の条件と交渉／ 13

第1部　秘密保持契約（NDA）とトレードシークレット・ライセンス

第1章　概　説 ……………………………………………………………16

1　はじめに──トレードシークレットとは　16

2　国際的トレードシークレット・ライセンス契約の種類　17

3　トレードシークレット・ライセンスビジネスとその基本問題　17

　1　トレードシークレットの良さ──権利確立の迅速さと長寿／ 17

　2　トレードシークレットのアキレス腱──秘密漏洩・公表／ 18

　3　模倣とライセンス契約の不誠実な履行・慣行の横行／ 18

　4　企業が締結する「秘密保持契約」と個人からの「秘密保持確約書」／ 19

　5　企業の経済法規・契約違反行為と個人の責任／ 20

　6　模倣文化や非合法ビジネスとの戦い／ 20

　7　模倣・知的財産（トレードシークレット）侵害と教育・価値観／ 21

　8　新興国の「知的財産」に対する感覚／ 22

　9　トレードシークレット・ライセンスの問題点と特許出願上の留意点／ 22

第2章　秘密保持契約書（NDA）……………………………………24

1　秘密保持契約書（NDA）の締結　24

　1　評価・導入可否決定のためのトレードシークレット一部開示に関わる
　　「秘密保持契約書」の締結／ 24

　2　「秘密保持契約書（Non-Disclosure Agreement）」の締結の狙いは何か
　　／ 25

　3　秘密保持契約書は誰が作るか／ 26

　4　秘密保持契約書締結による契約交渉の段階では何が開示されるのか
　　／ 26

2　秘密保持契約書（NDA）の構成と基本条件　27

3　評価・導入可否決定のための営業秘密の一部開示に関わる「秘密
　保持契約書（NDA）」の内容　27

4　「秘密保持契約書（NDA）」の基本条項　29

　1　契約当事者・前文・リサイタル／ 29

　　◇例文1　契約当事者（Parties）・前文・リサイタル（Recitals）／ 29

viii

2 営業秘密（秘密情報）の開示先の制限／32
◇例文2 営業秘密の開示先（KVC案）(個人名の通知・承認・拒絶手続、個人からの秘密保持契約書の取付け・提出)／32
◇例文3 営業秘密（秘密情報）の開示先（ABC案）(評価・決定に必要な従業員・代理人にのみ開示、個人の秘密保持契約書の取付け・保管)／34
3 開示を受けた側の秘密保持義務／35
◇例文4 開示を受けた側の秘密保持義務／35
4 「秘密保持協定書」の特別条項／38
◇例文5 ライセンシーの業務遂行上必要な人員にのみ秘密情報開示("Need to know" Basis)／38
◇例文6 正式契約締結義務の不在（No obligation）／39
◇例文7 開示を受けた側の評価・ライセンスを受けるかどうかの意思決定の期限（Deadline for Decision）／40
◇例文8 受け取った情報・資料の返還義務(Return of Disclosed Information and Materials)／40
◇例文9 秘密保持対象資料・情報の特定(Marking or Identification of Confidential Information)／41
◇例文10 「現状有姿」の提供（'as is'）／42
◇例文11 資料のコピー禁止（Restriction of Copying）／43
◇例文12 万一漏洩した場合の損害賠償義務(Indemnity and Damages)／43
◇例文13 開示を受けた個人（従業員等）が移籍・転職した場合の報告義務（Reporting）／44
◇例文14 個人が営業秘密を漏洩した場合の連帯責任（損害賠償）(Joint Liability)／45
◇例文15 開示された営業秘密・資料の国外への持出制限(Export Restriction)／45
◇例文16 秘密保持契約書の発効と有効期間(Effective Date and Term)／46
◇例文17 準拠法（Governing Law）／47
◇例文18 紛争解決条項（Arbitration or Settlement by Court）／47
◇例文19 完全なる条項（Entire Agreement Clause）／48

5 「秘密保持契約」の基本問題とリスク　49
1 秘密漏洩と損害発生の因果関係・損害金額の立証の困難さ／49
2 開示の際に要求される覚悟とリスクマネジメント／50
3 開示を受ける側の注意点／50

第3章　トレードシークレット・ライセンス契約の構成と基本条項····52

1 多彩なトレードシークレット・ライセンス　52
2 トレードシークレット・ライセンス契約の基本条項　52

第4章　トレードシークレット・ライセンス契約書のドラフティング····54

1 トレードシークレット・ライセンス交渉の設定　54
2 トレードシークレット・ライセンス契約書の前文とリサイタル　55
◇例文20　トレードシークレット（Tradesecret）・ライセンス契約書の前文とリサイタル条項／56
3 定義条項　58
◇例文21　「営業秘密」等の定義①／58
◇例文22　「営業秘密」等の定義②／59
4 使用許諾（Grant of License）　61
◇例文23　独占的な使用許諾（Exclusive License）／61
◇例文24　サブライセンス権つき独占的ライセンス／62
◇例文25　非独占的ライセンス（Non-exclusive License）／63
◇例文26　再許諾（Sublicense；サブライセンス）条項／65
5 トレードシークレットの開示（Disclosure）・提供（Delivery）　66
◇例文27　開示の時期・方法（一定期限）／66
◇例文28　改良情報（Improvements）（随時）／67
◇例文29　開示情報の言語・マニュアル（Language and Manuals）／68
◇例文30　標準的な条項／70
◇例文31　用途制限、秘密保持、コピーの制限／71
◇例文32　「秘密情報」のマーキング（Marking）／72
◇例文33　守秘義務（NDA）／72
6 技術指導（Technical Assistance）の範囲と方法　73
◇例文34　ライセンサーからの技術者派遣（Dispatch of Engineers）／73
◇例文35　派遣されたライセンサーの宿泊・渡航費用とアブセンス・フィー（Accommodation and Traveling Costs and Absence Fees）の負担／75
◇例文36　派遣されるライセンサーの人数、日数（man-days）／77
◇例文37　ライセンサーによるライセンシー人員のライセンサー工場見学・訪問（Visit for Training）受入れ／78
◇例文38　ライセンサーによるライセンシー人員の訓練受入（Training）／78
◇例文39　ライセンシーからのライセンサー側への派遣による訓練期間中の費用の負担／80

7　ライセンサーからのライセンス許諾の事実の表示　81
◇例文40　使用許諾（Use of Legend）／ 81
◇例文41　商標・著作権等の表示／ 81

8　ロイヤルティーの支払い（Payment Royalty）　82
◇例文42　1回限りのロイヤルティー（One-time Royalty）支払い／ 82
◇例文43　イニシャル・ロイヤルティー（Initial Royalty）／ 84
◇例文44　ランニング・ロイヤルティーの支払い
（ミニマム・ロイヤルティー支払条項付き）／ 85
◇例文45　ロイヤルティーの送金（Remittance）①／ 87
◇例文46　ロイヤルティーの送金②／ 88
◇例文47　ロイヤルティー送金に伴う源泉徴収税の支払いと支払証明書／ 89
◇例文48　源泉徴収税の支払いと納付証明書の送付／ 90

9　ライセンサーによる保証（Representation and Warranties）　92
◇例文49　トレードシークレットの所有確認（Representation）と第三者
の権利を侵害しないことの保証（Warranties）／ 92
◇例文50　トレードシークレットの所有確認と侵害紛争の発生の場合の補
償（Indemnity）／ 93
◇例文51　第三者からの特許侵害主張（Claim）に対する対応
（ライセンサー・ライセンシー折半協力）／ 95
◇例文52　「現状有姿」条件（'as is'）／ 96

10　ライセンシーの計算・記録保管・報告義務
（Records and Reports）　96
◇例文53　販売記録保管義務／ 96
◇例文54　ライセンサーによる帳簿検査（Inspection of Accounts）／ 97
◇例文55　報告義務／ 98

11　改良技術・情報の交換・使用許諾
（Improvements; Grant-back）　99
◇例文56　改良技術の連絡・交換／ 99
◇例文57　ライセンサー改良情報のライセンシーに対する使用許諾／ 100
◇例文58　ライセンシー改良情報の帰属（Ownership of lmprovements）と
ライセンサーの使用／ 101

12　秘密保持条項（Confidentiality）　103
◇例文59　秘密保持期間（有効期間プラスアルファ）／ 103
◇例文60　ライセンシーの従業員に対しても秘密保持させ、NDAをサイン
させる規定／ 104
◇例文61　善良なる管理者の注意義務

（due diligence of A Prudent Merchant）／ 105

◇例文62　秘密保持除外事項（Exceptions）／ 105

◇例文63　立証責任（Burden of Proof）はライセンシーに／ 106

◇例文64　秘密保持義務に違反した情報開示等の差止め
（Injunctive Relief）／ 107

◇例文65　独立の開発／ 108

◇例文66　共同開発（Independent and Joint Development）／ 109

⑬ **第三者によるトレードシークレット侵害（Infringement）行為の排除**　109

◇例文67　ライセンサーが排除責任を負う場合／ 109

◇例文68　ライセンサー・ライセンシーが共同で排除責任を負う場合／ 110

⑭ **契約期間（Term）と解除（Termination）**　111

◇例文69　一定期間有効。両者協議の上、更新する条件／ 111

◇例文70　一定期間有効。自動更新条項付き／ 113

◇例文71　ライセンシーが一方的に延長するオプションを持つとする規定
／ 115

◇例文72　一定金額以上の販売実績を達成した場合は、自動更新とする規定
／ 115

◇例文73　解除事由／ 117

◇例文74　特定研究者がライセンサーから離脱したときのライセンシーからの解除権（Termination）／ 118

◇例文75　契約期間満了（Elapse of Term）の効果
（ライセンシーが継続使用できるケース）／ 119

◇例文76　契約終了（Termination）の効果
（ライセンシーは情報使用中止、情報・資料を返還）／ 120

◇例文77　秘密情報の返還（Return of Confidential Information）／ 121

◇例文78　秘密資料の返還（Return of Materials）／ 122

◇例文79　営業秘密（情報）の返還／ 123

◇例文80　秘密資料の返還（Return of Materials；短縮版）／ 123

⑮ **不可抗力条項（Force Majeure）**　124

◇例文81　不可抗力事由／ 124

◇例文82　不可抗力事態の発生通知と解除／ 125

◇例文83　ショートフォーム（Short Form；簡略版）／ 127

⑯ **契約譲渡の制限条項（No Assignment）**　128

◇例文84　契約譲渡制限条項（No Assignment Clause）／ 129

◇例文85　契約譲渡・下請制限条項

（No Assignment, No Delegation Clause）／ 130

17 **準拠法（Governing Law）**　131

◇例文86　準拠法条項（Governing Law）①／ 131

◇例文87　準拠法条項（Governing Law）②／ 132

18 **紛争解決条項──仲裁条項、合意裁判管轄**　133

◇例文88　仲裁条項（Arbitration Clause）①

　　──Japan Commercial Arbitration Association／ 134

◇例文89　仲裁条項（Arbitration Clause）②──被告地主義／ 135

◇例文90　仲裁条項（Arbitration Clause）③

　　──London Court of International Arbitration／ 137

◇例文91　合意裁判管轄（Jurisdiction）／ 138

◇例文92　準拠法、裁判管轄および陪審裁判によらないという特約条項

　　／ 139

19 **一般条項──通知条項（Notice）、最終的・完全な合意条項**

（Entire Agreement）、変更（Amendment）　139

◇例文93　通知条項（Notice）／ 139

◇例文94　最終的・完全な条項、修正（Entire Agreement; Amendments）

　　／ 140

第2部　著作権ライセンス

第1章　概　説 ·· 144

1 **著作権ビジネス──「著作権」に基盤をおくビジネス**　144

1　情報・通信革新の時代と著作権／ 144

2　文芸作品と著作権／ 145

3　娯楽作品と著作権／ 145

4　映画・写真・絵画・アニメーション／ 145

5　著作権条約、WTOの知的財産保護／ 147

6　音楽ビジネスと著作権／ 147

7　コンピュータ・ソフト・MPUと著作権／ 149

8　マルチメディア時代と著作権ビジネスの未来／ 149

2 **著作権の成立、保護の特色**　150

1　著作権は産業財産権（従来の工業所有権）より容易に権利が発生する

　　／ 150

xiii

2　著作権を権利として執行するためにはコストがかかる／ 150
　　3　法的な保護を受けるために
　　　　——法的な排除（警告と訴訟）とライセンス契約／ 151

第2章　国際的著作権ライセンス契約 ……………………………… 153

1　国際著作権ライセンス契約の形式と構成　153
　　1　著作権ライセンス契約の種類と形式／ 153
　　2　カレン・ビュー・ストーリー／ 155
　　3　著作権ライセンス契約の種類／ 157

2　著作権ライセンス契約の特色　157
　　1　著作権ライセンス契約の特色①／ 157
　　2　著作権ライセンス契約の特色②／ 158

3　著作権ライセンス契約の基本的な構成と共通の条件・条項　159
　　1　前文／ 160
　　2　リサイタル条項／ 160
　　3　ライセンサーが権利（著作権）とそのライセンスを行う権利を保有していることの確認条項／ 160
　　4　ライセンシーに対する契約対象の「著作権」の使用許諾条項、使用許諾される目的・事項の明示／ 161
　　5　使用許諾される地域・場所／ 162
　　6　使用許諾期間と更新条件／ 163
　　7　使用許諾の対価（ロイヤルティー）／ 164
　　8　ロイヤルティーの支払方法／ 164
　　9　ソフトウエアの保証（Warranty）とその排除・制限条項／ 164
　　10　ライセンシーが著作権侵害を発見したときの通知義務／ 165
　　11　著作権侵害者に対するクレーム、訴訟による侵害排除の具体的な方法／ 166
　　12　契約違反・破産の場合の途中解除・措置／ 167
　　13　通知条項／ 167
　　14　不可抗力／ 167
　　15　紛争解決条項／ 167
　　16　準拠法／ 168

第3章　著作権ライセンス契約の基本条項とドラフティング …… 169

1　著作権ライセンス契約の基本的な形態　169
　　1　ビジネスから見たライセンスの目的、契約の形態／ 169

xiv

2 基本的な著作権ライセンスビジネス契約
：コンピュータ・ソフトウエア・ライセンスと映像ソフトウエア・
ビジネス／ 170

2 **契約当事者・前文とリサイタル条項**　171
◇例文95　契約当事者・前文・リサイタル条項・末尾文言・署名欄
──一定の地域で独占的なライセンス権を許諾する場合／ 171
◇例文96　リサイタル条項──コンピュータ・ソフトウエア・プログラム
の使用許諾に関わる非独占的な権利を許諾する場合／ 174

3 **著作権（プログラム）使用許諾条項**　175
◇例文97　コンピュータ・ソフトウエア・プログラムの独占的なサブライ
センス権許諾／ 176
◇例文98　コンピュータ・ソフトウエア・プログラムの非独占的・限定的
使用権許諾（サブライセンス権付与せず）／ 178
◇例文99　テレビ番組・映画（プログラム）の放映・使用許諾（Television
Broadcasts Rights）／ 179
◇例文100　映像ソフトウエアのライセンス①／ 180
◇例文101　映像ソフトウエアのライセンス②／ 181
◇例文102　キャラクター・マーチャンダイジング（Character
Merchandising）の使用許諾①／ 183
◇例文103　キャラクター・マーチャンダイジング（Character
Merchandising）の使用許諾②／ 184

4 **ロイヤルティー（使用料）**　186
◇例文104　年額定額の著作権使用料を継続的に支払う場合／ 186
◇例文105　定額1回払い／ 187
◇例文106　定額支払い／ 187
◇例文107　ミニマム・ロイヤルティー（年額）／ 188
◇例文108　年額ロイヤルティー支払い／ 189
◇例文109　数年にわたる年額ミニマム・ロイヤルティー
（Annual Minimum Royalty）支払い／ 191

5 **許諾製品の引渡しと電子取引化**　192
◇例文110　契約締結後一定期限内に引き渡す条件／ 192
◇例文111　代金支払後一定期間内に引き渡す条件／ 194
◇例文112　発注書到着後一定期間内に引き渡す条件／ 194
◇例文113　出版物の引渡し／ 196
◇例文114　ソフトウエアの電子引渡／ 196

6 **許諾製品の著作権 (copyright)・所有権 (ownership) の帰属**　197

◇例文115　ライセンサーに帰属する①／197

◇例文116　ライセンサーに帰属する②／198

◇例文117　ライセンサーに帰属する③／198

◇例文118　コンピュータ・プログラムの財産権（Ownership of the Compruter Programs and the Proprietary Information）／199

7　ライセンサーによる著作物の品質保証と保証・適合性保証の排除　200

◇例文119　著作物の品質保証と保証の排除条項／200

◇例文120　著作物の品質保証とその制限・排除条項／201

◇例文121　ライセンサーの損害賠償の制限条項①／202

◇例文122　ライセンサーの損害賠償の制限条項②／203

8　著作権侵害に対する対応　204

◇例文123　ライセンサー主導で防御／204

◇例文124　ライセンサー・ライセンシーが協議し、共同で防御またはライセンサー判断による単独防御／205

第4章　著作権ライセンス契約のその他の条項とドラフティングの基本 207

第3部　商標ライセンス

第1章　概　説 210

1　ブランド・ビジネス　210

2　ブランドに対する法的な位置づけ・保護の変遷　211

第2章　商標ライセンス契約の構成と主要条項 213

1　国際的商標ライセンス契約の形式と構成　213

1　商標ライセンス契約の形式／213

2　商標ライセンス契約の構成／213

2　商標ライセンス契約書の形式　214

1　商標ライセンス契約書の前文・リサイタル・末尾のスタイル①──斬新・エレガントなスタイル／214

◇例文125　斬新・エレガントなスタイル／215

xvi

2　商標ライセンス契約書の前文・リサイタル・末尾のスタイル②
　　──斬新・標準的なスタイル／ 219
◇例文126　斬新・標準的なスタイル／ 220
3　商標ライセンス契約の形式──フォーマルなスタイル／ 222
◇例文127　フォーマルなスタイル／ 223

3　**定義条項（*Definitions*）**　226
1　許諾地域（Territory）／ 227
◇例文128　Territory の定義条項①／ 227
◇例文129　Territory の定義条項②──許諾地域が複数国のケース／ 227
◇例文130　Territory の定義条項③
　　──数か国を指定し、さらに合意の上追加するケース（許諾地域が日本
　　だけでなく、数か国にわたるときの例文）／ 228
◇例文131　Territory の定義の補充
　　──許諾製品の販売（許諾）地域と生産（許諾）地域が異なってもいい
　　という規定／ 229
2　「商標」（Trademarks）／ 230
◇例文132　Trademarks の定義条項①／ 230
◇例文133　Trademarks の定義条項②／ 231
3　使用許諾対象商品／ 231
◇例文134　使用許諾対象商品の定義条項①／ 231
◇例文135　使用許諾対象商品の定義条項②／ 232
4　技術情報／ 233
◇例文136　技術情報の定義条項／ 233
5　その他の定義用語／ 234

4　**商標使用許諾（*Grant of License*）条項**　234
◇例文137　商標の独占的使用許諾／ 235
◇例文138　独占的輸入のライセンスが規定されている／ 236
◇例文139　サブライセンシーに再許諾する権利を取得するもの／ 237
◇例文140　許諾商標をライセンシーの商標と結合して使用するオプションあ
　　り。ただし、ライセンサー品質等ライセンサーの検査・許可条件付き／ 238
◇例文141　ライセンサー指定商標のみを付して許諾製品を販売する義務
　　をライセンシーに課する規定／ 239
◇例文142　ライセンサーが商標を付した製品を製造する権利を留保し、
　　代わりに許諾地域に輸出・販売しないことを約束するケース／ 240

5　**ロイヤルティー（*商標使用料*）**　242
◇例文143　ランニング・ロイヤルティー（Running Royalty）／ 243

◇例文144　純卸売り販売額（Net Wholesale Price）の定義／244

◇例文145　ミニマム・ロイヤルティー（Minimum Royalty）／245

◇例文146　ミニマム・ロイヤルティーがランニング・ロイヤルティーに充当される規定／247

◇例文147　一定額以上の販売額に達したとき、（ミニマム・ロイヤルティーに加えて）ランニング・ロイヤルティーが支払われるケース、ブランドと技術情報が同等に重要なライセンス／248

6　ロイヤルティーの支払条項（Payment of Royalty）　250

◇例文148　ランニング・ロイヤルティーを四半期ごとに支払う条件（Payment of Running Royalty）／250

◇例文149　ミニマム・ロイヤルティーを年2回に分けて支払う条件（Semi-annual Payment）／251

◇例文150　ランニング・ロイヤルティーを年2回支払う条件／252

◇例文151　為替レート（Exchange Rate）の基準——売上高とロイヤルティーの計算／253

◇例文152　源泉徴収税（Withholding Tax）の負担と支払証明（Official Tax Receipt）／254

◇例文153　ロイヤルティーの支払いに関わる源泉徴収税の負担と租税条約（Tax Treaty）による軽減税率の適用の確認の規定／255

◇例文154　税をロイヤルティーの支払者（ライセンシー）が負担するという規定——価格をネットベースで取り決め、税金が賦課されたときは支払者が負担し、最終的な受取りがネットベースになるようグロスアップすると規定する／256

7　商標使用許諾期間（Term）　257

◇例文155　標準的な規定①／257

◇例文156　標準的な規定②／258

◇例文157　一方から更新拒絶通知がない場合、自動更新（Automatic Renewal）／260

◇例文158　ライセンシーによる一定額の販売達成の場合の自動更新条項付き／261

8　ブランドの名声維持と品質コントロール（Control of Quality）　262

◇例文159　品質コントロール（Control of Quality）／263

◇例文160　定期的な見本提出・指導員の派遣（Submission of Samples and Dispatch of Licensor's Representatives）／264

◇例文161　ライセンサーの規格・水準（Standard of Quality）未満品の生産差止請求権——拒絶された見本（Rejected Samples）／266

⑨ 許諾商標の登録と侵害の排除（*Registration of Trademarks and Proceeding against Third Party for Infringement*）　267
　◇例文162　許諾商標の登録確認と第三者の商標を侵害しない旨の保証規定
　　（Representation of Licensor as to Trademarks）／ 268
　◇例文163　ライセンサーによる許諾地域における商標登録が未登録で、
　　商標登録はライセンサーが契約調印（Execution of Agreement）後行う
　　という条項（Registration of Trademarks）／ 270
　◇例文164　第三者による商標侵害を排除する規定（ライセンサーの責任負
　　担条項）（Proceedings against Third Party for Infringement and Counterfeit）
　　／ 271
⑩ 許諾製品の宣伝広告・販売努力に聞する規定　274
　◇例文165　ライセンシーの宣伝広告・販売努力義務①
　　（Advertising and Sales Promotion）／ 275
　◇例文166　ライセンシーの宣伝広告・販売努力義務②
　　（バリエーション）／ 276
⑪ 生産・販売記録と帳簿（*Accounting and Records*）　277
　◇例文167　ライセンシーの許諾製品の生産・販売記録・帳簿作成・保存
　　とライセンサーの閲覧権／ 277
⑫ 解除（*Termination*）と解除の効果（*Effect of Termination*）　278
　◇例文168　契約解除（Termination）／ 279
　◇例文169　契約解除の効果（Effect of Termination）／ 281
⑬ 契約解除の効果　282
　◇例文170　販売の禁止・制限、商標品の廃棄／ 283
⑭ 商標ライセンス契約のその他の一般条項　284

第3章　おわりに ……………………………………………………… 286

第4部　エンターテインメント契約

第1章　概　説 ……………………………………………………………… 290

第2章　テーマパークのフランチャイズ契約 ……………………… 291

　① 競合する事業のライセンスを受けることを制限する条項　291
　　◇例文171　競合制限／ 291

xix

2　**前文、リサイタル条項**　292

　1　前文／ 292

　◇例文172　前文／ 292

　2　リサイタル条項（経緯）／ 293

　◇例文173　リサイタル条項／ 293

3　**定義条項**　294

　1　定義条項／ 294

　◇例文174　定義／ 294

　2　定義条項における追加事項；添付別紙（テーマパーク所有・運営会社
　　の予定株主等）／ 295

　◇例文175　定義（追加）／ 295

4　**許諾条項**　296

　1　許諾条項／ 296

　◇例文176　許諾／ 296

　2　パーク施設の名称／ 297

　◇例文177　パーク施設の名称／ 297

5　**商標・ロゴ、マスコット、キャラクター等の商品化に関する許諾**　298

　1　商品化活動に対する許諾／ 298

　◇例文178　商品化の許諾／ 298

　2　キャラクター（ジル、サリー、ケリー）が許諾対象に含まれること／ 299

　◇例文179　キャラクターの許諾／ 299

　3　商標、キャラクター等の帰属と登録／ 300

　◇例文180　商標、キャラクターの帰属／ 300

　4　オーロラによる名称使用申請手続／ 300

　◇例文181　名称使用申請／ 300

6　**マーク、ロゴ等に関する知的財産権の帰属**　301

　1　マーク、ロゴ等はライセンサーの知的財産権であること／ 301

　◇例文182　マーク、ロゴの財産権／ 301

　2　ライセンサー商標、キャラクターをライセンシー名称と結合して使用
　　しないこと／ 302

　◇例文183　他の商標等との結合使用禁止／ 302

7　**地域における独占的代理人の指定**　303

　1　地域におけるカレン・ビュー商標の独占的代理人に指定／ 303

　◇例文184　独占的代理人／ 303

　2　キャラクター使用許諾等に関する正式契約の締結／ 303

　◇例文185　正式契約の締結／ 303

8 ライセンサーによる本契約調印、ライセンス許諾が他の契約、
約定等に抵触しないという表明・保証条項　305
◇例文186　他の契約との抵触なきこと／305

9 ライセンサーのコンサルティング・サービス提供　306
1 ライセンサーによるコンサルティング・サービス提供／306
◇例文187　コンサルティング・サービス／306
2 ライセンサーによるライセンシー施設へのアクセスならびにライセン
シー（現地）指導のためのライセンサー人員の派遣／307
◇例文188　指導員の派遣／307

10 ライセンサーに対する支払い　308
1 ライセンサーへの支払い／308
◇例文189　ライセンサーへの支払い／308
2 前払金は、返還不能の支払い、ただし、ロイヤルティーに充当可能
／309
◇例文190　前払金／309
3 パーク運営からの収入（総売上高）の7パーセントのロイヤルティー
の支払い／310
◇例文191　ロイヤルティー／310
4 サンフランシスコのライセンサー銀行口座に米ドルで支払われること
／311
◇例文192　ロイヤルティー支払（送金）先口座／311
5 年1回以上の支払い／311
◇例文193　支払頻度／311
6 サンフランシスコのライセンサー銀行口座に米ドルで支払われること
／312
◇例文194　ライセンサー銀行口座／312

11 テレビ放送権およびDVD制作・販売権　312
1 テレビ放送権等／312
◇例文195　テレビ放送権等／312
2 テレビ放送権収入の配分／313
◇例文196　テレビ放送権収入の配分／313

12 権利行使について、相互に免責・補償する約定　314
1 ライセンシーによるライセンサーの免責・補償①／314
◇例文197　免責・補償①／314
2 ライセンシーによるライセンサーの免責・補償②／314
◇例文198　免責・補償②／314

13 **契約譲渡制限** 315
　◇例文199　契約譲渡制限／315

14 **準拠法および仲裁** 316
　◇例文200　準拠法および仲裁／316

15 **契約期間と延長、更新権** 317
　1　契約期間／317
　◇例文201　契約期間／317
　2　パーク開園期限延長要請への配慮／318
　◇例文202　開園期限延長／318
　3　ライセンシー側からの更新権／318
　◇例文203　更新権／318

16 **ライセンサーによる株式取得オプション** 319
　1　ライセンサーによる株式取得の選択権／319
　◇例文204　株式取得オプション／319
　2　ライセンシーの株式購入権の行使期限／320
　◇例文205　オプション行使期限／320
　3　株式譲渡制限／320
　◇例文206　株式譲渡制限／320

17 **通知条項** 321
　1　通知条項／321
　◇例文207　通知／321

18 **添付別紙** 322
　◇例文208　添付別紙／322

第3章　映画作品輸出ライセンス（Distribution）契約 ……………… 324

1 **概要** 324
2 **前文、リサイタル条項** 325
　1　前文／325
　◇例文209　前文／325
　2　リサイタル（契約締結の経緯）／326
　◇例文210　リサイタル／326
　3　約因と契約締結合意／327
　◇例文211　約因と合意／327
3 **映画作品、許諾する権利と留保する権利、許諾地域** 327
　1　映画作品／327
　◇例文212　映画作品／327

2 許諾する権利と（ライセンサーに）留保する権利／ 328

　◇例文213　許諾する権利と留保する権利／ 328

3 許諾地域／ 329

　◇例文214　許諾地域／ 329

4 《参考》映画作品海外販売に関する唯一・独占的な代理店の指定（上
　記の販売店の代わりに代理店を指定する場合の条項フォーム／ 329

　◇例文215　代理店指定／ 329

4 　**期間（*Term*）**　330

1 期間／ 330

　◇例文216　期間／ 330

2 自動更新条項つき契約期間／ 331

　◇例文217　自動更新／ 331

3 ディストリビューターの販売（ライセンス）実績（ミニマム・パーチェ
　ス不達成）により、ライセンサーが解除権を保有／ 332

　◇例文218　解除権の保有／ 332

5 　**ライセンス権付与の対価：最低額保証（*Minimum Guarantee*）、**
　その支払対象項目・内訳（*Breakdown*）　332

1 ライセンス権付与の対価：最低額保証（Minimum Guarantee）／ 332

　◇例文219　最低額保証／ 332

2 ミニマム・ギャランティーの配分：劇場上映権、DVD化権、テレビ放送
　（販売ライセンス）権のアドバンス／ 333

　◇例文220　アドバンスへの配分／ 333

3 ミニマム・ギャランティーの支払方法／ 334

　◇例文221　支払方法／ 334

4 ミニマム・ギャランティーの支払期限の重要部分（要素）／ 334

　◇例文222　支払期限は重要部分／ 334

6 　**劇場上映、ビデオグラム（*DVD*）売上収入と受領金の配分方法**
　：控除可能費用（*Recoupable Expenses*）　335

1 劇場上映、DVD販売による売上収入の配分方法／ 335

　◇例文223　売上収入の配分／ 335

2 劇場上映総売上金のライセンサー割当分の留保／ 336

　◇例文224　ライセンサーへの配分の前提／ 336

3 ビデオグラム（DVD)・ロイヤルティーの支払い／ 336

　◇例文225　DVDロイヤルティーの支払い／ 336

4 ビデオグラム化（DVD制作）と販売にかけた費用の控除／ 337

　◇例文226　DVD制作・販売費用の控除／ 337

xxiii

7 テレビ放送権の販売（ライセンシング）代理
：テレビ放送権の許諾とその収入の配分　338
　1　有料テレビジョン、フリーテレビジョン／ 338
　◇例文227　有料TVとフリーTV／ 338
　2　テレビ放送権アドバンスの費用控除／ 339
　◇例文228　アドバンス費用控除／ 339
　3　テレビ放送権の付与に関する特別合意事項：KVE による販売が期待
　　通りでない場合のライセンサーによる買い戻しオプション／ 340
　◇例文229　買戻しオプション／ 340
8 ホールドバック条項　340
　1　ビデオグラム化権の行使／ 341
　◇例文230　ホールドバック①／ 341
　2　有料テレビ放送配信／ 341
　◇例文231　ホールドバック②／ 341
　3　無料テレビ放送許諾／ 342
　◇例文232　ホールドバック③／ 342
9 劇場上映開始（封切り）日とみなし封切り日　343
　1　劇場上映開始（封切り）日（Initial Theatrical Release）／ 343
　◇例文233　封切り日／ 343
　2　みなし封切り日／ 343
　◇例文234　みなし封切り日／ 343
　3　劇場上映開始（封切り）にあたっての通知／ 344
　◇例文235　封切り通知／ 344
　4　劇場上映開始（封切り）の現地語版タイトルとその英訳の通知／ 344
　◇例文236　現地語版タイトル／ 344
10 支払い、報告、計算書および通知条項　345
　1　支払条項／ 345
　◇例文237　支払い／ 345
　2　報告、計算書および通知条項／ 346
　◇例文238　報告、計算書、通知／ 346
　3　通知の到達時期とみなし到達時期／ 347
　◇例文239　通知の到達／ 347
11 ライセンサーの標準条項による詳細規定　348
　1　ライセンサーの標準約款
　　（Standard Terms and Conditions of the Licensor）／ 348
　◇例文240　標準約款／ 348

2　本契約の条項と標準約款の規定との齟齬ある場合の優先順位／349

◇例文241　優先順位／349

12　ライセンシーの親会社による履行保証および契約締結文言　349

1　ライセンシーの親会社による履行保証／349

◇例文242　履行保証／349

2　契約締結文言／350

◇例文243　締結文言／350

第4章　テレビ番組・映像制作物（ビデオ作品をふくむ）の輸出ビデオグラム（DVD等）化ライセンス契約（ショートモデル）（英文版）……………………351

1　テレビ番組輸出ビデオグラム（DVD等）化ライセンス契約　351

1　前文／351

◇例文244　前文／351

2　独占的ライセンスの許諾ならびにロイヤルティーの支払い　352

1　フィルムの独占的なビデオグラム（DVD制作・販売等）化ライセンス許諾／352

◇例文245　DVD化許諾／352

2　ロイヤルティーの支払い／353

◇例文246　ロイヤルティーの支払い／353

3　政府による検閲の要請ならびにマスターの引き渡し　354

1　政府による検閲の要請／354

◇例文247　検閲／354

2　マスター等の引き渡し／354

◇例文248　マスターの引き渡し／354

3　輸送中のフィルムへの損傷リスク負担／355

◇例文249　輸送中のリスク／355

4　許諾地域における販売と改変行為　355

1　許諾地域における販売／355

◇例文250　販売／355

2　フィルムに対する改変行為（編集）／356

◇例文251　フィルムの改変／356

5　一般条項ならびに契約締結文言　356

1　契約合意の全部／356

◇例文252　合意全部／356

2　準拠法／357

xxv

◇例文253　準拠法／ 357

　　3　仲裁条項／ 357

◇例文254　仲裁／ 357

　　4　契約締結文言／ 357

◇例文255　契約締結／ 357

第5章　映画ビデオグラム化許諾契約（和文版）………………………359

1　**前文**　359

◇例文256　前文／ 359

2　**契約の目的ならびにビデオグラム化の許諾**　360

　第1条　契約の目的／ 360

◇例文257　契約の目的／ 360

　第2条　ビデオグラム化の許諾内容／ 361

◇例文258　ビデオグラム化の許諾／ 361

　第3条　ライセンシーによるライセンサーの著作物の利用／ 361

◇例文259　映画著作物の利用／ 361

3　**許諾料と支払い**　362

　第4条　許諾料／ 362

◇例文260　許諾料／ 362

　第5条　支払期日／ 362

◇例文261　支払期日／ 362

　第6条　第三者に対する許諾料／ 363

◇例文262　第三者に対する許諾料／ 363

4　**マスターの貸与、引き渡し条件ならびに保証、第三者による権利侵害と防止**　364

　第7条　マスターの貸与および交換／ 364

◇例文263　マスターの貸与／ 364

　第8条　保証／ 364

◇例文264　保証／ 364

　第9条　第三者による権利侵害／ 365

◇例文265　第三者による権利侵害／ 365

　第10条　帳簿の備え付けと閲覧権／ 365

◇例文266　帳簿閲覧／ 365

5　**契約期間ならびに契約解除**　366

　第11条　契約期間／ 366

◇例文267　契約期間／ 366

第12条　契約違反等にもとづく契約解除／ 366

◇例文268　契約解除／ 366

第13条　契約期間終了後の措置／ 367

◇例文269　契約終了後の措置／ 367

6 **契約譲渡等の制限および秘密保持**　367

第14条　契約譲渡の制限／ 367

◇例文270　契約譲渡制限／ 367

第15条　秘密保持義務／ 368

◇例文271　秘密保持／ 368

7 **一般条項**　368

第16条　協議事項／ 368

◇例文272　協議／ 368

第17条　修正・変更／ 368

◇例文273　修正・変更／ 368

第18条　合意管轄／ 369

◇例文274　合意管轄／ 369

第6章　アーティスト広告映像作品等出演契約（和文版）………… 370

1 **前文**　370

◇例文275　前文／ 370

2 **出演依頼と出演承諾、オーロラ映画社によるNATSUMIXへの事務**
　（連絡業務等）委託　371

第1条　出演承諾／ 371

◇例文276　出演承諾／ 371

第2条　出演業務の内容／ 371

◇例文277　出演業務／ 371

3 **契約期間**　372

第3条　契約期間／ 372

◇例文278　契約期間／ 372

4 **制作物の使用および競合する第三者への出演制限**　373

第4条　制作物の使用権／ 373

◇例文279　使用権／ 373

第5条　競合する第三者への出演の制限／ 373

◇例文280　競合第三者への出演／ 373

5 **オーロラ映画社によるNATSUMIXへの出演契約者管理料ならびに**
　出演管理料　374

第6条　アーティストの出演料ならびに、オーロラ映画社による
　　　　NATSUMIXへの出演契約管理料、出演管理料の支払い／374

◇例文281　出演契約管理料／374

6　エルノックス、アーティストの催事広報協力ならびにアーティスト
　　の不可抗力等による出演不能　376

第7条　催事広報協力／376

◇例文282　催事広報協力／376

第8条　Karinの病気、不可抗力等による出演不能／376

◇例文283　病気、不可抗力／376

7　契約違反と損害賠償　377

第9条　損害賠償／377

◇例文284　損害賠償／377

第10条　精算／377

◇例文285　精算／377

第11条　誠実履行／378

◇例文286　誠実履行／378

8　解除と媒体除去　378

第12条　媒体除去／378

◇例文287　媒体除去／378

9　アーティストの所属の解消ならびに対処条項　379

第13条　Karinの出演契約管理／379

◇例文288　出演契約管理／379

第14条　誠意解決／379

◇例文289　誠意解決／379

第7章　エンドユーザー向け画像データ（情報）ライセンス契約 …380

画像データ（情報）・ライセンス契約
(PICTURE DATA LICENSE AGREEMENT)　380

1　前文　380

◇例文290　前文／380

2　対象製品：データ（情報）ならびにデータ製品　381

◇例文291　対象製品／381

3　ライセンスの範囲　382

◇例文292　ライセンスの範囲／382

4　データ製品の使用上の制約　383

◇例文293　使用上の制約／383

5 **秘密保持義務** 384

◇例文294 秘密保持／384

6 **品質保証と制限** 385

◇例文295 品質保証／385

7 **ライセンシーによる使用に関する免責・補償** 386

◇例文296 ライセンシーの免責・補償／386

8 **契約期間および解除** 387

◇例文297 期間と解除／387

9 **全部の合意** 388

◇例文298 全部合意／388

10 **分離可能条項** 388

◇例文299 分離可能／388

11 **譲渡禁止** 389

◇例文300 譲渡禁止／389

12 **政府許可** 389

◇例文301 政府許可／389

13 **存続条項** 390

◇例文302 存続／390

14 **準拠法** 390

◇例文303 準拠法／390

15 **仲裁** 391

◇例文304 仲裁／391

16 **締結文言ならびに調印欄** 392

◇例文305 締結文言／392

第8章　商品化契約（Merchandising Agreement） ·························393

1 **概説** 393

2 **前文、リサイタル条項** 393

1 前文／393

◇例文306 前文／393

2 リサイタル条項／394

◇例文307 リサイタル／394

3 **商品化許諾条項** 395

1 商品化許諾条項：独占的許諾、許諾地域、対象商品／395

◇例文308 ライセンス／395

2 追加了解事項：使用可能な映画の中のキャラクター等、商品の販売

xxix

ルート／396
◇例文309　キャラクター、販売ルート／396
3　販売努力と最低販売数量／396
◇例文310　最低販売数量／396
4　キャラクター品の生産責任、第三者に対する商標侵害等の責任および
高品質保証／397
◇例文311　品質保証／397

4　**ロイヤルティー、ミニマム・ギャランティーおよび支払方法等**　398
1　ロイヤルティー、ミニマム・ギャランティー、支払方法等／398
◇例文312　ミニマム・ロイヤルティー／398
2　6ヶ月ごとのランニング・ロイヤルティー（またはミニマム・ギャラン
ティーのいずれか高額な方）の支払いと計算書の提出／398
◇例文313　ランニング・ロイヤルティーの支払時期／398

5　**デザインの承認、無償見本、商標の表示、契約違反等**　399
1　デザインの承認、無償見本／399
◇例文314　デザイン承認／399

あとがき　知的財産ライセンス契約の学び方、英文契約の修得の仕方（新人・学生の方に）………401

1　ライセンス・ビジネスのポイントを押さえる／401
2　参考書は手にとって選択する
　　——読む参考書、使う参考書、手ほどきを受けるための参考書／402
3　カード式「Contract Terms Dictionary」の作成（私家版）／403
4　ポケット版「英文契約書の書き方（日経文庫）」の作成（携帯用）／404
5　契約（Contracts）と法律（Law）／406
6　ライセンス契約と各国関連法令／408
7　契約と文化・風俗・常識・判例／409
8　私家版Contract Terms DictionaryとContract Forms Dictionaryの書籍
化の実現／410

事項索引──英語 ………………………………………………411

事項索引──日本語 ………………………………………………418

謝　辞 ………………………………………………427

はじめに

はじめに

① 工業所有権・無体財産権の時代から
知的財産ライセンスの時代へ

　ここでは、知的財産の個別の権利・ライセンスの説明よりも、知的財産のライセンスを重視するようになった大きな流れの紹介に比重をおきたい。

　本書が取り上げる対象の知的財産ライセンスといえば、1960年代までの産業界では、特許権、実用新案権、意匠権、商標権のライセンスを指すといってもよい状況であった。工業所有権（Industrial Property）4権の実施・使用許諾と言い替えることができよう。工業所有権4権は、目に見えない姿・形のない権利として無体財産権と呼ばれた。当時は、無体財産権のいずれの権利も、発明・考案者が特許庁に出願し、その審査を経て公告され、登録されることによって権利が成立した。ノウハウのライセンスも技術導入の手法として実務の世界では行われていたが、法的な保護の根拠があまり明確でなく、保護の程度は厚くなかった。実務が先行していた。商標権はその商品の製造者が誰かを示す役割が中心であった。特許権もその活用・ライセンスより、生産活動を防衛するため、出願・取得・保有が重視された。

　端的にいえば、1960年代には、まだ、「知的財産」という言葉も概念も生まれていなかった。「知的財産」は、海外で生まれた「Intellectual Property」の訳語として誕生したものである。成長ざかりの若い言葉である。1990年代には「Intellectual Property Right」に対応して、産業界・経産省（当時は通産省）・判例時報などでは、用語としても、組織名としても、「知的財産権」が定着している。しかし、すべての官庁・実務で「知的財産権」に統一されたかというと、そうとも言い切れなかった。特許庁・法務省・大学・団体はじめ、各文献を見ると、1990年代では、「知的財産権」と「知的所有権」の用語の決定の戦いが完全には終結していなかった。

　「知的財産権」と「知的所有権」の間の用語選択・統一への戦いが決したのは、21世紀に入ってからである。2002年7月3日、政府の知的財産戦略会議において、従来の「知的所有権」を「知的財産」「知的財産権」

2

に統一するよう謳われた。同時に、従来の「工業所有権」に代えて、「産業財産権」という用語を使用することとなった。

　本書では、便宜上、現在産業界で定着している「知的財産」「知的財産ライセンス」に統一して使用する。

　ところで、なぜ従来、工業所有権・無体財産権と呼ばれていた世界にIntellectual Property Right（知的財産権）という新しい用語が生まれ、本書が取り上げるテーマ（知的財産ライセンス）の重視をもたらす事態が生じているのか。何がいわゆる知的財産保護強化という新しい潮流を生む力となったのだろうか。

　その答えがまさにこれから考察しようとする「隣接領域」の誕生なのである。

② 「隣接領域」の誕生
——はじめはコンピュータの発達・米国（レーガン時代）の国策から

1　隣接領域はなぜ成長したか

　ここで「隣接領域」というのは、従来の工業所有権周辺の権利として広く事業活動に有益な財産的情報として保護される産業・技術情報をカバーする新しい領域を指す。従来の伝統的な工業所有権4権に隣接し、知的財産として法的に尊重され、権利を確立し、国際的にもその資産的価値を増大しつつある各権利、知的資産のことを総称した言葉・概念である。代表的な権利としては、トレードシークレット、著作権、著作隣接権、半導体回路配置利用権、バイオテクノロジー技術の保護等があげられる。新しい潮流を理解するには、その源（1980年代のアメリカ）にさかのぼることが役立つ。学問の基本には「温故知新」がある。

2　1980年代アメリカ産業振興の切り札——知的財産権保護の強化

　1980年代、レーガン政権時代のアメリカは、新産業界、とくにIBM社等のコンピュータを筆頭とする先端産業で、巨額の投資、優秀な頭脳による長時間の集中的な研究開発への取組みの末に獲得した成果を、資産として保護し、アメリカ産業の国際的競争力を強化しようとした。

はじめに

FBIなど国家機関までがトレードシークレットなど知的財産権のプロテクションとエンフォースメントのために動員された。アメリカでは、トレードシークレットを守る法律（各州法）は以前からあったが、半導体、コンピュータ、コンピュータプログラム、バイオテクノロジーなど先端技術・産業の発達に伴って、その投下した資本を回収するために、より現実的な保護の強化と強力で迅速な執行が求められた。

3 日米知的財産紛争の発生

その流れの中で、アメリカを代表するコンピュータ企業のIBM社は、1980年代に、トレードシークレットのアメリカ国外持出（未遂）事件（訴訟）とコンピュータの基本ソフトの著作権の侵害をめぐる事件（仲裁）等で日本企業と対決した。従来の日本の文化・価値観からいえば、問題になりえない事柄が重大な経済的・法的紛争として登場した。インテルの半導体（CPU）をめぐる訴訟が、日本企業に対して提起された。大半の訴訟・紛争はアメリカ企業同士であったが、日本を代表するエレクトロニクス企業・半導体企業が、相次いで紛争に巻き込まれることになったのである。紛争の帰結・勝敗にかかわらず、問題視されること自体が従来の日本の法律観・倫理感覚からみれば、理解のできない事柄であった。

アメリカでは、日本の産業界が予想もしなかった新しい知的財産保護の潮流が生まれていた。官・民・大学が共同で最先端分野の研究開発を刺激・奨励し、創造的なベンチャー企業を支援し、経済復興を果たそうとした。大幅な所得税減税による税制改革と知的財産の保護強化立法が行われた。知的財産の保護強化は、アメリカの産業・経済強化のための切り札として採用されたということができよう。アメリカは、その選択によって、国際的なアメリカの経済上の地位を向上させ、安価な労働力を求めて生産基地を海外に求めファブレス化（無工場化）した産業・経済を復興させようとした。大学が地域産業の振興のための研究の場、プログラム、そして、教育した人材を提供した。さらに大学の理工系の研究・開発・発明・創作の成果を、大学が総合的に所有・管理する知的財産権として法的権利を確立した上で、地域企業・ベンチャーにライセンス契約により提供した。大学院（プロフェッショナルスクール）では、

4

現実の事業を起こすための基礎研究と技術・マネジメント手法を授けた。かかるプログラムが、日欧など外国企業によるアメリカの不動産や事業買収の増大の傾向の中の1980年代のアメリカで、静かに進行した。

4　知的財産権侵害訴訟が花形に

　知的財産権侵害訴訟（連邦事件）の控訴の審理におけるワシントンDCの連邦控訴裁判所への集中等、裁判制度の改革に加え、周辺の知的財産権の創設・保護強化のための立法が相次いだ。国内における裁判でも、特許・著作権・トレードシークレットを中心に知的財産の保護を認め、侵害に対する多額の賠償額の支払いを命ずる判決が相次いで出された。アメリカにおける3倍額賠償制度と陪審裁判、均等論、弁護士による成功報酬ベースの訴訟引受けがその傾向を加速した。コダック社も、ポラロイド社にインスタントカメラをめぐる知的財産権侵害訴訟で敗北を喫し、歴史に残る高額の損害賠償を命ぜられる判決を受けた。知的財産権侵害訴訟の敗北は、金銭的な賠償による打撃を受けるだけではない。侵害行為の差止めを命ぜられることは、事業部門、工場の閉鎖を意味する。現実のアメリカにおける知的財産権紛争における侵害に対する損害賠償額は、日本の場合の10数倍から100倍である。1970年代の反トラスト・ロイヤーに代わり、知的財産ロイヤーがアメリカの錬金術師と呼ばれる時代となった。ここでは、錬金術が、社会のためか、クライアントのためか、ロイヤーのためかは問わないでおこう。最近は、その行過ぎに対して、反省の時代に入りつつある。錬金術の本当の受益者は高額な損害賠償制度の廃止に反対するであろう。

5　世界各国でコンピュータ・プログラム、トレードシークレットの保護立法

　米政権は、通商法（301条など）を活用し、諸外国と2国間交渉を通じて、相手国に著作権法をはじめ知的財産保護立法のための法改正・新法制定を求め、現実の法執行・違反行為の取締りの強化を求め続けていた。半導体回路に関する著作権、コンピュータ・プログラム（ソフトウエア）に関わる著作権の保護強化立法の制定に始まり、トレードシークレットの保護強化が続いた。わが国も、相次ぐ改正による著作権の保護強化・拡大を行ってきた。1985年の著作権法改正によるコンピュータ・

はじめに

ソフトウエアの保護強化立法も、日本の自主的な立法とは言い切れない。日本は、当初、コンピュータ・ソフトウエアを特許法により保護する方策を模索したことがある。「営業秘密」を本格的に保護する旧不正競争防止法の改正を行い、1991年6月より施行された。現行法は平成5年5月公布され、平成6年5月施行された。それ以降も数次にわたる改正をはかり、法を整備し保護の強化をはかってきた。アジア諸国・南米諸国も、しばしば2国間交渉のターゲットになってきた。タイも、韓国も、中国も含まれる。交渉の成果もあがりつつある。その恩恵は、わが国の産業も享受している。レコードの音源など著作隣接権の強化・保護期間延長もテーマとなった。GATTの機能を強化して1995年に誕生したWTO（World Trade Organization 世界貿易機関）もTRIP（貿易関連知的財産権）の問題を重視している。アメリカの企てた知的財産の保護強化が、法制だけでなく執行を補佐する機関（WTO）の誕生によってより強化されたと評価できる。

　アメリカの通商法にもとづく交渉のタフさに賛辞のみを送るわけではないが、アメリカに源を持つ知的財産重視の新潮流は、温度（保護の厚さ）の差こそあれ、今や世界の潮流になりつつあると評価したい。知的財産権の保護がそれぞれの社会の他の目標・価値観との中でどのように（優先）順位を占めるか、また、執行段階での保護の厚さは千差万別である。新興国の中には、知的財産の保護が過度になり、そのロイヤルティーが販売額の高割合（たとえば、20〜30パーセント）あるいは、生産コストの高率を占めるようになると、先進国による新興国の資産・利益の収奪との感情的反発まで引き起こすリスクもある。そのためWTOが自由貿易と産業保護の対立の調整の場を提供している。バランス感覚・公正さが求められる。

　国際間の知的財産ライセンスを実務的にみれば、ロイヤルティーの価格の交渉を通じて、知的財産の価値の正当な評価が求められることになる。また、ノウハウ・トレードシークレットの開示の交渉にあたっては、その財産的価値を守るための適切な注意が要求される。

6　Class of 1973（ジョン・ジャクソン教授のInternational Trade）

　WTO（World Trade Organization）の誕生も、歴史をたどれば1970

年代半ばのアメリカ（ミシガン大学Law Schoolのジョン・ジャクソン教授）の提唱が発端となっている。

ミシガン大学、Class of 1973のジョン・ジャクソン教授の「International Trade」のクラス（ゼミナール形式）で、GATTに代わるWTOの創設プランを分担して作り上げた授業の光景がよみがえる。1972年秋学期、私も一員だったクラス全員で、World Trade Organization（世界貿易機関）を提唱し、そのCharter、構想を分担して、企画・作成していったのである。毎回、サブテーマについて発表していく。

アンナーバーという大学のみの小さな町（人口10万）の一隅の教室で、未来の世界を見すえて、GATTの問題点を論じ、GATTに代わる将来の世界貿易機関の設立と、設立の障害を克服するための手法についての議論を重ねていた。

2005年秋、京都大学でジョン・ジャクソン教授の「WTO設立10周年記念講義」が、谷口安平教授（WTO上級仲裁人）の司会で行われた。そのあと、先斗町の茶屋（楠本）で、谷口教授たちと一緒にジョン・ジャクソン教授のお話を伺いながら、問題を発見し、解決方法を構想する学問研究と思索の力をあらためて、感じた。

7　学問研究とは

学問研究とは研究対象の現状・問題を分析し、解決策（Solution）を提言し、実現することである。プロフェッショナルスクール（大学院）では解決策を提示しない研究は学問とは呼ばない。

学問研究の原点・手法として、現状の分析と問題点の把握、必要な改革、そしてその改革を実現するためのプランとその実行のためのドラフティング技術の修得が必要である。その上、必要なのが、具体的な個別の相手と交渉し、説得し、受け入れさせていくことにより、目的を実現していく技術の修得である。そのすべての過程における問題・リスクの把握とその解決策の発見への挑戦が学問の基本的な手法なのである。

アンナーバー・キャンパスで議論した際の「解決策を提示しない研究は、プロフェッショナルスクールでは学問とは呼ばない。」という教授の言葉が耳に残っている。アメリカの大学院、プロフェッショナルスクールの基本的な役割とは、この基本的な手法を教授することにある。

はじめに

問題把握とSolutionの発見が学問の目的である。そのために、仮定の設問によるケースメソッドとソクラテスメソッドが採られる。契約や条約、法律のドラフティング（交渉）は基礎的な学問の技術である。大学院は、Making of Law、Making of Treaty、Making of Contractのための技術を訓練・修得する場でもある。事業者の立場に立って、事業プランを作成する訓練の場でもある。

大学医学部が病気の種類の知識だけでなく、治療方法を授けるのと比較して考えればよい。Solutionの探求と提示のためには、研究対象の実務・現場・技術を知ることが第一歩である。

8　本書の果たそうとする役割

ここまで、知的財産権重視政策と大学院教育から、アメリカの姿勢と大学院教育について、いささか、「写楽の浮世絵（似顔絵）のようだ。美化しすぎだ。」とのそしりを免れない単純化した描写をしてきた。しかし、おもしろおかしく紹介することが目的なのではない。

わが国を含む「隣接領域」の保護強化の進捗の現実を理解するためには、背景として、ともすれば、栄光と繁栄の時代が去り、落日を迎え始めたように映りがちだった1980年代のアメリカが、官・民・学が協力して、その復興を賭けて取り組んだ知的財産保護強化という壮大なプログラムが世界的規模で実施され、その成果をあげていく過程（15〜20年間）を潮流として想起することが必要ではないか、と問いかけたかったのである。意欲と志ある人々がさまざまなセクショナリズム・壁を超えて共通の目的のために一致・協力したとき、大きな力となる。

あわせて大学・大学院が社会・産業界に果たすべき役割についての考察を、ロースクール、ベンチャー育成・振興教育、国際経営学の面から加えてみた。筆者自身、神田駿河台の明治大学法学部教授として、国際取引法、知的財産ライセンスとベンチャーについて、大学・大学院教育、TLO（大学技術移転機関）設置・運営、研究指導（明治大学法学部、早稲田大学大学院アジア太平洋研究科、横浜国立大学大学院国際社会科学研究科等）に携わっていたため、関心を持たずにおられないテーマなのである。知的財産の重視・保護強化とベンチャー振興は無関係ではない。

大学と民間産業界、政府系機関との協力、大学院（プロフェッショナ

ルスクール教育）といえば、1996年に共編著者として協力した『解説
実務書式大系18：知的財産権〈Ⅲ〉研究開発・ライセンス』（三省堂）、
1993年より世話人として参加した「早大アントレプレヌール研究会」や、
1996年より理事として協力してきた「企業法学会」にも関わってくる
テーマである。また、知的財産紛争について裁判所での訴訟に代わる代
替的紛争解決方法（Alternative Disputes Resolution；ADR）の模索・研
究にも、知的財産研究所ADR委員会、日本ライセンス協会のADR委員
会で取り組んだ。ライセンス契約は知的財産紛争の火種にも、予防策に
もなりうる。早大アントレプレヌール研究会（WERU）や経産省・中小
企業事業団・東北大が推進する各種ベンチャー支援プログラムでは多く
のベンチャーと支援者、TLOの方々と意見交換を行なった。東北大学
工学部が正規の授業科目として1999年に設置した「知的財産権入門」
講座にも1999年から2013年まで毎年協力した。

　わずかでも新産業の振興・産官学の共同研究・知的財産・TLOの円
滑な活用・運営に貢献ができればと願い、テキストとして『知的財産・
著作権のライセンス契約入門』初版を1998年に執筆刊行し、2008年に
第2版を制作した。ほぼ10年経過した今年4月に大幅に内容、テーマ、
ボリュームを拡充した上、タイトルを改め、本書（新版）を上梓するこ
ととなった。

③ 知的財産権時代の花形
——トレードシークレット（営業秘密）、著作権、商標のライセンス

1　ライセンスの特徴・発展性

　本書で取り上げるどの知的財産権も、1980年代からのアメリカの政
策により引き起こされた世界的な知的財産権重視の潮流の中で、とくに
重視されてきた権利である。しかも、そのビジネス活動での利用価値は、
マルチメディア、インターネット時代、コンシューマー直結の時代を迎
えてますます多彩になり、重要になりつつある。本書の制作にあたって
は、エンターテインメント契約（Entertainment Agreement）を重視し、
新しく第4部を設け、加筆した。時代の経済・生活スタイル・ビジネス

はじめに

の進展が知的財産ライセンスの価値を増し、そのあり方・契約形態・財産的価値（ロイヤルティー）を決定する。

2　トレードシークレット・ライセンス

　トレードシークレットは、わが国で不正競争防止法の数次にわたる改正によって保護が強化されてきた。特許権は有効期間が過ぎれば、その権利としての保護が失われる。トレードシークレットは、その秘密性が維持されるかぎり、期間の制限のない長寿を保つことができる。トレードシークレットは、自己で守らなければならない権利であるが、その代わり、特許庁など所轄官庁の審査を受ける必要がなく、ただちに成立する。保護される対象も広い。

　商標ライセンス、特許ライセンス、著作権ライセンスと結合させて、その一部をトレードシークレットとしてパッケージでライセンスする手法もある。特許出願で公開する部分とトレードシークレットとして秘密に保つ部分を分けて活用する戦略である。

3　著作権ライセンス

　ソフトウエア・マルチメディア時代を迎え、著作権ライセンスの重要性が増している。

　著作権ライセンスの多彩さについては、第2部「著作権ライセンス」にゆずる。著作権ビジネスの範囲が広がって、情報産業・エンターテインメント・映画・映像産業・音楽産業・アニメーション、ビデオゲーム、DVD・CD-ROM出版、ミュージカル・プレイ上演、放送番組、出版・教育事業、パーソナルコンピュータ・ソフトウエア、近年ではインターネット上の配信にまで際限なく広がりつつある。コンテンツ・ビジネスと呼ぶことがある。文化庁の管轄であるが、特許権などと異なり、出願・審査等なんらの手続なしに成立する。登録制度はあるが、公示の効力はあっても、権利の成立とは無関係である。著作権ライセンスの幅の広さ、多彩さは目を見張るばかりである。近年、インターネット・E-Mailの普及に象徴される電子取引・コミュニケーションの発展が、著作権ライセンスビジネスやトレードシークレット・情報ライセンスビジネスのスピード・グローバル化を加速している。ライセンス権を取得しないまま

はじめに

の違法配信やアップローディングもやむ気配がない。コンピュータ通信を通じたビジネス展開・契約方式もさらに進展しつつある。法律・タックス制度面での対応が迫られており、アメリカ（電子取引に対する法律制度）・OECD（電子取引租税制度）などで研究がなされた。

4　商標ライセンス

　第3部「商標ライセンス」で詳説するが、商標の果たす役割が変遷してきている。従来の「メーカー（出所）表示」機能から、デザインを含む顧客吸引力を有する独立した財産価値のある知的財産としてライセンスの対象となっている。繊維製品・玩具・皮革品・雑貨のみならず、サービスマークのライセンスもある。

　フランチャイズ契約・キャラクター・マーチャンダイジング契約も商標ライセンスの一環としてもとらえることができよう。

5　エンターテインメント契約

　第4部「エンターテインメント契約」で詳説するが、さまざまな権利、サービスのハイブリッド契約である。例文を144収録した。

４　トレードシークレット、著作権、商標の ライセンス契約に共通の問題

　経済と文化を反映して、時代の寵児として急激に重視され成長してきた知的財産権のうち保護の厚い花形のライセンスビジネスが、トレードシークレット、著作権、商標のライセンスである。

　将来性は高いが、共通の問題点がある。

1　適正なロイヤルティーの決定

　第1に、ライセンスの対価としての、客観的な価値評価が容易ではないということである。

　しかし、価値評価を行わなければ、ロイヤルティーを決定できない。ビジネスの遂行のために、一定の仮説をもとに、予想収益や代替知的財

はじめに

産の開発費用を算出し、適切なロイヤルティーについて合意する。

　ミニマム・ロイヤルティーやランニング・ロイヤルティーを組み合わせ、ライセンス（使用許諾）期間を勘案しながら、決定する。万一、ロイヤルティー条件について合意できなければ、ビジネスとして成立しない。

2　ライセンスと真正な権利者の確認

　第2に、著作権・トレードシークレット等に関わる権利のライセンスでは、本来の権利者が誰か、よくわからないことがある。トレードシークレットと著作権は、出願・審査・登録制度がないままで、権利が成立する。トレードシークレットには出願・登録は無縁である。ソフトウエアや作品の著作権は登録の手続があっても、手続する義務がない。登録は著作物が二重に譲渡された場合などの優先権の対抗要件にすぎない。国際条約や便利な一括出願制度も利用できるようになってきたが、商標は各国ごとに出願し、登録するのが原則である。ところが有名な商標は、登録がなくとも不正競争防止法で保護される場合がある。真正品の並行輸入問題と海賊版問題がある。また日本の「ピエール・カルダン」ブランドや外国製薬会社の薬品のブランドのように、各国の商標権ごとに分けて、保有・譲渡されることがある。それだけに、客観的に権利の範囲や権利者自身あるいは正当なライセンサーの代理人が誰なのか、容易に確認できないという実務上の問題がある。委任状や排他的ライセンス契約書、代理店契約や紹介状などの書状を呈示されても、偽造かも知れない。

　やむをえない面もあるが、いったん紛争になると、権利関係の証明のむずかしさに驚かされる。アニメーションやコンピュータ・ソフトウエアの著作物の登録上の権利者名義人が実際は著作者でも著作権者でもないことがある。契約時に権利関係がはっきりしないときは、専門家の客観的な意見を聴取することが有益である。

3　ブランド、トレードシークレット、著作権のライセンスと契約のドラフティング

　第3に、かかる権利のライセンス契約の書式についていえば、定型

フォームの策定が容易ではないということである。たえず変化し、成長しつつある知的財産権のライセンス契約は、「初めに書式（フォーム）ありき」とはいえない。書式を見て、覚えるというのでは、ライセンス契約を学んだことにならない。それぞれの規定について、①どうして、その条項が契約の一部として必要なのだろうか、②いったい、何が狙いなのだろうか、役に立つのだろうか、③削除してみたらどんなことが起こるだろうか、と想像力を働かせて、自分で考えながら、取り組んでいくことが大切なのである。

　まず、ライセンス対象のビジネスのターゲットがあり、ライセンスの価格（ロイヤルティー）を決める。そのビジネスのリスクの所在を見極め、さまざまな解決策（Solution）を契約の規定としてドラフティングを行っていく。紛争の原因となりかねない事項について、いかに予防するか、解決するかを規定していくのが、ドラフティングなのである。標準的な契約書式は、通常予想される関係の中で、押さえるべきポイントを呈示したものである。それだけでは、ライセンサー、ライセンシーいずれの立場でも、満足いくものとは限らない。また、契約書式を利用するときは、どのようなビジネスを想定して、ライセンサー、ライセンシーいずれの立場に立って作成したものなのか、正確に把握しておくことが必要である。ライセンサーには、著作者・著作権者のケースとライセンシング・エージェント（代理人）のケース、マスター・ライセンシーのケースなどがある。ひとつひとつの条項が狙いを持っている。その真の狙いが何なのかについて、契約相手方に説明されるとは限らない。使い方を誤れば、その立場とケースによっては、自己を刺す刃になりかねない。

4　ライセンス契約の条件と交渉

　実務からいえば、個別のビジネスに応じて、ライセンサーの権利の確立の程度の確認、ライセンス対象の権利の内容・範囲の確定が必要である。また、ライセンスの範囲・使用目的の明示、ロイヤルティーと支払方法、第三者からの侵害のクレーム、侵害者への排除措置、期間、秘密保持、グラントバック条項、期間満了後の継続使用問題などの条件を取り決めることも重要である。契約期間の規定ひとつをとってみても、ラ

はじめに

イセンシー側にとっては、当該ライセンスを事業基盤、経営の柱とする
場合は、標準的な自動更新条項が適切とは限らない。

　以下に、トレードシークレット、著作権、商標権のライセンスについ
ては、3部構成により紹介する。第4部として、「エンターテインメント
契約」を紹介する。

　トレードシークレットの章では、正式なライセンス契約の交渉を始め
る前に締結されることの多い「秘密保持契約」についても取り上げる。
トレードシークレットや秘密情報の価値が増大し、その保護が強化され
ている今日では、実務上、「秘密保持契約」の重要性が増している。

第1部

秘密保持契約（NDA）と
トレードシークレット・ライセンス

第1章	概説
第2章	秘密保持契約書（NDA）
第3章	トレードシークレット・ライセンス契約の構成と基本条項
第4章	トレードシークレット・ライセンス契約書のドラフティング

第1部　秘密保持契約（NDA）とトレードシークレット・ライセンス

第1章

概　説

1 はじめに──トレードシークレットとは

　ライセンスの対象となるトレードシークレット（営業秘密）の種類はさまざまである。製品の製造方法に関わる技術的情報が代表的なものであるが、範囲は広い。それには、IT製品、工業製品等の製法だけでなく、料理の調理・提供・保存方法に関する情報からマーケッティング、検査・宣伝方法まで含まれる。化粧品の香り、衣装・服飾品の色彩・デザイン等芸術・嗜好に関わるトレードシークレット、ノウハウのライセンスがある。芸術的であると同時に、時代の嗜好のマーケッティングという経済的な側面と材料の開発・発見という工業・産業的なノウハウがからんでいる。たえず、開発・新作発表を行っていく。個別の商品のみでなく、ブランド全体・事業全体のQualityとイメージの要素が大切な世界である。店がまえも運営も重要である。そのシステム自体がトレードシークレットになる。顧客名簿・それぞれの嗜好情報などもトレードシークレットの一部である。マーケッティングに有用な情報である限り、あらゆる情報がトレードシークレット、財産的情報としてライセンス・取引の対象となる。アメリカ等では、Proprietary Informationと呼ばれることがある。同時に不正な情報取得・取引のターゲットにもなりうる。銀行・クレジットカード会社・デパート・専門店・不動産販売会社・英会話学校の顧客名簿・顧客情報が違法な手段で売買されている事件の報道があとをたたない。

　事業や店の運営・システム、マーケッティング分析・情報、ビジネスプラン、ソフトウエア、企業分析・管理など商業的なノウハウ・情報もライセンスの対象となる。開発・調査・研究された成果は秘密に保たれているかぎり、商業的な価値がある情報として、いずれもトレードシークレット・ライセンスの対象となる。近年、日本でも予報士制度が発足

16

した気象予測（長期）の情報・システムも、トレードシークレットの対象となる。アメリカでは1980年代前半にすでに農産物・果実の流通に携わる業者が高価で購入し、ロング（買越し）ショート（売越し）等購入・販売プランやプライシングに活用されていた。

② 国際的トレードシークレット・ライセンス契約の種類

　多彩なトレードシークレット・ライセンス契約を、ビジネスの性格・種類別に、その一部を列挙してみよう。実際には、分けきれるものではなく、いくつかの組合せというのが現実的である。
　①技術的秘密情報開示・使用許諾契約……コーラ飲料・アイスクリーム・医薬品・化粧品・コンピュータCPU（MPU）・ソフトウエア製造技術・フォーミュラ、環境保存・改良システム（水質・大気・土壌浄化方法）、ICカード技術、セキュリティー・システム
　②商業的秘密情報開示・使用許諾契約……テーマパーク（ディズニーランド等）、フランチャイズ（マクドナルド、ケンタッキーフライドチキン、ドトールコーヒー、タリーズコーヒー、セブンイレブン、クリスピークリーム等）、ホテル等事業の運営システム、教育・放送システム
　③財産情報的ソフトウエア開示・使用許諾契約……ソフトウエア、資産運用システム

③ トレードシークレット・ライセンスビジネスとその基本問題

1　トレードシークレットの良さ——権利確立の迅速さと長寿
　トレードシークレットはその種類・分野が多岐にわたる。なかには、膨大な開発コストや期間がかかる場合がある。その場合、取引対象としての経済的価値が高額になることは想像がつく。高度な芸術的な感覚や能力が発揮された成果も、トレードシークレットとして取引の対象となる。芸術的な感覚の発揮されるトレードシークレットは成立が容易でカバーする範囲は一見無制限にみえるほど広い。しかも、特許・商標のよ

第1部　秘密保持契約（NDA）とトレードシークレット・ライセンス

うに出願から登録までのコストも時間もかからない。著作権に比べても、作成時期の証明のための登録すら手続もいらない。その上、その権利保護には法定の期限がない。永遠の寿命も可能である。

　トレードシークレットは、法的には不正競争防止法によって、守られている。アメリカでは、各州の「トレードシークレット保護法」によって保護されている。

2　トレードシークレットのアキレス腱——秘密漏洩・公表

　では、トレードシークレットはすべて良いことづくめかといえば、そうとは言い切れない。トレードシークレットにはアキレス腱がある。

　それは、不注意または故意の公表・開示・漏洩に弱いということである。どんな価値のあるトレードシークレットも、いったん公表・開示されてしまうと、その保護を受けられる程度や経済的価値が激減する。ハッカー対策、サイバー攻撃（侵入）の撃退体制を確立することが欠かせない。トレードシークレットが保護を受けられるのは、それが注意深く、「秘密（Confidential）」に保たれていることが条件である。トレードシークレットの本質は、情報である。すでに誰もが手に入れた情報を対価を出して買おうとする人はいない。電話1本、ファックス1通、E-Mail 1通がトレードシークレットの命を絶つことがある。トレードシークレットに関わる紛争・訴訟の実務上の問題は、第三者へ漏洩されたケースについての、具体的な事実の立証の困難さである。

3　模倣とライセンス契約の不誠実な履行・慣行の横行

　知的財産権時代の訪れは、同時に「模倣」と、トレードシークレットが「盗難」に遭う時代の訪れを意味する。

　トレードシークレットの開示・ライセンスのビジネスを展開するには、ライセンシー候補と接触し、まず予備的交渉を行う。その段階で、営業秘密の一部・概略を説明し、見せ、正式契約の締結まで運ぶ。その際にうっかり、秘密保持義務を相手方（ライセンシー候補）に負わせずにトレードシークレットを開示してしまったらどうなるか。また、期待通り、ライセンス契約の締結に至った場合でも、ライセンシーが第三者に生産を委託し、その下請企業がその開示されたトレードシークレットを利用

18

して独自のビジネスを展開してしまったらどうなるか。トレードシークレットを獲得するために、そのトレードシークレットにアクセスしている研究者を競合相手が引き抜いたらどうなるか。トレードシークレットの開示と技術指導を受け、その移転が完了してしまった段階で、ライセンシーが解散したり、消えてしまったらどうなるか。

　国際的なライセンスビジネスの中でも、トレードシークレットのライセンスビジネスは開示の相手先の選択と開示後の秘密保持の管理に特別な注意と技術を要する。

4　企業が締結する「秘密保持契約」と個人からの「秘密保持確約書」

　「秘密保持契約」では、ライセンス導入を検討する企業が、会社として秘密保持を約するのみでは不安とのリスク感覚をライセンサーが持っている場合、開示を受ける個人まで特定したり、その承認手続を定めることがある。開示を受ける個人ひとりひとりから「秘密保持確約書」をとるのは異例である。とくに、日本の慣習からいえば、個人からの確約書をとるケースはきわめてまれと言ってもよい。

　しかし、一歩、外国に出ると、あるいは、米国企業はじめ、外資の経営に接すると、その感覚はリスクマネジメントの観点からは甘いということを経験させられることが少なくない。重要な営業秘密の開示を受けた個人がその企業を離れて事業を起こすことが珍しくない社会がある。また、その情報を販売するような社会もある。犯罪と結びつくこともある。アメリカや欧州、中東の一部では、そのような不測の事態が起こらないように、あらかじめ重要な営業秘密情報を受け取る個人名と人物を確定し、会社（雇用者）だけでなく、その個人からの秘密保持確約書（あるいは秘密保持誓約書）を取り付けることまで、リスクマネジメントの一環として行われる。最先端技術産業、防衛関連産業、訴訟・紛争がペンディング（係争中）のトレードシークレットではとくに重視されている。

　個人との秘密保持契約は、万一の場合に、秘密情報を漏洩した個人を相手に民事上の訴訟、刑事上の告訴を行うという姿勢を示している。

　筆者自身、アメリカや中東のビジネスなどでは、個人としての「秘密保持誓約書」「秘密保持契約書」に署名することを求められることがあっ

第1部　秘密保持契約（NDA）とトレードシークレット・ライセンス

た。当初は驚かされたが、このような風習は人間に対する信頼の置き方、社会・文化の差に根ざしているものであろう。近年は、わが国においても、米国資本はじめ外資系企業などが従業員・インターン等個人から「秘密保持確約書」を取りつけることが行われるようになってきた。

5　企業の経済法規・契約違反行為と個人の責任

では、企業（雇用者）の命（指示）によって、あるいは、企業活動の一環と信じて、個人がこのような契約書に違反したとき、どうなるか。単なる私的な企業との契約に対する違反にすぎないケースもあれば、経済法規の違反・不法行為にあたる場合まであろう。個人としての「秘密保持確約書」とともに、企業の違法行為と個人の違法行為の競合している各種経済犯罪と同様、「組織」と「個人」の責任・関係について考えさせられる問題である。

6　模倣文化や非合法ビジネスとの戦い

知的財産・トレードシークレット・技術開発競争に関わるビジネスでは、合法的なビジネスとならんで、非合法なビジネスも盛んである。近年は、日本・アジアの経済もボーダーレス化が進捗し、ブラックエコノミーが活発化し、非合法な事業の技術水準の高度化・規模拡大が進んでいる。コピー商品や各種プリペイドカードの偽造・変造ビジネスもその一端である。

模倣は文化・経済の発展の原動力である反面、トレードシークレットの窃取による模倣は不正競争防止法違反の犯罪である。知的財産を権利として尊重し、財産的権利にふさわしい適正な保護を与えるためには、法的な面での保護強化が前提になるが、執行面の実効性が鍵になる。ときには、国家（警察等）と企業の協力による知的財産保護のための大がかりで綿密な経済犯罪の捜査が必要となる。コピー商品製造工場、各種カード偽造・変造事件に象徴されるように、麻薬捜査にも匹敵する捜査がなされなければ、知的財産犯罪、経済犯罪は完全には摘発・防止できない。アメリカではかかる捜査が現実に行われることがある。

7 模倣・知的財産（トレードシークレット）侵害と教育・価値観

　1982年6月にアメリカ合衆国連邦捜査局（FBI）が、企業（IBM）側の協力によるおとり捜査によって、サンフランシスコ空港でトレードシークレット（侵害品）を国外に持ち出そうとしたという容疑で日本のビジネスマンを逮捕した事件は、経済事件としてセンセーショナルに報道された（日立・IBM事件）。筆者がロンドンからサンフランシスコに赴任した月に発生した事件である。そのテレビ・新聞報道のインパクトは衝撃的であった。議会（上院）の公聴会でも取り上げられた。アメリカの大学における国際取引・知的財産に関する基本書（国際取引の教科書）でも国際的知的財産取引の冒頭に紹介されている（Folsom, Gordon, Spanogle 著 "International Business Transactions"（West）第9章）。知的財産の重視と保護強化は、1980年代からのアメリカの国策と言えよう。アメリカ政府の国策による知的財産の重視と保護は、その後もさらに強化されてきた。産業スパイ法の制定が行われ、日本人研究者が米国クリーブランド・クリニックで行ったアルツハイマー病治療薬の研究の成果（試料等）の米国外への持ち出しをめぐり、FBIも登場する刑事事件に発展した。

　では、日本やアジアではどうか。いまだに「秘訣は盗むもの」という価値観が根強いのだろうか。リバースエンジニアリングを批判・罪悪視する傾向はない。「（芸・技は）盗んで学べ」と語り伝えられてきた伝統がある。お手本という言葉がある。書道も芸術も学ぶためには模倣から入る。「まね（真似）ぶ」は「学ぶ」に通ずると奨励された。

　知的財産権の過度の保護強化は社会全体の利益や経済活動の障害になるという側面もある。医療に関わる製品・治療方法や並行輸入と知的財産権の問題が端的に象徴している。現代は、知的財産権（Intellectual Property Rights）を重視して業務・ビジネスを遂行する社会・企業やメンバーと、そうでない社会・企業・メンバーとの落差の激しい時代である。

　価値観・感覚の差でもある。アジアの社会全般に、法制度は別として、目に見えないもの（トレードシークレット、頭脳による創作）に高い経済的価値を与え、保護するという感覚が根付くには、まだ時間がかかるのだろうか。

8 新興国の「知的財産」に対する感覚

　新興国の中にも、知的財産の偏重に対して同様な感覚・正義感・常識を保有している社会がある。先進国企業からの知的財産にもとづく権利主張・高額のロイヤルティーの請求が新しい植民地主義、不労所得のように見えるのである。「先進国の企業が発展途上国より先に技術を開発するのは当然であって、発展途上国の企業がその技術を後れて使用する時に、高額の使用料を支払えなんて、了見が狭いではないか。その上、がんじがらめの契約条件ではないか」。表立って主張しない感覚ながら、このような感覚が根強い相手や社会とつきあっていくには、それなりの覚悟と知的財産を防衛する技術が要求される。新興国が、自国のライセンシーに不利な契約条件を独占禁止法上の不公正な取引条件として、排除の指示をするのもこの延長線上にある。

　高額のロイヤルティーの支払いを伴うライセンス契約の正式な締結前に不注意に営業秘密を開示することは、対価なしに、営業秘密の中核をなす技術が、事実上盗まれてしまうリスクをはらんでいる。リバースエンジニアリングや他社の商品の分解・分析を行ってその商品に関わるノウハウを吸収することが行われる。これは研究・開発の一環である。そのための解析機器まで考案・販売される。

　ジョイントベンチャー（合弁事業）などで海外進出を企てる企業が正式な外資進出許可や投資に先行して技術指導を始めてしまう場合に、意図しなかった無償の技術移転が行われることがある。ジョイントベンチャーを通じて、現地パートナーが、ジョイントベンチャーにライセンスされた外国側パートナー等のトレードシークレット・技術を吸収してしまうことも行われる。また、本来のトレードシークレットの所有者から特定の地域と使用目的の限定を受けてライセンスの供与を受けたはずの企業やそのグループ企業が、ライセンス対象地域外の新しいビジネスの戦場（外国）で売込先に無償でその技術の提供を申し出て商品・プラントビジネスを有利に展開しようとすることがある。契約違反である。しかし、発見も、立証も、差止めも容易ではない。

9 トレードシークレット・ライセンスの問題点と特許出願上の留意点

　一言でいえば、トレードシークレットをライセンスビジネスとして開

示・展開しようとするには、特許権など国家による登録などの庇護を一切受けずとも、自らの才覚でその財産価値と信用を維持し、しかも適正なロイヤルティーの受領を確保していく仕組みをつくりあげることが必要である。相手先の選定、ロイヤルティーの価格条件と支払受領方法・時期、ふさわしい契約書の締結、秘密情報の開示とキーポイントの留保、継続的な開発、保証の取付け方、相手方が契約違反の場合の処理方法、など、その仕組み自体が立派にトレードシークレットを構成する。

　トレードシークレットとして秘密保持を維持することができないと判断する場合は、そのトレードシークレットの中で特許取得可能な部分について、特許出願し、審査請求を行い、特許権を取得した上で、ライセンスビジネスを展開することをオプションのひとつとして考えることができる。

　日本で特許出願中の特許・知的財産のライセンス交渉を行う場合、ベンチャーや新人が陥りやすい錯覚がある。それは、特許出願が「公開」されただけで、特許権が成立するという誤解である。特許は、審査を迅速に行うため、審査請求が行われたものしか、審査されない。出願された特許は、出願後1年6か月経過後自動的に公開されるが、その段階では特許権は成立していないのである。特許成立には出願後、2年から5年かかるとみておく必要がある。

第1部　秘密保持契約（NDA）とトレードシークレット・ライセンス

第2章

秘密保持契約書（NDA）

① 秘密保持契約書（NDA）の締結

1　評価・導入可否決定のためのトレードシークレット一部開示に関わる「秘密保持契約書」の締結

　トレードシークレット（営業秘密）は、常に注意深く守られなければならない。不注意によって開示・公開されてしまった場合、その財産的価値はなくなるといってもよい。その運用・管理にあたっては、重要な財産価値があるトレードシークレットには、ライバル企業、外国国家、外国企業等の産業スパイ行為（犯罪）もいとわない集団の関心を常に浴びているという認識が必要である。

　トレードシークレットの開示・ライセンス契約の交渉では、第一段階で、「秘密保持契約書（Non-Disclosure Agreement; Confidentiality Agreement）」「秘密保持協定書（Confidential Disclosure Agreement）」「秘密保持確約書（Letter Agreement of Acknowledgment）」が交わされることが多い。前2者は、締結交渉のためにトレードシークレットの一部を開示する側と、開示を受け評価しライセンス契約を締結するかどうかを検討する側（Recipient）との契約という方式をとる。最後の確約書は、開示を受ける側（Recipient）が秘密保持を約する旨を一方的に差し入れるレター方式である。実務上、両方とも使用されている。トレードシークレットや秘密情報の開示を受ける側のことをReceiving PartyまたはRecipientという。正式なライセンス契約を締結するか否かを決定するために、秘密情報の一部が開示されるときは、RecipientのことをProspective Licenseeと呼ぶこともある。秘密保持契約は、開示側（Disclosing Party）からいえば、正式契約締結前も大事であるが、正式契約締結後はさらに大切である。正式契約の中では、秘密契約条項と呼ばれる。

24

2 「秘密保持契約書（Non-Disclosure Agreement）」の締結の狙いは何か

　トレードシークレットについての正式なライセンス契約（a formal license agreement; a definitive license agreement）の締結の前に、その営業秘密の評価が行われる。営業秘密の評価というのは、ライセンス交渉の対象となるトレードシークレット（営業秘密）がいったいどのような内容なのか、評価する機会と期間と考えればよい。売買契約で商品の買入れを決定する前に、商品の見本（サンプル）を受け取って、その品質・性能を評価するように、トレードシークレットのライセンスを受ける取引の対象を特定し、そのトレードシークレットの水準を評価し、自家使用やサブライセンスのマーケッティングの評価（evaluation）を行うのである。企業の買収（M&A）の場合のDue Diligence（デューディリジェンス）と似ている。

　その場合、ライセンサー側が、ライセンシー側になんら秘密保持義務を負わせずに、不用意にトレードシークレットの重要部分を開示してしまうと、ライセンシー側にとってはそれだけで十分であり、あえてライセンス契約を締結することまで、興味を示さない。開示を受けた側はそのまま交渉を打ち切ることになってしまう。第三者にも同じように開示されてしまっているとすれば、もはやトレードシークレットとしての財産的価値が失われているかもしれないからである。1970年代のことであるが、ある日本企業がアジア・中東の国で、合弁事業（J/V）の迅速な準備のために政府の認可前に技術情報を現地合弁予定先に開示し、その技術者に製造技術を修得させたところ、試作品ができあがった。その試作品ができあがったという報告を受けて、すでに自国側が獲得した技術で製造できる事業なら、外資を入れて合弁で行う必要がないという理由で、同国政府から合弁事業不認可となったというエピソードを現地で聞いた。ビジネスの世界では、トレードシークレットは開示のタイミングが鍵である。トレードシークレットは秘密性（confidentiality）が保持されてはじめて経済的・財産的価値があり、取引の対象となりうる。秘密性の高いトレードシークレット・技術の移転が鍵となる合弁事業では、トレードシークレットの本当に大事な核心部分、いわばクラウン・ジュエル（Crown Jewel）は、自社側が派遣・差し入れた技術者・専門家に対してのみ開示することにとどめて、秘密保持が行われることさえ

第1部　秘密保持契約（NDA）とトレードシークレット・ライセンス

ある。現実には、自社で訓練し育成した技術者が、高給でライバルの他社に引き抜かれることが少なくない。

　評価のための開示後、実際には「トレードシークレットの開示・使用許諾契約」の締結に至らない場合、開示を受けた側がその秘密情報を自ら利用したり、第三者に漏洩したりしないことを確約させるのが、ライセンサー側からみた「秘密保持契約書」の締結の狙いである。「秘密保持契約」も「秘密保持契約書」もNDAと呼ぶことがある。これはNon-Disclosure Agreementの頭文字をとった呼称である。

3　秘密保持契約書は誰が作るか

　トレードシークレットを開示する側（ライセンサー）が印刷したフォームか所定フォームを用意していることが多い。ライセンシー側は、どのようなフォームがライセンサーから提示されても、すばやく内容を読み取り、重要なポイントをチェックし、カウンタープロポーザルを出せるようにしておく。当方が開示側の場合は、あらかじめ標準書式を用意しておくのが理想的であるが、この場合も、相手（ライセンシー）側からのカウンター・プロポーザルを検討できるようにポイントを把握しておくことが必要になる。

4　秘密保持契約書締結による契約交渉の段階では何が開示されるのか

　正式なライセンス契約の締結前の評価のための開示の段階では、トレードシークレットのうち、本当に大切な部分は開示しないで、しかも契約を締結すれば開示の対象となるトレードシークレットの内容・水準を相手方（Prospective Licensee）に十分にわからせる工夫が必要になる。そのトレードシークレットの開示と使用許諾の対価であるロイヤルティー（開示・使用料）の決定の基準になるからである。

　国際的なトレードシークレット開示・使用許諾契約の交渉のために使用される「秘密保持契約書」の概要と例文を4で紹介する。本書で紹介するNDAは、英文「秘密保持契約書」の中でも厳しい方に属するが、日本の国内で一般に使用される「秘密保持契約」に比べるとはるかに詳細で厳しい。

第 2 章／秘密保持契約書（NDA）

② 秘密保持契約書（NDA）の構成と基本条件

　秘密保持契約は、Confidentiality Agreement とも Non-Disclosure Agreement とも呼ばれる。後者の略称である NDA と呼ばれることも多い。

　秘密保持契約書（NDA）の構成は、第1に、秘密を開示するに至った経緯・理由を説明し、第2に、どのような営業秘密を開示するのかその取引対象を明示する。第3に、開示の目的（通常は、評価を行い、ライセンスを受けるかどうかを決定するため）を明記する。第4に、評価のために受け取った情報・資料等の秘密保持義務および返還義務を取り決める。ライセンサー側からいえば、この第4の条件が最も重要である。

　では、具体的にいつまでに返還するのか、ライセンスを受けるかどうかをいつまでに決定すればよいのか、また、ライセンス契約の締結に至らない場合、秘密保持の範囲と期間はいったいどうなるのか。そのような問題を個別のトレードシークレット（営業秘密）の取引の実状に合わせて詳細に取り決めていくのが「秘密保持契約書」の作成・交渉の実務である。それぞれのビジネスの実際を考えない統一的な書式はない。あっても、そのままは使えない。しかし、ドラフトのたたき台として参考にすることはできる。

③ 評価・導入可否決定のための営業秘密の
　　　一部開示に関わる「秘密保持契約書（NDA）」の内容

〔登場人物／企業名リスト〕
　(1)Karen View Corporation（本社サンフランシスコ；カリフォルニア法人）：ライセンサー
　(2)Aurora Borealis Corporation（本社東京；日本法人）：ライセンシー
　(3)Karen View：カレンビュー社 CEO & President（社長）
　(4)Nancy：カレンビュー社（法務部 General Counsel；弁護士）
　(5)日高尋春：Aurora Borealis 社知的財産部長

27

第1部　秘密保持契約（NDA）とトレードシークレット・ライセンス

(6)飛鳥凛：Aurora Borealis社法務部員（新人）
(7)紀伊津志音：Aurora Borealis社CEO兼社長

　仮定のストーリーを設定して紹介する。日本のベンチャー企業の「Aurora Borealis Corporation（オーロラ・ボレアリス株式会社）」がカリフォルニア州の「Karen View Corporation（カレン・ビュー・コーポレーション）」から、後者が開発したトレードシークレットの開示を受けようと交渉を始めたとする。前者の略称をABC社、後者の略称をKVC社、またはLicenserと呼ぶことにしよう。カレン・ビュー社長の率いるKVC社は主力製品の化粧品、石鹸、バッグなど小物に加えて、最近は、積極的なM&Aによって、コンピュータ・ソフトウエア、アニメーション、音楽・映画産業にも進出し、注目を浴びている。カレン・ビュー社長は、しばしば信頼するNancy弁護士（KVC社General Counsel）を契約交渉の場に同席させる。ABC社の知的財産部長、日高尋春氏の使命は、KVC社の商品のうち有望な数品目に的を絞り、そのライセンスを受け、ライセンス生産を行うか、マーケティングの見込みが立てば、サブライセンスビジネスを展開することである。日高尋春氏は、法務部員の新人・飛鳥凛を伴って渡米した。

　渡米した日高尋春氏に、カレン・ビュー社長から「Confidentiality and Non-Disclosure Agreement」が提示された。すべての話は日高尋春氏がその秘密保持契約書にサインしてからというわけである。日高氏は飛鳥凛とともに交渉を進めるつもりでいる。では、カレン・ビュー社提案の秘密保持契約のままサインすると、いったいどんな責任とリスクを負担することになるのだろうか。

　KVC社から示された「秘密保持契約書」のフォームの主要部分について、一緒に検討してみよう。「秘密保持契約書」の吟味は、飛鳥凛にとって知的財産に関わるアメリカ企業・国際企業社会の持つリスクマネジメントの感覚を身近に感じる機会となろう。

　余談として、Aurora Borealis社の命名のいわれを紹介する。筆者は、1970年代はじめにミシガン大学（大学院）に2年間留学した。ある朝、Ann Arbor News（朝刊）を見ると、一面に「今夜おそく、アンナーバーで美しいオーロラが見られる！」という記事がでていた。幼い頃から、

オーロラにあこがれていた筆者は、その日夜9時頃から友人とリスも遊んでいるキャンパスの芝生の上にねそべってオーロラがあらわれるのを待っていた。星は落ちてきそうなくらい美しい。深夜12時をすぎてもオーロラはあらわれず、その上、空がくもりはじめた。夜の12時半頃だったろうか、筆者は、「オーロラを待っても、無駄なようだ。」と言って、友人を残して、寮に帰って眠ってしまった。翌朝、筆者の目にAnn Arbor Newsの一面（全面）のカラー写真付き記事がとびこんできた。「世紀のページェント、極彩色のオーロラの祭典がAnn Arborの夜空で1時間にわたりくり広げられた！」オーロラのあらわれたのは1時15分だった。このような美事なオーロラは、次の世紀まであらわれないという。オーロラは消えた。筆者に「夢は、自らあきらめた時に、はじめて実現が不可能になる。」というメッセージを残して……。Aurora Borealisは筆者が見ることのかなわなかったNorthern Lights（北のオーロラ）である。

④ 「秘密保持契約書（NDA）」の基本条項

1 契約当事者・前文・リサイタル

◇例文1　契約当事者（Parties）・前文・リサイタル（Recitals）

Karen View Corporation

Confidentiality and Non-Disclosure Agreement

THIS AGREEMENT is made in San Francisco, California, as of the first day of June, 20＿ , by and between Karen View Corporation, a California Corporation, with its principal office at ＿＿＿＿＿＿ , (hereinafter referred to as "KVC") and Aurora Borealis Corporation, a Japanese corporation, with its principal office at ＿＿＿＿＿＿ , Japan (hereinafter referred to as "ABC").

第 1 部　秘密保持契約（NDA）とトレードシークレット・ライセンス

RECITALS

1.　KVC has developed and owns title to certain proprietary and confidential technical information and trade-secrets ("Confidential Information") more fully described in Schedule attached to this Agreement. For the purpose of this Agreement, the Confidential Information includes all patentable rights and interests whether or not such patent applications have been filed, copyrights and know-how, trade-secrets, or other technical information related thereto, now owned or controlled by KVC, [pertaining to the Products or the manufacture of the Products, which are defined and listed in the Schedule] and

2.　ABC desires to inspect and examine the Confidential Information for the purpose of determining whether or not ABC desires to enter into a formal license agreement with KVC for the licensing, sale, marketing or other use of the Confidential Information.

［対訳］

カレン・ビュー・コーポレーション

秘密保持契約書

_____に主たる事務所を置くカリフォルニア州法人であるカレン・ビュー・コーポレーション（以下「KVC」という）と_____に主たる事務所を置く日本法人であるオーロラ・ボレアリス・コーポレーション（以下「ABC」という）とは、20__年6月1日付けで、サンフランシスコで本契約書を締結する。

経　緯

1.　KVCは本契約書の添付別紙にその詳細を記載した、ある財産的価値のある秘密の技術情報と営業秘密（以下「本秘密情報」という）を開発し、保有している。本契約書の解釈の目的上、本秘密情報には、（特許）出願しているか否かをとわず、KVCが所有または支配する、本秘密情報に関わるすべての特許取得可能な権利・権益、ならびに著作権、ノ

第2章／秘密保持契約書（NDA）

> ウハウ、営業秘密、技術情報が含まれるものとする。
>
> 　2.　ABCは本秘密情報のライセンシング、販売、マーケティング、またはその他の利用の目的のために、KVCと正式なライセンス契約を締結するか否かを決定するために、本秘密情報を吟味、試験することを希望している。

■*解説*■

1　表題（Title）は単に「Agreement」とすることもある。本例文では、KVC社の所定フォームという性格上、上記のようになっている。

　対訳としては、「秘密保持協定書」としてもよい。筆者は、本書では、厳密な翻訳版をつくることを考えず、自由に対訳を作成している。本書では第2部「著作権ライセンス」、第3部「商標ライセンス」でも同じ方法をとっている。

2　日付の表現にはいくつかの方法がある。上記例文で使用した表現より簡潔な表現としては、"on June 1, 20__"（訳：20__年6月1日に）もよく使われる。

3　前文の目的は、契約当事者（Parties）を明示し、契約書の締結の日と場所を明らかにすることにある。この秘密保持契約書はカレン・ビュー・コーポレーションの所定フォームなので、締結地をサンフランシスコとしている。調印（Signing; Execution）をホームタウン（自社側の地）で行うことにより、万一の紛争の際に自社側の管轄地（カリフォルニア州）の法律を適用法として争うことを考えているのである。

　ふつうの契約書では、締結地は記載されていないことが多く、最後に調印した側の国（場所）が契約締結地になる。準拠法（Governing Law）が明示されている場合には、締結地にかかわらず、その合意された国（アメリカ、カナダ、オーストラリアなど連邦国家の場合は州）の法律が適用法になる。

　なお、契約当事者名の契約書中での略称を決めるときには、通常会社名の中核となる名称、または会社名の頭文字などから、アルファベット3文字または4文字くらい、あるいはそれ以上を大文字で表示する。BP、GEなど2文字の企業名もあるが、契約書で呼称（略称）をつくるときは、アルファベット3文字以上をすすめたい。2文字のAN、NOなどでは、紛らわしくなりかねない。Karen View Corporationなら、略称をKAREN、Karen、またはKVCとする。日本の契約の「甲」「乙」のように1文字「X」「Y」や「AAA」「BBB」というような略称は、混同やトラブルの原因となるので避ける。

4　アメリカでは、会社は各州の会社法にもとづいて設立される。本例文では、KVCはカリフォルニア会社法にもとづいて設立されている。カナダの会社には州（Province）の法律（州会社法）にもとづいて設立されたものと連邦会社法にもとづいて設立されたものがある。アメリカの場合、連邦会社法がなく、連邦会社法人はない。例文のKVCをa U.S. corporationまたはan American corporationと表示する

31

のは誤りである。

5 リサイタル（Recitals）では、その契約書の締結に至った経緯、背景を簡潔に説明する。契約の有効性にとって必要・不可欠な箇所ではなく、日本の契約書では、むしろ記載されないのが通常である。数十頁にわたる長文の契約書、協定書でも、リサイタル条項を見れば、登場する当事者の立場など契約・協定の基本的な性格が即座に把握できる。このため、リサイタル条項には実務上、契約書・協定書を一目で理解できるという効用がある。

6 営業秘密は直訳すると「Trade-secret」であるが、その範囲は広い。特許出願していない技術情報や、技術的情報でなくとも、営業秘密として財産的価値のある情報も含む。ぴったりした定義や該当する用語を探すのがむずかしい用語である。本例文では、便宜上、「Confidential Information（秘密情報）」を使っているが、実際には、同様の目的で、「Trade-secrets（営業秘密）」「Technology（技術）」「Technical Information（技術的情報）」「Proprietary Information（財産的情報）」などが使われる。

　Proprietaryという用語は読み方（発音）がむずかしい。誤って「プロプリータリー」と読む人がいるが、正しくは「プロプライアタリー」と読む。

7 営業秘密の定義の際に、関連商品が特定されているときには、商品名を明示して技術情報・営業秘密を限定することが行われる。上記例文のリサイタルの部分（フレーズ）はその一例である。

2　営業秘密（秘密情報）の開示先の制限

◇例文2　営業秘密の開示先（KVC案）
（個人名の通知・承認・拒絶手続、個人からの秘密保持契約書の取付け・提出）

Article 1

1.1　KVC will disclose the Confidential Information only to seven (7) members of ABC's officers, employees or agents who ABC shall name and identify in a letter to KVC no later than fifteen (15) days prior to the first date on which the Confidential Information is disclosed under this Agreement.

KVC shall have the absolute right to approve or disapprove any person named and identified by ABC in such letter.

1.2　ABC shall undertake procedures to insure that each of its officers, employees or agents to whom the Confidential Information is disclosed:

(i)　understands the confidential nature of the Confidential In-

第2章／秘密保持契約書（NDA）

formation;

(ii) understands that he has an obligation to hold such information strictly confidential.

When requested by KVC in writing, ABC shall submit letters of acknowledgment executed by each of the approved officers, employees or agents in such form as provided by KVC.

［対訳］
第1条
1.1　KVCはABCの役職者・従業員・代理人の7名にのみ本秘密情報を開示するものとし、ABCは、本契約書に従って開示を受ける最初の日の15日前までにレターでそのメンバーの指定と人物の連絡をKVCに対して行うものとする。
　　KVCは、ABCが指定してレターで連絡してきたメンバーを、その自由裁量によって承認することも、拒絶することもできるものとする。
1.2　ABCは本秘密情報の開示を受けるにあたり、開示を受ける者が下記の事項を認識し、守らせることについて責任を負うものとする。
（i）　開示される本秘密情報が秘密性を帯びた情報であること。
（ii）　開示された本秘密情報について一切第三者に漏洩しない義務を負うこと。
　　KVCの書面による要求を受けたときは、ABCは、KVCから渡されたフォームの秘密保持契約書に開示を受けることを承認された各個人の確認のサインを取り付けてKVCに提出するものとする。

■解説■

1　KVC社は開示先の企業名だけでなく、具体的にその情報を受け取り、評価する個人名にまで関心を持っている。通常の秘密保持契約では、ライセンス導入を検討する企業が、会社として秘密保持を確約することで足りる。開示を受ける個人まで特定したり、その承認手続を定めたり、個人からの「秘密保持契約書」をとるのは異例である。本秘密保持契約は、万一の場合に、その漏洩した個人を相手に訴訟、告訴を行うという姿勢を示し、警告している。

2　知的財産を権利として尊重し、適正な保護を与えるためには、国家（警察等）と企業の協力による知的財産保護のための綿密な協力が大切である。

　　カレン・ビュー・コーポレーションの「秘密保持契約書」の厳しさには、カレン・ビュー社が遭遇したさまざまな失敗や事件の積み重ねとアメリカ文化・価値観が反

第1部　秘密保持契約（NDA）とトレードシークレット・ライセンス

映されているのであろう。

3　代理人（コンサルタント）によって評価を受けようとするときに、その代理人の秘密保持についての評判等を理由に、ライセンサー側が開示先として拒絶してくることがある。転職の多い社会や業界では、それまでの行いや評判に問題のある従業員についても同様に拒絶の対象になることがある。

4　（従業員をふくむ）個人にライセンサーとの「秘密保持契約書」に署名させるというKVC側要求に対して、ABC社法務部新人の飛鳥凛は、契約書当事者を、KVCに代えてABC社とし、ABC社とその（従業員）個人との契約（和文）にするよう提案した。例文3参照。対訳は意訳である。

◇例文3　営業秘密の開示先（ABC案）
（評価・決定に必要な従業員・代理人にのみ開示、個人の秘密保持契約書の取付け・保管）

1. ABC agrees not to use the Confidential Information provided by KVC for any purpose except to evaluate and examine the Confidential Information and engage in discussions concerning a potential business relationship and conclusion of a formal license agreement with KVC.

2. ABC may disclose the Confidential Information to its responsible employees and agents with a bona fide need to know, but only to the extent necessary to carry out the purposes of such evaluation, examination and discussions, and determining whether ABC should enter into a formal license agreement with KVC.

3. ABC undertakes to take all reasonable measures to protect the confidentiality and avoid unauthorized disclosure and use of the Proprietary Information.

4. Without limiting the foregoing, ABC shall take at least those measures that ABC takes to protect its own confidential information.

5. ABC further acknowledges and agrees that ABC has, or shall have its employees and agents who have access to the Confidential Information signed a non-use and non-disclosure agreement with ABC in content substantially similar to the provisions hereof in ABC's designated form, prior to any disclosure of the Confidential Information.

第2章／秘密保持契約書（NDA）

［対訳］

　1.　ABCは、本秘密情報を評価及び検討し、KVCとの取引関係の可能性及び正式なライセンス契約の締結に関する協議を行うこと以外の目的で、KVCの提供する本秘密情報を使用しない旨合意する。

　2.　ABCは、本秘密情報を、（上記目的遂行のために、実際に）知る必要のある責任あるABCの従業員及び代理人に開示することができるものとするが、その開示の範囲は、かかる評価、検討及び協議の目的を遂行し、ABCがKVCと正式なライセンス契約を締結するか否か決定する目的上、必要な範囲に限る。

　3.　ABCは、本秘密情報の機密性を保持し、その開示ならびに使用を回避するための一切の合理的方策を取ることを確約する。

　4.　前述の各確約事項を制限することなく、ABCは最低限、自らの秘密情報を保護するために取っている方策を（KVCから開示された本営業秘密に対しても）取るものとする。

　5.　ABCはさらに、本秘密情報の開示に先立ち、ABCの指定する様式と実質的に同等の内容を有する（和文の）「使用禁止及び非開示契約」に署名させ、また（これから）署名させることを合意する。

■解説■

1　本例文の第5項では、KVC社から開示される営業秘密（秘密情報）にアクセスするABC社の従業員が調印するNDA（秘密保持契約）の宛先あるいは相手方を、（KVC社ではなく）ABC社とし、そのフォームもABC社がドラフト（作成）するとしている。

3　開示を受けた側の秘密保持義務

◇例文4　開示を受けた側の秘密保持義務

Article 2

2.1　ABC recognizes the proprietary and confidential nature of the Confidential Information and agrees that no title, ownership or interest of any character in such Confidential Information is conveyed or transferred by KVC to ABC.

第1部　秘密保持契約（NDA）とトレードシークレット・ライセンス

2.2　ABC shall take such steps as are necessary to assure that the Confidential Information are not disclosed to any other person, company, organization or other entity of any character.

2.3　ABC shall be relieved of its obligations of confidence as imposed under this Agreement if the information sought to be disclosed:

(i)　is published or public knowledge through sources other than this Agreement at the time of such disclosure;

(ii)　become published or public knowledge after disclosure to ABC under this Agreement, except by breach of this Agreement;

(iii)　was in the possession of ABC at the time of disclosure under this Agreement, as evidenced by written records of ABC.

［対訳］

第2条

2.1　ABCは本秘密情報が財産価値があって秘密性のものであることを認識し、かかる秘密情報の権原・所有権・権益のいずれも、いかなる形でも、KVCからABCへ移転したり、譲渡されるものではないことに同意する。

2.2　ABCは本秘密情報がいかなる人、会社、他の組織、あるいはいかなる形の事業に対しても一切開示・漏洩されないことを確約し、そのために必要なあらゆる方策をとるものとする。

2.3　ABCは下記に列挙する場合については、本契約書で課されている秘密保持義務から免除されるものとする。

開示されようとする対象の情報が、

(i)　開示の時点で、本契約書による開示以外の情報ソースから公表されるかまたは公知のものとなってしまっている場合、

(ii)　本契約書によるABCに対する開示後、本契約書の違反によらないで、公表されるか、公知のものとなった場合、

(iii)　本契約書による開示の際に、ABCの書面による記録によって、ABCがすでに所有していた情報であることが証明できる場合。

■解説■

1　本例文の1項は、開示される営業秘密の所有権・処分権・財産権がどのような

第 2 章／秘密保持契約書（NDA）

形でも、開示を受けた側に移転するものではないということを明確にすることに狙いがある。

　短く表現することもある。たとえば、次のような文である。

「The Confidential Information disclosed under this Agreement remains the property of KVC.（本契約書にもとづき開示された秘密情報は KVC の財産のままである。）」

　開示を受けた営業秘密を、ライセンサーに無断で、ただちに第三者に漏洩、売却・譲渡したり、使用することが頻繁に行われるのが現実である。対抗上、営業秘密の財産権が移転しないことを規定したものである。万一、開示を受けた側が勝手に第三者に譲渡した場合は、日本であれば、不正競争防止法や民法の不法行為（709 条）を根拠として賠償責任を問い、同時に使用差止めを求めることになろう。

2　知的財産侵害事件の現実の問題は相手方が容易に判明しないことである。また、判明しても、外国にその本拠地があったり、特別な事情のために手が出せないことである。外国国家が黙認しているために堂々と侵害品の工場や施設が稼働していることがある。国家レベルで考えたとき、外国企業の知的財産権に厚い保護を与えることがそれぞれの国の国家・社会・経済の正義・政策・価値観からみて、妥当か否かは議論が分かれることがある。南北問題の 1 つである。執行面において国家機関の役割が重要度を増す分野である。

3　本例文の 2 項は、開示を受けた側の秘密保持義務を規定している。開示を禁止された相手先は事実上すべてであり、政府機関のような例外も認めていない。まだ、正式なライセンス契約の締結前であり、認可手続も不要との前提である。

　秘密保持の期間については、3 項の事態が発生するか、あるいは、当事者間で取り決める期間となる。通常は、開示後、5〜10 年くらいの間で協議されることが多い。ただし、その対象となる営業秘密が重要であったり、特別な場合には、半永久ともとれる期間（20 年）や無期限（unlimited）あるいは永久（permanent; perpetual）とされることもある。ライセンサーが一方的に指定（宣言）する時までと取り決めたり、無期限と規定した場合の効果は必ずしも明確ではない。準拠法次第であるが、法律の解釈によって限定されることがある。「永久」と決めても、陳腐化し、または、公知になれば保護はされなくなる。

4　本例文の 3 項は、秘密保持の対象とならない情報を限定的に列挙している。例示的に協定書にもとづく営業秘密の一部の開示以前から公知の情報、開示を受ける側がそれ以前からすでに知っていた情報、後日、公表され公知となってしまった情報を秘密保持の対象外としている。現実のビジネスでは、開示された営業秘密がこのカテゴリーの情報に該当するか否かについて争われることが少なくない。

　そのため、ライセンサー側は、その挙証責任を開示を受ける側に負担させたり、その挙証方法を書面による証拠（documentary proof）に限定するなどの条件を規定するのが通常である。

5　日本の従来の民事訴訟制度のように、裁判が公開（原則）となっていると、ト

37

第1部　秘密保持契約（NDA）とトレードシークレット・ライセンス

レードシークレット（営業秘密）をめぐる紛争については、裁判による解決が不適切な場合がある。侵害の有無が争いの焦点となるトレードシークレット自体が公開されてしまっては、その訴訟の狙いが達成できないからである。アメリカなど先進国の民事訴訟制度のもとでは、非公開の裁判手続が可能である。日本でも近年、民事訴訟法の改正により、アメリカの制度にならい、一部非公開の制度が導入された。しかし、実務上のリスクの有無とリスク発生防止・軽減についてはなお研究を必要とする。

4　「秘密保持協定書」の特別条項

　上記（前文、経緯、営業秘密の開示の対象者、秘密保持義務）の規定が「秘密保持契約の基本条項」である。実務では、ライセンサーによってはさらに詳細に「秘密保持協定書」で他の事項についても取り決める。開示を受ける側の義務についての取決めが多い。本項では、KVC社のケースを取り上げて、秘密保持契約書の特別条項を、その狙いとともに紹介する。

◇例文5　ライセンシーの業務遂行上必要な人員にのみ秘密情報開示
（"Need to know" Basis）

　ABC may disclose the Confidential Information to its responsible employee with a bona fide need to know, but only to the extent necessary to carry out the purposes of evaluating and examining the Confidential Information and determine whether ABC should enter into a formal license agreement or not.

　ABC agrees to instruct all such employees not to disclose the Confidential Information to third parties, including consultants, without the prior written consents of KVC.

［対訳］
　ABCは（業務遂行上、実際に）知らせることが必要な責任ある（担当）従業員に対し本秘密情報を開示することができる。但し、本営業秘密を評価及び検討し、ABCが正式なライセンス契約を締結するか否か決定する目的を遂行する上で必要な限度とする。

38

第 2 章／秘密保持契約書（NDA）

> ABCは、KVCの事前の書面同意なく、第三者（コンサルタントを含む）に対し本秘密情報を開示しないよう従業員全員に指示する旨合意する。

■解説■

1 ABC社内で（KVCから開示された）秘密情報にアクセスできる者の範囲を合理的、実際的に限定する規定は実務上、きわめて大切である。ABC社の誰でもアクセスできるような開示は避けなければならない。

◇例文6 正式契約締結義務の不在（No obligation）

No obligation
Nothing in this Agreement shall create on ABC the obligation to enter into any agreement with KVC in respect of _____ , and each party reserves the right to terminate, in its sole discretion, the discussions with the other party regarding such _____ opportunities.

Upon such termination or if a formal licensing agreement has not been reached by the end of _____ , 20__ , ABC shall, at KVC's election, destroy or return to KVC the originals and any copies in its possession of all the Confidential Information received from KVC hereunder.

［対訳］

義務の不存在

本契約のいかなる内容も_____に関しKVCと契約を締結する義務をABCに創設するものではなく、各当事者は、それぞれ単独の裁量でかかる_____の機会に関し相手方との協議を終了する権利を留保する。

そのように終了した場合、または、20__年、___月末までに正式なライセンス契約が締結されない場合、ABCは、KVCの（自由裁量による）選択に従い、本契約にもとづきKVCから受領した本秘密情報の一切の原本及び写しでABCの所持するすべてを破棄又は返還するものとする。

第1部　秘密保持契約（NDA）とトレードシークレット・ライセンス

■解説■

1　本例文は、このNDA（秘密保持契約）はライセンス契約交渉の前に締結するものであることをふまえ、このNDAにもとづきKVC社からの秘密情報の開示がなされたからといって、ABC社にライセンス契約を締結する義務が発生するわけではないことを明確にするのがねらいである。正式なライセンス契約締結に至らない場合、ロイヤルティーなどの支払義務もない。

◇例文7　開示を受けた側の評価・ライセンスを受けるかどうかの意思決定の期限
(Deadline for Decision)

ABC shall, as soon as practicable, evaluate and examine the Confidential Information disclosed hereunder, and shall, on or before __ , 20__ at latest, notify KVC of its decision on whether or not ABC wishes to enter into a formal license agreement with KVC, and its proposed terms.

[対訳]
　ABCは、本契約書にもとづき開示された本秘密情報をすみやかに評価、検討し、おそくとも20＿年＿月＿日までに、KVCに対して、正式なライセンス契約の締結を希望するか否か、および、その希望条件を通知するものとする。

■解説■

1　いつまでも検討できるような条件だと、次の顧客へのライセンスの機会を失う。評価とライセンス契約の締結を希望するかしないかの決定を行う期限を設ける。

◇例文8　受け取った情報・資料の返還義務
(Return of Disclosed Information and Materials)

In case ABC decides not enter into a formal license agreement with KVC, or a formal license agreement is not concluded between KVC and ABC for any reason by the end of _____ , 20__ , ABC shall, upon KVC's request, either (i) promptly return to KVC all materials

第2章／秘密保持契約書（NDA）

and tangible items containing the Confidential Information and all duplicates and copies thereof, or (ii) destroy such originals or copies and provide appropriate evidence of such destruction.

[対訳]
　ABCがKVCとの正式なライセンス契約を締結しないと決定したときまたは、いかなる理由であれ、KVC、ABC間で正式なライセンス契約が20__年__月末日までに締結されないときは、ABCは、KVCの要求にもとづき、(i)KVCから提供された本秘密情報を含むあらゆる資料・有形物のもの、ならびにその写しやコピーをすみやかに返還するか、または(ii)かかる資料やコピーを破棄し、その適切な証拠を提供するものとする。

■解説■

1　ライセンス契約を締結しない場合には、評価・検討のために開示した情報・資料の返却を行うことを規定する。「情報」の返却といっても、曖昧さは残るが、少なくとも財産権・処分権は移転しないことを他の規定（上記例文等）で明確にし、他は秘密保持規定でカバーする。

◇例文9　秘密保持対象資料・情報の特定
(Marking or Identification of Confidential Information)

All Confidential Information to be kept by ABC confidential hereunder shall be clearly marked or identified as "Confidential Information" and it is the responsibility of KVC to ensure that such Confidential Information is clearly so marked or identified prior to delivery to ABC.

[対訳]
　すべての本秘密情報は明確に「秘密情報（Confidential Information）」と表示または特定されるものとし、かかる表示または特定がすべての本秘密情報について、ABCへの引渡しの前に必ずなされるようにするこ

41

第1部　秘密保持契約（NDA）とトレードシークレット・ライセンス

> とはKVCの責任とする。

■解説■

1　開示された情報のうち、どの情報が秘密保持対象なのか、意外に両者間で考え方が異なることがある。そのような誤解にもとづく紛争を防止したり、あらかじめ、裁判での立証を容易にするために、「Confidential」という表示を施したり、秘密情報は特別な袋（封筒）に入れて「Seal」をしたり、工夫がなされることがある。極端なケースでは、ライセンサー側は、秘密保持協定を締結して、ライセンシーにライセンス交渉を行っていること自体を秘密にする義務を負わせることもある。ライセンス交渉を打ち切る場合など、ライセンサー側の観点から考えれば、不調に終わった交渉を発表することはディメリットとなる場合があるからである。本条項はABC社の飛鳥凜がドラフトを作成し、KVC側に提案したものである。KVC社からは早速、カウンタープロポーザルが来た。2（次項）で紹介する。

2　現場の交渉や実務を担当する者が、かかる契約条件を、熟知し、規定どおりふるまうとは限らない。現実には、秘密情報を、その明示・特定をせずに開示してしまうことが少なくない。以下は、KVC社Nancyからの上記例文（ABC社提案）に対するカウンタープロポーザルである。

「上記案文の第2文として下記を加えたい。If Confidential Information is inadvertently disclosed by KVC to ABC without being marked or otherwise identified as confidential, then within thirty (30) days after discovery of such inadvertent disclosure, such information shall be marked or otherwise identified by KVC as confidential.」

"inadvertent disclosure"は「不注意による開示」を指す。

◇例文10　「現状有姿」の提供
('as is')

All Confidential Information is provided by KVC to ABC 'as is', KVC makes no warranties, express, implied or otherwise, regarding its accuracy, completeness or performance.

［対訳］
　すべての本秘密情報はKVCによりABCに対し「現状有姿」で提供される。

42

第 2 章／秘密保持契約書（NDA）

> KVCは、その正確さ、完全さまたは性能について、明示的、黙示的あるいは他のいかなる形の保証もしない。

◇例文11　資料のコピー禁止（Restriction of Copying）

> ABC shall not take photos, make copies, or create any copies of the information or materials disclosed to ABC under this Agreement unless it has obtained the prior written consent of KVC.

> ABCは、本協定書にもとづいて開示を受けた情報・資料についてKVCの書面による事前同意を得た場合を除き、写真・複写をとったり、写しを作成しないものとする。

■解説■
1　開示資料の漏洩・散逸を防ぐため、あらかじめ複写等を禁止する規定である。
2　コピー禁止の表現は実体に即し、さまざまである。ソフトウエアの開示のケースにも対応できる汎用性のある規定の仕方として、次の例文を紹介する。
"ABC shall not reproduce or copy in any manner, in whole or in part, the information or materials provided by KVC to ABC, whether in machine-readable form, without prior written consent of KVC."

◇例文12　万一漏洩した場合の損害賠償義務（Indemnity and Damages）

> If ABC or its officers, employees or agent divulges to a third party the information disclosed to it by KVC under this Agreement, or such information is stolen, and KVC suffers damages as a result, ABC shall bear and pay to KVC all the damages suffered by KVC.

> 万一、ABCまたはその役員・従業員・代理人が本協定書にもとづきKVCより開示を受けた情報を第三者に漏洩し、または、窃取され、その

第1部　秘密保持契約（NDA）とトレードシークレット・ライセンス

> 結果、KVCに損害が発生した場合は、ABCはKVCのこうむった損害のすべてにつきKVCに対し賠償の責任を負い賠償するものとする。

■解説■

1　漏洩から発生する損害のすべてを賠償する義務を規定する。現実の紛争では、漏洩の有無、損害発生と漏洩との因果関係、損害の範囲・金額等について挙証責任をいずれが負担するかが焦点になる。

◇例文13　開示を受けた個人（従業員等）が移籍・転職した場合の報告義務 (Reporting)

> If any of ABC's officers, employees or agent, to whom the Confidential Information is disclosed by KVC pursuant to Article ＿ , should change jobs or be transferred from one office to another within three (3) months after such disclosure, ABC shall promptly notify KVC of such fact.

> ABCは、第＿条にもとづきKVCより本秘密情報の開示を受けたその役員・従業員・代理人が、開示後3か月以内に転職等、異動した場合は、すみやかにKVCに連絡するものとする。

■解説■

1　本項目は、カレン・ビュー社の特別な条項といってもよい。いったん、開示を受けた取引先（例では、ABC社）の役員・従業員個人が開示後、1か月くらいで同業種の競合企業に移ったり、独自に事業を興す場合をリスクの1つとととらえている。米国など外国では、転職が激しく、営業秘密の保護に細心の注意が払われているのである。本項は例文2の1.2（ii）の各個人のletter of acknowledgment（秘密保持契約書）の取り付けを前提として規定されている。

2　重要な営業秘密や技術情報を相手方（ライセンシー）に開示するとき、Karen View女史はしばしば相手方企業内にChinese Wall（万里の長城のような"情報の壁"）を設けさせる。壁をこえる研究員の異動も禁止される。

第 2 章／秘密保持契約書（NDA）

◇例文14　個人が営業秘密を漏洩した場合の連帯責任（損害賠償）(Joint Liability)

ABC shall jointly and severally be responsible and liable to KVC with each individual with respect to the obligations borne by the individuals to whom the Confidential Information is disclosed through submission of the letter of Acknowledgment pursuant to Article __ of this Agreement. The obligation of ABC under this Article shall not extinguish even if each individual retires from or leaves ABC.

ABCは、本契約書第＿＿条にもとづいて、本秘密情報の開示を受ける個人が提出したレター（Letter of Acknowledgment）によって負担する債務について、KVCに対して各個人と連帯して責任を負う。ABCの本条による債務は、各個人がABCを退職しまたは去った場合も消滅しないものとする。

■解説■

1　例文2で個人が営業秘密を漏洩しないことを約束し、ライセンサー側から要求あるときは、個人としてのレター（Letter of Acknowledgment）を提出することとされていた。ライセンサー（KVC）は開示を受けた個人と雇用主ABCの双方に責任を追及できるように本項をおいている。

◇例文15　開示された営業秘密・資料の国外への持出制限（Export Restriction）

ABC undertakes not to take the information and materials or its copies, etc., disclosed to it by KVC under this Agreement out of _____ (name of country) without the prior written consent of KVC.

ABCは、本契約書にもとづいてKVCより開示を受けた情報・資料またはその写し等について、KVCの事前の書面による同意なしには、＿＿＿＿国外に持ち出さないことを確約する。

第1部　秘密保持契約（NDA）とトレードシークレット・ライセンス

■解説■

1　技術・営業秘密の中には、旧ココム輸出禁止品目と同様に、現在でも、紛争地域・国などに輸出することを禁止・制限されているものがある。本項は、そのような法律・規制に違反しないように注意しておかれている。エレクトロニクス、通信、バイオテクノロジー、コンピュータ・ソフトウエア、無線操縦、宇宙関連技術など、本来、民間の平和技術として開発されたものが、軍事目的に転用されることがあるので、注意を要する問題である。潜水艦のプロペラに関する技術が日本（東芝機械）から旧社会主義国に輸出されたことが引き金となって、アメリカで親会社の東芝に対して一種の制裁法が制定されたことがある。アメリカのLaw Schoolのテキストブックで取り上げられる事件である。カレン・ビュー社はカリフォルニア州の企業なので習慣的に本項をフォーム化して規定している。リスクマネジメント上、国家の安全（national security）に対する社会風土の差を感じさせられる。

2　本条項は、契約締結のための交渉時より、むしろ正式なライセンス契約締結後、重要な役割を果たすことが多い。正式なライセンス契約、たとえば、トレードシークレット・ライセンス契約やソフトウエア・ライセンス契約には大切な規定である。輸出制限でなくても、用途を「平和利用（peaceful purposes）」に限定する規定のしかたもある。飛鳥凛は、自社（ABC社）から、技術やソフトウエアを外国企業にライセンスするとき、使途を平和利用に限定したときは次の条項を使う。

　"The right and license granted by ABC to the Licensee shall be used by the Licensee for peaceful purposes only."

◇例文16　秘密保持契約書の発効と有効期間（Effective Date and Term）

This Agreement shall come into effect on the date of execution thereof by both parties, and shall remain effective for five (5) years from the effective date. Provided, however, that this Agreement shall immediately cease to have effect in the event the Confidential Information disclosed by KVC should enter into the public domain through no fault of ABC.

本契約書は両者が調印した日に発効し、発効の日より、5年間有効とする。ただし、本協定にもとづきKVCによって開示された本秘密情報が、ABCの過失によらず、公知のものとなった場合は、本契約書はただちに効力を失うものとする。

第 2 章／秘密保持契約書（NDA）

■*解説*■

1　発効日は契約書の調印の日が一般的である。秘密保持期間については5年、10年あたりがよいのか、それとも、短期（2年）、あるいは無期限がよいのか、ケースによって議論が分かれるところである。現実の規定はさまざまである。あまり長期間だとかえって有効性に疑問があるが、実際には、当事者の力関係を反映して、期間が長いものが多い。

◇例文17　準拠法（Governing Law）

This Agreement and any dispute relating thereto shall be governed by, and construed in accordance with the laws of the state of California, USA, without reference to conflict of laws principles, or the United Nations Convention of Contracts for the International Sale of Goods.

本契約書ならびにそれに関わる紛争については、国際私法（抵触法）の原則や国際動産売買法条約によることなく、カリフォルニア州法に準拠し、解釈されるものとする。

■*解説*■

1　契約交渉では、立場の強い側、開示する側の国（あるいは州）の法律が準拠法と規定されるのが通常である。カレン・ビュー社の秘密保持契約書フォームの準拠法はカリフォルニア州法 "laws of the state of California" となっている。日本の企業がライセンサーなら日本法を選択すればよい。契約書に準拠法の規定がない場合は、準拠法・適用法はいわゆる「Conflict of Laws（抵触法）」、国際私法の問題として取り扱われる。

◇例文18　紛争解決条項（Arbitration or Settlement by Court）

ABC agrees that any interpretation and dispute concerning validity, and damages, etc. for any breach arising under this Agreement shall be settled by ＿＿＿＿＿＿ of ＿＿＿＿ .

第1部　秘密保持契約（NDA）とトレードシークレット・ライセンス

> 　ABCは、本契約書から発生する有効性、違反に対する損害賠償等に関わるすべての解釈・紛争について、＿＿＿＿＿＿による＿＿＿＿によって解決されることに合意する。

■解説■

1 例文のブランク欄には、紛争を解決するための解決機関名と解決方法（仲裁または裁判）を挿入する。通常は、開示する側の国（あるいは州）の仲裁機関による仲裁、あるいは裁判所による裁判で最終と規定されることが多い。交渉力次第である。仲裁に関する例文については、例文88〜92を参照。

2 カレン・ビュー社のフォームでは、ABC社が「サンフランシスコを管轄する連邦地方裁判所による裁判」により、解決することに同意する趣旨の規定がある。カレン・ビュー社が陪審による裁判と懲罰的賠償に期待しているものと推測される。日本の企業が開示側なら「日本商事仲裁協会（Japan Commercial Arbitration Association）による仲裁」（例文88参照）か、「東京地方裁判所による裁判」（例文91・92参照）などから選択すればよい。現行の日本の民事訴訟制度上、裁判では、公開が原則で、「秘密法廷」が開かれない。秘密性の高いトレードシークレット・営業秘密に関わる紛争の解決方法として裁判を選択することが適切でないことがある。

3 裁判に代わる代替的な解決方法を総称して、Alternative Disputes Resolution（略称ADR）と呼んでいる。ADRの用語は、米国で盛んなADRをビジネスとする企業を指す場合と広く裁判外の解決手段である仲裁・調停を含む場合とがある。

　知的財産分野のADRで活動しているものを2つ紹介する。国際的な知的財産権紛争のADRには、通常の仲裁・調停に加えて、WIPO（世界知的所有権機関）の調停・仲裁機関が活動している。その規則の柔軟さとドメインネームなどの知的財産権紛争の迅速な処理などの特色がある。また、日本国内では、国内の産業財産権紛争の迅速な処理を目指して、日本弁護士連合会と日本弁理士会の協力により産業財産権仲裁センターが1998年4月に発足した。その後、名称を日本知的財産仲裁センターと改称し、活動をしている。取り扱う紛争の件数は多くはないが、日本弁護士連合会と日本弁理士会の協力により誕生したというユニークな性格であり、将来のいっそうの活躍を期待したい。

◇例文19　完全なる条項（Entire Agreement Clause）

> This Agreement contains all the acknowledgments and agreements related to the disclosure of the Confidential Information between both parties, and shall supersede any acknowledgment or agreement

第 2 章／秘密保持契約書（NDA）

> prior to the execution of this Agreement.

　本契約書は両者間の本秘密情報の開示に関わるすべての了解・合意事項を含んでおり、本協定書の調印以前のいかなる了解・合意事項に対しても優先する。

■*解説*■

1　英米法の国、欧州などとの契約では、挿入されることが多い条項である。あらゆる了解事項を網羅して規定する。

　日本の契約書では、簡潔に最小限の事項だけを規定して、あとを次のような規定でカバーすることが多い。すべての合意事項を規定してはいないということが前提とされている。

　「本契約書に記載なき事項および疑義を生じた事項については、KVC、ABC両者間で信義誠実に協議して決定するものとする。」

　この表現は国際的な契約では期待どおりの機能をしないことがある。国際契約では、当事者で信義誠実に協議しても解決できないときに、どんな手段で紛争を解決するかの取決めが鍵なのである。合意がなければ、裁判による解決になる。裁判の場合は、その裁判地が決定的に重要になる。言語は、当該裁判所の国の言語であり、一審で最終にはならない。どうしても、この裁判を避けて代わりの紛争解決方法を探そうとする場合、合意が必要になる。その場合は、仲裁機関等による解決（ADR）を目指すことになる。

⑤　「秘密保持契約」の基本問題とリスク

1　秘密漏洩と損害発生の因果関係・損害金額の立証の困難さ

　「秘密保持契約書」に違反した場合の損害賠償の金額については、実際はなかなかはっきりしない。違反したかどうかすら、はっきりしないケースが多い。

　開示を受けた側が評価の結果、本営業秘密のライセンス導入を不要と判断したケースで、独自の技術開発や別なライセンサーから技術を導入して類似の製品の生産を始めることがある。このような場合に紛争が起こりやすい。当初、顧客になると期待してトレードシークレットの一部

を開示したライセンサーが、開示を受けた側がそのトレードシークレットを利用して製品をマーケットに出したと信じることがあるからである。

　技術や製品開発競争は互いにそれぞれの開発プロジェクトの内容・レベルを秘密に保ちながら、公表された他社の情報を分析し、繰り広げられている。競争相手は世界中にいる。非合法すれすれの産業情報収集活動も行われることがある。「秘訣、ノウハウは盗んで学ぶものである」という考え方が支配している社会がある。ノウハウの価値は受け取る側の力によっても左右される。

　他社の新製品発売・新事業に対して、疑心暗鬼になることがあっても決しておかしくはない。企業や技術陣のプライドもからんで複雑な紛争に発展しかねない。そのため、いったん紛争が発生すると解決が容易ではない。まして、漏洩の事実、漏洩と損害の発生、損害額の立証の困難さはいうまでもない。そのような前提で秘密を開示するライセンサー側はどのような防御のための手段を講ずればよいかがポイントになる。

2　開示の際に要求される覚悟とリスクマネジメント

　法律に守られた明確な知的財産権の保護がない場合に、トレードシークレットを顧客（Prospective licensee）に開示するには、それなりの覚悟とリスクマネジメントが必要である。なぜなら、トレードシークレットを第三者に対して開示するということは、その行為自体が必然的に潜在的な競合相手を生み出すことを意味するからである。カレン・ビュー社の「秘密保持契約書」の一部として紹介した例文は、そのようなリスクへの対応を考えて作成されている。同じリスクに対する感覚は「ライセンス契約書」にはミニマム・ロイヤルティーの規定などに、さらに色濃くあらわれる。

3　開示を受ける側の注意点

　一方、開示を受ける側としては、漏洩した場合のIndemnity（補償）やDamages（損害賠償）の範囲や限度がはっきりしないと、実際の損害からかけ離れた理不尽に高額な賠償や懲罰的賠償を訴訟で請求される原因になりかねない。「秘密保持契約書」を読まずにサインすることは危険であり、勧められない。

第2章／秘密保持契約書（NDA）

　1970年代あたりの事業会社の交渉では、出張先（現地）で相手側の説明だけ聞いて、秘密保持契約書の内容をよく読まずにサインして手元にコピーも残していないということは珍しくなかった。何しろ、交渉地である相手方の会社建物・工場に入らなければ、契約交渉ができなかったのだ。そして、書類の受取書・領収書の感覚でサインしてしまうのだ。交渉不成立に終わって相当期間経過後、独自開発や他のライセンサーからの導入技術などで開始した新事業・新製品に対して、差止請求を受けることがあった。相手方からのクレームと書類で初めて「秘密保持契約書」にサインしていたことに気づかされることになる。

　トレードシークレットの開示を受けるにあたっては、開示を受ける情報の範囲を吟味・限定し、秘密保持協定書の秘密保持期間・損害賠償の限度・紛争解決地・開示された情報へのアクセス可能な人（コンサルタント・関係会社）の範囲をよく読み、サインした書類のコピーを手元に保管しておくことが必要である。

第1部　秘密保持契約（NDA）とトレードシークレット・ライセンス

第3章

トレードシークレット・ライセンス契約の構成と基本条項

① 多彩なトレードシークレット・ライセンス

　営業秘密の開示・ライセンス契約はその種類が多彩であり、その構成や取決めの仕方にも差がある。典型的なケースとしては、いわゆるトレードシークレットのライセンスには、商標や特許・意匠・著作権等が組み合わさっていることも多い。現代のライセンスビジネスは、知的財産の複合的なライセンスである。商標、特許、意匠、ノウハウライセンスというように権利の種類によって分類しようとすること自体が旧時代のアプローチになってしまったともいえよう。

② トレードシークレット・ライセンス契約の基本条項

　多彩なトレードシークレット・ライセンス契約の典型的な条件・条項は、次のような項目である。ライセンスビジネスの種類・性格・内容によって不要な条項・追加条項もあり、バラエティーがある。
　①定義（Definition）条項——ライセンス対象のTradesecret、Technical and Commercial Information、Products、Territory等
　②ライセンス許諾（Grant of License）条項——ライセンスの対象、独占排他的（Exclusive）ライセンスか・非独占的（Non-exclusive）実施権か、サブライセンス権（Right to Sublicense）の有無、使用目的の限定
　③トレードシークレットの開示（Disclosure）・提供（Provision、Delivery）の方法——マニュアル、追加情報（Additional Information）の提供の要否

52

④技術指導（Technical Assistance）の範囲と方法——ライセンサーからの指導・指導員の派遣、ライセンシーの技術者等のライセンサーへの派遣・見学・訓練・知識の吸収

⑤商標（Trademark）・著作権（Copyright）等の使用——使用の可否、使用の態様、ライセンシーの商標との共同使用の可否

⑥ライセンサーからのライセンス許諾の事実についての商品等への表示方法（Legend）

⑦情報の改良（Improvements）——ライセンサーによる改良、ライセンシーによる改良と相手方への開示義務・権利の帰属

⑧ロイヤルティー（Royalty）の支払い——ロイヤルティーの金額と支払方法、ミニマム・ロイヤルティー、ランニング・ロイヤルティー、源泉徴収税（Withholding Tax）の支払い・負担

⑨ライセンサーによるレプレゼンテーション（Representation）と保証（Warranties）——ライセンス対象の営業秘密の所有権・処分権、第三者の知的財産権を侵害しない保証

⑩秘密保持義務（Confidentiality）——秘密保持義務の対象となる秘密情報の範囲・特定、期間、開示を受けた個人からの確約、違反の場合の責任

⑪第三者の侵害行為（Infringement）に対する対応——排除行為の主体・責任者、調査・通知義務、警告・訴訟提起、費用負担

⑫ライセンサーによる補償（Indemnification）

⑬契約期間（Term）と延長（自動更新、一方当事者の更新権）

⑭途中解除（Termination）——解除事由、解除後のライセンシーの営業秘密使用権の有無、一方の随意（discretion）による解除

⑮紛争の解決方法（仲裁〈Arbitration〉・合意による裁判管轄〈Jurisdiction〉、陪審による裁判権の放棄）

⑯不可抗力（Force Majeure）——不可抗力事由、証明と通知方法、不可抗力の効果（契約上の履行義務の免除、解約の可否）

⑰通知（Notices）方法

⑱使用言語（Language）——契約書・通知・開示資料の使用言語（正式言語）

⑲準拠法（Governing Law）

第1部　秘密保持契約（NDA）とトレードシークレット・ライセンス

第4章

トレードシークレット・ライセンス契約書のドラフティング

1　トレードシークレット・ライセンス交渉の設定

　ライセンス契約のドラフティングや交渉・アドバイスは、アドバイザー自身がその交渉の現場に同席し、両当事者のネゴシエーターの性格・企業の内容・ビジネスの種類と両者の提携の狙いを、把握した上でなければ、的確にはできない。ビジネス交渉というものは、狙いにより、優先順位を決めて臨むものである。値段（ロイヤルティー＝使用料）・ライセンス期間・ライセンス対象許諾地域・独占権の有無などコマーシャルタームに重点をおくこともあれば、いくつかのライセンス導入先・ライセンス供与先候補が重点の1つであり、条件が合わなければ契約交渉は流してもよいと決めて臨むこともある。一言でいえば、ライセンス契約書は、「契約書フォーム」が先にあるわけではない。契約書フォームをそのまま、既存のものとして飲み込み、覚えていくのでは、契約を修得できない。まず、ビジネスと人、技術・知的財産の中身を知ることからライセンス契約の交渉とドラフティングがはじまる。ライセンス契約は、ロイヤー任せ、フォーム任せではできない。ロイヤー、契約書フォームとは、必要な場合に助けを得るために、ビジネスパーソンのあなたが採否・変更し、使うデータバンク・道具なのである。道具は変幻自在に姿を変えて役立とうとする。契約書から発生する権利・義務の帰属先はビジネスマンのあなたであり、企業である。ロイヤーではない。

　本書のライセンス契約の紹介にあたっては、「秘密保持契約」の第2章と同じように一方の当事者（ライセンサー）としてサンフランシスコの女性実業家カレン・ビュー女史（社長、CEO）の率いるKaren View Corporationと、もう一方の当事者（ライセンシー）として日高尋春氏

54

（知的財産部長）、飛鳥凛（新人法務部員）が活躍する日本企業オーロラ・ボレアリス社の間のライセンス交渉のストーリー展開として紹介する。

カレン・ビュー社は、「秘密保持契約」の章で紹介したとおり、香水・口紅等化粧品、石鹸、バッグ等小物の製造・販売から出発したが、M&Aなどによる新事業への進出により、最近はソフトウエア、アニメーション、映画、エンターテインメント、音楽ビジネス（プロダクション、Discとライブ）も手がけている。カレン・ビュー女史はサンフランシスコを代表する大学のビジネススクールでMBAを取得して、実業界に入った。サンフランシスコのカリフォルニア・ストリートをケーブルカーでのぼり切ったところがノブヒルでフェアモント・ホテルがある。彼女のオフィスはそこからすぐ近くにある。サンフランシスコや日本での契約交渉には、よく顧問弁護士のナンシー（Nancy）を同伴し、日高尋春氏との交渉にも同席させる。日高尋春氏は、新人法務部員の飛鳥凛をよく契約交渉に伴う。飛鳥凛の訓練・育成が目的である。

オーロラ・ボレアリス社は、カレン・ビュー・ブランドの若年層を中心とする顧客吸引力に興味を持っており、提携の機会をうかがっている。

日高尋春氏にとっては独占的なライセンスかどうかとミニマム・ロイヤルティーに関わる条件が関心の中核をなしている。カレン・ビュー女史はカレン・ビュー・ブランドを使用許諾するにあたっては、対象商品に関わる品質・信用の維持と販売方法に関心がある。日本の消費者へのマーケッティング、広告の具体的方法とイメージキャラクターの選定にも関心がある。このようなビジネス環境での両者の立場で秘密保持契約とライセンス契約の交渉、契約条項について考えていきたい。

② トレードシークレット・ライセンス契約書の前文とリサイタル

標準的な前文を紹介する。リサイタル条項は、古典的なスタイルに比べるとすっきりしている。

第1部　秘密保持契約（NDA）とトレードシークレット・ライセンス

◇例文20　トレードシークレット（Tradesecret）・ライセンス契約書の前文とリサイタル条項

LICENSE AGREEMENT

THIS AGREEMENT is made as of ___th day of _____ , 20__ , by and between:

KAREN VIEW CORPORATION, a California corporation, with its principal office at ____, California Street, San Francisco, California, USA ("Licensor"), and AURORA BOREALIS CORPORATION, a Japanese corporation, with its principal office at _____ _____ , Tokyo, Japan ("ABC").

RECITALS:

1. Licensor has developed and possesses and has the right to license the Confidential Information (as defined in this Agreement).

2. ABC desires to license from Licensor and Licensor is willing to license to ABC, the Confidential Information on the terms and conditions herein set forth.

AGREEMENT

NOW IT IS HERE BY AGREED as follows:

［対訳］

ライセンス契約

　米国カリフォルニア州サンフランシスコ市、カリフォルニア・ストリート_____に主たる事務所を有するカリフォルニア法人のカレン・ビュー社（「ライセンサー」）と、

　日本国東京都_____に主たる事務所を有するオーロラ・ボレアリス社（「ABC」）とは、20___年___月___日付で、次の通り契約を締結した。

56

第4章／トレードシークレット・ライセンス契約書のドラフティング

経　緯

1．ライセンサーは「本秘密情報」（以下に定義する）を開発・保有し、使用許諾する権利がある。
2．ABCはライセンサーから本秘密情報の開示・使用許諾を受けることを希望し、ライセンサーはABCに対して本契約に定める契約解除に従って開示・使用許諾する用意がある。

合意事項

よって、次の通り合意する。

■解説■

1　トレードシークレットの開示・ライセンス契約で「トレードシークレット」のことを指す用語として、「Confidential Information（秘密情報）」「Tradesecret（営業秘密）」「Technical and Commercial Information（技術的・商業的情報）」「Technical Information（技術情報）」「Proprietary Rights（営業秘密・財産的権利）」などさまざまな表現がある。どの用語を使ってもよい。契約上大事なのは、「営業秘密」の定義をどこまで正確に記載できるかである。

Confidential Informationの内容は、契約の中での定義次第であり、Patent（特許）を含むこともある。

アメリカ以外の地域の企業との取引では、上記の用語のうち、ビジネスマンに「Proprietary Information」という用語になじみがないことがある。そのようなときには、やさしい用語、たとえば、「Technical Information」「Confidential Information」「Technical and Commercial Information」等の用語を使えばよい。これから取り上げる契約条項の例文中では、「本営業秘密」（「本秘密情報」と同義）を指す用語として、"Confidential Information"を使っている。1つの契約書中では、いずれか1つの用語に決め使えばよい。筆者は当初、弁護士のすすめによるProprietary Informationを多用したが、現場のビジネスパーソンや取引先からはやさしい用語、Confidential InformationやTechnical Informationの方が好まれた。いずれでもよいのだ。

2　前文のスタイルはフォーマルなものから、インフォーマルなレタースタイルまでいくつかのスタイルがある。古典的なスタイルでは、上記例文のAGREEMENTであり、「consideration（約因）」に言及する。

「NOW, THEREFORE, in consideration of the premises and the mutual covenants herein set forth and for other good and valuable consideration, the parties hereto

第1部　秘密保持契約（NDA）とトレードシークレット・ライセンス

agree as follows:」

　いずれでもよいし、（3行分とも）なくともよい。使いやすい表現・スタイルを使えばよい。相手方からのフォームによる提案をベースに交渉を開始する場合は、相手方のスタイルを尊重すればよい。相手方の確認など必要な事項さえ記載されていれば、問題はない。

3　カリフォルニア法人とは、カリフォルニア州会社法にもとづいて設立された会社のことをいう。主たる事務所がカリフォルニア州にあっても、デラウエア州法にもとづいて設立された法人はa Delaware corporation（デラウエア法人）である。相手方の会社の設立準拠法を明示させることは、相手方の組織・運営の基盤を知るために重要である。

4　本例文では、Karen View Corporation の略称として、「Licensor」を使っている。実際の契約実務では、略称は Licensor でも KVC でも Karen でもよい。大事なことは、契約書の最初に決めた略称を、最後まで一貫して使うことである。本書例文では、1つ1つの例文が独立しているとの考えにもとづき、例文により、Licensor、KVC などいくつかの異なる表現（略称）を採用している。

③ 定義条項

　典型的な定義条項を紹介する。

◇例文21　「営業秘密」等の定義①

As used in this Agreement, the following terms shall have the meanings set forth below:

....

Effective Date: The latter of the date of execution of this Agreement by the parties hereto, or the date of validation of this Agreement by the Japanese government under the Japanese Law concerning Foreign Investment, if required.

....

Confidential Information: All the technical and commercial knowledge, know-how, data, trade-secrets and information developed or otherwise acquired by Licensor as of the date of this Agreement relating to the ＿＿＿＿＿＿＿＿＿＿ of the Products or the Business

第4章／トレードシークレット・ライセンス契約書のドラフティング

(herein defined below), more fully described in Exhibit A.

....

[対訳]

　本契約中に使用される場合、次の用語は以下の意味を有するものとする。

....

　契約発効日：両者によって本契約書が調印された日と本契約が外国投資に関する日本法のもとでの日本政府認可（必要な場合）取得日のいずれか遅い方の日

....

　本秘密情報：本契約書中に別途定義する本商品または本事業に関する_____に関して、本契約書の締結日までにライセンサーが自ら開発したか、または他の方法で取得したすべての技術的・商業的知識、ノウハウ、データ、トレードシークレット、情報（詳しくは添付別紙Aに記載）

....

■解説■

1　ライセンス契約等では、初めのほうで重要な用語をまとめて定義して規定していく方法と、重要な用語が出てくるたびにその都度定義していく方法がある。初めに定義する場合も、多くの用語を定義することも、キーワードのみの定義をしておく場合もある。契約書の分量等をみて適宜判断すればよい。厳密なルールはない。

2　ライセンス対象の「営業秘密」はその性格によって定義の内容は千差万別である。営業秘密はさまざまな内容・権利が組み入れられた複合的な知的財産であることもある。用語として、「Proprietary Rights」という用語を使用することもある。そのようなケースの定義の例を次の例文22に紹介する。

◇例文22　「営業秘密」等の定義②

　　In this Agreement, the following words and expressions shall, unless the context otherwise requires, have the following meanings:

....

　"Licensed Products" means _____ to be manufactured

59

第1部　秘密保持契約（NDA）とトレードシークレット・ライセンス

by ABC under the Proprietary Rights.

"Proprietary Rights" means rights under Licensor's patents, designs, and trademarks and applications therefor, and copyrights and tradesecrets, which are now owned or controlled by Licensor, pertaining to the Licensed Products or the manufacture, _____ and/or use of the Products, which are listed in Exhibit A attached hereto, and shall include such patent, design and trademark, and copyrights and tradesecrets as may be obtained or acquired by Licensor during the term of this Agreement.

....

[対訳]

本契約書では、次の用語は、文脈から別な意味がある場合を除いて、下記の意味を有するものとする。

....

「許諾製品」とは、本営業秘密を使用してABCが製造する_____のことをいう。

「本営業秘密」とは、許諾製品または、添付別紙Aに掲げた本製品の製造、_____に関わるライセンサーの特許・意匠・商標（出願中のものを含む）・著作権・トレードシークレットで、ライセンサーが現在、保有・支配しているものをいうものとし、本契約の期間中にライセンサーが取得または譲り受けるそれらに関連する特許・意匠・商標・著作権・トレードシークレットを含むものとする。

....

■解説■

1　定義条項にはいくつかのスタイルがある。例文21、22とも通常使われているスタイルである。定義をおく用語の並べ方としては、いわゆるABC順（Alphabetical Order）と1.1項、1.2項と番号をつけていく方法とが一般的である。

2　開示・使用許諾の対象となる「営業秘密」の実質的な定義は、本文よりも添付する別紙などで規定するのが、実際的である。トレードシークレットのライセンス契約では、重要な事項はほとんど添付別紙に記載する方式の契約書が多い。

3　本例文ではむずかしい用語を紹介したが、相手方からのドラフトに驚かないためであり、当方はやさしい用語を使ったドラフトを作ればよい。

60

第4章／トレードシークレット・ライセンス契約書のドラフティング

④ *使用許諾 (Grant of License)*

◇例文23　独占的な使用許諾 (Exclusive License)

Licensor grants to ABC an exclusive license and right to use the
Confidential Information to manufacture, design, _____ ,
have manufactured, designed, _____ as well as use, sell
or lease the Products in the Territory.

[対訳]
　ライセンサーはABCに対し、本秘密情報を本許諾地域で、本製品を
製造・設計、_____し、あるいは、（第三者に委託し）本製品の
製造・設計、_____を行わせ、また、使用・販売・賃貸を行う
ための独占的な使用の権利を許諾する。

■*解説*■
1 例文では、開示された営業秘密を製品の製造等に使用できる。"have manufac-
tured" があると、自社のプラント等で製造するだけでなく、下請など第三者に営
業秘密を開示して製造させることができる。"have-made" Clauseと呼ばれる。この
場合、下請（生産）の場所がどの地域まで許されるのかがチェックポイントになる。
曖昧だと紛争の種になりやすい。ライセンサー側から見れば、秘密保持上のリスク
を判断することが必要になる。ライセンシーに下請業者についても秘密保持義務を
守らせることを契約上期待できるが、営業秘密の開示による現実の漏洩リスクの拡
大は否定できない。"have-made" Clauseを認めるかどうか、かりに認めるとしても
どのような制限のもとで認めるかは、1回限りのロイヤルティーの支払いによるラ
イセンス供与や特許・営業秘密侵害・不正競争防止法違反をめぐる紛争の和解契約
で交渉のポイントとなる。
2 "_____" の空欄には、「製造・設計」に並ぶ実際に使用する態様を記入する予
定である。「運営、経営、運用、建設、……」などさまざまであろう。
3 例文では、別途、定義された「Territory」（許諾地域）における exclusive（独占的）
license」となっている。世界中の独占的なライセンスの場合は「in the world」とい
う代わりに、「an exclusive and worldwide license」という表現をすることができる。

61

第1部　秘密保持契約（NDA）とトレードシークレット・ライセンス

4 「Exclusive」という一語を削除すると、ビジネス上のライセンスの内容と価値は根本的に異なったものとなる。本例文から、「exclusive」の一語が削除された契約書を締結しながら、ライセンシーは独占的なライセンスを取得したと思い込んでいることがある。

　「口頭の約束では、独占的なライセンスだった。Exclusive License なんて言っていなくても、ライセンス契約書のどこにも、『ライセンサーが他の第三者に同じ内容の知的財産権を使用許諾できる』という規定がないから、大丈夫でしょう？」とオーロラ・ボレアリス社の新人法務部員・飛鳥凛が、相手方カレン・ビュー社のナンシーから質問されたら、飛鳥凛はどう答えるか？　決して大丈夫ではないのである。

◇例文24　サブライセンス権つき独占的ライセンス

Licensor hereby grants to ABC during the term of this Agreement, an exclusive and non-transferable right and license, with the right to grant a sublicense, to use the Confidential Information, for the purpose of　i) manufacturing, having manufactured, using and developing and the application or the improvement of the Licensed Products, at one or more plants located in the Territory, and　ii) selling, distributing and/or leasing the Licensed Products by ABC's distributors in the Territory.

［対訳］
　ライセンサーは、本契約によってABCに対し、本契約の期間中、ⅰ）本許諾地域に所在の1つまたは複数の工場での生産・委託生産・使用・発展、あるいは本許諾製品への適用・改良、ⅱ）本使用許諾地域のABC指定販売店による本許諾製品を販売・卸売り・リース、を目的として、本秘密情報を使用し、また、サブライセンスする独占的で譲渡不可能な権利とライセンスを許諾する。

　■解説■
1 例文は、製品の生産・生産委託等を目的とする営業秘密の使用許諾であるが、実際のビジネスでは、その目的はさまざまである。ファーストフード店のフランチャイズなど商号と店の運営・食品のサービス・店のサービスなど総合的なトレー

ドシークレットの開示・使用許諾もトレードシークレット・ライセンス形態の1つである。

2 トレードシークレットを使用できる対象と地域の限定はビジネス上きわめて重要なコマーシャル・ターム（ビジネス条件）になる。ライセンシーの観点からは、せっかく開示を受けたトレードシークレットの使用許諾が特定の1工場、または、特定の1店舗だけであれば、成功した場合といっても、大きな発展はない。

　サブライセンス権も含め、その使用許諾地域と使用態様については、ビジネス条件として細心の注意が必要である。

3 ロイヤルティーの適正さについて検討する基準として使用許諾の範囲と態様の吟味は怠れない。世界中あるいは主要な1国全体を使用許諾地域とする独占的・排他的なサブライセンス権付きのライセンスと、1か所だけの工場・事務所への使用許諾や非独占的（Non-exclusive）なライセンスとでは、経済的な価値がまったく異なるのである。どの範囲が使用許諾地域や独占的なライセンスか否かについて、曖昧なライセンス契約は、将来、紛争の原因になりやすい。

4 "having manufactured"は、委託生産のことを指す。"have-made"条項については、例文23の解説も参照願いたい。

◇例文25　非独占的ライセンス（Non-exclusive License）

KVC hereby grants to ABC a non-exclusive, non-transferable, right and license, without the right to grant a sublicense, to manufacture and use at ABC's plant located at_____ and to sell, distribute and/or lease the Licensed Products in the Territory under the Confidential Information during the term of this Agreement.

［対訳］
　KVCはABCに対し、本契約の有効期間中、本秘密情報を使用して_____所在のABCの工場で製造・使用し、かつ、本許諾地域で許諾製品を販売・卸売りまたはリースする、非独占的で譲渡不能な使用許諾と許可を与えるものとする。ただし、この使用許諾は、再許諾を含まないものとする。

■*解説*■

1 本例文では、「非独占的なライセンス」となっている。独占的なライセンスとの

第1部　秘密保持契約（NDA）とトレードシークレット・ライセンス

違いは、本設定でいえば、ライセンサー（KVC）が、希望すれば、許諾地域（日本等）で、オーロラ・ボレアリス社（ABC）以外のライセンシーを起用することができるということである。ライセンシーのABC社からみると、同じTerritoryに競争相手があらわれるかもしれないということである。では、この例文から「Non-exclusive」を削除した場合、根本的な変更になるか？　実務の世界では、具体的に独占的・排他的と規定しなければ非独占的なライセンスであり、非独占的なライセンスと記載した場合と権利は変わらない。ただ、ライセンシーが独占的であると思い込んでいたり、不明確さのために誤解や紛争の原因になりやすい。そのため、この語句（non-exclusive）を削除することは薦められない。

2　では、なぜ、例文のように、「non-exclusive license」というライセンシーにとって、わざわざ競争相手があらわれるようなリスクのある契約に甘んずることがあるのか？　契約実務からみた答えは単純である。ライセンサーが独占的なライセンスを与える場合、高額のミニマム・ロイヤリティーを要求したり、許諾製品に一定金額以上の年間販売義務を課したりする。ケースによっては、ライセンシーに対して競合品の取扱いを制限しようとすることがある。そのような場合に、ライセンサーの要求を受け入れない代わりに非独占的なライセンスで合意するのである。

3　契約（Contracts）は「はじめに書式ありき」ではない。書式（Form）からいえば一見、一番大事ではないように見えるブランク欄（数字の欄）が、ビジネス面では、契約の命といってよいほど重要な条件なのである。契約の文言もリスクの負担も、契約の金額や期間などの条件とのからみで決まっていくのがビジネス契約の交渉なのである。

　非独占的なライセンス契約だからといって、必ず、ライセンサーが次々と同じ地域にライセンシーを指定するわけではない。当該地域のマーケットに対する戦略によって第2、第3のライセンシーが指定されることもあれば、第1のライセンシーの販売状況の推移をみて数年間は他のライセンシーが指定されないこともある。

　同じ地域で、複数のライセンシーが激しく競争を繰り広げることは、ライセンサーにとっても、好ましいとは限らない。

4　許諾されたトレードシークレットを使って、製品を生産することのできる工場をあらかじめ限定することがある。例文のブランク欄は、その工場指定のための規定といってもよい。

　例文では、「ABC's Plant」となっているが、トレードシークレット・許諾製品の種類によっては、その使用場所が、工場とは限らない。たとえば、許諾対象がソフトウエアや施設・店舗の運営に関わるトレードシークレットやフォーミュラなどの場合である。「ABC's office(s)」「ABC's store」などのほうがふさわしいケースもあろう。ABCの敷地、建物、店舗を広く含む用語として「ABC's premises」が使われることがある。

第4章／トレードシークレット・ライセンス契約書のドラフティング

◇例文26　再許諾（Sublicense；サブライセンス）条項

ABC may sublicense the Confidential Information to its sublicensee(s) to the extent of ABC's license under this Agreement, provided that ABC notifies Licensor of the name of any sublicensee(s) prior to sublicensing the Confidential Information to such sublicensee(s).

［対訳］
　ABCは、本契約にもとづくABCのライセンスの範囲で、許諾された本秘密情報をそのサブライセンシーに対しても再許諾できるものとするが、その場合は、ABCが、本秘密情報をサブライセンシーにサブライセンスする前に、ライセンサーに、そのサブライセンシーの名前を通知することを条件とする。

■解説■
1　トレードシークレットの許諾にあたっては、ライセンシーがそのサブライセンシーにサブライセンスすることを禁止・制限する場合と、原則として、サブライセンスを認める場合がある。いずれの方針をとるかは、個別のビジネスの展開次第である。たとえば、ライセンシーの事業展開の方法（マーケッティング）とサブライセンシーの信用等によって判断する。
　本例文は、原則として、サブライセンシーへの開示を認めるケースである。
2　サブライセンスを禁止する規定をおくこともある。たとえば、単純に次のような規定とする。
"ABC may not sublicense the Confidential Information to any third party without the prior written consent of Licensor."（ABCは、ライセンサーの事前の文書による同意がないかぎり、本秘密情報をいかなる第三者にもサブライセンスできないものとする。）

65

第1部　秘密保持契約（NDA）とトレードシークレット・ライセンス

⑤ *トレードシークレットの開示 (Disclosure)・提供 (Delivery)*

◇例文27　開示の時期・方法（一定期限）

Within _____ (_____) days of the date of this Agreement, Licensor shall disclose and provide to ABC the Confidential Information in the manner set forth in Exhibit A attached hereto.

［対訳］
　ライセンサーは、本契約の調印日の_____（_____）日以内に、ABC に対して、添付別紙Aに記載する方法で、本秘密情報の内容を開示し、提供するものとする。

■解説■

1　ライセンシーにとって、トレードシークレット・ライセンス契約の中で最も重要な規定が使用許諾とこのトレードシークレット開示の規定である。開示の方法としては、マニュアル化した書面による開示方法や、現実の指導によるトレードシークレットの開示・提供がある。トレードシークレットの開示は、これを受ける側の力によってその方法も効果も左右される。契約条項としても、双方の協議によってあらかじめ問題を防ぐように工夫して作成するなど、紛争予防への配慮が欠かせない。

2　たとえば、マニュアルを作成したり、指導したりする場合、受け取る側がその内容についてどの程度知識・技術を持っているか、また、英語の説明でコミュニケーションがどの程度図れるかによっても、同じ開示方法でも、その効果や、開示されたトレードシークレットが実際に移転できるかどうかが大きく異なる。

　とくに、海外（新興国等）への技術移転の場合には、その受け止める側（ライセンシー）の技術レベル・言語の問題が軽視できない。

3　トレードシークレットの開示・移転の時期については、例文のように調印日から一定期間内と定める場合と、契約発効日からと定める方法がある。発効日から計算するときは、「within _ days of the effective date of this Agreement」となる。また、あまり数字ではっきりと規定しないこともある。次の例文28で紹介する。

4　トレードシークレットの開示は、1960年代から1980年代初めあたりまでは、

66

第4章／トレードシークレット・ライセンス契約書のドラフティング

日本では、むしろ、「ノウハウの開示・提供・ライセンス」と呼ばれることが多かった。ノウハウは主に工業製品の製法に関わる秘訣のことをこう呼んでいた。その核心は特許法のもとでの出願によって保護を受けない製法（秘密情報）といってもよい。

しかし、アメリカの「トレードシークレット保護法」（州法）や、日本でも1990年代に入ってからの不正競争防止法の改正による「営業秘密」の保護強化などの風潮を受けて、トレードシークレットの保護が脚光を浴びるようになった。トレードシークレットとは、ノウハウと重なる部分もあるが、もう少し広い概念で、「顧客名簿」などもこれに含まれる。コンピュータ・ソフトウエアや情報など著作権と結合したものや、フランチャイズ展開の対象となっている秘密のフォーミュラ（方式）なども含まれる。テーマパーク・イベント・事業の企画・設計・運営方法もトレードシークレットに含まれる。したがって、開示の方法も多彩になる。

◇例文28　改良情報（Improvements）（随時）

As soon as practicable following the date of this Agreement, Licensor shall furnish to ABC:

(i)　the Confidential Information in the form described in Exhibit A attached hereto;

(ii)　from time to time, Licensor's Improvements in an appropriate form to be determined by Licensor and ABC.

［対訳］

ライセンサーは、本契約の調印日後なるべく早く、下記の情報をABCに開示するものとする。

（i）　本契約に添付する別紙Aに定めるフォームで本秘密情報、ならびに、

（ii）　随時、ライセンサーとABCが定める適切なフォームで、ライセンサーの改良情報。

■解説■

1　例文27の規定が前提の場合、当初のトレードシークレットの開示・ライセンス契約締結時にライセンサーが所有しているものの開示・使用許諾のみを契約対象としているのか、それとも、ライセンサーがそれ以降、契約有効期間中に開発・取得

67

第1部　秘密保持契約（NDA）とトレードシークレット・ライセンス

した改良情報（トレードシークレット）の開示までライセンス対象に含むのかについて、解釈上、紛争が起こることがある。

　本例文はそのような解釈上の争いを防ぐために、改良情報を開示・提供の対象に含むことを明らかにする規定である。

2　ライセンサー側が、いつ改良情報を開発・取得するかわからないため、「from time to time」（随時、しばしば）という、やや曖昧な表現にとどめている。

3　改良情報の開示・提供をめぐって、起こりやすい契約解釈上の紛争点として、次のポイントがある。

　ⓐ締結時に開示されるトレードシークレット（営業秘密・技術情報等）の対価（ロイヤルティー）に加えて、追加の対価（ロイヤルティー）を支払う義務が発生するかどうか。

　ⓑライセンサーはライセンス契約の対象とならない「別な新しいトレードシークレット」と考えるのに対して、ライセンシー側が、いわば、開示されたトレードシークレットの延長上の「改良情報」であるという立場をとる場合にどうなるか。

4　上記ⓐⓑの2つの問題はしばしば、関連づけて紛争が展開される。ⓐの論点は、開示される「Confidential Information」の定義条項で「improvements」を含むことを明示することによって、理論的には解決できる。

　しかし、現実には、その場合でも、ライセンサーがその画期的な改良情報を、開発あるいは取得したときは、「improvements」ではなく、まったく新しい別な技術だと主張し、開示を拒んだり、別のライセンス契約の交渉として高額のロイヤルティーを要求することがある。「改良した技術・情報」と「画期的な新技術・情報」の差・違いの論争はうっかりすると泥沼に陥る。両者の技術陣・経営陣のプライドや現実的な資産価値の大きさ、マーケッティングの方針までからんでくる。ライセンサー側の改良情報がライセンサー単独開発でなく、他社との共同開発の成果として獲得される場合もある。共同開発など、通常は、秘密裏のうちに進められるものであり、他社への開示・使用許諾が制限される。トレードシークレットの改良情報に関わる紛争は、その開発計画も内容も、両者ともその秘密性を守りながら争わなければならない。公開されると両者にとって損失になる。いったん紛争になると、簡単には解決できないこともある。それだけに、具体的な案件ごとに細心の注意を払いながらドラフティングや交渉を行うことが必要である。

◇例文29　開示情報の言語・マニュアル（Language and Manuals）

The Confidential Information and Licensor's Improvements shall be furnished to ABC in the English language and in the metric system.

Licensor shall provide ABC with an operating manual concerning

第4章／トレードシークレット・ライセンス契約書のドラフティング

the Confidential Information.

[対訳]

本秘密情報とライセンサーの改良情報は英語で、メートル法で記述されて開示されるものとする。

ライセンサーは、本秘密情報に関わる使用マニュアルをABCに提供するものとする。

■解説■

1 トレードシークレットの開示・提供方法にはさまざまな方法がある。例文27・28では、「別紙に定める方法」によって開示するとのみ、規定した。本例文では、そのうち、言語が英語であること、使用マニュアル（使用・操作方法等のマニュアル）については、書面（ブックレット）で提供すること、を規定している。

2 現実のライセンス契約交渉で、ビジネス上、重要な具体的な条件がほとんど別紙によると規定されていることがある。ライセンス契約本文だけだとコマーシャルタームズは何もわからない。本文は印刷フォームのまま変更なしで調印できるようにしているのである。本文の条件を変更する場合も、用紙を追加して、特約条項として規定する。この方法は、契約実務上は、一見、便利であるが、反面、別紙がブランクの交渉初期段階では、双方の考えていることがかけ離れていることが少なくない。

真剣に交渉をして詳細まで取り決めるには、手間がかかり、時には、お互いに不愉快な思いをせざるをえないことがある。しかし、そのような交渉の積み重ねと契約内容の書面化の作業は、本当は大切なのである。実務的には、交渉の時間が足りないために、手続の簡便さを優先し、肝心の別紙も、「to be mutually agreed later.」あたりの記載で契約書の署名をすませて現実の履行に着手することも行われる。そのような態度が誤解を生む遠因になる。

3 言語でいえば、ライセンサー側の言語とライセンシー側の言語の選択の問題がある。互いに自己の都合のよいように期待しがちである。国際的にビジネスで一定の範囲で通用している言語の場合ほど期待と誤解が生じやすい。たとえば、英語、スペイン語、フランス語、ロシア語、中国語、日本語、ドイツ語、アラビア語などがあげられる。文化的には、昔も、今も、うっかりしていると、互いに天動説に陥りがちである。国際契約では、その契約の基礎となる法律の問題（準拠法）だけでなく、そのビジネスを支える常識の部分も見逃せない。自国の常識と相手国の常識とはいつも同じとは限らない。メートル法の表示を規定したのは、いまだに、ヤード・ポンド法で表記するビジネス慣習を維持している国があるからである。

69

第1部　秘密保持契約（NDA）とトレードシークレット・ライセンス

4　使用マニュアル（Operation Manual）についても、言語のみでなく、そもそも、書面のマニュアルがあるのかどうかも、問題なのである。秘密保持という目的からは、マニュアルをどこまで詳細につくるべきかは永遠の課題の1つだからである。書面やハードディスク（CD-ROM、USB、DVD等）に記録した営業秘密は不正行為や不測の事故で第三者に窃取・開示されるリスクがある。
　本例文のように、別紙で決める事柄の一部から取り出して、あらかじめ本文に規定しておくことは契約段階での当事者間の紛争予防方法の1つになる。

◇例文30　標準的な条項

　　1. Within sixty (60) days after the Effective Date of this Agreement, Licensor shall furnish ABC with all the materials of the Confidential Information described in Exhibit A, all of which shall be written in English and sent to ABC by registered airmail.
　　2. During the term of this Agreement, Licensor shall, at the request of ABC, furnish ABC with additional data, information or improvements relating to the Licensed Products or the Confidential Information.

［対訳］
　　1.　本契約の発効日から60日以内に、ライセンサーはABCに対し、添付別紙Aに記載した本秘密情報に関するすべての資料を提供するものとし、その資料はすべて英語で記述され、書留航空便によって送付されるものとする。
　　2.　本契約の有効期間中、ライセンサーは、ABCの要請にもとづき、許諾製品や本秘密情報に関連する追加のデータ・情報・改良情報を提供するものとする。

■*解説*■
1　本例文は、通常ライセンス契約の開示で重要となるポイントを両者に公平に押さえている。標準的で実用的な条項といえよう。
2　今日では、新興国で技術移転の重要性が叫ばれ、ライセンス契約の相手先国が多彩になっている。開示の場合の「言語」「説明の仕方」には、細心の注意が必要である。

70

3 新興国とのライセンス契約をめぐる紛争の中には、ライセンシーの主張からみれば、開示のための書類の不十分な表現や技術者の英語能力の不足によるものがある。一方、ライセンサーからみると、ライセンシー側の技術陣、労働者の技術・知識・語学力水準のレベルが遠因になっていることがある。

お互いに相手方を知り、相手方の理解力、説明能力にあわせた技術・トレードシークレットの開示・提供という地味な努力が要求される。

◇例文31　用途制限、秘密保持、コピーの制限

1.1　ABC agrees not to use any Confidential Information of KVC for any purpose except as contemplated herein and necessary for ABC to exercise its rights or perform its obligations under this Agreement.

1.2　ABC shall hold in confidence and agrees not disclose any Confidential Information to third parties or to its employees, except where a bona fide need to know is required for the performance of this Agreement.

1.3　ABC agrees not to copy, reverse engineer, disassemble or decompile any prototypes or tangible objects which embody KVC's Confidential Information and which may be provided to ABC hereunder.

［対訳］
1.1　ABCは、本契約で想定され、本契約にもとづく権利を行使し、または義務を履行するために必要なこと以外の目的でKVCの本秘密情報を使用しない旨合意する。

1.2　ABCは本秘密情報について、秘密保持し、本契約の履行のために実際に知らせる必要がある場合を除き、第三者または従業員にこれを開示しないものとする。

1.3　ABCは、KVCの本秘密情報を化体し、本契約に基づきABCに提供される可能性のあるプロトタイプまたは有形物質をコピー、リバースエンジニア、分解または逆コンパイルしない旨合意する。

第1部　秘密保持契約（NDA）とトレードシークレット・ライセンス

　■解説■

1　本例文は特殊な規定である。実務上、貴重な技術情報、営業秘密の開示が行われると、受けた側の技術者は、それを手がかりにして、関連商品を開発したり、以前から取り組んでいる他の技術・商品開発に利用したり、さまざまな活かし方を見つけることがある。契約目的を逸脱したかかる活用につながる開示は、契約で禁止するのが賢明であろう。

◇例文32　「秘密情報」のマーキング（Marking）

All Confidential Information shall be clearly marked as "Confidential Information" and it is the responsibility of KVC to ensure that all Confidential Information is clearly marked prior to delivery to ABC.

［対訳］
　本秘密情報の一切は明確に「秘密情報」とマークされ、ABCへの引渡に先立ち本秘密情報の一切に明確にかかるマークが付されるよう確保することはKVCの責任とする。

　■解説■

1　実務上、"Confidential"というマークを付することは、有益である。一方ライセンサー側でこのマーキングを忘れると、秘密保持対象外となり、大変なことになる。

2　ライセンサー側としては、秘密であることの指定を、引渡後、一定の期間（たとえば20日以内）にできると取りきめる選択肢がある。

◇例文33　守秘義務（NDA）

Confidentiality Obligation

All Confidential Information made available hereunder by KVC to ABC shall be held in strict confidence by ABC. Such Confidential Information shall not be disclosed or used by ABC except as express-

第4章／トレードシークレット・ライセンス契約書のドラフティング

ly, contemplated in this Agreement.

ABC shall require its employees, officers, directors and agents to whom Confidential Information is disclosed to keep such information in strict confidence and disclose the same to no one except those (i) authorized in writing by KVC, and (ii) entering into an appropriate agreement to keep the Confidential Information confidential.

[対訳]

守秘義務

　本契約に基づきKVCがABCに提供する本秘密情報の一切は、ABCがこれを厳格に秘密保持するものとする。かかる秘密情報は本契約で明示的に企図される場合を除き、ABCがこれを開示または使用してはならない。

　ABCは、本秘密情報が明示されたABC従業員、役員、取締役または代理人が、かかる情報を厳格に秘密保持し、(i)KVCが書面で認める場合、または(ii)本秘密情報を秘密保持することを確約する適切な合意書を締結した者を除き、誰にもかかる情報を開示しないよう求めるものとする。

⑥ 技術指導（Technical Assistance）の範囲と方法

◇例文34　ライセンサーからの技術者派遣（Dispatch of Engineers）

　1.　Upon request of ABC, Licensor shall provide to ABC and/or to a sublicensee designated by ABC ("Sublicensee"), qualified personnel of Licensor to render technical assistance and services to employees of ABC and/or Sublicensee, in connection with the engineering, design or manufacture of the Licensed Products for a reasonable period to be mutually agreed upon between the parties,

第 1 部　秘密保持契約（NDA）とトレードシークレット・ライセンス

provided that the total period of such assistance and services shall not exceed ninety (90) man-days.

［対訳］

　1．ABCの依頼にもとづき、ライセンサーは、ABCまたは、その指定するサブライセンシーに対して、許諾製品のエンジニアリング・設計・製造に関して、ABCまたはサブライセンシーの従業員の技術指導・サービスを提供するために、指導を担当するのにふさわしいライセンサーの人員を派遣するものとする。

　指導のための派遣期間については、当事者間で取り決める合理的な期間とするが、合計期間は90マン・デイを超えないものとする。

■解説■

1　トレードシークレット・開示ライセンス契約では、その開示内容によっては、技術指導が必要な場合がある。本例文はそのような場合に利用するためのものである。カバーすべき項目、ポイントはそのトレードシークレットの性格によっても異なる。ケースごとに実状に合わせて修正を加えて使う。

2　「90 man-days」というのは、技術指導のいわば数量的な把握の仕方の1つで、「Man（派遣人数）」を「Days（派遣日数）」で掛け合わせて計算するものである。「90 man-days」とは、たとえば、指導員の派遣人数が「3人」とし、同一期間だとすると、派遣日数は「30日」である。派遣人数が「2人」の場合で、期間が「45日」ずつでも、「90 man-days」になる。

3　ライセンサーからみると、派遣先はライセンシー（ABC）のところだけに限定したいが、ライセンシーが履行補助者・サブライセンシーを起用している場合、現実のビジネス遂行のためには、サブライセンシーのところで、指導をする必要があるかもしれない。例文は、そのようなケースに対応できるように作成している。

4　例文では、許諾製品の製造に関連した指導となっているが、トレードシークレットの開示では、事業の運営・フランチャイズなど製品の製造以外の目的のケースもある。その場合は、「for or in connection with the disclosure and transfer of the Proprietary Information」など広い表現を使えばよい。

5　先進国、新興国の労働慣行等の差により、実際に働く日や時間、労働環境・条件は大きく異なることがある。実際には、派遣された指導員が本国の条件とあまりに違うためにトラブルに巻き込まれることがある。ライセンス契約で、労働日・時間、休日などについても、詳細に取り決めておくことが賢明である。

6　実際的な現場の難問は、いったい技術移転のためにどれだけの時間と労力がか

74

第4章／トレードシークレット・ライセンス契約書のドラフティング

かるかという問題である。教える側と受け止める側の能力・熱意など相互の共同作業となる部分があるためになかなか数量的な把握がむずかしい。指導員は、国境を越えた文化・教育という基本問題に直面することがある。

7 熟練した先進国の技術者が1人でできる作業が、新興国・ライセンシー側では、4人から7人かかることもある。言語、技術・専門知識、教育レベル、意欲などの総合的な問題をかかえており、あらゆるケースを想定して契約書で完全にカバーすることがむずかしいこともある。

◇**例文35　派遣されたライセンサーの宿泊・渡航費用とアブセンス・フィー**
（Accommodation and Traveling Costs and Absence Fees）の負担

2.　Traveling expenses to and from the country of Licensor's personnel, and living and other expenses of Licensor's personnel for the period of services, shall be borne and paid by ABC.

ABC further agrees to pay Licensor a daily absence fee in the amount of ＿＿＿＿＿ United States Dollars per person, or such other amount as may be mutually agreed upon between the parties.

[対訳]
　2.　ライセンサーの派遣指導員がライセンサーの国からABCの国へ出国し、帰国するまでの渡航に関わる費用、ならびに、サービス提供期間中の他の費用は、すべてABCが負担し、支払うものとする。
　ABCは、さらに、ライセンサーに対して、1人あたり、1日＿＿＿＿米ドル、または、両者間で別途合意するアブセンス・フィーを支払うものとする。

■*解説*■

1　本例文（第1文）では、ライセンサーの指導員の渡航費用・滞在期間中の宿泊費用についてその負担者を決めている。本例文では、ライセンシーが負担する。一見、完璧な規定のように見える。

　しかし、ビジネスの実際では、このような規定をおいてもなお紛争が発生することがある。

2　典型的な紛争は、ライセンサーの指導員がビジネスクラスや、極端なケースではファーストクラスのフライトを利用するのに対して、ライセンシー側がエコノ

75

ミークラスの利用を期待するようなケースである。

宿泊についても、ライセンサー側は便利さと安全・健康面での配慮から、市内の一流ホテルへの滞在を予定しているのに反し、ライセンシー側がライセンシーのゲスト用の寮の手配をしているような場合がある。新興国の企業では、研修用の寮には、2人部屋・4人部屋も少なくない。先進国の派遣側は個室を期待していることが多いだろう。タイトルがゲストハウスでも、別荘・ホテルクラスから工事仮設小屋までさまざまである。写真・図面をつけても虫がいることまではわからない。水・安全・電話・通信用回線・電気・冷暖房や清潔さも重要なチェックポイントである。筆者が1973年に4ヶ月滞在したNew York（マンハッタン）の施設（フラット）ではピストルを携帯したガードマンが数人、3交替制で24時間入り口で見張っていた。1970年代半ば、筆者の出向先、日本とイランの合弁事業IJPC（イラン・ジャパン・ペトロケミカル・カンパニー）のバンダルシャプール（現バンダルホメイニ）での石油化学プラント建設現場（マシャールキャンプ）や出張先ナイジェリア・ラゴスの宿泊施設では、亜熱帯の病気・マラリア蚊への対応や安全・電気・食事などもチェックポイントであった。

公共トランスポーテーション（バス・鉄道）と、ハイヤー・タクシーの選択の問題もある。紛争予防のためには、宿泊施設などは、あらかじめ下見しておくぐらいの注意が必要である。

3 完全な紛争予防・解決のためには、契約時に別紙などで詳細に取り決めることが必要になる。

規定外の残業・休日出勤をした場合の精算なども取決めの対象となる。

4 本例文（第2文）では、ライセンサーの派遣の費用をライセンシー側が負担するだけでなく、ライセンシー事務所に不在（absence）の期間中の「アブセンス・フィー」を支払うスキームになっている。

5 これは、ライセンス契約の対価の決め方の1つであり、あらかじめ、ロイヤルティーの総額の中に一定の派遣指導まで含めて対価を決めることもできる。たとえば、トレードシークレットの移転に絶対に必要な最小限の期間（例：30 man-days）までを基本的なロイヤルティーの額やイニシャルロイヤルティーの中に含めてしまうなどである。防がなければならないのは、簡潔な契約を優先するあまり、曖昧で、ライセンサーはアブセンス・フィーを要求するつもりでいるにもかかわらず、ライセンシー側が念頭になく、予算に計上していないような事態の発生である。サービス契約では、本例文で扱っている項目が、曖昧な契約の落とし穴となりやすい。

6 アブセンス・フィーには、大きく分けて2つの考え方（基準）がある。1つは、ライセンサー側で従業員が出張の際に出張者に支払っている日当（daily allowance）相当額である。もう1つは、不在期間中にそのスタッフがふつうなら、会社のために稼いだであろう所得まで勘案して請求するケースである。通常は前者だと考えられるが、風俗・文化・生活スタイルの差から思わぬ紛争が発生することもある。よいライセンス契約を作り上げるには、法学（Law）のみではなく、人文地理学・異

第4章／トレードシークレット・ライセンス契約書のドラフティング

文化・外国経済・教育に対する理解が欠かせない。

7 人の派遣によるサービスの提供をめぐる紛争には、しばしばプロフェッショナルなサービスへの考え方、職業観や生き方の問題が底流として横たわっている。

ビジネスから見てきわめて重大な時点での家族とのバケーションの約束の優先、ビジネス上の重要コンファランス・行事への夫人同伴なども文化の差を感じさせられる。必ずしもトレードシークレット・ライセンス契約とは関係があるとはいえない問題であるが、ビジネスでつきあっていくには、相手国の風俗・文化・習慣や人の価値観・生き方をわきまえて、柔軟にビジネスを進めていくことが大切である。

◇例文36　派遣されるライセンサーの人数、日数（man-days）

3. The period, method and number of Licensor's personnel and other conditions for providing such services shall be mutually agreed upon by the parties hereto.

［対訳］
　3. かかるサービス提供のための期間、方法ならびにライセンサーの派遣人員数およびその他の条件については、両者間で別途合意されるものとする。

■解説■

1 例文34・35で触れたような問題・紛争の種を除去する実際的な方法が、本例文のように、詳細にサービス提供の内容を別途取り決めることである。

2 ただ、契約調印とほぼ同時に別途合意して、両者で確認できればよいが、このまま、何も決めないで、「to be mutually agreed later」という方式をとってしまうケースが少なくない。例文18の解説でも触れたが、日本の契約であれば、「本契約に規定なき事項および疑義を生じた事項については、両者誠実に協議して解決を図るものとする。」というところであり、珍しくはない。日本の企業同士であれば、解決できるものが、外国企業との協議では、文化・常識の差から実らないことがある。日本企業は、個別のビジネスよりも、継続的な契約・取引関係を重視して解決を図ろうという傾向が強い。その分、取引の相手先を選ぶ。また、取引の相手先に選ばれた以上は、相手の期待・信頼に応え、堅固で継続的な関係を築こうとする。外国企業はさまざまである。

第 1 部　秘密保持契約（NDA）とトレードシークレット・ライセンス

◇例文37　ライセンサーによるライセンシー人員の
ライセンサー工場見学・訪問（Visit for Training）受入れ

Upon request of ABC, Licensor shall permit a reasonable number of personnel of ABC or Sublicensee to visit Licensor's plant in ____ , in operation utilizing the Confidential Information, Licensor's works in _____ or such other works designated by Licensor.

The period, time, method, and reasonable details of such visits shall be determined separately through mutual consultation between the parties.

［対訳］
　ABCの要請ある場合、ライセンサーは、合理的な人数のABCまたはそのサブライセンシーの人員が、本秘密情報を使用して操業しているライセンサーの_____の工場、あるいは、ライセンサーの_____所在工場、あるいは、ライセンサーが指定する他の工場を訪問することを認める。
　そのような訪問の期間・時間・方法ならびに詳細については、当事者間の相互の協議により、別途、決定するものとする。

■解説■
1　トレードシークレットの開示・移転を図るためには、ライセンシー側の有能な人員がライセンサーの事務所・工場に赴いて、ライセンサーからの説明を聞きながら、習得するのが一番効果的であることが多い。ライセンサー工場の現場での訓練である。
2　ライセンサー側からは、予想外の多数の訪問に対しては、制限を加えることが必要になる。例文のように「合理的な人数の範囲内」と規定することもあれば、具体的に人数に制限をおくこともある。たとえば、次のような条項である。
　「The number of ABC's personnel shall be up to seven (7) persons.」（ABCがライセンサー工場に派遣できる人員は7名までとする。）

◇例文38　ライセンサーによるライセンシー技術者の訓練受入（Training）

Licensor further agrees, at the request of ABC, to train ABC's personnel at Licensor's plant or other appropriate place in＿＿＿＿＿＿ , to enable them to acquire and learn skills and knowledge required for the design and manufacture of the Licensed Products, provided that such visits for training shall be conducted one time only and the training period shall not exceed six (6) man-months.

The period, time, method and reasonable details of the training shall be determined separately through mutual consultation between the parties.

［対訳］

ライセンサーは、さらに、ABCからの要請あるときは、ABCの従業員が許諾製品のデザインならびに製造に必要な技術と知識を獲得・習得することができるように、ライセンサーの工場あるいは、＿＿＿＿＿所在の他の適切な場所で訓練を行うことに合意する。ただし、訓練のための訪問は、一回限りとし、訓練期間の合計は6マン・マンス（man-months）を超えないものとする。

訓練の期間・時間・方法ならびに合理的な範囲での詳細については、当事者間の相互の協議によって、別途決定されるものとする。

■解説■

1 ライセンサーによるライセンシー人員の受入れ指導の場合、ライセンサー側の手間や不用意な秘密漏洩からの防衛を考えれば、メンバー、回数、時間数の制限が必要になる。

2 「6 man-months」というのは、訓練を受ける人員の数と訓練期間を掛け合わせて算出するもので、たとえば、6名の人員を1か月ずつ訓練すると6 man-monthsになる。

3 長期にわたる訓練の場合、その費用負担もさることながら、思いがけないトラブルの種がある。極端な例では、ライセンシーの人員の訓練を引き受けるライセンサーがその教育・訓練にあたるインストラクターの報酬・費用をライセンシー側に別途、請求することを考えているのに対して、ライセンシー側は、この訓練は実際にはライセンサーのところで自己の従業員が見習いで働いているのだから、その見返りとして滞在費の一部をライセンサーが分担してもいいはずだと考えているようなケースがある。どちらにも言い分があろうが、ライセンサー側の考え方で通すためには、明確に規定しておくことを勧める。

4 上記のような場合、もしライセンス契約上に具体的な規定がないと、紛争の引

第1部　秘密保持契約（NDA）とトレードシークレット・ライセンス

き金になりかねない。いずれにしても、費用負担がからむ場合は、詳細な取決めが
紛争の防止の決め手である。

5　本例文のような訓練を実施する場合、言語の指定も大切なことがある。その場
合、例文の最後に、"The Period, time, method, language and other details"と『言語』
を加筆する。日本側が「日本語での訓練（Training in Japanese）」を期待している場
合に、相手側が、自国語や英語での訓練を期待しているかもしれない。テキストも
同様に言語の問題をかかえている。基本的には、国際取引では、英語が標準語であ
るといってよいが、関わっている当事者・地域によっては、そうとも言い切れない。
中南米ではスペイン語、中国・中国人・華僑相手のビジネスでは中国語による訓練・
教育・指導が期待されているかもしれない。細心の注意が必要である。

6　教育や訓練には、教える側と学ぶ側の協力と双方の能力・熱意が合致して初め
て効果がある。相互に信頼と敬意をいだきあうことも効果をあげるための1つの要
素である。「Training」のむずかしいところは、その成果についての保証（Warranty）
が単純にはできないところにある。

◇例文39　ライセンシーからのライセンサー側への
派遣による訓練期間中の費用の負担

Traveling, living and all other expenses of ABC's personnel for
such visits or training shall be borne and paid by ABC.

［対訳］
　ライセンサーの事業所への訪問見学・ライセンサーによる訓練を受け
るためのABCの人員の渡航・滞在ならびにその他のすべての費用は
ABCの負担とし、支払われるものとする。

■解説■

1　本例文は、ライセンサーにとっては、重要な規定である。

2　ライセンサー側で訓練施設や寮など宿泊施設を提供して協力する場合は、施設
の利用代、食事代はじめ、その費用の負担と支払方法などについても明確に取り決
めておくことが必要である。

80

第4章／トレードシークレット・ライセンス契約書のドラフティング

7 ライセンサーからのライセンス許諾の事実の表示

◇例文40　使用許諾（Use of Legend）

In connection with the Licensed Products, ABC may use the expression "designed and manufactured under the license from Licensor, Karen View Corporation" or words similar thereto.

［対訳］
　許諾製品に関連して、**ABC**は、「ライセンサーであるカレン・ビュー・コーポレーションのライセンスのもとでデザインし、製造された」という表示または類似の表示を使うことができる。

■解説■
1　商標の場合と異なり、トレードシークレットの許諾を受けて製作に使用した場合には、常にそのライセンスに言及して販売しなければマーケティング上、不利というわけではない。また、Legendを表示したからといって、それだけで特許権使用許諾の表示のような独占的排他的な権利の主張ができるわけでもない。
　しかし、ライセンサーの名前とその開発技術・トレードシークレットなどが一定のイメージと顧客吸引力を持っている場合には、その許諾を受けて製造した旨、製品に表示することが販売力を強化することがある。
2　本例文はそのような目的で「Legend」（ライセンス許諾の表示）をつけることができることを確認した規定である。ライセンシー側でそのような表示をつけたくなければつける必要はない。
3　Legendを表示する際には、英文と現地語の両方で表示することを規定する方法と、ライセンサーが事前に承諾した現地語による表示方法によると規定する方法などがある。

◇例文41　商標・著作権等の表示

ABC shall have the right to use its own trademark as well as the

第1部　秘密保持契約（NDA）とトレードシークレット・ライセンス

trademark "Karen View" owned by Licensor in connection with the Licensed Products.

[対訳]
　ABCは、許諾製品について、自己の商標とライセンサーの所有する「カレン・ビュー」商標を使用する権利を保有する。

■解説■

1　トレードシークレット開示・ライセンス契約である性格上、ライセンサーのブランドで商品を販売する義務はない。ライセンシーは自己ブランドで販売してもよい。ただし、マーケッティング政策上、得策であれば、ライセンサー・ブランドで販売してもよい、というのが、例文の意図である。

2　商標とトレードシークレット、著作権とトレードシークレットの一体化した商品の性格によっては、ライセンサーから、ライセンサー・ブランドの使用を義務づけられるビジネスもある。

3　ライセンサーの立場からは、そのビジネス上の判断から、①ライセンサーの商標とライセンシーの商標を併せて使用することを禁止する、②ライセンサーの商標のみの使用を義務づける、③商品の使用マニュアル等でライセンサー名の表示、ライセンサー商標使用義務を課す、などの選択肢がある。

8 　ロイヤルティーの支払い（Payment Royalty）

◇例文42　1回限りのロイヤルティー（One-time Royalty）支払い

In consideration for the rights and license granted under this Agreement, ABC shall, within thirty (30) days after the Effective Date, pay to Licensor a one-time royalty of Seventy Hundred Thousand United States Dollars (US$700,000).

[対訳]

第4章／トレードシークレット・ライセンス契約書のドラフティング

> 本契約のもとで許諾された権利と使用許諾の対価として、ABCは、ラ
> イセンサーに対して、1回限りのロイヤルティーとして、70万米ドルを
> 契約発効日から30日以内に支払うものとする。

■解説■

1 トレードシークレット開示・ライセンス契約では、ⓐ1回限りの支払いでラン
プサム（定額）払い、ⓑイニシャル・ロイヤルティーと毎年あるいは半年ごとのラ
ンニング・ロイヤルティーの組合せによる支払い、ⓒ毎年または半年ごとのミニマ
ム・ロイヤルティー（最低使用料）をランニング・ロイヤルティーと組み合わせた
支払い、などさまざまな組合せがある。コマーシャルタームであり、金額や率、期
間（とくに解除不可能な有効期間）などを併せて見なければ、どの条件が有利とは
いちがいには言い切れない。

　ⓐのように1回限りのロイヤルティーの支払いでロイヤルティー支払いを完了す
るビジネスもある。本例文がそのようなケースである。コンピュータ・ソフトウエ
アの著作権ライセンスなどでは、むしろ1回払いが一般的である。

2 1回限りの支払いによるライセンス取得は、コンピュータ・ソフトウエア著作
権とトレードシークレットの組合せのライセンスや紛争解決手段としてのいわば和
解契約の姿を変えたライセンスなどにも見られる。

3 ライセンサー・ライセンシー間の利害がビジネス上の理由で1回限りのロイヤ
ルティー支払いが有利と判断し、合意すればこのような単純な条件になる。

　金額が巨額かそれとも少額かいずれかによって、このような1回限りのロイヤル
ティー支払いがライセンサーに厳しいのか、ライセンシーに不利なのかは変わる。
1回限りのロイヤルティー支払いであっても、トレードシークレットの所有権・処
分権がライセンシーに移転するわけではない。ただ、そのライセンスの有効期間は、
長いことが多い。たとえば、「10年（ten years）」や「15年（fifteen years）」という
ふうに取り決めることがある。一方、ソフトウエアなどのライセンスでは、「per-
petual（無期限、半永久的）」とすることもある。ライセンスであるため、ライセン
シー側に契約違反にあたる行為があると、解除され使用許諾が消滅することがある。

4 1回限りのロイヤルティー支払方式によるライセンス取得のことを、「Paid-up
License」ということがある。

　日高尋春氏から飛鳥凛に課題が出されたことがある。「生産地域の限定のない
Paid-up Licenseを名目的な金額で従業員わずか5名の小企業Francesca North Sea社
（ライセンシー）に与えた。後日、そのFrancesca（フランチェスカ）社が、世界を
舞台に活動する世界的大企業に買収された。Elnox社への許諾技術を使って世界中
で生産・販売されるようになったとき、当社はどんな措置がとれるか？　根拠は？
では、Francesca社が、世界的大企業にサブ・ライセンスしたら、どうか？」

5 このケースでは、生産できる工場などについて限定を設けることがある。

83

第1部　秘密保持契約（NDA）とトレードシークレット・ライセンス

　ライセンサー側からの不安として、ライセンシーが「OEM方式」で大量に注文を受けて生産・販売するような場合まで、Paid-up Licenseとライセンシーが主張するのを防ぎたいという狙いからである。

◇例文43　イニシャル・ロイヤルティー（Initial Royalty）

---

　1. In consideration of the grant of the rights and licenses and the supply of the Confidential Information by Licensor to ABC under this Agreement, ABC shall pay to Licensor as follows:
　i) An initial payment: _____ United States Dollars (US$_____) shall be paid within twenty (20) days after the Effective Date of this Agreement.

［対訳］
　1. 本契約のもとで、ライセンサーによってABCに対して、本秘密情報が使用許諾され、開示される対価として、ABCは次の通り支払うものとする。
　ⅰ）イニシャルペイメント：本契約の発効の日から20日以内に、＿＿＿＿米ドルを支払う。

　■解説■
1　イニシャルペイメントはライセンシーからみれば、まだ具体的なビジネスも利益も得ていない段階で支払うものである。通常、「non-refundable」（返還不能）な条件で支払うものであり、ライセンシーとしては、金額をなるべく低く押さえたいところである。
　一方、ライセンサーから見ると、トレードシークレットが開示されてしまえば、事実上ライセンシーに対するコントロールも開示したトレードシークレットの秘密性のコントロールも大幅なリスクを負担することになり、トレードシークレットの価値にふさわしいロイヤルティーをなるべく早く回収したいところである。
2　本例文は、このあと、ⅱ）項として、ランニング・ロイヤルティー（ミニマム・ロイヤルティー条項付き）が続くことを前提にしている。

第4章／トレードシークレット・ライセンス契約書のドラフティング

◇例文44　ランニング・ロイヤルティーの支払い
（ミニマム・ロイヤルティー支払条項付き）

ii) An annual running royalty (or a Minimum Annual Royalty): An annual running royalty of three (3) percent of ABC's Net Selling Price of the Licensed Products used, sold, leased or otherwise disposed of by ABC, which in any case shall not be less than _____ United States Dollars (US$_____) ("a Minimum Annual Royalty"), for each contract year commencing on the Effective Date or the anniversary date thereof during the term of this Agreement shall be paid within thirty (30) days after the end of each contract year.

［対訳］

ⅱ）年額ランニング・ロイヤルティー（または、年額ミニマム・ロイヤルティー）：本契約の発効日あるいは（翌年からは）その応答日から起算して毎年、ABCによって使用・販売・リースまたは他の方法で処分された許諾製品の純販売額の3パーセント、あるいは、_____米ドル（年額ミニマム・ロイヤルティー）のいずれか多い方の金額を、各契約年終了の日から30日以内に支払うものとする。

■解説■

1　ロイヤルティーはライセンス対象のトレードシークレットの使用料である。現実には、商標や特許、著作権、デザイン（意匠）などと組み合わせてトレードシークレットが使用されることも多く、その使用料の考え方、基準も一律ではない。レートもそのトレードシークレットの種類・重要性によって多彩である。

　そのような混沌とした状況下で、現実的なビジネス上の妥協点としては、許諾製品の販売額の一定率を基準として、算出する方法（年額ランニング・ロイヤルティー）が一般的である。

2　ロイヤルティーの算出の基礎が単純に販売額（sales amount）になっていないのは、生産されても、「lease（リース）」によってマーケットに出された場合や、「ライセンシーの自己使用・消費」の場合に、ライセンサーがロイヤルティーを受け取れなくなる事態を避けようとする配慮からきている。

3　年額一定金額（たとえば、50万米ドル）をミニマム・ロイヤルティーと定めているのは、ライセンサーからみた販売不振の不安を取り除くためである。ミニマ

85

第1部　秘密保持契約（NDA）とトレードシークレット・ライセンス

ム・ロイヤルティーの規定があると、実際にはほとんど販売実績がなくとも、その金額を支払わなければならない。

4　では、ミニマム・ロイヤルティーの金額さえ支払えば、ミニマム・ロイヤルティーの算出基準のベースとなる目標販売額が達成できなくても、ライセンサー側に契約の途中解除権は発生しないか？

　ライセンシーの立場からいえば、ミニマム・ロイヤルティーを支払いながら、契約を解除されてしまったのでは目もあてられないほどつらい。

　トレードシークレットのみのライセンスでは、販売不振は、契約に明示されていない場合には解除事由にはならないことが多いと考えられる。契約でも解除事由にしていないライセンス契約が主流であろう。ただ、特許・商標のライセンス契約では、ライセンサーのマーケッティング戦略から、販売不振への対策としてさまざまな対応やドラフティングの試みがなされている。独占的なライセンス許諾からの非独占許諾への移行や、一定の期間の催告後の解除など、さまざまなオプションがある。ビジネス判断の領域の問題である。

5　「Net Selling Price（純販売額）」とは何を指すのか？　通常は、総販売額（Gross Sales Amount）から、消費税・セールスタックス、運送料、梱包料、関税、通関費用、倉庫保管料、保険料、返品など本来の商品販売額と算出に直接関わりのない多数の項目を差し引いた、いわば純粋な商品販売高を指す。正味販売額ということもある。定義条項でしっかり定義して解釈上の紛争を防止する注意が欠かせない。典型的な例文の1つを紹介する。

「For the purpose of this Agreement, "Net Selling Price" means the gross selling price of the Licensed Products as invoiced by ABC, less the following items to the extent they are included in gross sales in accordance with generally accepted accounting Principle:

　　a)　sales, turn over taxes or value added taxes on sales invoices;

　　b)　custom duties;

　　c)　transportation, packaging, shipping expense and insurance on shipments to customers and warehouse charges;

　　d)　credits allowed for the returned Licensed Products.」

「本契約の解釈上、「純販売額」とは、ABCによって請求された許諾製品の総販売額から、下記の費用項目を差し引いた金額を指すものとする。ただし、控除できる費用項目は、一般的に通用している会計基準に従って総販売額に含まれているものに限定される。

　　a)　販売額に課税される販売税、取引高税もしくは付加価値税

　　b)　関税

　　c)　運送費、梱包費、輸送費、顧客への輸送に関わる保険料、倉庫保管料

　　d)　返品を受けた許諾製品に関わる代金からの返金額」

6　ライセンシーの立場からは、許諾製品の販売不振の場合などを想定すると、ミ

ニマム・ロイヤルティーの規定はない方が有利である。ミニマム・ロイヤルティーの条件なしに合意できるならば、上記例文のうち、ミニマム・ロイヤルティーに言及したフレーズを削除すればよい。

7 現実のビジネスでは、ライセンサーがミニマム・ロイヤルティーを提案するライセンシー候補と拒絶する候補の中から契約先を選定することになればどちらを選ぶか？　もちろん、ロイヤルティーの条件のみが契約の重要な交渉項目ではないが、実績・信用・販売ネットワークを含めた総合的な条件交渉になる。実務的には双方にとってわかりやすい条件であるため、「ミニマム・ロイヤルティー支払確約付きのランニング・ロイヤルティー方式」が標準的な条件として利用されている。

年額ミニマム・ロイヤルティーの額をいくらとするかはコマーシャルタームである。販売目標額と比べて、ミニマム・ロイヤルティーを算出するベースとなる販売額（いわば販売保証額）を小さくすれば、必ずしもライセンシーに不当に厳しいわけではない。

金額欄ブランクの契約書式のみでは、契約条件がどれほど厳しいかはわからないことがある。契約条件の有利・不利を対価で調整する方法があるからである。

8 ロイヤルティーの支払条件・支払条項のドラフトの多様さ・多彩さについては、本書の第2部「著作権ライセンス」、第3部「商標ライセンス」のロイヤルティー支払条件の項を参照願いたい。

◇例文45　ロイヤルティーの送金（Remittance）①

All payments to Licensor under this Agreement, except as otherwise herein set forth, shall be remitted in United States Dollars by telegraphic transfer to the account of Licensor, at a bank in San Francisco, California designated by Licensor.

［対訳］
　本契約にもとづくライセンサーに対するすべての支払いは、本契約で他の支払方法を規定した場合を除き、米ドルで電信送金によって、ライセンサーが指定するカリフォルニア州サンフランシスコの銀行のライセンサーの口座に送金して行われるものとする。

■解説■
1 最も単純な送金方法の規定の仕方の1つである。あらかじめライセンサーに

第1部　秘密保持契約（NDA）とトレードシークレット・ライセンス

よって指定されていれば、銀行と支店名も記載する。ライセンシーの立場からは送金先銀行の所在地をライセンサーの事務所所在地に限定することが賢明である。タックスヘイブン（tax haven）や第三国所在の銀行、複数の銀行口座への送金を指定されると、ライセンサーの脱税や外国為替管理法違反行為などにまきこまれるリスクがある。本邦側で損金算入をする際、障害になりかねない。

2　契約金額と同じくらい、送金通貨の取決め交渉は慎重に行う。契約当事者の取引銀行が送金通貨として取扱う通貨であることを、事前に銀行に問い合わせて確認しておくくらいの注意が必要である。「日本円」で送金することを契約で合意したあとになって、取引銀行が日本円では送金しないことを知らされることがある。これは契約違反になり、損害賠償の責任を問われる。

◇例文46　ロイヤルティーの送金②

All payments to Licensor hereunder shall be wire transferred by ABC and made to the account of Licensor at a bank in Berkeley, California designated by Licensor and shall be made in United States Dollars.

［対訳］
　本契約上のライセンサーに対するすべての支払いは、**ABC** によって、電信送金されるものとし、ライセンサーの指定するカリフォルニア州バークレイの銀行のライセンサーの口座宛に振り込まれるものとする。支払いは、米ドルによって行われなければならない。

■解説■

1　本例文は例文45のバリエーションである。銀行の所在地を除けば、内容・条件はほぼ同一である。使いやすい方を選んで使用すればよい。オーロラ・ボレアリス社の新人法務部員・飛鳥凛が上司から固く言い渡されているのは、送金先の銀行のある都市名を契約に明記することである。契約時に決めないでおくと、後日、ライセンサーからとんでもない国の銀行口座への送金指示がくることがある。例文45の解説*1*でもふれたが、タックスヘイブン、敵国、国交のない国などだと、問題発生の原因になりかねない。

2　近い将来は、電信送金なども含め、決済方法の規定はさまざまなバリエーションがあらわれてくると思われる。クレジットカードや電子マネーなどによる決済な

第4章／トレードシークレット・ライセンス契約書のドラフティング

ど、銀行が決済仲介機関として介在しない決済も増加しよう。今後は、電子マネーや仮想通貨の発展も無視できない。経済活動を忠実に反映する契約条件のドラフティングをすればよい。ただ、決済条件のドラフティングや交渉にあたっては、便利さは、つねにリスクの増大と隣り合わせにあることを忘れてはならない。

◇例文47　ロイヤルティー送金に伴う源泉徴収税の支払いと支払証明書

Any withholding tax lawfully levied by the ＿＿＿＿＿ tax authorities on any amount due to Licensor under this Agreement shall be borne by Licensor.

In the event that ABC deducts and pays any such tax in connection with the payment of royalty under this Agreement, it shall promptly send to Licensor the official certificate of such tax payment.

［対訳］
　本契約にもとづきライセンサーに支払われるべき金額に対して＿＿＿＿＿＿の税務当局によって合法的に課税されるいかなる源泉徴収税もライセンサーの負担とする。
　ABCが本契約のロイヤルティーの支払いに関連して、源泉徴収税を差し引き、納付することとなった場合は、ABCは、そのような源泉徴収税の正式な納付証明書をただちにライセンサーに送付するものとする。

■解説■
1　特許・商標・デザイン・著作権、トレードシークレット等の知的財産の使用料（ロイヤルティー）の送金に対しては、源泉徴収税が課税される。通常は20パーセントであるが、新日米租税条約など条約の規定に適合するロイヤルティーについては、源泉徴収税が免除されている。また、日本は多くの国と租税条約を締結しており、米国との取引の免除措置を筆頭として多くの場合、源泉徴収税率は10パーセントに引き下げられている。軽減税率は租税条約の規定次第である。
2　租税条約における源泉徴収税の減免の適用を受けるためには、契約にもとづく第1回の送金までに所轄税務署に租税条約の軽減税率の適用を申請・届け出なければならない。何ら申請・届出をせずに、自動的に免除や軽減税率の適用が受けられるという誤解をしている外国のライセンサーが少なくない。紛争を避けるためには、そのような外国のライセンサーに対しては、はっきりと助言しておくことが大切で

89

ある。
　次に、本例文より具体的で詳しい例文を掲げる。

◇例文48　源泉徴収税の支払いと納付証明書の送付

　The amount of withholding tax levied on any payment to be made by ABC to Licensor shall be borne by Licensor, provided, however, that, all such tax shall in no event exceed the maximum rate of ＿＿ (＿＿) percent provided for in Article ＿＿＿＿＿ of the Convention for the Avoidance of Double Taxation and the Prevention of Fiscal Evasion with respect to Taxes on Income between the Governments of Japan and ＿＿＿＿＿＿＿＿.

　ABC shall withhold the tax from such payment to Licensor and pay any such tax to the appropriate governmental authority and thereafter shall send to Licensor the tax certificate and any other applicable documentation evidencing the payment of such tax.

［対訳］
　ABCがライセンサーに対して支払うロイヤルティーのいかなる支払いに対して課される源泉徴収額もライセンサーによって負担されるものとする。
　ただし、そのような源泉徴収税のいかなる支払額も日本と＿＿＿＿＿＿＿（国名）政府間に締結されている「所得税に関する二重課税と脱税を防止するための租税条約」の第＿＿＿＿＿条の規定に定められた軽減税率の＿＿＿パーセントを超えることはないものとする。
　ABCは、ライセンサーに対する支払いから源泉徴収税額を税務当局に納付し、すみやかにライセンサーに対して源泉税納付証明書ならびに納付を証明する他の適切な証拠書類を送付するものとする。

■解説■
1　租税条約の締結されていない国とのライセンス契約の締結の場合は、高い源泉徴収税率の適用を受ける。したがって、どの国とのライセンスについても「＿＿＿パーセント」の税率を超えないと約束できるわけではない。租税条約のネットワークを考えながら、契約のドラフティングを行うことが必要である。

2 本例文で源泉税納付証明書をライセンサーに送付する目的は、相手方が自国で外国税額控除を受けられるよう協力するためである。

よりわかりやすくするために、例文の最後に次のフレーズを追加して説明を加える方法がある。

"to enable Licensor to support a claim for credit against ＿＿＿＿＿ income taxes for such withheld and paid tax."

（ライセンサーが＿＿＿＿（国名）の納税の際にクレディット［控除］できるように）

3 ロイヤルティーの支払条件についてライセンサー側の外国企業と交渉する際に、ライセンサー側（外国企業）で抱きやすい誤解の1つが「源泉徴収税」(withholding tax) をめぐるものである。ライセンサーは、ネット（after tax）ベースで一定額のロイヤルティーを受け取りたいと考える。そのような場合にライセンサーは、しばしば、「源泉徴収税はライセンシー側が負担し、ライセンシーの責任と勘定で支払う。」といった条項を提案しがちである。しかし、この条項には、落とし穴がある。

源泉徴収税額は本来、ライセンシーの国内に源泉を有するライセンサーの所得である。ライセンシーがその額を負担すると、結果として、ライセンサーの受取額（ロイヤルティー総額）がその税額分だけ増えることになる。したがって、その額（増加所得）に対してまた源泉徴収税がかかる。源泉徴収税の条項のドラフトを作成・検討するには、租税条約・国際租税法の基礎知識が欠かせない。

4 日本が締結している典型的な源泉徴収税率軽減に関わる租税条約規定では、ロイヤルティーの支払いについて、たとえば下記のように規定される。第2項で軽減税率を10%と定め、第3項では、軽減の対象となる「ロイヤルティー」の範囲を決めている。ノウハウ・秘密工程・秘密方式なども例示されており、ロイヤルティーの範囲を広くとらえている。

「(2)　The rate of tax imposed by a Contracting State on royalties derived from sources within that Contracting State by a resident of the other Contracting State shall not exceed 10 percent.

（一方の締約国の居住者が他方の締約国内の源泉から取得する使用料に対し、当該他方の締約国が課する租税の率が、10パーセントを超えないものとする。）

(3)　The term "royalties" as used in this article, means...

(a)　Payment of any kind made as consideration for the use of, or the right to use, copyrights of literary, artistic, scientific works, or motion picture films or tapes used for radio or television broadcasting, patents, designs or models, plans, secret processes or formulae, trademarks, or other like property or rights, or know-how,... （以下省略）

（この条において、「使用料（ロイヤルティー）」とは、次のものをいう。

(a)文学上、美術上もしくは学術上の著作物、映画フィルム若しくはラジオ放送用若しくはテレビジョン放送用のフィルム若しくはテープの著作権、特許権、意匠、

第1部　秘密保持契約（NDA）とトレードシークレット・ライセンス

　模型、図面、秘密工程、秘密方式、商標権その他これらに類する財産若しくは権
利、ノウハウ………の使用または使用の対価としてのすべての種類の支払金）」
5　米国との新租税条約では、かかるロイヤルティーに対する源泉徴収税は、所定
の手続をとれば原則として免除されることとなった。日本が締結している租税条約
にもとづきロイヤルティーに関わる源泉徴収税の減免措置を受けるための実務とし
ては、まず所轄の税務署に出向き、手続のためのフォーム（用紙）を受け取ること
から始まる。

⑨ *ライセンサーによる保証（Representation and Warranties)*

◇例文49　トレードシークレットの所有確認（Representation）と
第三者の権利を侵害しないことの保証（Warranties）

Licensor hereby represents and warrants to ABC that:

(1)　the Confidential Information is owned by Licensor and of record by it, free and clear of any liens, restriction on use, or encumbrances of any nature whatsoever.

(2)　the Confidential Information does not infringe on or violate the rights of any third party, including any third party's patent, or any other intellectual property rights in connection with the Licensed Products.

[対訳]
　ライセンサーは**ABC**に対して次の通り言明し、保証する。
　(1)　本秘密情報はライセンサーが所有するものであり、記録上、いかなる担保・使用制限若しくはいかなる種類の負担も存在しない。
　(2)　本秘密情報は、許諾製品に関連して、いかなる種類の第三者の特許権あるいは他の知的財産権を含む、第三者の権利を侵害することも、違反することもない。

第4章／トレードシークレット・ライセンス契約書のドラフティング

■解説■

1 トレードシークレットの開示・ライセンス契約で、ライセンシー側が一番不安を抱く点は、はたして、開示されるトレードシークレットが本当にライセンサーのものなのかどうかという点である。可能性としては、ライセンサーと称する者が、実は第三者が開発したトレードシークレットのコピーなどを盗み出して、他の第三者にライセンスを行うという事態もありうる。第三者からサブライセンスをしないという条件で開示を受けたトレードシークレットであっては大変である。ライセンスを受けても、うっかりすると、ライセンシーまで不法行為責任を問われたり、犯罪として逮捕される事件に発展することすらある。仮に犯罪や不法行為に巻き込まれなくても、そのような詐欺的なライセンサーでは、誠実な履行も、期間中の改良も期待できない。そのような現実が本例文の背景にある。

2 トレードシークレットはその性格上、特許・商標など産業所有権のような登録制度がないため、本来の権利者がわかりにくいという特色がある。本例文（(1)項）では、開示されるトレードシークレットが、まず第1に「自己」の所有であることを確認している。Representationというのは、現在どういう状態であるかの確認である。「表明」または「表示」と和訳される。自己の所有であり、担保や処分の制限がないことを確認している。たとえば、第三者にすでに独占的な使用権を許諾していたら、今回のライセンスはできないことになるので、そのような障害が一切ないことを確認しているのである。この確認がなければ、ライセンサーが本当にライセンス（使用許諾）する権限があるのかどうかがわからない。

3 本例文(2)項では、ライセンスされるトレードシークレットが第三者の特許など知的財産権を侵害しないことの確認と保証である。トレードシークレットであっても、その使用が第三者の特許権など知的財産権の侵害にあたるときは、権利者から侵害を根拠に使用差止め（仮処分）や損害賠償請求を受けることになる。結局、ライセンスを受けてトレードシークレットを導入した狙いが挫折してしまう。(2)項の保証の狙いはそのような事態を防ぐことにある。

◇例文50　トレードシークレットの所有確認と
侵害紛争の発生の場合の補償（Indemnity）

1. Licensor represents and warrants that the Confidential Information is owned by Licensor or an affiliate thereof, and that Licensor has the right to grant the license and immunities granted under this Agreement.

2. Licensor agrees to indemnify and defend ABC or Sublicensee from a claim or suit alleging infringement of any third party's pat-

第1部　秘密保持契約（NDA）とトレードシークレット・ライセンス

ents, provided that:

(1) Licensor shall have no obligation under this Agreement unless alleged infringement arises solely as a result of the use of Licensor's Confidential Information;

(2) in the event that any such third party claim or suit shall arise, Licensor shall be immediately notified, and shall be permitted, at its sole costs, to defend or settle the claim or suit.

［対訳］

1．ライセンサーは本秘密情報がライセンサーかその関連会社によって所有されていること、かつ、ライセンサーが本契約による使用許諾と補償の約束を与える権限があることを確認し、保証する。

2．ライセンサーは、ABCとサブライセンシーを、第三者の特許を侵害したという主張によるいかなるクレーム・訴訟からも、迷惑や損失をこうむらないよう補償し、防御することを保証する。ただし、次の事項を条件とする。

(1) ライセンサーが本条による補償と防御の責任を負うのは、そのような侵害クレームが、ライセンサーの本秘密情報の使用のみから発生している場合のみである。

(2) 万一、そのような侵害を主張するクレームや訴訟が発生した場合、ライセンサーは、ただちにその発生について通知を受けることを条件とし、かつ、その自由裁量と費用で、クレームや訴訟を防禦することも和解することもできるものとする。

■解説■

1 第三者がライセンシーに対し、許諾されたトレードシークレットの使用をめぐって、特許侵害の主張にもとづくクレーム、訴訟を提起してきた場合のライセンサーの具体的な対応と責任を定めている。

2 例文49より具体的な規定である。対応策も現実的な取決めの仕方である。実務上の問題は、現実にそのような解決を迅速に図ることができるかどうかである。

　本例文は第三者からのライセンシーが侵害しているというクレーム・訴訟に対して、ライセンサーが単独で費用を負担して解決にあたることとなっているが、実際には、妥協の産物として、ライセンシーも一部リスク、責任を分担することがある。

94

第4章／トレードシークレット・ライセンス契約書のドラフティング

◇例文51　第三者からの特許侵害主張（Claim）
に対する対応（ライセンサー・ライセンシー折半協力）

In the event that a claim or suit is brought against ABC or Sublicensee, and/or their respective officers or employees alleging that the use of the Confidential Information in connection with the design or manufacture of the Licensed Products constitutes infringement of any patent, trademark or other intellectual rights of any third party, Licensor shall, upon the request of ABC, take all reasonable steps necessary or appropriate to enable ABC to defend against any such claim or suit. Unless otherwise separately agreed by parties hereto, all expenses incurred with respect to any such claim or suit shall be borne equally by the parties hereto.

［対訳］
　万一、ABCまたはサブライセンシー、もしくはいずれかの役員・従業員に対して許諾製品のデザイン・製造に関連する本秘密情報の使用が第三者の特許・商標または他の知的財産権の侵害にあたると主張して、クレームあるいは訴訟が提起された場合、ライセンサーは、ABCの要請を受けたときは、ABCがそのような第三者のクレーム、訴訟から防御できるようにあらゆる合理的で適切な手段をとるものとする。別途両者間で合意しないかぎり、そのようなクレーム、訴訟に関連してこうむるあらゆる費用については、両者間で均等に負担するものとする。

■解説■
1　本例文は、ライセンサーの保証の仕方のバリエーションである。一見、例文48・49と変わりがないような書出しであるが、よく読むと、クレーム・訴訟の防御の主体は、むしろライセンシー側にあり、ライセンサーは協力に近いスタンスをとっている。一歩ひいているといえよう。
　最後の文で防御費用について、ライセンサー・ライセンシーの折半となっている点に大きな特徴がある。
2　この例文とはかけはなれるが、実際の交渉では、ライセンサーの規模・資金力によっては、ライセンサー側で訴訟防御費用を負担しないケースもある。契約は自由であり、ロイヤリティーの額などで調整し、ビジネス条件として受け入れられる

95

第1部　秘密保持契約（NDA）とトレードシークレット・ライセンス

　ならば、そのようなオプションもあるということである。とくにライセンサーが設立後間のないベンチャー企業の場合、第三者の権利侵害の保証をしなかったり、紛争解決の責任を負担しないことがある。ライセンシー側の技術力・経営力と紛争対応力次第で、ビジネス条件として諾否を決定すべき問題である。契約書は当事者のビジネスチャンスとビジネスリスクの感覚と決断の結晶である。
　国際的なビジネス契約には、単純で不動の契約フォームはない。

◇例文52　「現状有姿」条件（'as is'）

　All the Confidential Information is provided 'as is'. KVC makes no warranties, express, implied or otherwise, regarding its accuracy, completeness or performance.

［対訳］
　本秘密情報の一切は「現状有姿」で提供される。KVCはその正確さ、完全性又は稼動（履行）について何ら明示または黙示の保証を行わない。

■解説■

1　秘密保持契約の中（例文10）にも類似（'as is'）の規定がある。NDAでは保証がないのが標準であるが、対価を払うトレードシークレット・ライセンスでは、交渉と対価次第で、さまざまな限定的な保証方法があろう。技術指導が組み合わされることもある。

10 ライセンシーの計算・記録保管・報告義務
(Records and Reports)

◇例文53　販売記録保管義務

　1.　ABC shall keep, or cause to be kept, complete and accurate records and books in (the English) language sufficiently separate and detailed to show the amount of the Licensed Products manufactured and sold, used or leased, and the running royalty due and pay able to

第4章／トレードシークレット・ライセンス契約書のドラフティング

Licensor.

［対訳］

　1.　ABCは、許諾製品の製造・販売・使用・リースの数量とライセンサーに対して支払期限の到来したランニング・ロイヤルティーを示すために十分に区分され、詳細な英語で表示された、完全で正確な記録と帳簿を自ら作成し、保管するか、または作成・保管せしめなければならない。

■解説■

1　本例文は、ランニング・ロイヤルティーの計算の基礎となるデータをライセンシーが整備しておく義務を規定したものである。トレードシークレットのライセンスでは、必ずしも許諾製品を生産・販売するとは限らない。むしろ、年額や半年・四半期ごとの定額ロイヤルティーベースでの取決めも多い。しかし、やはり、昔ながらの製法ノウハウや他の知的財産権（商標・サービスマーク・特許・デザイン・著作権等）と結びついてセットになったトレードシークレットのライセンスも依然として広く行われている。その場合は、ランニング・ロイヤルティーの算出のため、その生産・販売料と金額の正確な記録・帳簿保存が鍵になる。言語の指定は忘れがちであるが、誤解が生じやすいポイントである。

2　「cause to be kept complete books......」の狙いは、一見、会計士等専門家の手によって帳簿をつけ、保管することを指しているようであるが、実際には、下請・製造、サブライセンスの場合など広くカバーしようと狙っている。実務上、さまざまなケースをこの表現に加えることによってカバーできるので、便利な用語である。

　ただ、理想論をいえば、下請やサブライセンシー起用など複雑な場合は、具体的なライセンスの実態に即して、詳しく規定したほうが解釈上、疑義の発生を防ぐためには有効である。

◇例文54　ライセンサーによる帳簿検査（Inspection of Accounts）

　2.　ABC shall, at the request and at the expense of Licensor, permit its personnel and/or an independent accountant designated by Licensor to have access to, examine and to copy during ordinary business hours such records as may be necessary to verify or determine any royalties, paid or payable, under this Agreement.

第1部　秘密保持契約（NDA）とトレードシークレット・ライセンス

[対訳]

　2．ABCは、ライセンサーの要請があるときは、ライセンサーの費用負担で、ライセンサーの人員、またはライセンサーが指定する独立した会計士が、ABCの通常の営業時間中に、（ABCの事務所を訪れ、）本契約のもとで支払った、または支払うべきロイヤルティーの額を確認し、または、決定するために必要な記録に接し、吟味し、コピーをとることを許諾する。

■*解説*■

1　本例文は、例文53に続くものである。ライセンシー側の作成した記録・帳簿等を、ライセンサー自ら、あるいは、指定代理人としての会計士によって実際に見て、ロイヤルティー額が正確なものかどうかを確認・検査するための規定である。

2　実際に毎回、ライセンサーがこの権利を行使することを考えているわけではない。毎回、行使しなくても、この規定の存在と検査の権利を留保しているだけで、ライセンシーがまじめに記録・帳簿を保管するようになれば、一応の効果はあったと評価するのである。

　例文は、ライセンサー側から代表が役員会やライセンシーの国（マーケット）を訪問したときは自分で、そして、そのようなプランのないときは、現地（ライセンサーのいる都市）の会計士を起用して帳簿検査をすることを考えた規定である。カレン・ビュー社の契約書フォームのいくつかには、ライセンシーから報告されたロイヤルティー金額が、ライセンサーによる検査の結果、ロイヤルティー額10パーセントを上まわる支払不足額が判明した場合は、検査費用をライセンシー負担と規定している。

　"In the event the examination conducted by the Licensor discloses or discovers an underpayment of more than ten (10) percent, the expenses of the examination incurred by the Licensor shall be borne by ABC."

3　カレン・ビュー女史はライセンスを決定した当初は、自分で、ライセンシー国のライセンシー事務所・工場を訪問した。さらに街の店舗、デパートなどでどのようにカレン・ビューブランド商品が消費者向けに並べられているか実際に確認しないでは気がすまないというスタイルで仕事をしていた。しかし、最近は、代理人に任せている。

　本例文は、そのいずれの場合にも対応できるように規定している。

◇例文55　報告義務

---

　3. During the term of this Agreement and as soon as practicable

after the end of each fiscal year and in any event within thirty (30) days thereafter, ABC shall submit to Licensor the report, in English showing the Net Selling Price as mentioned in _____ , the amount of royalties to be payable, and other data for calculation thereof with respect to the Licensed Products manufactured and sold, used or leased during each such accounting period.

［対訳］

3. 本契約期間中、各会計上の年度の終了日後なるべくすみやかに、そして、どんなに遅くとも、各会計年度終了日から30日以内に、ABCは、その会計期間ごとに、製造・販売・使用・リースされた許諾製品に関わる、_____条に規定する純販売額、支払うべきロイヤルティー額ならびに、その算出のために必要な他のデータを示す報告書を提出するものとする。

■解説■

1 ロイヤルティー算出の基準となる期間については、例文の「1年」のほか、半期（semi-annual）、四半期（quarter）が一般的である。期間と報告の頻度は、ミニマム・ロイヤルティーの規定をふまえて、実務上の観点から決定することになる。サブライセンシーが多数の場合や継続しているライセンスビジネスの会計期間の区切り方によって、個別具体的に規定する。実務として無理にならないよう配慮する。

2 例文52～54の規定は、ランニング・ロイヤルティーの根拠を説明するデータとして、ライセンシー側に販売記録・帳簿の保管、ライセンサーの検査受入れ、毎期の報告を義務づけるものである。

ミニマム・ロイヤルティーの約束のない、純粋にランニング・ロイヤルティーをベースとするライセンス契約では、決定的に重要な役割を果たす。

11 *改良技術・情報の交換・使用許諾*

(Improvements; Grant-back)

◇例文56　改良技術の連絡・交換

1. Each party agrees to inform each other of any development or

第1部　秘密保持契約（NDA）とトレードシークレット・ライセンス

improvement made in connection with the Confidential Information relating to the Licensed Products, and disclose, at the other party's request, details of such development or improvements.

[対訳]

　1. 両当事者は、許諾製品に関する本秘密情報に関連する開発・改良について互いに相手方の要請あるときは、その開発・改良についての詳細を相手方に連絡するものとする。

■解説■

1 　トレードシークレットの内容をその目的（たとえば、許諾製品）にそって、ライセンサーまたはライセンシーが改良したとき、何の規定も契約にないとき、相手方に通知する義務があるか？　すぐには、答えが見つからない問題である。実務上、この問題を解決するために設けられるSolution（解決策）の1つが、本例文のとった方針である。互いに相手方に連絡しあうこととしている。もちろん、一方だけが相手方に連絡する義務を負うと規定することもできる。ビジネス上の必要性と力関係で決まる。

　では、改良情報が開発されたと連絡を受けた当事者は、その情報を使用できるのかどうか？　実務上、大事な次の問題に入る。次の例文57・58でこの問題を取り扱う。

◇例文57　ライセンサー改良情報のライセンシーに対する使用許諾

　2. ABC shall have a right to use such development or improvement made and disclosed by Licensor without payment of any additional royalty.

[対訳]

　2. ABCはライセンサーによってなされ、開示された（本営業秘密の）開発・改良情報について、追加のロイヤルティーの支払いなしに、使用する権利を有するものとする。

100

第4章／トレードシークレット・ライセンス契約書のドラフティング

■解説■

1 本例文は例文56に続く内容である。ライセンシーは、ライセンサーから契約有効期間中に開発し、連絡を受けた改良情報を追加のロイヤルティーなしで使用できる。使用許諾されないケース、使用許諾されるが、追加のロイヤルティーを支払わなければならないケースに比べて、ライセンシーにとって一番妥当な解決方法である。

結局、「契約の規定というのは、いつも、ひとつひとつの具体的な問題に対するSolution（解決）になっていなければならない」ということを明確に示す例である。

◇例文58　ライセンシー改良情報の帰属（Ownership of Improvements）と
　　　　　ライセンサーの使用

3. ABC shall, at the request of Licensor, grant to Licensor a non-exclusive license to use such development or improvement made and disclosed by ABC in the country of Licensor and ＿＿＿＿ under the terms and conditions to be mutually agreed upon between the parties.

［対訳］
3. ABCは、ライセンサーからの要請あるときは、ABCが行った開発・改良情報をライセンサーに対して、両者間で互いに合意する条件でライセンサーの国と＿＿＿＿で非独占的に使用する権利を許諾するものとする。

■解説■

1 ライセンシーが改良することがありうるか？　一見ありえないように見えるが、許諾地域のマーケットと消費者・買い手に直接アクセスのあるのは、ライセンシーである。販売のために、使用許諾を受けたトレードシークレットやノウハウを一部修正・追加など工夫を加えて、マーケットに受け入れられるようにすることがある。そのような場合、その改良情報は誰のものか？　ライセンサーは使用できるのか？

何も契約で決められていないと紛争の原因になりかねない。

2 本例文は、ライセンシーの保護に厚い規定である。両者間で条件に合意できないとライセンサーが使用許諾を受けられない。ライセンサーは、元のライセンス契約締結の交渉段階では、立場が強い。そのため、現実には、他の解決策（Solution）として、無償で全世界での使用権（a non-exclusive world-wide license）をライセン

101

第 1 部　秘密保持契約（NDA）とトレードシークレット・ライセンス

サーが許諾されるという条件の方が一般的である。いずれの場合も、このように、改良技術・情報をもとのライセンサーに使用許諾することを「Grant-back」と呼んでいる。改良技術がいったんライセンシーに帰属するという考え方をとっている。しかし、何の規定もないときは、その帰属の問題すら簡単には決まらないことがある。

3　たとえば、本例文の方針とはまったく逆な解決策もある。極端な例では、ライセンシーによる改良情報もすべて、無償で自動的にライセンサーの所有になり、ライセンサーに帰属するという規定をおくことすらある。ライセンス契約の終了のあとの権利関係を考えるとライセンサーは心配なのである。ライセンシーによる改変・改良をいっさい禁止しているケースもある。

　ソフトウエア・ライセンスなどのように、著作権ライセンスとトレードシークレットが結合しているような場合にとられることがある。その場合でも、マーケットの言語バージョンを作るとか、嗜好に適合するように作り変えるとか、やはり、ある種の改良が行われることがある。その場合は、トレードシークレットや著作権の共有の問題が起こってくる。

4　改良技術の問題はいったん紛争が発生すると解決は容易でないことが多い。たとえば、ライセンシーの技術者が、ライセンスされたライセンサーのトレードシークレット・技術情報にヒントを得てひらめいたインスピレーションによって、まったく別な新しい技術情報・新商品を開発したときはどうなるか？　ライセンシーは改良技術情報としての通知すらしない。ライセンサーは、ライセンシーがマーケットに出した新製品を見て、ライセンスしたものの改良情報によるものだと判断するかもしれない。

　一方、ライセンシーは独自に開発した完全に別な技術情報（completely different technical information）にもとづく新商品であって、改良情報（improvements）にはあたらないと判断しているかもしれない。このようなケースでは、ドラフティングを工夫しても、なかなか完全には解決できないことがある。理科系の専門知識、商品と技術に関する経済・経営知識、さらには技術陣のプライド（心）の問題までからんでくる。ライセンス契約に関する紛争、知的財産侵害問題は、しばしば、人々の心のひだやプライド、感情や文化に関わる問題までまきこんで成長・拡大することがある。

第4章／トレードシークレット・ライセンス契約書のドラフティング

12 *秘密保持条項（Confidentiality）*

◇例文59　秘密保持期間（有効期間プラスアルファ）

1. ABC acknowledges that the Confidential Information disclosed by Licensor under this Agreement is valuable, confidential and proprietary in nature and that the disclosure of the Confidential Information would result in immediate and irreparable harm to Licensor, and agrees that, all times during the term of this Agreement and for five (5) years thereafter, it will hold in confidence all of the Confidential Information, and that it will not disclose the Confidential Information to any third party, except to its authorized employees, without the prior written consent of Licensor.

［対訳］

1. ABCはライセンサーによって開示される本秘密情報が、その性格上価値のある、秘密性を帯びた、財産的情報であること、ならびにかかる秘密情報の漏洩がライセンサーに対して、ただちに、しかも取り返しのつかない損害を与えることを認識し、さらに、本契約の有効期間中とその終了後、5年間にわたって、つねに秘密情報を秘密に保つことに同意し、かつ、自己の許諾された従業員に対する開示の場合を除き、ライセンサーの書面による事前の同意なしには、いかなる第三者に対しても、漏洩しないことを約束する。

■*解説*■

1 典型的な秘密保持条項である。ただ、契約終了後の秘密保持期間については、ライセンサーはもっと長く（たとえば、終了後10年）主張し、ライセンシー側からは、短く（たとえば、2年）主張して交渉するのが通常である。実務的には、期間は、対象となるトレードシークレットの性格と力関係によって決まる。本例文の期間（終了後5年）あたりが、標準であろうか。ただ、現実のビジネスではライセンス契約の有効期間終了後5年という秘密保持期間が終了したあとで、開示したトレードシークレットを秘密保持したいとあわてるライセンサーが少なくない。トレードシークレットだけでは無理な場合、著作権等別な財産権を根拠に開示に対し

103

第1部　秘密保持契約（NDA）とトレードシークレット・ライセンス

てクレームするケースもある。実務の世界では、本当は秘密保持期間の契約交渉の
ときが勝負なのである。

2　ライセンサーから開示されたすべての秘密情報をこの所定期間、秘密に保つ義
務を課することが不合理な場合がある。そのような情報については、秘密保持義務
の対象から除外して解決する方策（Solution）を選ぶ。例文62で紹介する。

◇例文60　ライセンシーの従業員に対しても秘密保持させ、
NDAをサインさせる規定

ABC undertakes to take all reasonable measures to protect the se-
crecy of and avoid unauthorized disclosure and use of the Confiden-
tial Information.

Without limiting the foregoing, ABC shall take at least those mea-
sures that it takes to protect its own most highly confidential infor-
mation, and shall have its employees and/or sublicensees, subcon-
tractors, consultants et cetera who have access to the Confidential
Information sign a non-use and non-disclosure agreement in content
substantially similar to the provisions hereof, prior to any disclosure
of the Confidential Information.

ABC shall not make copies of any Confidential Information, un-
less the same are previously approved by KVC in writing.

［対訳］
　ABCは、本秘密情報を秘密に保持し、許諾を受けない開示及び使用
を回避するための合理的な方策の一切を取ることを確約する。
　前述の確約事項を制限することなく、ABCは最低限、自らの最も機
密性の高い情報を保護するために取る方策を取るものとし、本秘密情報
を入手可能な従業員及び／又はサブライセンシー、下請業者、コンサル
タント等に対し、本秘密情報の開示に先立ち、本契約の条項に実質的に
類似する内容を有する使用禁止及び非開示契約に署名せしめるものとす
る。
　ABCは、KVCが書面により同意する場合を除き、本秘密情報の写し
を作成しないものとする。

第4章／トレードシークレット・ライセンス契約書のドラフティング

◇例文61　善良なる管理者の注意義務（due diligence of A Prudent Merchant）

ABC shall treat the Confidential Information with the due diligence of a prudent merchant or at least the same care ABC applies to its own confidential information.

［対訳］
　ABCは、本営業秘密を注意深い商人（善良な管理者）と同等の注意義務（善管注意義務）又はABCが自らの有する秘密情報に対して用いるのと同様の注意を以て、これを取り扱うものとする。

■解説■

1　一般に、注意義務には「善良なる管理者の注意義務」（善管注意義務）と「自己の物に対すると同じ注意義務」の2種類がある。法的には前者の注意義務の水準の方が高い。飛鳥凜は、現実には、逆になっている場面にしばしば遭遇している。社員の中には、客先や会社の資産・金銭より自分（個人）の資産・金銭をより大事に扱う人がいる。例文は少なくとも後者より低くないと規定する。米国企業（ライセンサー）などと交渉していると、"the same care Licensee applies to its own confidential information"を主張してくる相手が多いのに驚かされる。日本法のもとでは善管注意義務の水準の方が高いのだが、なかなか通じないのだ。

◇例文62　秘密保持除外事項（Exceptions）

2. ABC's obligation under this Article with respect to Confidential Information shall not apply to information which　i) is already in the possession of ABC prior to disclosure by Licensor and was not acquired by ABC directly or indirectly from Licensor;　ii) is part of the public domain at the time of disclosure by Licensor; or, thereafter becomes part of the public domain without fault on the part of ABC; or　iii) may be acquired hereafter by ABC from any third party without any obligation of secrecy.

第1部　秘密保持契約（NDA）とトレードシークレット・ライセンス

[対訳]

2．秘密情報に関する本条のもとでのABCの秘密保持義務は、次に掲げる情報には適用しないものとする。

ⅰ）ライセンサーによって開示される以前からABCがすでに保有していた情報で、ライセンサーから直接・間接的にABCによって取得されたものではない情報、

ⅱ）ライセンサーによる開示の以前から公知の事実であったか、または、その後、ABCに帰すべき事由なくして、公知の事実になってしまった情報、

ⅲ）本契約締結後、秘密保持義務なしに、第三者からABCが取得した情報。

■解説■

1 本例文は、秘密保持義務の対象から除外される情報の典型的なものを規定している。

2 現実的な紛争の種は、ライセンシーが本条の規定あるいは同様の規定にもとづいて、ある種の情報を秘密保持義務の対象外であると主張した場合の立証問題である。何をもって、以前から、ライセンシーがすでに入手済みであったと立証したことになるのか？　ライセンサーが納得しなかったとき、あるいは、双方の主張が平行線をたどったとき、立証責任はどちらにあるのか？

次の例文63は、立証責任の問題を扱っている。

◇例文63　立証責任（Burden of Proof）はライセンシーに

---

3. Notwithstanding any provision herein to the contrary, the burden of proving that applicability of any of the foregoing exceptions shall be borne upon ABC by clear and convincing evidence by written records.

[対訳]

3．どのような矛盾する規定が本契約中にあったとしても、前項の秘密保持義務の適用除外となる事項に該当するということを立証する責任はABCにあるものとし、その立証は、書面による記録により、明確で

第4章／トレードシークレット・ライセンス契約書のドラフティング

説得力のある証拠によってなされなければならない。

■解説■

1 ライセンシーからトレードシークレットの開示と移転を受けてから、そのくらいの情報であれば、以前から知っていたと主張するライセンシーは少なくない。ただ、無制限にその主張を認めると、結果的に秘密保持義務が働かなくなってしまう。秘密保持義務からの除外があまりに無制限に認められると、ロイヤルティーの支払いさえ拒絶しかねない。

本例文では、ライセンシーが例文62のような規定にもとづいて秘密保持義務の適用除外を受けるための立証責任はライセンシー側に課すことによって、そのようなライセンシー側の主張を安易に認めないという姿勢（Solution）を示している。

2 実際には、例文62の適用除外事項に該当する情報であっても、万一、ライセンサー側が異議を申し立てた場合、立証問題が勝負の分かれ目になる。本例文では、立証という実務面からは、ライセンシーに不利である。書面による証拠の要求も厳しい。このような規定は、日頃から技術的な事項については、開発に関わる日誌の作成・記録を行い、適切な保管・秘密管理のシステムを維持することが重要であることを示唆している。アメリカの先発明の立証のための研究開発のLogbook（日誌）が連想される。Logbookの語源は航海日誌であるが、研究開発記録や訴訟の記録についても、Logbookという用語が使われている。

ライセンス契約のドラフティングを検討していくと、契約書だけの問題ではないことに気づくことになる。

3 このような立証責任まで言及した秘密保持条項はまれである。ライセンサーのカレン・ビュー女史が慎重にふるまって、規定しているだけである。

◇例文64　秘密保持義務に違反した情報開示等の差止め（Injunctive Relief）

ABC acknowledges that disclosure or use of the Confidential Information in violation of this Agreement could cause irreparable harm to KVC for which monetary damages may be an inadequate remedy. ABC agrees that KVC shall have the right, in addition to its other rights and remedies, to seek and obtain injunctive relief for any violation of this Agreement.

ABCは、本契約に違反する本秘密情報の開示又は使用はKVCに金銭的

第1部 秘密保持契約（NDA）とトレードシークレット・ライセンス

賠償が救済手段として不十分な回復不能な損害をもたらす可能性のあることを了解する。ABCは、KVCが他の権利及び救済に加え、本契約の違反について差止請求を求め取得する権利を有する旨合意する。

■解説■

1 英米法のもとでは、契約違反の実態が発生しても、救済（remedy）として、（金銭債務以外の）特定履行（specific performance）を裁判所に求め、その執行命令の判決を得るのは容易ではない。契約違反に対する救済は、原則として損害賠償（monetary damages）の支払いで充分という考え方があるからである。

2 本条項のねらいは、上記***1***の考え方による救済では不充分であるとし、違反行為の差止めを可能にするのがねらいである。

◇例文65　独立の開発

KVC acknowledges that ABC may, currently or in the future, be developing information internally, or receiving information from other parties, that is similar to the Confidential Information. Accordingly, nothing contained in this Agreement shall be construed as a representation or agreement that ABC shall not develop or have developed for its products, concepts, systems or techniques that are similar to or compete with the products, concepts, systems or techniques contemplated by or embodied in the Confidential Information, provided that ABC does not violate any of its obligations hereunder.

［対訳］

KVCは、ABCが現在又は招来、（ABCの）内部で本秘密情報に類似する情報を開発し、又は他の当事者から本秘密情報に類似する情報を取得する可能性のあるところ了解する。したがって、本契約の内容はいずれも、ABCが本営業秘密の企図又は競合する商品、概念、システム又は技術を開発せず、または（それらを第三者をして）開発せしめない旨の表明又は合意とは解釈されないものとする。但し、ABCが本契約に基づいて義務に違反しない場合に限る。

108

第4章／トレードシークレット・ライセンス契約書のドラフティング

■解説■

1 この規定は、ABC社研究開発部門による自己開発の成果にもとづき製品化するために欠かせない、と飛鳥凜は考えている。

2 現実に、この規定がないために、せっかくの自社開発製品が、あとから契約締結しなかったライセンサーから提起された生産・販売差止仮処分にもとづき、差止められたり紛争に発展することがある。

◇例文66　共同開発（Independent and Joint Development）

Invention developed or acquired solely by one party to this Agreement shall remain that party's property; all inventions made jointly by any or all of the parties hereto shall be the joint property of those parties.

［対訳］

　本契約の一方当事者が独自に開発又は取得した発明は当該当事者が所有するものとする。契約当事者の一員又は全員により開発された発明の一切はかかる当事者の共同開発とする。

■解説■

1 なんらかの形で複数の当事者が協力し、かかわった開発・発明の成果に対する知的財産権が誰に帰属するかは、常に明確に規定しておくのが理想である。

13 第三者によるトレードシークレット
侵害（Infringement）行為の排除

◇例文67　ライセンサーが排除責任を負う場合

At the request of ABC, Licensor shall, at Licensor's expense, take all reasonable steps to prevent or terminate any third party infringement, misappropriation or other unauthorized use of the Proprietary

第 1 部　秘密保持契約（NDA）とトレードシークレット・ライセンス

Information in connection with the Licensed Products.

［対訳］
　ABCから要請があるときは、ライセンサーは、許諾製品に関連する本営業秘密の侵害、悪用（目的外の使用）あるいは、他の許諾を受けない使用を防止し、または、やめさせるために必要な措置を、ライセンサーの費用負担で、とるものとする。

■解説■
1　トレードシークレットの開示・ライセンスでは、特許・商標のように明確な第三者への権利の公示がないため、第三者によるトレードシークレットの侵害の排除が容易でないことも多い。
　しかし、トレードシークレットのライセンスを受けた者の立場になってみると、ライセンシーには一定の保護が与えられなければならない。
2　本例文では、第三者の侵害排除の義務とその費用負担をライセンサー側としている。

　◇例文68　ライセンサー・ライセンシーが共同で排除責任を負う場合

　　1.　If either party finds any third party infringement, misappropriation or other unauthorized use of the Confidential Information (collectively "Infringement"), then that party shall promptly notify the other party thereof. Upon such notification, the parties hereto shall discuss whether or not any action or actions should be taken against the Infringement.
　　2.　If the parties hereto decide certain action to be taken, Licensor shall take, in its name, necessary action(s) against such Infringement, provided that all outside costs and expenses, including attorney's fees and all damages awarded or otherwise recovered shall be equally shared by the parties hereto.

［対訳］

110

第4章／トレードシークレット・ライセンス契約書のドラフティング

> 1. ライセンサー・ライセンシーのいずれか一方が、第三者による本秘密情報の侵害・誤用または他の許諾をうけない使用（「侵害」）を発見した場合は、ただちに相手方にその事実を通知するものとする。かかる通知があった場合は、両者で訴訟等対抗措置（「訴訟」）に踏み切るか否かを協議するものとする。
> 2. 両者が対抗措置をとると決定した場合は、ライセンサーがかかる侵害をライセンサーの名前で訴訟を提起する。ただし、その訴訟遂行に関わるすべての外部費用については、弁護士料・判決あるいは他の回収額を含み、ライセンサー・ライセンシー間で折半とする。

■解説■

1 本例文は、第三者の侵害行為について両者で協力してあたることにしている。費用も折半である。

2 トレードシークレットに関わる第三者の侵害行為については、実際には、本当に侵害行為なのか、それとも、外見上そう見えるだけなのか、また、排除しようとして、よい結果が期待できるのか、など不明な場合も多い。訴訟を提起しても、その立証が容易でないこともある。純粋にトレードシークレットだけの侵害の場合は、秘密保持を維持しながら侵害と損害額を立証するのは、困難なことがある。

3 商標・特許・著作権などトレードシークレット以外の権利も同時にライセンスされており、しかも、同時に第三者によって侵害されている場合は、排除のための対抗措置がとりやすい。

⑭ 契約期間（Term）と解除（Termination）

◇例文69　一定期間有効。両者協議の上、更新する条件

1. Notwithstanding the date on which this Agreement is actually executed, this Agreement shall become effective on April 1, 2021 and, unless terminated earlier in accordance with Section _____ (Termination), shall continue in effect for an initial term expiring on March 31, 2027. As used in this Agreement, a Contract Year means a twelve month period commencing on April 1 and ending on

第1部　秘密保持契約（NDA）とトレードシークレット・ライセンス

March 31. The first Contract Year of this Agreement shall commence on April 1, 2021 and end on March 31, 2022.

　2.　Upon mutual agreement of ABC and Licensor, this Agreement may be extended for successive terms.

［対訳］

　1.　本契約の実際に調印された日付にかかわらず、本契約は、2021年4月1日に有効となり、第＿＿＿＿項の規定によって期間満了前に中途解除されないかぎり、当初の期間として、2027年3月31日まで有効とする。本契約中では、契約年度とは、毎年、4月1日に始まり、翌年の3月31日に終わる12か月間のことを指す。本契約の第1契約年度は、2021年に開始し、2022年の3月31日に終了する。

　2.　本契約はABC・ライセンサー間で相互に合意したときは、さらにそれ以降の期間について延長することができる。

■解説■

1　契約期間は、ライセンサー・ライセンシー間の交渉によって、ビジネスの必要に応じて自由に決めればよい。契約の発効日としては、両者の契約の調印日とする方法と、あらかじめ定めたスケジュール（ロイヤルティー支払い、トレードシークレットの開示、関連技術・トレードシークレットの開示指導プラン等）をもとに具体的な特定の日、とする方法などがある。また、政府への届出・認可（Validation）などの関連手続が必要なときは、その認可を得た日が発効日となる。状況に応じて、契約の規定のドラフティングを工夫する。

2　本例文は、単なる調印日とした場合には、月の半ばであったり、実はかなり事後的な契約書類の作成であったり、契約の実際の運用上、不都合になることを考慮して、具体的な日（calendar day）を使って、規定したものである。海をへだてた両者の調印日が大幅にずれている場合など、調印日や効力発生日をめぐる解釈について紛争が発生することさえある。

3　契約期間をこのように決めておくメリットの1つに、期間更新などの際にわかりやすいという点や、先に本章**10**で紹介した「ライセンシーの計算・記録保管・報告義務」などに関連して、計算・記録作成・監査などに対応しやすいという点がある。あらかじめ、許認可上の日が決まっていることもある。ただ、いずれの事由も単なる便宜上のものであり、必然性はない。

　年度（Year）については、うっかりすると、カレンダーイヤー（1月から12月）なのか、4月からの会計年度なのか、契約の日から12か月か、紛らわしいことがあ

第4章／トレードシークレット・ライセンス契約書のドラフティング

る。本例文では、その紛らわしさを解消するために定義をしている。

　期間が満了した後、更新する必要があるかどうかは、個別ビジネスによって事情が異なる。一定期間以降は、更新の必要が未確定の場合は、満了時（あるいは、その一定期間前）の協議に任せておく方法がある。本例文は満了時までに更新（extension）の協議が整った場合は、合意した延長期間について延長すればよい、との方針を採用している。

◇例文70　一定期間有効。自動更新条項付き

This Agreement shall become effective on the Effective Date and shall, unless terminated pursuant to Section ＿＿＿＿ (Termination), continue to be in force for ten (10) years thereafter.

The said term of this Agreement shall be automatically extended for additional consecutive periods of two (2) years each, unless terminated by either party hereto by giving the other party written notice to that effect at least six (6) months prior to the end of the original term of this Agreement or any extended term there of.

［対訳］

　本契約は、発効日に有効になり、第＿＿＿＿条（解除）の規定に従って中途で解除された場合を除き、発効日から10年間有効とする。

　本契約の上記の期間（10年）は、いずれか一方の当事者が相手方に対して、本契約のもとでの有効期間の満了、または延長した期間の満了前の少なくとも6か月前までに、解除する旨の書面の通知を与えないかぎり、自動的にさらに2年ずつ更新されるものとする。

■解説■

1　標準的な有効期間の取決めである。自動更新条項を採用している。引用されている解除条項は、たとえば、契約違反、破産などで有効期間の途中で解除された場合は、それで終了することを明瞭にするための規定である。

2　契約の有効期間の満了、更新を迎えて、ライセンシー側がしばしば遭遇する疑問に次のようなものがある。ライセンサー側の契約違反を事由に解除するときにも同じ問題がからむ。

3　飛鳥凛に上司から課題が出された。「期間満了によって契約が円満に終了する

第1部　秘密保持契約（NDA）とトレードシークレット・ライセンス

場合、ライセンシーは、それまでに開示されたトレードシークレットを継続して使用できるのだろうか？　契約の途中での解除の場合は結論が変わるのだろうか？　もし、継続できるとすれば、そもそも、自動更新しない場合のライセンシーのディメリットとは何か？

　新しい改良情報を受け取ることができない以外に本当に困るようなことがあるのか？

　仮に、継続使用できないとすれば、契約締結時にその導入したトレードシークレット（たとえば、技術・ソフトウエア・システム情報、設計情報などのパッケージ）をもとに建設したライセンシーの工場・事務所の稼働は止めなければならないのか？　契約書を読んだだけで、明確に結論が導き出せるか？」。飛鳥凛はどう答えるか？

4　ライセンサーとライセンシーのそれぞれが、契約の解釈について自己に都合のよい受け止め方をしてはいないか？

　契約終了後の扱いは、ふだん意識はしていないが、紛争が起きそうな雰囲気がいつも漂っている分野である。実際に、上記***3***の状況下で、ライセンシー側がライセンス契約の更新を拒絶し、ライセンサー側がライセンシーの工場全体の稼働の差止めを求めて、泥沼の紛争に陥ってしまう例があとをたたない。両者の自社技術に対する自信・愛着・誇りが争いに輪をかけることになりかねない。特許・商標など特許庁で審査・登録された権利のライセンスの場合には、慎重なはずのライセンシーが、ノウハウ・トレードシークレットだけのライセンスについては、うっかり楽観的になってしまう傾向がある。

5　この問題に対処する解決策（Solution）には、いくつかのアプローチがある。1つは、ライセンス契約におけるさまざまな状況での途中解除、更新しない場合の終了などに分けて、ひとつひとつ、解除後の扱いを明確に取り決めておくことである。

　ただ、ライセンシー側は、当然のこととして、トレードシークレットの継続使用を希望、主張し、ライセンサー側は、使用許諾を終了しなければ相手方に継続してロイヤルティーを支払うインセンティブが激減すると考える。

　トレードシークレットの継続使用を可能とする場合でも、無条件でライセンシーによる継続使用を認めるか、それとも一定の制約を設けるかなど、さまざまなバリエーションがある。

　また、新興国では、自国産業保護を目的として、各国の技術導入基準（ガイドライン）にこのようなライセンス契約の期間満了後のトレードシークレット・ノウハウの使用の可否について規制や指導方針が明確にされていることがある。国際的なライセンス契約のチェックポイントの1つである。

第4章／トレードシークレット・ライセンス契約書のドラフティング

◇例文71　ライセンシーが一方的に延長するオプションを持つとする規定

ABC shall have the right, exercisable in its sole discretion, to renew this Agreement for additional terms of five (5) years each, by notifying KVC of such decision in writing, on or before March 31, 20＿, immediately preceding the subsequent expiration date(s).

［対訳］
　ABCは直後の終了日の直前の20＿＿＿年3月31日以前にKVCにかかる決定を書面で通知することにより、5年間の期間、本契約を毎度更新する権利（独自の裁量により行使可能とする）を有する。

■解説■
1　ABC社の飛鳥凛がドラフトし、KVC社に対し提示した規定である。これは"Right to Renew"とも呼ばれる規定であり、フランチャイジーなど、ライセンスの継続が事業の基盤となっている当事者の商権を守るためのdevice（手だて）である。ABC会社の飛鳥凛の提案に対してKVCのNancyから、この規定を受け入れるには条件があるとの返事があった。飛鳥凛は、ロイヤルティーの増額かと想像していたが、実際にはロイヤルティー増額に加え、一定の販売実績をクリアするよう提案がされてきた。"Right to Renew"でなく、条件付自動更新条項である。飛鳥凛は、いよいよこれから契約交渉の醍醐味を味わうことになる。

◇例文72　一定金額以上の販売実績を達成した場合は、自動更新とする規定

This Agreement shall commence on the effective date and shall be for a period of four (4) years from the effective date that is up to March 31, 2024.
　If during the said period ABC shall have made Net Sales of the Licensed Products of at least U.S. Dollars 5,000,000 (United States Dollars Seven Million Only), then the term of this Agreement shall be automatically extended for a further period of four (4) years that is up to March 31, 2028.
　If during the period of four (4) years commencing on April 1,

115

第1部　秘密保持契約（NDA）とトレードシークレット・ライセンス

2024, and ending March 31, 2028, ABC shall have made Net Sales of the Licensed Products of at least U.S. Dollars 700,000 (United States Dollars Five Million Only), then the term of this Agreement shall be automatically extended for a further period of four (4) years that is up to March 31, 2032.

On or before the expiry of any period, unless automatically extended pursuant to the provisions of this Agreement, KVC and ABC shall hold discussions and negotiate with a view to achieving a mutually satisfactory extension agreement for a further period of four (4) years, which would include the provisions concerning the minimum Net Sales of the Licensed Products for such Period.

［対訳］

　本契約は発効日に開始し、2024年3月31日までの発効日から4年に渡る期間、有効とする。

　当該期間中にABCがライセンス商品につき少なくとも500万米ドルの純売上高を売り上げた場合、本契約の期間は2028年3月31日までの4年間、さらに自動更新するものとする。

　2024年4月1日に開始し2028年3月31日に終了する4年間の期間中に、ABCがライセンス商品につき少なくとも700万米ドルの純売上高を売り上げた場合、本契約の期間は2032年3月31日までの4年の期間、さらに自動更新するものとする。

　本契約の条項に従い自動更新された場合を除き、期間終了以前に、KVC及びABCは両当事者が双方に満足するさらに4年間の更新契約を達成することを目指して協議及び交渉するものとする。本更新契約は当該機関中のライセンス商品の最低限の純売上高に関する条項を含むものとする。

■解説■

1　本条項は、Karen View社（Nancy）から、例文71（ABC社飛鳥凜の提案）に対し、カウンタープロポーザルとして呈示されたものである。KVC社から許諾された製品の売上げの実績が目標金額に達したとき、自動的に更新される。

第4章／トレードシークレット・ライセンス契約書のドラフティング

◇例文73　解除事由

Either party may, without prejudice to any other rights or remedies, terminate this Agreement by giving a written notice to the other with immediate effect, if any of the following events should occur:

(a) in the event that either party fails to make any payment to the other when due under this Agreement and such failure continues for more than fourteen (14) days after receipt of a written notice specifying the default;

(b) in the event that either party fails to perform in any material respect any of its obligations under this Agreement and has not substantially cured such default within twenty (20) days after receipt of a written notice from the other party specifying the particulars of the default;

(c) in the event that either party files a petition in bankruptcy or petition is filed against it, becomes insolvent or bankrupt, makes a general assignment for the benefit of creditors, or goes into liquidation for receivership.

(d) in the event that either party ceases or threatens to cease to carry on business or dispose of the whole or any substantial part of its undertakings or its assets;

(e) in the event that control of either party is acquired by any person or group not in control at the date of this Agreement.

［対訳］
　下記の事項の1つが発生した場合には、いずれの当事者も、相手方に書面による通知をすることにより、他の権利、救済方法を喪失することなく、本契約を解除することができるものとし、解除の効果は直ちに発生する。
　(a)　いずれかの当事者が期限の到来した本契約上の支払債務の支払いを怠り、相手方の書面による通知受領後、14日を超える期間が経過しても、支払わないとき、
　(b)　いずれかの当事者が本契約の重要な規定に違反し、相手方からの違反行為についての詳細の通知を受領後、20日が過ぎても、実質的な治癒ができないとき、

117

第 1 部　秘密保持契約（NDA）とトレードシークレット・ライセンス

　　　(c)　いずれかの当事者が破産の申立てをし、または、破産の申立てを
　され、または、支払不能、破産に陥り、あるいは、債権者のために包括
　的な譲渡が行われ、または、清算、管財人による管理が開始されたとき、
　　　(d)　いずれかの当事者が事業をやめるか、やめそうになったとき、あ
　るいは、事業、資産のすべてまたは重要部分を処分したとき、
　　　(e)　いずれかの当事者のコントロールが、本契約の締結日にはコント
　ロールしていなかった者またはグループによって取得されたとき。

■解説■

1　本例文は、中途解除のケースについて、ライセンサー・ライセンシーに公平な
立場で規定している。通常は、むしろ、ライセンサーに一方的に有利な規定が多
い。

2　"without prejudice to" というのは、英文契約の慣用的表現の1つで、「他の法律
などで与えられている権利などについて何ら不利益をこうむることなく、」という
意図のもとに使われている。契約を解除すれば、損害賠償はじめ何も請求権が残ら
ないという伝統的なイギリス契約法のもとで使われるようになった表現である。す
なわち、契約法の規定によって享受する権利はもちろん失わず、それに加えて（in
addition to）、契約に規定する権利を享受できるという趣旨である。

3　"petition in bankruptcy" というのは、破産の申立てのことをいう。「file」は所
轄官庁に提出することをいう。破産の申立ては裁判所に対して行う。

　(e)項は、ライセンシーやライセンサーのコントロール（資本）がM＆Aや乗っ取
りによって、変更した時に、相手方が解除する権利を留保するものである。経営者
の交替によって、契約の実体や履行能力がまるで変わってしまうことがあることを
考えて挿入されている。

4　では、解除されると、具体的に何が起こるのか。解除の効果は何なのか。ライ
センシーにとって、トレードシークレットの継続使用の問題はしばしば経営・ビジ
ネス上の基本事項となっている。

5　飛鳥凛が、オーロラ・ボレアリス社内の事業部員に呼ばれて、質問を受けている。
「(e)項のコントロールとは、50％ちょうどの場合も含みますか。それとも51％以上
のケースですか？」

◇例文74　特定研究者がライセンサーから離脱したときの
　　　　　ライセンシーからの解除権（Termination）

　　ABC shall have the right to terminate this Agreement forthwith if
and when either or both of Mr. Tony Taylor and Miss Jodie White

第4章／トレードシークレット・ライセンス契約書のドラフティング

shall leave KVC, or be unwilling to make themselves available to the assignment under the Schedule of Services hereunder for any reason whatever.

[対訳]
　ABCはトニー・テイラー氏及びジョディー・ホワイト女史の一方又は双方がKVCを退職した場合、又はいかなる理由によっても本契約に基づく（本契約遂行のための）役務のスケジュール（役務提供の詳細規定）の担当につかない場合は、即座に本契約を解除する権利を有する。

■解説■
　本例文は、ABCがKVCのライセンシーとして、ライセンスを受ける際に、KVCの優秀な研究者2名（Mr. Tony TaylorとMiss Jodie White）がKVCを去った場合や担当しない場合に解除できるように、飛鳥凛が作ったものである。
　ライセンシー側からみた場合、ライセンサー側の特定の研究者の技術・製品開発能力を高く評価して、契約を締結することがある。研究開発委託契約や研究型企業買収契約の場合にも同じ考え方をとることがある。そのような場合にこの例文のような規定が役立つことがある。技術・製品開発能力は会社に属するとは限らない。担当する個人の顔ぶれが重要な役割を果たし、プロジェクトの成功の鍵となることがある。

◇例文75　契約期間満了（Elapse of Term）の効果
（ライセンシーが継続使用できるケース）

After the expiration or termination of this Agreement other than termination caused by the default of ABC, ABC shall have a perpetual, nonexclusive, royalty-free license to use the Confidential Information in the Territory as if the term of this Agreement were continuing.

[対訳]
　本契約が、ABC（ライセンシー）の契約違反による解除によらずに、期間満了または解除により終了したときは、ABCは、あたかも本契約

第1部　秘密保持契約（NDA）とトレードシークレット・ライセンス

が存続しているかのように、本秘密情報について、ロイヤルティー無料の無期限の、非独占的な継続使用権を有するものとする。

■解説■

1　本例文は、ライセンシーの希望通りの条件になっている。円満な契約期間の満了、ライセンサー側の契約違反による終了の両方の場合に、ライセンシーは、あたかもライセンス契約が存続しているかのように、トレードシークレットが継続使用できる。ロイヤルティーの支払いは不要である。不利益としては、改良情報が入ってこないことである。

2　では、この条項があれば、契約が終了した場合でも、ライセンシーはまったく心配がないかというとそうとも言い切れない。ライセンサーがライセンシーに対して、思わぬ契約違反（defaults）を主張するかもしれない。ライセンシーの義務はロイヤルティーの支払いだけではない。言いがかりであっても、立証するまでは紛争になる。また、ライセンサーとライセンシーが互いに相手方の契約違反を主張し合いながら、契約が終了してしまうこともある。

3　円満な期間満了の場合でも、ライセンス契約の期間が極端に短い契約（たとえば、1年、以後自動更新）の場合など、ライセンサーによっては、例文76と同じような厳しい効果（使用中止、資料返還等）を主張することがある。ビジネス条件であり、基本的には契約は自由であるから、さまざまな条件の取決め方がある。

◇例文76　契約終了（Termination）の効果
（ライセンシーは情報使用中止、情報・資料を返還）

Upon termination of this Agreement caused by the default of ABC, all the rights of ABC under this Agreement shall cease to exist and ABC shall promptly return to Licensor all written materials constituting the Confidential Information furnished by Licensor, and ABC further agrees that it will not make further use of any such Confidential Information unless otherwise agreed by the parties in writing.

［対訳］

　本契約がABC（ライセンシー）の契約違反により解除された場合は、ABCの本契約上の権利はすべて消滅し、ABCはただちにライセンサー

第4章／トレードシークレット・ライセンス契約書のドラフティング

から受け取っていたあらゆる本秘密情報を構成する資料を返却するものとし、さらに、ABCは、別途両者間で書面によって合意しないかぎり、それ以降は、いかなる本秘密情報も使用しないことに合意する。

■解説■

1 ライセンシーにとって非常に厳しい規定であるが、ライセンス契約の本質が、ライセンサーによる使用許諾であることを考えると、むしろ、当然の帰結になるという見方もできる。

2 とはいえ、「make no further use」（それ以降いっさい使用しない）とある以上、それまでのトレードシークレットを使用して取引・流通過程におかれている商品もサービスもありうるため、具体的にそれぞれの対応方法を両者で確認していくことが第三者との関係で必要になる。あらかじめ合意できれば、本契約の別な場所で規定してもよいし、後日、別途書面で確認してもよい。

通常のライセンスビジネスで議論の対象になりやすいのは、すでに開示されたトレードシークレットを使用して生産した製品の在庫がある場合、注文をすでに受けていてその分は契約済みのため、新たに生産加工中であったり、生産スケジュールが確定しているケースなどである。

契約終了時の情報・資料の返還についてはそれぞれのビジネスの性格により、さまざまな規定のしかたがある。それぞれのケースにふさわしい取決めをすればよい。

◇例文77　秘密情報の返還（Return of Confidential Information）

Promptly upon termination or expiration of this Agreement, or at any time KVC so request, ABC shall deliver to KVC, all copies of all materials and documents containing or pertaining to Confidential Information, including without limitation all notes, memoranda, files, records, reports and manuals.

ABC shall not take or retain any reproduction or excerpt of any such materials or documents containing or pertaining to any Confidential Information.

［対訳］

本契約の終了（termination or expiration）次第速やかに、又はKVCの要請次第、ABCはKVCに、本秘密情報（ノート、メモランダム、ファ

第1部　秘密保持契約（NDA）とトレードシークレット・ライセンス

　イル、記録、報告及びマニュアルの一切を含むがこれに限られない）を
含む又はこれに関連する資料及び文書の一切を引渡すものとする。
　ABCは本秘密情報を含む又はこれに関連する資料又は文書の一切の
複製品又は抜粋を保持しないものとする。

■*解説*■
1　秘密情報の返還の規定には、ビジネスの実態に即し様々なヴァリエーションがある。本条項は、ノート、複製も含め、詳細に規定するものである。
2　本条項は、秘密情報がマニュアル等文書中心で表されているケースである。

◇例文78　秘密資料の返還（Return of Materials）

　Upon expiration or termination of the license granted hereunder, ABC shall, upon KVC's request, either (i) promptly return to KVC all written reports, drawings, tapes, records, disks, other forms of data storage, other documents or materials constituting originals or copies of the Confidential Information furnished by KVC, or (ii) destroy or erase such originals and copies, and provide appropriate evidence of such destruction.

［対訳］
　本契約に基づき付与されるライセンスが（期間満了により）終了し、または解除された場合は、ABCはKVCの要求に従い、(i)書面の報告書、設計図、テープ、記録、ディスク、その他の形態のデータ保存、KVCの提供した本秘密情報の原本又は写しを構成する他の文書又は資料の一切を速やかにKVCに返還し、又は(ii)かかる原本及び写しを破棄又は削除し、かかる破棄の適切な証拠を提供するものとする。

■*解説*■
1　トレードシークレットの開示が、ソフトウエアライセンスに伴ってなされることも多い。その場合、書面の交付のみでなく、電子的な手段による情報提供もなされる。本条項は、そのような場合に対応しようとする規定である。

第4章／トレードシークレット・ライセンス契約書のドラフティング

◇例文79　秘密情報の返還（Return of Confidential Information；短縮版）

ABC shall promptly return to KVC all tangible material embodying the Confidential Information in any form and including, without limitation, all summaries, copies and excerpts of the Confidential Information, upon the earlier of (i) the completion or termination of the dealings between the parties hereto, and (ii) KVC's written request.

［対訳］
　ABCは、(i)本契約の当事者間の取引が完遂又は終了するか、または、(ii)KVCから書面で要求されるか、いずれか早い方がおきたときは、本秘密情報を化体する有形資料の一切（いかなる様式も含む。また、本秘密情報の要約、写し及び抜粋の一切を含むがこれに限定されない）を速やかにKVCに返還するものとする。

■解説■

1　本条項は、次の例文80とともに、「簡潔で核心をつくこと（concise and to the point）」をドラフティングのモットーとする美学を持つ日高尋春氏の好むスタイルである。

◇例文80　秘密資料の返還（Return of Materials；短縮版）

Upon KVC's request, ABC shall promptly return to KVC all materials or tangible items containing KVC's Confidential Information and all copies thereof.

［対訳］
　KVCの要請に従い、ABCはKVCにKVCの本秘密情報及びその写しの一切を含む資料又は有形物体の一切を速やかに返還する。

123

第1部　秘密保持契約（NDA）とトレードシークレット・ライセンス

ⓖ 不可抗力条項（*Force Majeure*）

トレードシークレット・ライセンス契約にも、一般条項として、不可抗力条項を取り決めるのが一般的である。一定期間不可抗力事態が継続した場合に解除できるかどうか、また、不可抗力事態の発生時の連絡の仕方などについても、具体的に取り決めておけば、紛争を回避するために有効である。

◇例文81　不可抗力事由

1. Neither Licensor nor ABC shall be liable to the other for any delay or failure in the performance of its obligations under this Agreement, if and to the extent such delay or failure in performance arises from any cause beyond the reasonable control of the party affected (Force Majeure), including, but not limited to act of God, acts of government or governmental authorities; compliance with laws and regulations; fire, storm, earthquake; power failure, strike or war (declared or not), riot, accident in transportation, or explosion of the factory of ABC or its sublicensees.

[対訳]
　1．ライセンサーもABC社（ライセンシー）も、本契約上の義務の履行が遅延したり、なされなかった場合に、その遅延、不履行の理由がその影響を受けた契約当事者の合理的なコントロールを超えた事由（以下「不可抗力」）によって引き起こされたときには、その限度において相手方に対して責任を負わない。そのような事由には、天災事変、政府または政府機関の行為、法律・規則の遵守、火災、嵐、地震、停電、ストライキ、（宣戦布告の有無を問わず）戦争、反乱、騒乱、輸送機関の事故、ABCまたはそのサブライセンシーの工場の爆発を含むものとし、かつ、これら列挙した事由に限定されない。

124

第4章／トレードシークレット・ライセンス契約書のドラフティング

■解説■

1 不可抗力事由にどこまでの事由が含まれるのかは判断がむずかしい。自然災害が不可抗力であるのは異論がない。上記例文の場合、サブライセンシーの工場の爆発のケースにより、契約履行上どのような影響が実際にあったのか、具体的にどのような主張がライセンシーからなされるのか、本当は見当もつかない。ふつう、実務では、あらかじめ、想定したというよりは、事故が発生してから、あわてて契約書を取り出し、初めて丁寧に読んで、役に立つ規定があるかどうか、手がかりを探すのである。

2 したがって、曖昧さがあるとしても、このような規定があると、許諾製品を製造していたサブライセンシー工場の爆発で、ライセンス対象の製品の製造・販売が大幅に減少したとき、ミニマム・ロイヤルティーの減額の根拠になるかどうか、ミニマム数量の販売ができなくても、契約解除事由からはずす1つの交渉材料として使えるかどうかなど、ビジネス交渉上は有効な議論の根拠を探す糸口になることがある。裁判・仲裁でどのような効果を発揮できるかは不明であるが、何もないよりはよい。

3 不可抗力・フラストレーションの理論と適用の問題のむずかしさと契約の規定の仕方の重要性は、スエズ運河の封鎖を扱ったイギリスの古典的判例の「ユージニア号事件」「スーダンナッツ事件（Tsakiroglou号事件）」などを読むとよくわかる（山本孝夫「国際取引・知的財産法の学び方―梁山泊としてのゼミナール―」No.16～No.22『国際商事法務』1995年4月号～10月号掲載）。

何が起こるか予測のつかない国際取引契約の1つとしてのライセンス契約では、不可抗力条項といえども、手を抜かず、あらゆる場面を思い浮かべて、詳細に規定をめぐらすことが大切である。国際契約のドラフティングには、力関係という制約は受けつつも、このような生きたビジネスでの知的なゲームの側面がある。契約書の各条項は一定の役割を果たす機会を待っていると見ることもできる。

4 ライセンス契約の力関係（交渉力）からいって、通常はライセンサーの力が強いことは否めない。不可抗力条項も「ライセンサーは不可抗力により免責される」と規定されることも多い。

◇例文82　不可抗力事態の発生通知と解除

2. On the occurrence of any event of Force Majeure, causing a failure to perform or a delay in performance, the party so affected shall immediately send written notice to the other party of such date and the nature of such Force Majeure and the anticipated period of time during which the Force Majeure conditions are expected to per-

125

第1部　秘密保持契約（NDA）とトレードシークレット・ライセンス

sist.

3. The parties so affected shall make all reasonable efforts to reduce the effect of any failure or delay caused by any event of Force Majeure.

4. The provisions of this Article shall not relieve either party of the obligations to make payments when due under this Agreement.

5. If the Force Majeure conditions in fact persist for one hundred twenty (120) days or more, either party may terminate this Agreement by giving written notice of termination to the other party.

［対訳］

2. 契約の履行を妨げ、または、遅延させる事態を引き起こす不可抗力の事態が発生した場合には、その影響を受ける契約当事者は、不可抗力事由の発生後ただちに、相手方に対して、そのような不可抗力の発生日と性格、継続すると予期される期間について書面で通知するものとする。

3. 影響を受けた当事者は不可抗力の影響を軽減するための合理的な努力をするものとする。

4. この規定は、支払期限の到来した金銭債務の履行には影響を与えないものとする。

5. 本条の不可抗力事由が120日以上継続した場合には、本契約の当事者のいずれか一方が相手方に対して、書面で解除通知を送付することによって、本契約を解除できる。

■解説■

1　不可抗力事態の発生の中には、戦争・内乱、政府による規制、大地震・火災、本社・工場の倒壊のように、壊滅的な打撃や、復興に長期間がかかるものがある。ライセンシーがそのような打撃を受けた場合にも、ミニマム・ロイヤルティーの支払いが求められるかどうか、という問題がある。また、ライセンサーの立場に立てば、解除できないのか、という悩みが起きる。

　本例文は、そのような問題に対処し、双方に公平な立場で紛争を予防しようという目的で作成したものである。

　相互の通知義務、120日以上継続の場合の解除権発生などを取り決めた。実務上、ライセンス契約でここまで詳細に規定されることはまれである。

第4章／トレードシークレット・ライセンス契約書のドラフティング

2 　本例文では、生産・販売への影響は最大限に考慮する。しかし、すでに支払期限の到来したロイヤルティーの支払期限の延長など金銭債務の履行は一切遅延を認めないという立場をとっている。支払手段は、海外からの支払いも含めて、さまざまな方法があるはずであり、不可抗力によっても免責しないのが、国際取引契約でも確立したルールになっているといえよう。

3 　ただ、国連制裁にもとづき、外国為替法等によるあらゆる方法での制裁国向けの支払い・送金を禁止した場合には、例外として免責となろう。ただし、このような事態では、適用法と紛争解決方法・機関によって結論が分かれることがある。現実にイラクによるクウェートに対する侵攻とその後に行われたイラクに対する国連制裁と各国の国内法による取引・支払制限や、ユーゴスラビアの分裂により引き起こされた紛争と国連制裁などもそうである。制裁を受けた国の側のルール・裁判と制裁に参加している側、中立国によって結果が分かれることがある。

◇例文83　ショートフォーム（Short Form；簡略版）

> Neither Licensor nor ABC shall be responsible to the other for failure to perform any of the obligations imposed by this Agreement, other than the obligation to make any payment which is due, if such failure arises out of causes beyond the control and without the fault or negligence of the party in question, such causes being deemed to include, without limitation, acts of God or fire, flood, earthquakes, storms, war, riots and any other matter of similar nature.

[対訳]
　ライセンサーもABC社も、本契約の履行が、自然災害、火災、洪水、地震、嵐、戦争、暴動、あるいは類似の性質の事項を含む、当事者のコントロールできない事由により、しかも、当事者の過失なくして、妨げられる場合には、すでに支払期限の到来した支払債務の履行を除き、相手方に対して、履行できなかったことまたは遅延したことについて責任を負わないものとする。

■解説■

1 　すでに紹介した不可抗力条項（例文81・82）より、少し簡潔にした条項である。期限の到来した債務の支払いについては、不可抗力が適用にならないことを明示し

第1部　秘密保持契約（NDA）とトレードシークレット・ライセンス

て、紛争の種を取り除いている。「不可抗力」と「金銭債務の支払義務」の関係は、多くの先進国では、影響を及ぼさず、免責されないことが常識となっているが、国際的な紛争では、思いがけない議論がなされるリスクがないとは言い切れないからである。文化・価値観の相違は、世界レベルで見ると契約関係や紛争の際には、無視できない。「金利」「遅延金利」（アラブ世界では違法）、「懲罰的賠償」（アメリカでは許容）等についても、国により、考え方に差があることは広く知られているとおりである。

16 契約譲渡の制限条項 (No Assignment)

　ライセンス契約では、ライセンサーもライセンシーもその契約上の地位を第三者、子会社などに譲渡したいという事態が発生することがある。タックスプランニング上の事由からライセンサーがカリブ海の適当なタックスヘイブンに設立した会社に契約を移すことは国際的なライセンス事業としては、ごくふつうに見られる。バミューダ、バハマ、ケイマン、オランダ領アンティルなどが知的財産の所有・運用のための会社の設立のために、よく利用される。また、ライセンサーがライセンシーのミニマム・ロイヤルティー支払いの約束を取り付けている場合、ライセンス契約を資金調達手段として活用することがある。

　ライセンシー側も広範囲のエリアについて独占的ないわゆるマスターライセンスの地位を獲得するやいなや、サブライセンシーを探して、高くライセンスするというビジネスに従事する者が少なくない。権利の売買ビジネスと呼ぶことができる。

　いずれも例外的なケースであるが、契約の譲渡をめぐる紛争はいったん発生すると、深刻な争いに発展する。たとえば、もとの商標権者が業界から撤退をはかるときには、商権そのものが脅かされることがある。商標ライセンスとは単なるマークのライセンスだけではないからである。

　40数年前、日本企業が国際取引契約に慣れていない頃、東急がホテル運営のためにヒルトン・ホテルズ・インターナショナル社のサービス・協力を得るため契約を締結した。東急がその資金で建設するホテルに「ヒルトン」の名称を使い、ホテル運営をヒルトンに委託するためである。その後発生した東急とヒルトンとの契約の譲渡をめぐる訴訟（東

第4章／トレードシークレット・ライセンス契約書のドラフティング

急ヒルトン事件）は、古典となって契約実務での「契約譲渡条項」の狙いとからくりを警告し続けている。

ライセンス契約で双方に公平な譲渡制限条項を紹介する。

◇例文84　契約譲渡制限条項（No Assignment Clause）

This Agreement or any part of this Agreement shall not be assigned or transferred by either party without the prior consent of the other party.

Any assignment or transfer without such consent shall be null and void.

［対訳］
　本契約またはその一部は、相手方の書面による事前の同意なしには、譲渡されないものとする。
　もし、そのような契約譲渡が相手方の同意なしに行われた場合、そのような譲渡は無効とする。

■解説■

1　この例文では、ライセンサー、ライセンシーが完全に対等、平等な規定になっている。現実の例では、交渉の力関係からライセンシーのみが譲渡制限を受けていることが少なくない。しかし、ライセンシーとしては、交渉して改善の余地がないか、努力はしてみる必要がある。思わぬ相手に譲渡されてしまうと、履行がむずかしくなったり、本来、契約相手として選ばなかったはずの相手と契約関係に入ることになってしまう。

2　一般的には譲渡を制限しても、例外的に自由に契約譲渡が認められるケースとして(1)50％以上株式を保有する子会社、(2)当事者の商号の主要部を商号として使用するグループ会社への譲渡が提案されることがある。この場合、契約がこの除外規定で子会社・グループ会社に譲渡された6か月後に、その子会社の株式が譲渡されたり、グループを離れて敵対する企業グループに入ったら、どうするか。契約譲渡制限の除外規定の提案には、相手方の狙いを考え、細心の注意が必要である。

3　譲渡と似通って、異なる問題として「Delegation」がある。これは、下請、履行補助者であって、もとの契約者の履行責任は存続する。

129

第1部　秘密保持契約（NDA）とトレードシークレット・ライセンス

◇例文85　契約譲渡・下請制限条項（No Assignment, No Delegation Clause）

Neither party shall not assign this Agreement or its rights under this Agreement or delegate its obligations under this Agreement without the other party's prior written consent, which consent shall not be unreasonably withheld.

In the event such assignment or delegation, the assigning or delegating party shall remain liable to the other party and shall not be relieved of any obligation under this Agreement.

［対訳］
　ライセンサー、ライセンシー双方とも、相手方の事前の書面による同意がないかぎり、本契約または本契約上の権利を譲渡したり、本契約上の義務を下請に出したりしてはならない。ただし、相手方から求められた場合、そのような同意を、不当に拒絶してはならない。
　そのような同意にもとづき、契約譲渡、下請が行われた場合、譲渡または下請に出した側の契約当事者は、譲渡・下請後も、引き続き本契約上の責任を負担し、契約履行の義務から免れないものとする。

■解説■
1　本例文では、契約譲渡、下請の希望を相手方に告げたとき、相手方は説得力のある理由がないかぎり、同意を留保できない。その代わりに、譲渡・下請に出した後も、もとの契約当事者が責任を負担し続けることで現実的な調和をはかろうとしている。
2　本例文で第2文がなかったらどういう結果になるか。
　その場合は、契約が譲渡されたあとは、もとの契約者はもはやその契約が履行されようと、不履行になろうと、一切責任を負わない。譲渡されてしまったのである。
　ただし、「Delegation」が行われた場合については、本来、履行の補助のために下請が起用されただけであるから、もとの契約者が引き続き当事者である。したがって、「Assignment」の場合と異なり、責任を負担すると解釈される。
　ビジネスの実際では、契約当事者は法律家ではないから、この両者の区別を明確にはしないまま、「Assignment」や「Delegation」の同意が求められたり、通知がなされたりする。紛争を防ぐためにあらかじめ、このような第2文を挿入しておく。この第2文の存在が相手方の権利の確保のために大きな役割を果たすことがある。

130

第4章／トレードシークレット・ライセンス契約書のドラフティング

譲渡後も、もとの契約者がいわば連帯して債務の履行の義務を負うと考えればよい。このような責任の負担の仕方を契約譲渡の場合、重畳的債務引受けと呼ぶ。

17 *準拠法（Governing Law）*

ライセンス契約でも、準拠法の規定は欠かせない。商標・特許の登録については、その出願する国の商標・特許法が適用されるが、ライセンス契約は使用許諾契約であり、その準拠法・適用法については当事者で自由に取り決めることができる。ライセンシー国、ライセンサー国、あるいは、双方になじみの深い第三国の法律が選択される。いずれでもよい。

◇例文86　準拠法条項（Governing Law）①

This Agreement shall be governed by and construed in accordance with the laws of Japan.

［対訳］
　本契約は日本法に準拠し、日本法に従って、解釈されるものとする。

■解説■

1 「construed」という言葉は、英米法では正しい用語であり、その名詞は「Construction」である。日・独・仏の大陸法系の国と異なり、成文法国でない英米法の体系のもとでは、「法典」の解釈により、裁判を行うわけではない。Judge-made lawと呼ばれるように、裁判官が法をさがし、宣言し、つくっていく。個々の意味の解釈というよりは、判例法など関連する法の全体を考慮してその実現を意図するところを判定していく。

　法には「実体法」と「適用法を決定するための国際私法、法例」があるため、実体法を適用法とすることを明確にしたいときは、単純に「laws of Japan」とする代わりに、「substantive laws of Japan」と規定することがある。

第1部　秘密保持契約（NDA）とトレードシークレット・ライセンス

◇例文87　準拠法条項（Governing Law）②

This Agreement shall be governed by and interpreted in accordance with the laws of the state of New York, the United States of America, without reference to principles of conflicts of laws, or the United Nations Convention of Contracts for the International Sale of Goods. In the event of any dispute, this English version of the Agreement shall prevail over any other language versions.

［対訳］
　本契約は米国、ニューヨーク州法に準拠し、抵触法（国際私法）のルールや国際物品売買契約に関する国際連合条約にかかわりなく、同州法に従って解釈されるものとする。紛争の場合は、本契約のこの英文版が他のどの言語版よりも優先するものとする。

　■解説■
1　アメリカの相手方との契約などで、実務上、間違いやすいドラフティングとして典型的なものに「Law of U.S.A.」「Laws of America」「an American corporation」等がある。アメリカでは、契約法、会社法はいずれも州法なので、これはいずれも誤りである。たとえば、「Laws of the state of New York」「Laws of the Commonwealth of Massachusetts」「a Delaware corporation」というふうに州名で表示する。
2　州でも、Massachusetts, Pennsylvania, Virginia, Kentuckyの４つの州だけは、公式には「Commonwealth」を使う。この４州の歴史に由来する用法である。
　たとえば、次のように使う。
　"This Agreement shall be construed in accordance with, and governed in all respects by, the laws of the Commonwealth of Massachusetts, the United States of America."
3　ちなみにアメリカでは、トレードシークレットは各州法により保護されるが、商標権は連邦法である商標法によって保護される。アメリカでの出願・登録は連邦法によって行われるが、ライセンスという取引の準拠法を考えると、アメリカでは、いずれかの州法を選択する。アメリカでは、著作権法は連邦法であるが、ソフトウエア・ライセンスを中心とするコンピュータ・ソフトウエア・データ・情報ライセンスについては、UCC（米国統一商事法典）の２編（売買）の特別編（2Bライセンス編）としてドラフトが起草されたことがある。ライセンサーを代表する側・立場とライセンシーを代表する側・立場の調整が困難となり、UCCとは別に独立し

132

たモデル法典Uniform Computer Information Transactions Act（略称UCITA）としてまとめられた。UCC2B（案）でも、UCITAでもソフトウエア・ライセンスが物品売買に近い形でとらえられている。UCC2B編のドラフトが起草された段階で、ソフトウエア・ライセンス契約実務は大きな影響を受けた。ライセンサーによる黙示保証の排除（否認）規定などが、UCC2編の動産売買契約のドラフティングと類似の手法をとり入れるようになった。

4 イギリスにおいても、「Laws of United Kingdom」「Laws of Great Britain」等と準拠法を規定するのは誤りである。「Laws of England」「Laws of Scotland」というように規定する。カナダ、オーストラリアでも同様の注意が必要である。カナダではたとえば、オンタリオ州は「Province of Ontario」である。

　もっとも、相手側の交渉担当者にロイヤーやリーガル部門が参加していれば、このようなミスはありえないはずだが、ビジネスマン同士の簡単な契約、メモランダム、レターアグリーメントなどではさまざまな初歩的なミスが見られる。ドラフティングには、相手方の国の歴史、地理や法制度の知識が欠かせないのである。

5 「Conflicts of Laws」というのは、適用法を決めるルール（法）を指す。国際私法、抵触法と訳されている。カリフォルニア州の抵触法のルールをいったん適用すると、実体法として日本法を適用するということになったりしかねない。そのような議論の過程を省略し、実体法としてのカリフォルニア法を適用法として合意したことを明瞭に宣言するのが例文の狙いである。

6 The United Nations Conventions of Contracts for the International Sale of Goods（国際物品売買契約に関する国際連合条約）は、国際動産売買を対象とするが、近年判例ではソフトウエアや技術取引でも、有体物（動産）を伴うと、一方がその適用を主張し、なかには認められるケースもある。排除したいときはそのように規定する。

⑱ **紛争解決条項**──仲裁条項、合意裁判管轄

　ライセンス契約の紛争解決の方法としては、大きく分けて仲裁と裁判の選択の2つの方法がある。裁判の場合、日本の当事者から見れば、東京地方裁判所など地元での裁判が一番安心であろう。その分、相手方は反対の考えを持つ。

　仲裁の場合は、さまざまなバリエーションがある。仲裁機関として、代表的なものに「ICC（パリに本部のある国際商業会議所）」のルール、「ロンドンのLondon Court of International Arbitration」、「アメリカのAmerican Arbitration Association」「日本商事仲裁協会（Japan Commer-

第1部　秘密保持契約（NDA）とトレードシークレット・ライセンス

cial Arbitration Association）」などがある。近年、UNCITRAL（国際連合国際商取引法委員会）の仲裁ルールが仲裁約款に採用されることも増えてきた。UNCITRALは独自の仲裁機関を持っていない。また、私見ではあるが、UNCITRALの仲裁は、第三国などあらかじめ仲裁地を合意した仲裁には適しているが、被告地主義の約款には必ずしも向いていない。知的財産紛争の解決に限れば、WIPOの調停・仲裁機関も活動し、ドメインネームの不正使用をめぐる紛争解決などで実績をあげている。

　仲裁場所の選定の仕方も、交渉力の強い側の国、第三国、いわゆる被告地主義（クレームを申し立てる相手方の国）などさまざまである。第三国としては、従来から、北欧（スウェーデン等）、スイス、パリ、ロンドン、サンフランシスコなどが好まれている。仲裁条約の加盟国で、双方に対して公平・中立的で、政情・法制度が安定し、交通機関、ホテルが整備され、安全で風光明媚な点が特徴である。筆者は、仲裁地の決定は、①自分自身の経験、②自社のネットワークと経験をもとに選んだ。結果、ロンドン、サンフランシスコ、シンガポールと東京が多かった。

　当事者間で、契約から将来発生する紛争は仲裁によって解決するとあらかじめ合意する契約条項のことを仲裁約款と呼ぶ。実務上、仲裁約款を規定するメリットは、裁判が相手方の国で提起されたときに、仲裁約款があることを根拠として訴訟を却下させられることである。これを妨訴抗弁という。契約条項に従って仲裁で解決することにより、裁判よりインフォーマルで迅速、経済的、かつ非公開で紛争が解決することを期待しているのである。仲裁約款は米国などJury（陪審）制度を有する国の企業との取引ではJury trial（陪審裁判）を回避する手だてとしても有効である。

◇例文88　仲裁条項（Arbitration Clause）①
——Japan Commercial Arbitration Association

Any difference or dispute between the parties concerning the interpretation or validity of this Agreement or the rights and liabilities of the parties shall be settled by arbitration in Tokyo, Japan in accordance with the Rules of Procedures of the Japan Commercial Arbitration Association. The award thereof shall be final and binding upon the parties hereto. Judgement upon such award may be entered in any court having jurisdiction thereof.

［対訳］

　本契約の解釈または有効性や当事者の権利義務についての両当事者間の見解の相違や紛争が生じたときは、日本の東京での仲裁によって解決されるものとする。その仲裁は日本の「日本商事仲裁協会」の仲裁規則に従って行われるものとする。その仲裁裁定は最終的であり、両当事者を拘束する。その仲裁判断は、管轄を有する裁判所による執行を求めることができるものとする。

■解説■

1　日本側の当事者から見れば、日本の「日本商事仲裁協会」の仲裁が一番身近である。ただし、相手方から見れば、公平を期するために、相手国での仲裁を求めたり、最低限、仲裁機関の中立性を求めて、「ICC（International Chamber of Commerce）」を提案してくることがある。

2　「日本商事仲裁協会」の英語名は、「Japan Commercial Arbitration Association」である。改称の前は、日本語の名称が「国際商事仲裁協会」だった。

3　「Judgement upon such award may be entered in any court」は、直訳すると「仲裁で下された裁定の判決を裁判所に登録することができる」ということになる。狙いは執行の確保である。

◇例文89　仲裁条項（Arbitration Clause）②——被告地主義

Any claim, dispute or controversy arising between Licensor and ABC out of or in relation to this Agreement, or breach thereof, which cannot be satisfactorily settled by the parties, shall be finally settled by arbitration upon the written request of either party, in accordance with the rules of Conciliation and Arbitration of the International Chamber of Commerce. The place of arbitration shall be Tokyo, Japan, in case ABC is the respondent, and San Francisco, California, in case Licensor is the respondent.

The arbitration proceeding shall be conducted in English. The

第1部　秘密保持契約（NDA）とトレードシークレット・ライセンス

award shall be final and binding upon both parties. Judgement upon the award may be entered in any court having jurisdiction thereof.

[対訳]

　本契約またはその違反から発生するクレーム、紛争、論争については、ライセンサー、ABC社で満足行くように解決ができないときは、当事者のいずれか一方の書面による要請により、最終的にICC（国際商業会議所）の調停・仲裁規則にもとづく仲裁によって解決されるものとする。仲裁の場所は、ABC社が被請求人のときは、日本の東京とし、ライセンサーが被請求人のときは、カリフォルニアのサンフランシスコとする。

　仲裁手続は英語でなされるものとする。仲裁裁定は最終であって、両当事者を拘束する。仲裁裁定の執行判決は管轄を有するどの裁判所からも得ることができるものとする。

■解説■

1 仲裁約款で最も重要なインパクトがあるのは、その場所である。この例文のいわゆる被告地主義は、請求を受ける側の国の都市での仲裁となるため、双方ともなかなか踏み切れない。その代わり、仲裁の申立てに踏み切れば相手方の国での不利なあるいは激しい争いになる可能性を秘めている。一方、訴えられる側（Respondent）には、自分の国の仲裁だという安心感がある。訴訟を提起しても却下されてしまう。被告地主義にもとづく仲裁約款は、訴訟やわざわざ不利な仲裁によらずに、当事者間で努力して円満に解決しようという動機となることがある。

2 実務の世界では、被告地主義の仲裁約款については、思いがけない解釈紛争に発展することがある。たとえば、イギリスのJohn Keats社（「Keats」）と日本のABC社との間でソフトウエアとトレードシークレットのライセンス契約をめぐって紛争がおきたとしよう。イギリスのKeatsがライセンサーでKeatsの判断では日本側が期限の到来したロイヤルティー100万ドルの支払いを1か月遅延している。被告側（ABC）に対し、支払請求を行い、東京地裁に訴訟提起した。ABCは、仲裁約款をもとに仲裁による解決（防訴抗弁）を主張した。仲裁地は、紛争の被告であるABCのいる東京か、それとも、仲裁を申し立てたABC（仲裁申立人）の相手国のロンドンか？　では、100万ドルの支払債務の存在について争いがなく、同意書があるとしよう。ただ支払時期について争いがある。Keatsは、東京地裁へライセンス対象のソフトウエアとトレードシークレットの使用差止仮執行を申し立てた。ABCは、仲裁約款の存在をもとに対抗できるか？　仲裁になるとすれば、仲裁地はどこか？　Keatsは、仲裁の期間中に、ソフトウエアとトレードシークレットの

136

差止めが認められなければ意味がないと主張している。KeatsがABCのロンドン支店の資産の仮差押えを狙うとどうなるか。

　KeatsとABCがそれぞれの立場で、自己の主張を最大限にそれぞれ自己に有利に展開するためには、どのように仲裁約款のドラフトを作成しておけばよかったのか？
3　仲裁の適用規則については、サンフランシスコの仲裁のときは、AAA（American Arbitration Association）ルール、東京の仲裁の場合は、JCAAのルールと定める方法もある。

◇例文90　仲裁条項（Arbitration Clause）③
──London Court of International Arbitration

　　The parties hereto shall use their best efforts to settle by mutual agreement any disputes or controversies which may arise from or in connection with this Agreement. If any such disputes or controversies cannot be settled by the parties, such disputes or controversies shall be finally settled by arbitration in London in accordance with the arbitration rules of London Court of International Arbitration.

［対訳］
　当事者は本契約から、または本契約に関して両当事者間に発生する、いかなる紛争や衝突も当事者の合意により解決するよう最善を尽くすものとする。もし、かかる紛争や衝突が当事者により解決できないときは、かかる紛争や衝突は、最終的にロンドンでロンドン国際仲裁裁判所（仲裁機関）による仲裁で解決されるものとする。

■解説■
1　第三国での仲裁によって解決するという方法もしばしば選択される。互いに相手の国よりは、その法制度になじみがあり、公正な仲裁が期待できればという判断から選定される。実際には、支店があるとか、つきあいの深い弁護士事務所があるとか、言語になじみがあるとか、他の理由も動機になる。ライセンス契約の実務では、仲裁地あるいは裁判所の選択は、その交渉力を反映し、ライセンサー側の国となることが多い。
2　仲裁を申し立てる前に両当事者の話し合いと合意により解決する努力をするよう取り決めるのは無意味との意見もあるが、日高尋春氏は現実的な選択肢の一つで

あると考えている。

3 仲裁約款の内容でどうしても場所が合意できないときは、2国間の仲裁協定に
ゆだねたり、発想を変えて、裁判に任せる方法もある。たとえば、東京地方裁判所
（the Tokyo District Court）の管轄（Jurisdiction）とする。当然、相手方は、自国（ま
たは自州）の裁判所を主張することとなろうが、交渉次第である。第三国の裁判所
で合意することもある。個別具体的な事情によって判断する。当事者間で管轄裁判
所についての合意ができれば、その規定をおく。

4 仲裁を紛争解決の手段として選択しても、一部の問題、たとえば、特許の有効
性、営業秘密の侵害・不正使用、緊急時の仮差止（申立）などについての紛争は、
裁判による手続や解決をみとめるという取りきめ方もある。日高尋春氏は、そのよ
うな柔軟な様々な取り決め方を好んで使う。

◇例文91　合意裁判管轄（Jurisdiction）

> Licensor and ABC submit to the non-exclusive jurisdiction of the
> Tokyo District Court of Japan with respect to all difference and con-
> troversies arising from the interpretation and performance of this
> Agreement.

［対訳］
　ライセンサーとABCは、本契約の解釈、履行から発生するすべての
意見の相違、紛争を日本の東京地方裁判所の非専属的管轄に服するもの
とする。

■*解説*■

1 日本の当事者の交渉力によって、日本（東京地方裁判所）を裁判管轄地として
合意できる場合の例文である。裁判の場合は、控訴の道がある。一審の東京地方裁
判所で「Final（最終）」と取り決めるには無理がある。仲裁とは異なり、長期化す
るリスクはあるが、第三国や相手国の仲裁と比較してどちらが適切かは、ケースバ
イケースの判断、交渉になる。

第4章／トレードシークレット・ライセンス契約書のドラフティング

◇例文92　準拠法、裁判管轄および陪審裁判によらないという特約条項

This Agreement shall be governed by the laws of the state of New York, U.S.A. Any disputes arising from this Agreement shall be resolved in the New York federal courts having the subject matter jurisdiction.

The parties hereby consent to the personal jurisdiction of such New York courts.

Each of the party hereby agrees to waive any right to trial by jury in any action arising under or relating to this Agreement.

［対訳］
　本契約は米国ニューヨーク州法に準拠する。本契約から発生する紛争は事物管轄を有するニューヨーク州連邦裁判所により解決されるものとする。
　当事者はかかるニューヨーク州裁判所の人的管轄に服することに合意する。
　いずれの当事者も、本契約のもとで、または本契約に関連して発生する訴訟について、陪審裁判を受ける権利を放棄することに合意する。

19　一般条項──通知条項（Notice）、
　最終的・完全な合意条項（Entire Agreement）、変更（Amendment）

　ライセンス契約では、17までに紹介・説明した条項以外にも、契約書の最後・末尾の方で、通常規定される条項がある。その代表的なものは、通知条項、最終・完全な合意条項、修正条項などである。簡単に紹介する。

◇例文93　通知条項（Notice）

Any notice or demand under this Agreement shall be in writing

139

第1部　秘密保持契約（NDA）とトレードシークレット・ライセンス

and shall be deemed to have been sufficiently given for all purposes when personally presented or sent by airmail to such party at its address set forth above in this Agreement or at such address as the party shall have designated in a written notice sent in accordance with this Agreement. Such notice shall be deemed to be given when actually received, or seven (7) days after the date mailed if sent by certified or registered airmail.

[対訳]

　本契約上の通知、要求は、書面でなされるものとし、手渡しで引き渡されたとき、あるいは航空郵便によって本契約で表示、または変更された住所に送付したときは、契約に合致して通知がなされたものとみなす。通知は、実際に受け取られたときになされたものとする。通知が書留航空郵便で送付されたときは、発送の7日後に受け取られたものとみなす。

■解説■

1　国際間の通知方法も多様化し、郵便、クリアーサービス（DHL、フェデラルエクスプレス等）、ファクシミリなどさまざまある。郵便、ファクシミリによる送付の場合は、到着の有無をめぐる紛争がありうる。契約内容によっては、解除通知など通知が重要な役割を果たすことがあるため、「みなし規定」が設けられる。E-Mailなど新しいコミュニケーション方法が普及しており、書面通知の範囲、到着時、証明方法の点で、さらに、具体的な規定が必要とされる時代が訪れている。

◇例文94　最終的・完全な条項、修正（Entire Agreement; Amendments）

　1. This Agreement sets forth the entire understanding and agreement between the parties as to the matters covered in this Agreement and supersedes and replaces any prior understanding, agreement, intent, or memorandum of understanding, in each case, written or oral.

　2. This Agreement may not be amended or modified except by an instrument in writing signed by each of the parties and expressly referring to this Agreement.

140

第4章／トレードシークレット・ライセンス契約書のドラフティング

［対訳］
　1．本契約は、本契約で取り扱った事項についての当事者間の完全な
了解と合意事項を取り決めたものであり、口頭、書面を問わず、これま
での了解、合意、意図、合意書などのすべてに優先し、取ってかわるも
のである。
　2．本契約はこの契約を明確に引用して書面で作成され、両当事者に
よって署名された変更契約によらないかぎりは、修正・変更がなされな
いものとする。

■*解説*■

1　国際的な英文契約の通常のルールとして、正式契約の段階では、それまでの
種々の過程での合意事項を整理して、1つの最終的な文書にまとめ、統合する。ま
た、変更も慎重で正式な手続をとらなければできないようにする。
　本例文はその代表的な規定である。
2　英米法系の国の相手先との契約書で、必ずといってよいほど、Entire Agree-
ment条項が使用されるのは、Statute of Frauds（詐欺防止法）、Parol Evidence Rule
（口頭証拠排除原則）により、裁判による執行の前提として、合意の書面化が重視
されるからである。
3　実務の正解では、便宜上、契約当事者の双方がそれぞれ自社の本部（法務部な
ど）が定め、印刷した自社フォームの使用を主張することがある。そして、交渉・
話合いをしても互いに譲らないとき、時間切れとなり、それぞれの契約書フォーム
両方にサインをしてしまうことになる。あるいは、自社フォームをそれぞれの確認
（契約）書として発行し、相手方に送りつける。このような場合に起こるのがBattle
of Forms（書式の戦い）である。この問題と対応のためのドラフティングの技術は
高度で本当に面白い。飛鳥凜は日高尋春氏と（交渉相手方の）Nancy女史からそれ
を修得したが、ここでは、紙幅の都合で省きたい。

141

第2部

著作権ライセンス

第1章	概説
第2章	国際的著作権ライセンス契約
第3章	著作権ライセンス契約の基本条項とドラフティング
第4章	著作権ライセンス契約のその他の条項とドラフティングの基本

第2部　著作権ライセンス

第1章

概　説

① 著作権ビジネス——「著作権」に基盤をおくビジネス

1　情報・通信革新の時代と著作権

　　コンピュータ・通信関連の科学技術の発達を基盤に、情報・通信・マルチメディア時代が訪れている。世界の産業・経済・個人の仕事や生活スタイルの変革のリーダーが、従来の基幹産業やエレクトロニクス等の工場で生産される商品（ハードウエア）のメーカーの手から、頭脳から生まれる創作物である情報、エンターテインメント、ネットワーク、通信などソフトウエア・コンテンツに移りつつある。1995年後半から表舞台に躍り出て注目を浴びている Windows（マイクロソフト社）、インターネット、E-Mail、そして近年、発展・成長した GAFA（Google, Apple, Facebook, Amazon）に象徴されよう。オフィスのレイアウト、ビジネスのスタイルも、人々の日常生活もスマートフォン、IT・情報機器の利便さを享受し、時代を反映して情報化時代にふさわしく大きく変貌しつつある。国際化・ボーダーレス化の進展する経済は新たな成長・飛躍と生存をかけた競争時代に入ったと見ることができる。

　　この情報化時代にビジネスの基盤となり、著しい成長を遂げているのが「著作権ビジネス」である。

　　著作権ライセンスビジネスの核心が、著作権・所有権の帰属である。ソフトウエア製品の販売（法律・契約上はライセンス）では、一見、許諾製品の使用許諾、引渡し、代価支払いというプロセスによって所有権が完全にユーザー側に移転したかのように見えるのにかかわらず、契約・法律上は、所有権も著作権もライセンサー側にそのまま残り続ける。この不思議な論理構成と契約・法律の仕組みが現代の世界の産業界のリーダーシップ争いの鍵を握っている、といっても過言ではない。アップル、グーグル、マイクロソフト、インテル、フェイスブック、アマゾ

144

ン社のベンチャーとしての起業、成長、繁栄・拡大の基盤はそのコンピュータ・ソフトウエア技術開発力・活用力とならんで、最大限に「著作権」「著作権ライセンス」を活用した経営戦略にある。著作権の活用は、産業界の覇権を確立するための強力な武器である。

2　文芸作品と著作権

わが国のはじめての近代的な著作権法は明治32年7月に施行された。その後改正が行われ、現行著作権法の施行は、昭和46年（1971年）である。

明治・大正・昭和初期を通じて、「著作権ビジネス」といえば、夏目漱石の『三四郎』、芥川龍之介『蜘蛛の糸』の出版、翻訳出版、映画化権など、文芸作品の著作権を指すことが一般的であった。文芸芸術分野であり、同時にビジネス分野でもある。たしかに書籍出版、映画化権の取得などは、現代でも代表的な著作権の1つである。クラシックな著作権と呼んでもよいだろう。

3　娯楽作品と著作権

近年では、『The Firm（法律事務所）』『The Client（依頼人）』などジョン・グリシャムの一連の作品、『Cause of Death（死因）』『Body of Evidence（証拠死体）』『Cruel and Unusual（真犯人）』 など検屍官（Dr. Scarpetta）シリーズで評判を呼んでいるパトリシア・コーンウエル作品、「Disclosure」「Jurassic Park（ジュラシック・パーク）」のマイケル・クライトン作品なども、書籍出版権、翻訳権、映画化権などフィクション小説の著作権ビジネスの分野である。推理小説など娯楽性が中核となり、文芸・芸術作品というよりは、エンターテインメント・娯楽作品の分野であろう。ビジネス面から見ると、出版そのものというより、派生的な権利がビジネスの中核として対象になりはじめた。小説の執筆前から、映画化権の取得競争が行われるケースまであらわれた。

4　映画・写真・絵画・アニメーション

ディズニーの『Snow White』、手塚治虫の『ジャングル大帝』『鉄腕アトム』、宮崎駿の『風の谷のナウシカ』『天空の城ラピュタ』『もののけ姫』

第2部　著作権ライセンス

などアニメーション作品の映画、音楽は、著作権によって守られている。『アベンジャーズ』『新世紀エヴァンゲリオン』『ポケットモンスター』もその仲間入りを果たし、人気がある。ストーリーの主人公の図形、名前を使って人形、オモチャなど商品化すると、キャラクター・マーチャンダイジングの問題が発生する。その権利の基盤をなすのは、著作権である。「スーパーマン」「ミッキーマウス」「バットマン」「ポパイ」「セーラームーン」「ウルトラマン」「綾波レイ（新世紀エヴァンゲリオン）」たちは、映画・テレビジョン・書籍のアニメーションの世界で悪漢と戦うだけでなく、キャラクター・マーチャンダイジング（商品化ビジネス）の世界で、海賊行為（Piracy）と戦う。アニメーションのヒーロー・ヒロインたちがキャラクター・マーチャンダイジング（商品化権）の世界で海賊（パイレーツ）と戦う武器は、著作権・不正競争防止法・商標権にもとづく権利である。

　「スーパーマリオ」「ストリートファイター」「ファイナルファンタジー」などコンピュータ・ゲームのソフトも、著作権によって複製・模倣から守られている。コピーライト（Copyright）の由来はもともと複製権である。権利者の同意が与えられないかぎり、コピーされない権利である。

　単行本、雑誌連載を問わず、作品、および、その映像化された作品のビジネス展開上の法的な基盤は、著作権である。黒沢明監督の『七人の侍』、アンセル・アダムスの「月とハーフ・ドーム」はじめヨセミテ国立公園の写真、「ブルーレディー」はじめエルテの版画、アンディー・ウォーホルの「マリリン・モンロー」（絵）なども、著作権によって保護される。小説、アニメーション、映画、絵画など創作された創造的な作品は、著作権によって保護されている。映画著作権の関わる分野では、外国映画・テレビドラマ作品の輸入ビジネスが盛んである。頒布・配給・ディストリビューションと呼ばれるが、法律・契約面からいえば、映画作品のマスターディスク、マスターテープの売買ではない。頒布権という用語が著作権法で使用されているが、映画のマスターディスク、マスターテープの所有権・著作権が輸入者に移転するわけではない。あくまで、使用の仕方を限定した使用の許諾、すなわち、著作権ライセンスなのである。映画とくにアニメーション映画の制作・輸入ビジネスについ

146

ては、映画作品の上映だけでは、なかなか製作者・輸入者の採算が成立しないが、キャラクター・マーチャンダイジングやビデオグラム化権・放映権の活用によって初めて採算が成り立つことが多い。キャラクター・マーチャンダイジングは著作権の保護強化によって成立するビジネスである。

6でもふれるが、21世紀はじめには、『シェーン』『ローマの休日』など映画を1953年以前に制作し、大切なソフトウエア財産として守ってきた映画会社など著作権者やその承継者がいわゆる海賊（pirates）たちに、法廷で敗北する事件が発生した。映画に対する著作権の保護期間を延長する著作権法改正の際のドラフティングの不備がその遠因である。

5 著作権条約、WTOの知的財産保護

国際的な著作権保護条約としてベルヌ条約、万国著作権条約（UCC；the Universal Copyright Convention）があり、近年、World Trade Organization（WTO；世界貿易機関）による知的財産保護も加わり、ルールだけでなく、その国際的調和、執行（Enforcement）面で、より実効性のあるものになってきている。WTOは日米間の車やフィルムをめぐる紛争の拡大を抑止し、解決するために有効な機能を発揮したことがある。

6 音楽ビジネスと著作権

イギリスのティム・ライス、アンドリュー・ロイド・ウエッバーの2人は、『ジーザス・クライスト・スーパースター』『エビータ』『キャッツ』『オペラ座の怪人』など美しいミュージカル作品を世界に送り出した。「Memory」はじめ美しいメロディーのちりばめられた「キャッツ（Cats）」や、ディズニー映画でセリーヌ・ディオンが主題歌を歌った翻案・翻訳によるブロードウエイヒット作品など外国ミュージカル公演も盛んである。『美女と野獣』や『コーラスライン』は、日本でもミュージカルとして劇団四季により劇場で上演されている。

マライア・キャリー、セリーヌ・ディオン、マドンナ、エンヤ、サラ・ブライトマンの歌声は、コンパクトディスクでもテレビ、ラジオでも、街でも流れている。マライア・キャリー（Mariah Carey）、セリーヌ・ディオン（Celine Dion）の公演は東京でも行われた。「Yesterday」はじ

めビートルズ、「You've got a Friend」などキャロル・キング、「Yesterday
Once More」「Close to You」などのカーペンターズの歌声は、今なお人
気がある。音楽作品は作詞（歌詞）・作曲（曲・楽譜）は著作権で、また、
演奏（歌・演奏）は著作隣接権で保護されている。日本における著作権
の保護期間は現在、原則「70年」である。起算点は、通常、著作物の創
作の時である。ただ、個人が著作権者のときは、その死後70年とされる。
　映画については従来公表後50年であったが、2003年、70年に延長さ
れた。その延長時の規定（条文）の解釈をめぐって、1953年制作作品
（『シェーン』など）が20年延長の保護を受けるかどうか、訴訟で争わ
れたことがある。文化庁の見解とは逆の、保護されないという結論で
あった。著作権保護では、米国においては日本よりはるかに長い期間に
延長され、知的財産重視の姿勢が鮮明になっている。たとえば、映画が
公表後95年保護されるという極端さである。改正の際に、（ボストン・
オペラ・カンパニー事件の、マクミラン判事のことばを借りれば）「あ
とほんの数秒（a few seconds）」かけて、ドラフティング（草案作成）を
行ってさえいれば、『シェーン』『ローマの休日』などはその後20年にわ
たって、海賊（pirates）に襲われ、敗北することはなかった。「あとほん
の数秒」かけてねらいどおりの効果を確保するのがプロフェッショナル
の技である。
　著作隣接権の保護期間は、実演、音の固定、放送、有線放送から70
年である。著作隣接権の保護期間が70年となっているのは、実演家や
レコード製作者からの要求や国際的な調和のため、近年、相次ぐ著作権
法改正により期間延長が行われた結果である。従来の保護期間は20年
であったが、1988年改正で30年に延長され、さらに1992年4月1日よ
り50年、さらに、TPP11協定の発効日である2018年12月30日より70
年に延長された。近年は著作隣接権が急速に強化されている。EUなど
海外法制の動向をみると、音楽著作権の保護は、最初は作詞・作曲に始
まり、次に演奏（実演）へ、さらに保護期間を70年に延長する流れと
なった。なお、この保護期間の延長については、文化庁のサイトの解説
が有益である。

第1章／概説

7　コンピュータ・ソフト・MPUと著作権

　ビジネスの世界、コンピュータの操作で使われる基本ソフト（オペレーティングソフト）のMS-DOS Windows、Windows Vista、Windows 10（マイクロソフト社）、コンピュータの心臓部にあたるMPU（マイクロプロセッサー、インテル社など）は、現代の著作権や回路デザイン保護法によってその権利が海賊版・模倣品から守られている。模倣すると著作権侵害として差止め、損害賠償の対象となる。マイクロソフト、インテル両社がコンピュータ・通信・インターネットの発達・普及とともに、最近30年で急成長を遂げ、GAFAとともに世界の産業界に君臨しているのは、著作権の確立・強化の力が大きい。著作権の保護と著作権ライセンスがなければコンピュータ・ソフトウエア産業の繁栄はなかった。ただ、コンピュータ・プログラムが著作権法で保護されるようになったのは、古いことではない。コンピュータ・プログラムを保護するために、著作権法改正が行われたのは、アメリカで1980年のことである。1980年に始まった著作権の強化は、40年近い年月を経て、その威力を発揮し、マイクロソフト、GAFAなどソフトウエア産業・情報産業のハード産業に対する優位性が明瞭になりつつある。そのソフト産業の独占化・寡占化傾向の進行の中で、マイクロソフトによるウインドウズ95へのセット販売・組込み販売をきっかけに、司法省による反トラスト法の適用強化が始まった。シャーマン法の古典的なテーマである抱き合わせ販売（tying）であるかどうかが問われたのである。米国司法省だけでなく、EUの独禁法取締りにあたる当局なども、マイクロソフトのWindowsやGAFAなど独占的な商品をめぐるビジネスに対して独禁法適用を強化しつつある。

8　マルチメディア時代と著作権ビジネスの未来

　衛星放送、多チャンネル、インターネット、コンピュータ通信ネットワーク時代を迎えて、娯楽も事業も産業も大きく変貌する可能性が出てきている。マルチメディア時代に向けてハードウエアの技術とInfrastructure（インフラ）は整いつつある。従来、インターネットは、主に学問研究の世界と軍事目的の研究で活用されていたものであったが、阪神・淡路大震災（1995年）直後あたりから、急速に普及し、現在では、

149

第2部　著作権ライセンス

企業活動、消費マーケットに直結した販売・サービスで広く活用される
に至った。E-Mailは、若い世代を中心に、家庭でも職場でも、携帯電話
とともに生活のスタイルの一部になってきた。

　上記の普及は、欧米・日本のみでなく、アジア諸国をはじめ、世界中
に広まっている。ベンチャー産業勃興や、教育改革、公共サービス充実
をはじめとして、各家庭への普及の流れは継続しているといえよう。

　但し、人々に豊かな生活・楽しみを提供しつづけるためには、魅力的
で豊富な水準の高いソフトウエア・コンテンツの開発を進め、手頃な価
格で信頼しうる発信者から提供するセキュリティーに裏づけられた仕組
みを構築することが鍵である。

② 著作権の成立、保護の特色

1　著作権は産業財産権（従来の工業所有権）より容易に権利が発生する

　著作権は、特許権など産業財産権と異なり、その創作によって権利が
発生する。公的機関による審査や登録が、その保護の要件にならない。
コンピュータ・ソフトウエア、アニメーション作品なども登録する制度
はあるが、登録しなくても権利が発生する。特許庁への出願、審査・登
録なしには権利が発生しない特許権・商標権とは、根本的に異なる。著
作権は、権利として成立するためには、審査・登録費用がかからず、権
利発生に時間もかからない。反面、開発に時間と多大の労力・コストが
かかるのに比べて、競争者、不正使用者による複製（コピー）・模倣・
クローン制作が実に容易にできる。

2　著作権を権利として執行するためにはコストがかかる

　経済の現実を見れば、請求を受けずに著作権の使用料を支払う者はい
ない。したがって、著作権者が権利者として権利にふさわしい対価を得
たり、侵害者を排除するためには、相応の努力とコストがかかる。国内
でも使用料の徴収、不正な侵害の排除は大変である。まして、海外で模
倣された場合の対抗手段の困難さはその比ではない。著作権者の作品を
模倣して、製造した商品が何のクレームも受けることなく、同等の品質

でより低価格に消費者・需要家に障害なく流通・供給されるならば、著作権使用料（ロイヤルティー）を支払う者はいない。『ベンチャーマネジメントの変革』（柳孝一・山本孝夫編著、日本経済新聞社、1996年4月）でも、紹介したが、クレームレター（Claim Letter）による警告、証拠集め、訴訟提起等を徹底的に行って、コピーキャット（Copycat）・著作権侵害者と戦わなければならない。

3　法的な保護を受けるために──法的な排除（警告と訴訟）とライセンス契約

　ソフトウエア著作権を中核（クラウン・ジュエル）とするゲームソフト、アニメーション、コンピュータ・ソフトウエア産業は、時間と世界中の競争相手と戦いながら、たゆみない技術とソフト製品の開発を続ける。その上で、著作権を守って、ビジネスを展開し、収益に結びつけることに成功した企業だけが発展を続けることができる。

　具体的に著作権の保護を受けるためには、侵害者に対して法的手段によってその使用を排除していくことが必要である。侵害の事実と証拠、侵害者の調査、侵害者への警告と使用差止め・損害賠償の訴訟提起の手間とコストを惜しまないことである。刑事事件としての告訴も行う。日本の著作権法のもとでの著作権侵害に対する刑罰は、かつては「3年以下の懲役または300万円以下の罰金」であったが、強化され、現在（2018年）は「10年以下の懲役もしくは1000万円以下の罰金または併科」となっている。その排除努力があってはじめて、ライセンス交渉が進められる。ライセンサーが開発したソフトウエアを活用して収益を生み出すためには、その著作権の使用を許諾する契約を締結して、対価（ロイヤルティー）を受け取っていく方式を確立することが必要である。著作権侵害による損害賠償額のベースは、日本では実損であり、アメリカでは実損の3倍額（Treble Damages）である。

　ただ、著作権侵害を排除するために、どこまで強硬手段をとってよいのか、とるべきかは、各国の法と倫理観によって、異なる。IBM・FBIが1982年にサンフランシスコで日本企業（日立製作所等）を相手に繰り広げたソフトウエアのおとり捜査は日本社会に衝撃を与えた。1990年代になると、クリーブランドクリニックとハーバード大学（研究室）が海外（日本等）から迎えた研究者（employees）に対し、再びFBIと組

第2部　著作権ライセンス

んで、わなをしかけた。一部のソフトウエア企業によって行われている、著作権侵害ソフトウエアを使用して取引先の内部情報を、従業員に報酬・賞金を提供して収集する行為がどこまで許されるか、は各国の法制によって異なる。損害賠償として請求できる金額の水準も同様である。

　コンピュータ・ソフトウエアの知的財産権としての保護と社会的な利益との調和をどのように図るかの問題でもある。

第2章

国際的著作権ライセンス契約

　著作権ビジネスの種類は多彩で、それぞれのビジネスが日進月歩を遂げつつあり、世界をマーケットに激しい競争を繰り広げている。著作権をめぐる法制度が各国の国力、外交、経済力、文化、民族の差を反映して異なる中で、条約、法律の統一化、調和をめざして改革、改正が続いている。

　著作権法制とビジネスそのものが絶え間なく進歩しているときに、決まりきったフォームはない。契約書はビジネスを成功させるための道具であり、武器である。外科医がスカルペル（メス）を手術で使いこなすのと同水準の注意深さと手練技を使って、「言葉」という双刃の剣を使いこなすのが契約書のドラフティングなのである。

　著作権ライセンスの契約条件を検討するときは、形式にとらわれることなく、ビジネスを成功させるために必要な最低限の環境（Infrastructure）を整えるという観点から考えればよい。

1 国際著作権ライセンス契約の形式と構成

1　著作権ライセンス契約の種類と形式

a.　なぜ、ライセンス契約なのか——譲渡契約、開発契約との相違

　著作権は、譲渡することができる。しかし、仮にビル・ゲイツ氏が事業活動に乗り出した頃、開発した基本ソフト（オペレーション・ソフト）のMS-DOSを、IBM社に譲渡していたとしたら、今日のマイクロソフトはなかったかもしれない。あるいは、その基本ソフト作成のための期間、開発グループのメンバーとともに発注者と雇用契約を結び、高額の給与を受け取っていたとしたら、どうであったろうか。ビル・ゲイツ氏が、マイクロソフト社のコンピュータ・ソフトウエアの開発とそのマー

ケッティングに活用した手法は、法律・契約面から見れば、常にそのソフトウエア著作権の使用許諾である。著作権ライセンスによって、ソフトウエアの開発の成果を最大限に享受し、事業を成長させてきたということができる。

　著作権を開発者の手から手放してしまえば、著作権は他人の所有物である。完成するたびにその完成した物をその所有権・著作権とともに発注者に引き渡してしまうかぎり、開発を請け負った者の事業が大きく発展することは見込めない。

　b.　ライセンス契約と賃貸借契約との類似

　ソフトウエアを開発する場合に、単に開発を請け負う者と、開発したソフトウエアの成果を所有して発注者には非独占的な使用許諾（ライセンス）を行って使用料（ロイヤルティー）を受け取る者との差は、ビルの建設業者と不動産ビルを所有し賃貸する業者の立場の差に似ている。建設業者のビジネスは、建設の都度終了する。完成したビルを引き渡して、工事代金を受け取れば契約は終了する。建てた建物の所有権は、引渡しを受けた所有者（オウナー）に帰属する。ビルを建設し、賃貸する業者にとっては、ビルが使用可能で、入居者がいるかぎり、ビルをもとに収益をあげ続けることができる。

　c.　ソフトウエア・ライセンス契約と商標ライセンス契約との類似

　ライセンス契約方式によって、一時的にまとまった金額をライセンシーから受け取るには、ライセンス契約締結時に、一時金（ダウン・ペイメント）として受け取ればよい。以降は、使用実績、生産・出荷実績等に応じて、ランニング・ロイヤルティーを受け取ればよい。ライセンサーとして、ライセンシー側の使用量がはっきりせず、不安であれば、毎年のミニマム・ロイヤルティーの支払いを求めればよい。契約の構成と基本条件は、トレードシークレット・ライセンス契約や商標ライセンス契約とも似通っている。ただ、ソフトウエア・ライセンス契約には草案として起草された米国統一商事法典（Uniform Commercial Code）の第2B編（ライセンス）Uniform Computer Information Transaction Act（略称UCITA）に端的にあらわれているように、取引形態が物品の売買契約と似た側面もある。

d. ライセンス契約の不思議な強さ——世界から半永久的なロイヤルティー

　著作権を譲渡してしまえば、建設業者と同じである。使用許諾とすると、独占的な許諾でないかぎり、幾度も誰にでも許諾でき、そのたびに収益をあげることができる。しかも、ライセンシーが使用するかぎり、半永久的（70年）にロイヤルティー収入がある。映画作品などを筆頭として、コンピュータ・ソフトウエアなどは、もともと著作権の保護期間が長期であることに加え、改変、新版、続編制作により、新しい著作物が生まれるのだ。独占的に許諾する場合にも、地域を限定することができる。可能性としては、ライセンス供与先マーケットは世界中にある。『トップガン』『スターウォーズ』『ダーティーハリー』などハリウッド映画作品、ディズニーのキャラクター、ウインドウズ、「ライク・ア・プレイヤー」などのマドンナの歌のアルバムが、その代表的な例である。ミュージシャンの演奏を録音したもの（音源とよばれることがある）は、先に紹介したとおり、著作隣接権として、従来、日本の場合は1971年以降の作品が保護されていたが、2018年、国際協調の観点から、欧米なみに、70年間保護されるように改正された。

　著作権ライセンス契約の種類は、多彩である。第1章で著作権に関わるビジネスの種類に少し触れたが、実際には、契約として見ると、はるかにその種類は多くなる。仮定のストーリーで見てみよう。

2　カレン・ビュー・ストーリー

a. カレン・ビューの物語——*映画、ミュージカル、歌*

　たとえば、サンフランシスコを舞台に若いアントレプレナーのカレン・ビュー（Karen View）を主人公とするフィクション小説が書き下ろされたとする。カレンは、欧州（東欧に近い国）から、家族と民族的な迫害を逃れてスイスのアルプスを越えてカリフォルニアに亡命してきたのだ。アメリカで出版したいという出版社があらわれ、やがて海外での翻訳出版の話が持ち上がる。ロマンティックというよりは経済上の戦いを勝ち抜いていくカレンの激しい人生を映画化しようという動き、ミュージカル上演が企画される。ミュージカルの「カレンのテーマ（ソング）」がヒットする。さっそく、CD化の話が持ち込まれる。コマーシャルにも使いたいという話がある。

第2部　著作権ライセンス

b. カレン・ビューの物語――映画公開、放送、ビデオ化、アニメ化、コンピュータ・ソフト化、キャラクター・マーチャンダイジング

　映画は結局、日米欧の合作映画として制作されることになった。完成した作品は、アメリカの劇場で封切られる。やがて海外での上映ライセンス、そして数年後には、まず、ケーブル有線放送、衛星テレビ放送、ビデオ化権の許諾、商業テレビへの放送許諾への話が進む。テレビ映画化の話も噂にのぼっている。

　カレンの子供時代に焦点をあてて、テレビ番組にアニメーションとして登場することまで話が発展する。アニメーションのヒットを機会に、その主人公カレンをキャラクターにしたキャラクター・マーチャンダイジング商品が登場する。アニメーション化したカレンは、新しいコンピュータ・ゲームの主人公としても登場するという。人物像が単純化され、活躍の舞台が広がっている。子供用品にまでキャラクターとして使われるようになった。テーマパークの乗り物にも登場するという。

c. 一人歩き始めたカレン――誰が権利者か、ロイヤルティーは誰のもの？

　そろそろ、当初予想もしなかった問題が起きはじめた。アニメーションの主人公の「カレン」の広告への登場や、キャラクター・マーチャンダイジングのライセンスは誰が行えるのだろうか。「カレンのテーマ（ソング）」は、誰のものなのか。作詞家か、作曲家か、ミュージカルのプロダクションか。カレンの原作者の権利は、どうなってしまったのか。コンピュータ・ゲームの主人公のカレンは、いったい誰に帰属しているのか。映画のビデオ化権やその収入は、誰のものか。映画会社とカレン・ビューとの間の映画化権ライセンス契約に10年のライセンス期間が合意されていたとする。11年目の上映、テレビ・衛星放送への放映権許諾は誰が行えるのか。映画音楽の放送とCD化の許諾はどうか。コンピュータ・ゲームソフトのライセンスは、誰が行うのか。このようなビジネスが成功・発展したとして、原作者はいったいどんな収入（ロイヤルティー）を得ることができるのか。カレンの人気が出るまで、さまざまな作品に参加し、貢献した人々はどのような権利が付与されるのだろうか。カレンの肖像権はどうなるのか。

　カレンは、いつのまにか、作者の手を離れて、商品として、独立した人生を歩み始めたようだ。

3　著作権ライセンス契約の種類

　上記2のストーリーの中で掲げたビジネスだけでも、次の著作権関連契約がある。

　(a)出版契約、(b)翻訳出版契約、(c)劇としての上演ライセンス契約（Agreement granting right to produce a play）、(d)映画化ライセンス契約（Agreement granting right to produce a motion picture）、(e)ミュージカル化ライセンス契約、(f)レコード出版契約、(g)コマーシャルへの音楽使用契約、(h)アニメーション化許諾契約、(i)キャラクター・マーチャンダイジング契約、(j)ビデオ化権許諾契約、(k)広告での使用契約、(l)テレビ映画化ライセンス契約、(m)映画のディストリビューション・上映許諾契約、(n)映画の（有線・衛星・商業）テレビ放送ライセンス契約、(o)ソフトウエア・ライセンス契約、(p)ビデオの海外での放送ライセンス契約、等。きりがないほど広がっていく。

　著作権に関する契約の種類は、ビジネスの数だけある。新たなビジネスが開発されれば、その分、契約の種類は増加していく。出版、映画化、映画上映、ミュージカル、テレビジョン放送、音楽、コンパクトディスク、宣伝・広告、テーマパーク、コンピュータ・ソフトウエア、ビデオグラム（DVDなど）、レンタル、ライブコンサート、アイポッド、キャラクター・マーチャンダイジング、衛星テレビ放送、インターネットによるコンテンツ提供……。

　著作権ビジネスは、情報・通信・エンターテインメント・電子産業、オフィス、子供の生活、家庭にまで深く入り込んでいる。

　そのような多彩な著作権ライセンス契約には、共通の特色、中核（コア）となる共通の条件はあるだろうか。あるとすれば、それはどのようなものだろうか。

② 著作権ライセンス契約の特色

1　著作権ライセンス契約の特色①

　上記の例などを眺めていると、まさに千差万別という感じがするのが、著作権ライセンス契約である。つかみどころがないように見える。とこ

第2部　著作権ライセンス

ろが、ライセンス契約には、共通の特色があり、その特色を把握すると、理解することも、契約交渉することも、少しもむずかしくはない。

　まず、著作権ライセンス契約は、ライセンス契約であるから、商品（動産）売買契約、不動産売買契約、特許権・著作権等の譲渡契約等と根本的に異なり、その商品にかかわる基本的な権利（ownership; copyrights）が著作権者から使用者（ライセンシー）に移転しない。著作権者は、単に、特定のライセンシーに対して、その著作権あるいはその著作物の使用を許諾するだけである。この点は、ソフトウエア・ライセンスでも、本書のような論文・書籍の出版ライセンスでも変わりはない。

　ライセンス契約としてその構成、特色、基本条件を見ると、ブランド・ライセンス契約と共通の部分が相当にあることがわかる。厳密な規定方法、ドラフティングは異なっても、基本的な考え方は類似点が多い。ライセンス契約は、その核心（core）は、著作権の「使用許諾（Granting a License）」と「使用料（Royalty）」の支払いである。

2　著作権ライセンス契約の特色②

　著作権ライセンス契約の本質であるもう1つの特色は、そのライセンス契約を締結する当事者（ビジネス担当）がその契約を、単なる「著作権ライセンス契約」と意識していないことが多いということである。もっと具体的な商品名を伴った個々の取引と意識している。したがって、それぞれのビジネスの種類、性格に従って、具体的な契約名称で呼ばれることが多い。

　それほど、著作権ライセンス契約は多岐にわたっているということでもある。たとえば、「Software License Agreement」（ソフトウエア・ライセンス契約）、「Software Marketing and License Agreement」（ソフトウエア販売・ライセンス契約）、「Program License Agreement」（テレビ番組放映許諾契約）、「License Agreement」（ライセンス契約）、「Japanese Language Product Development and Marketing Agreement」（英文ソフトウエアの日本語版製品開発・販売契約）」、「Agreement for Granting Right to Produce a Motion Picture」（映画制作権許諾契約）、「License Agreement for the Presentation of "Karen View"」（「カレン・ビュー」上演ライセンス契約）などと呼ぶ。ビジネスの核心にあるのは、著作権（copyright）

158

であり、その使用許諾であるが、ビジネス当事者は著作権という権利よりは、具体的な商品を念頭にビジネスを組み立て、その契約条件の交渉に臨むのである。著作権で守られた作品・商品に関する取引なのである。

　それぞれの業界での標準約款が、契約のベースとして使われることもある。貿易に携わる者がインコタームズ（INCOTERMS）のCIF（運賃・保険料込み）条件、FOB（本船渡し）条件に習熟しておくことが必須であり、海外建設工事に従事する者にとっては、「FIDIC約款」や「ICE約款」を学ぶことが常識であるように、それぞれの業界の約款を学んでおくことは、ビジネスに参入するためのいわば礼儀である。日本国内の音楽著作権使用許諾については、ジャスラック（日本音楽著作権協会）が標準約款を定め、公表している。海外とのビジネスの場合、たとえば、アメリカからの映画配給にも、イギリスからのミュージカル海外公演を呼ぶにも、それぞれ近年までは、AFMA International Multiple Rights License Standard Terms & Conditions（米国映画協会海外映画配給約款）、最近はIFTA約款や英国（TMA等の）海外公演約款などの標準約款がある。AFMA約款は30頁にわたる。AFMAはAmerican Film Marketing Associationの略である。近年、広く使われるようになってきたIFTA約款は、正確には、IFTA International Multiple Rights Distribution Agreementと呼ばれる。エンターテインメントについては、友人のエンターテインメント・ロイヤー（カリフォルニア州弁護士）から贈られた『Entertainment Industry Economics』（Harold L. Vogel, Cambridge University Press, 1990年）が私には有益だった。著作権の案内書としては『著作権法』（中山信弘、有斐閣、2007年）やジュリストの判例百選（「著作権法」）をはじめ判例を読むことを薦める。

③ 著作権ライセンス契約の基本的な構成と共通の条件・条項

　契約書の細かな文言、書式を忘れて、まず、その本質的な条件を考えて、取り決めるべき事項を列挙してみよう。それぞれのビジネスの状況を把握し、著作権ビジネスの基本さえ押さえれば、著作権ライセンス契約の交渉はできる。著作権ライセンスには、コンピュータ・ソフトウエ

第2部　著作権ライセンス

アのライセンスだけでなく、音楽作品・映画・テレビ番組作品・画像・文学作品、データ、情報などさまざまな作品が対象となる。また、トレードシークレット・商標・意匠などと組み合わせたライセンスとなることもある。それぞれのビジネスの内容に従って、契約条項も工夫する余地がある。

　基本的な構成と条項をみていきたい。トレードシークレット・ライセンス契約、商標ライセンス契約と比較しながら説明を加えていきたい。

1　前文
　第1部「トレードシークレット・ライセンス」、第3部「商標ライセンス」での前文の例文と解説とともにみていただきたい。
　契約当事者名（ライセンサー、ライセンシー）、その住所（主たる事務所所在地）、契約締結日を明示する。「トレードシークレット・ライセンス」で紹介・解説した前文のドラフティングと基本的に変わるところがない。レター形式の契約書も作成される。レター形式の前文・末尾文言については、『英文契約書の書き方・第2版』（山本孝夫、日経文庫、2006年）を参照されたい。

2　リサイタル条項
　契約でライセンス（使用許諾）対象となる著作権（copyright）をライセンサーが創作または取得し、この契約で使用許諾する権利があることについての背景・経緯を簡潔に説明する。著作物は上記（本章[1][2]）の「カレン・ビュー」のストーリーの著作権ビジネスの発展で例示したように、その創作者、ビジネス関係者、権利者、代理店等が複雑にからんでいることがある。そのような場合には、背景を整理し、契約内容の理解に役立つ。単純な場合は、リサイタル条項を省略することもある。

3　ライセンサーが権利（著作権）とそのライセンスを行う権利を保有していることの確認条項
　ライセンサー側が本来の著作権者の代理店（Licensing Agent）であったり、マスターライセンシーであることがある。そのような場合は、どの範囲（地域など）について、どのようなサブライセンスを行う権限が

あるのかを明確に確認しておく。リサイタル条項と併せて注意深く読むべき条項である。上記（本章1 2）の「カレン・ビュー」のストーリーを例にあげると、「映画『カレン・ビュー』」「カレン・ビューのテーマ（ソング）」、「アニメーション『カレン・ビュー』」、「『カレン』のコンピュータ・ゲームソフト作品」あたりになると、もはやもとのストーリーの原作者と交渉してライセンス権を獲得するだけでは不完全、あるいはまるで見当違いの相手と交渉していたことになりかねない。そのそれぞれの作品の創作にあたったメンバー、その創作者がもとの権利者と交わしていたライセンス契約や資金スポンサー、制作委託者（プロデューサー等）の権利関係をしっかり把握することが、ビジネスの基本になる。関わってくる権利には、著作権と著作隣接権がある。原作者の許諾を得て映像作品を制作した場合、作品自体に二次的著作物として、独自の著作権が与えられる。

　一定の品質等の保証をすることもあるが、基本的に著作権ビジネスでは、見本等でその商品の水準、市場性（marketability）を確認することになる。著作権ビジネスでは、ライセンサーの継続的な開発力が大切なケースもあれば、原作として魅力があれば、継続的な維持はまったく不要なケースもある。

4　ライセンシーに対する契約対象の「著作権」の使用許諾条項、使用許諾される目的・事項の明示

　著作権ライセンス契約では、ライセンシーは契約にもとづいて著作権ライセンスを受けたといっても、実際にどの範囲（指定国；許諾地域など）、どんな目的（用途）で使用できるのかについては、厳密な制限がある。契約で曖昧な規定にしておくと、後日紛争を引き起こす原因になりかねない。

　たとえば、上記（本章1 2）の「カレン・ビュー」のストーリーを例にとると、小説の映画化権を許諾したとしても、映画のシナリオ作品の出版権、ミュージカル化、ミュージカルの上演・映画化、アニメーション映画化、テレビ映画化、ビデオグラム（ビデオ、DVD、ブルーレイ）化、カレンのアニメーションのゲームソフトの作品制作権などは別である。そのうち、どの範囲までライセンスされているのかは、契約内容として

第2部　著作権ライセンス

明確に記載しておかなければ、ライセンサーとライセンシーの間で誤解が生じることがある。

　たとえば、ミュージカルの上演のライセンスを獲得したからといって、そのテレビ・ラジオ放送権やレコード（コンパクト・ディスク）化権、ビデオグラム化権まで獲得しているとは限らない。キャラクター・マーチャンダイジング（商品化権）や写真集発行も別である。ひとつひとつライセンス契約で確認していく。逆にミュージカルのひとつひとつの曲について音楽として演奏する権利（ライセンス）を確保したからといって、ミュージカル風に上演することが許諾されたことにはならない。現実にアメリカで、「ジーザス・クライスト・スーパースター」の曲の演奏のライセンスの許諾を受けた興業者がミュージカル風にロックコンサートを上演しようと企画したところ、ミュージカル上演権をライセンスされたライセンシー（別な興業主）から上演差止請求訴訟を提起され、敗訴した事件がある。ジーザス・クライスト・スーパースター事件については、山本孝夫「知的財産契約の常識・第9回」『CIPICジャーナルNo.38』1995年2月号で紹介した（1972年の米国第2連邦巡回区控訴裁判所判決）。

　ライセンス契約の交渉では、ライセンシー側は、必要なライセンスの内容を、なるべく個別具体的にもれなく列挙するのが紛争防止のためには一番よい。

5　使用許諾される地域・場所

　著作権には、文芸作品、娯楽作品、ソフトウエアを問わず、その使用許諾に関わる地域・場所が重要である。とくにその許諾された著作権を使用して制作した作品が「商品」として、あるいは、「商品の一部」として組み込まれて流通・販売・使用される場合には、いっそう重要な問題を提起する。

　ビジネスの契約実務から見れば、コンピュータ・ソフトウエアなどの著作権ライセンスには、ディストリビューション（distribution）のためのライセンスとユーザーに対するライセンスに分けられる。Distributionのためのライセンスは販売店契約と呼ぶことが多い。販売店契約では、販売地域が決められる。

162

コンピュータ・ソフトウエアのユーザーに対する使用許諾では、その使用対象となる場所を特定の事務所の特定の機種・機械に限定するくらい厳密になされるのが通常である。特定の部門に限定した使用許諾も多い。その場合も、コピー本数に制限を付して許諾するのが通常のプラクティスである。契約実務上、場所を制限してライセンスすることをサイト・ライセンス、コピーの数量を制限してライセンスすることをボリューム・ライセンスと呼ぶことがある。バックアップコピー以外の予備のコピーの制作・複製も制限される。ソフトウエアの転売や担保設定も禁止・制限されることが多い。実際には、ソフトウエアは、販売され、所有権・著作権が譲渡されるわけではないが、経済的な流通機能から見れば、ディストリビューターは、商品の販売と酷似している。当事者の意識も販売・売買であることが多い。購入したソフトウエアのコピーを禁じたシュリンク・ラップ契約や著作権法の感覚がなじめない新興国のユーザーも少なくないのが、実状である。

音楽・映画作品などでは、その上演・上映の、許諾場所・期間を限定してライセンスされる。

6 使用許諾期間と更新条件

著作権のライセンス（使用許諾）の期間については、個別具体的な対象ビジネスによって、取決め方が異なる。出版、映画化ライセンスとソフトウエアのライセンスでは、自然その許諾期間の取決め方は異なる。ビジネスの事情に応じて、合理的な期間を定めればよい。

著作権には、商標と異なり、権利の有効期間に限界があるが、「70年」という長い期間であり、最近製作された作品については、通常、期間の終了をあまり心配する必要がない。米国では公表後95年とさらに長い。ただし、近年、『シェーン』など1953年製作映画のライセンス、著作権をめぐる紛争が発生したように、いわゆる旧作をめぐるライセンスには、注意をしなければならない。契約条文のドラフティングとしては、商標ライセンス契約の「期間」のドラフティング（例文）を参考にすることもできるが、長期間であることが多い。ソフトウエア商品は、あたかも商品が販売されるかのようにその著作権で守られた製品が消費者、使用者に「販売」されることが多い。使用許諾期間も「無期限（perpetual）」

第2部　著作権ライセンス

となっていることが通常である。しかし、商品に付随した注意書きをよく読んでみると、著作権については、使用許諾が与えられるにすぎないことがわかる。企業活動の基盤のクラウン・ジュエルとなる資産の「知的財産権（著作権）」は譲渡しないのである。

7　使用許諾の対価（ロイヤルティー）

　著作権ビジネスが多岐にわたり、常にその種類が増加する傾向のもとでは、一律に定型フォームに頼ることができない。しかし、契約の基本的性格を「ライセンス（使用許諾）」と規定する以上、支払いの理由は「著作権の使用料」である。

　ビジネスの性質により、1回限りの定額ロイヤルティー、ダウンペイメント、毎年のロイヤルティー、ミニマム・ロイヤルティー、ランニング・ロイヤルティーが取り決められる。ミニマム・ロイヤルティーでは、販売実績にかかわらず、月額あるいは年額等で最低使用料を定めておく。ランニング・ロイヤルティーは、販売実績に応じて支払額を算出して支払う。販売実績の信憑性の確認の問題、契約締結時に契約希望ライセンシーのうち誰に許諾するかを検討する場合に、ランニング・ロイヤルティーだけだとライセンサー側が判断しづらいという難点がある。ミニマム・ロイヤルティーとランニング・ロイヤルティーを組み合わせる取決め方が多い。

8　ロイヤルティーの支払方法

　支払時期、計算期間の問題と、支払通貨・方法の問題がある。具体的な規定のドラフティングの仕方については、第1部「トレードシークレット・ライセンス」、第3部「商標ライセンス」とも共通の点が多い。トレードシークレット・ライセンス契約、商標ライセンス契約の例文・解説も参照されたい。また、『英文契約書の読み方』（山本孝夫、日経文庫、2006年）でも、その第4章で詳しく紹介した。

9　ソフトウエアの保証（Warranty）とその排除・制限条項

　ソフトウエア・ライセンスにおいても、商品の売買取引と同様に、その品質・性能・水準等についての保証が問題となることがある。ソフト

164

ウエアの水準・内容・用途について、ライセンシーの期待とライセンサーの実際に供給するソフトウエアとの間に相違がある場合がある。当初は期待どおりであっても、ソフトウエアが途中で思わぬ欠陥があったり、不規則な不完全さがあらわれることがある。バグ（bug）と呼ぶことがある。コンピュータ・ソフトウエアも品質・性能が継続的な開発研究により向上し続けており、その意味では永遠に完成しない。どこかしらに不完全さがあるのは当然だし、バグがあることは常識となっている。また、互換性や、一般的な品質・性能は備えていても、ユーザーの期待する品質・性能を備えているとは限らない。米国統一商事法典（UCC）のWarrantyの規定やその排除方法の規定を意識したドラフティングが広く使用されている。

　以前、モデル法案として起草されたUCCの2B（情報ライセンス）編や現在のモデル法案のUniform Computer Information Transactions Act（UCITA）のWarrantyの規定はソフトウエア・ライセンス契約の保証条項、保証排除条項のドラフティング作成上、ヒントになる。とくに、Express Warranty（明示保証）、Implied Warranty of Merchantability（商品性の黙示保証）、Quality of Computer Program、Licensee's Purposes、Disclaimer or Modification of Warranty、Duration of Contractの各条項を参照するのは、ドラフティング上、有益であろう。

10　ライセンシーが著作権侵害を発見したときの通知義務

　ライセンシー側が、許諾された著作権の侵害行為、海賊版の存在、流通・販売・使用の事実を発見することがある。そのような場合には、ライセンシーに入手可能な情報・証拠とともに送付し、ライセンサー側で適切なアクションをとりたいときにとれるように協力する義務を課されることがある。侵害排除を誰が行うか、また現実に可能かどうかは別の問題である。模倣品・類似品と思われるものでも、わずかの違いから侵害品とされないこともある。コンピュータ・ソフトウエア、歌など音楽作品、文芸作品、小説などでも、この著作権侵害問題・模倣問題はしばしば発生する。当事者の誇り、思いこみ、証拠の不十分さなどもからんで、なかなか解決がむずかしいこともある。

　どんなむずかしさがあるのか、また、だれが解決にあたるかについて

第2部　著作権ライセンス

は、次の11の問題になる。

11　著作権侵害者に対するクレーム、訴訟による侵害排除の具体的な方法

　著作権の侵害行為を放置しておくと、著作権という権利がいつのまにか風化してしまい、その価値を失ってしまうことがある。文化には、それまでの人類・民族・先人の創作・努力・教育を通じての継承に負うところがあり、人類・社会の共通の資産の性格を帯びているものも少なくない。個別の物語、ソフトウエア、音楽、絵画などの作品ができあがるには、それまでの文化・科学技術の積み重ねがある。文化・科学の土壌と教育のないところに新しい創造的な作品は生まれない。

　それにもかかわらず、著作権で保護される対象となる創造的な作品（著作物）は、著作権法による保護の対象となるかぎり、保護を受ける権利がある。著作権ライセンス契約によってライセンスする以上、その著作権侵害者を排除するのが義務である。ただ、現実にデッドコピー（そっくりそのままの複製・模倣品）や、少しだけ表現方法に変更を加えただけの模倣品は、あとを絶たない。これらは総称してコピーキャットと呼ばれている。ゲームソフトやアニメーション、人気のあるコンピュータ・ソフトウエアや音楽・映画テープなどでは、立派な工場と巨大な市場が模倣品の業界に現れ、恒常的に存続することがある。違法複製品・模倣品ビジネスの市場の数字が発表されることさえある。市場（国）によっては、違法コピー製品が市場の大半あるいは半数に達するといわれているほどである。法律による著作権保護の程度、罰則や手続、執行機関の弱さなどのために侵害品排除が簡単ではないことも多い。知的財産権を無視し、違法な事業・事業方法に従事する企業・人の集団にはEthics（倫理観、社会的な責任感、遵法精神）が欠けている。ときには、武力を備えた複雑な背景がからんでいることすらある。

　著作権ライセンス契約では、さまざまな事情を勘案の上で、ライセンス対象の著作権侵害品・侵害行為に対する法的措置についてライセンサー、ライセンシー間でどのように分担するか、費用はどうするか、などについて取り決める。ライセンサー側ですべて侵害品を排除することを負担することが、現実には無理なこともある。その場合には、それぞれ分担・協力する方法もある。

166

本書の第1部「トレードシークレット・ライセンス」での例文・解説
や『英文契約書の読み方』（山本孝夫、日経文庫、2006年）の「Ⅵ－Ⅷ
章　契約条項の読み方――ライセンス許諾と対価の支払い；ライセンス
の実施と責任；付随義務と一般条項」135-231頁も、ドラフティングの
ための参考として役立てていただきたい。

12　契約違反・破産の場合の途中解除・措置

著作権のライセンシーが倒産・破産・契約違反に陥ったときに、ライ
センサー側から使用許諾を中途解除できることを明確に規定することを
意図している。ただ、映画化や公演などでは、いったん制作・公開や公
演が行われれば、その後、ライセンシーが契約期間の途中で倒産・契約
違反に陥っても、ビジネスとしては、すでに次のステージに進展してい
ることもある。部分的な解除、将来への未履行部分の解除、ロイヤル
ティーの変更（減額）など、具体的なビジネスの事情に合わせて注意深
くドラフトしなければならないところである。詳細は、『英文ビジネス
契約書大辞典・増補改訂版』（山本孝夫、日本経済新聞出版社、2014年）
118-133頁（契約解除条項）を参照されたい。

13　通知条項

契約当事者の正確な住所（通知先）、肩書き（部署、タイトル名称）、
通知先変更の場合の通知義務などを明記する。第1部と前掲『英文ビジ
ネス契約書大辞典・増補改訂版』89-98頁（通知条項）を参照願いたい。

14　不可抗力

第1部「トレードシークレット・ライセンス」の例文を参照して、そ
のポイントとドラフティングを考えるとよい。ライセンス契約は、その
ビジネスがさまざまであり、不可抗力事態の対応も多様である。詳細は、
前掲『英文ビジネス契約書大辞典・増補改訂版』134-141頁（不可抗力
条項）を参照されたい。

15　紛争解決条項

基本的に、第1部「トレードシークレット・ライセンス」、前掲『英文

第2部　著作権ライセンス

契約書の書き方・第2版』76-85頁（一般条項としての紛争解決条項）、前掲『英文ビジネス契約書大辞典・増補改訂版』155-177頁（紛争解決条項）の解説を参照願いたい。仲裁でもよいし、自国側の裁判所という方法もある。米国のライセンサーは自分の住所（事務所）所在の州でのAmerican Arbitration Association（略称AAA）による仲裁を主張することが非常に多い。AAAによる仲裁は、日本側企業にとって、日本での仲裁より不便ではあるが、陪審（Jury）裁判を排除できるという効果がある。

16　準拠法

　第1部「トレードシークレット・ライセンス」、前掲『英文契約書の書き方・第2版』75-77頁（一般条項としての準拠法条項）、前掲『英文ビジネス契約書大辞典・増補改訂版』142-154頁（準拠法条項）を参照願いたい。米国では著作権法は商標法と同じように連邦法であり、州法ではない。ただ、著作権ライセンス契約は「契約」であり、その紛争解決には州法の適用がなされる。第三者の著作権侵害問題の排除の根拠法規は、連邦著作権法である。米国統一商事法典（モデル法案）では、2B編（ライセンス）が準備されていた。しかし、コンピュータ・ソフトメーカーとユーザーの両者の利害の調整が課題となり、UCC2Bとしては採択されず、UCCとは別なモデル法典であるUniform Computer Information Transactions Act（UCITA）として採用されるに至った。

第3章

著作権ライセンス契約の基本条項とドラフティング

① 著作権ライセンス契約の基本的な形態

1　ビジネスから見たライセンスの目的、契約の形態

　ビジネスの面からみると、著作権ライセンス契約には、ビジネスの目的により数種類のライセンス形態がある。1つは、物品の売買契約でいえば、販売店・代理店にあたるもので、コンピュータ・ソフトウエア等のディストリビューション（distribution）・マーケティングを任せる契約である。これをディストリビューション契約ということができる。映画・テレビ作品のディストリビューションも、ライセンス契約の1つである。業界の標準約款と、組み合わせて使用されることもある。

　次のライセンス形態は、ライセンシーがコンピュータなどのハードウエアを商品として販売するにあたり、ソフトウエアをその一部に搭載・組み込んで販売するために、ソフトウエアの著作権利者（ライセンサー）から使用許諾を受ける場合である。放送局や出版社が放送・掲載するための番組・記事を確保するために、作品（ソフトウエア）の使用許諾を受けるライセンスも同種の形態といえよう。

　第3の形態は、ライセンサーとユーザー・消費者とのライセンス契約である。ビジネスソフト・ゲームソフトなどのユーザーは、企業など事業者・学校である場合から、家庭で使用する個人の場合など多彩である。ライセンシーは、ソフトウエアそのものを商品・サービスに組み込んだり、販売（ディストリビューション）したりせず、自ら使用するところに特徴がある。

　本章では、この3つの形態を念頭にさまざまな著作権ビジネスについて基本条項を紹介したい。

第2部　著作権ライセンス

2　基本的な著作権ライセンスビジネス契約：コンピュータ・ソフトウエア・ライセンスと映像ソフトウエア・ビジネス

　現代の経済活動をふまえて一番親しみやすいのは、ソフトウエア・ライセンスである。ビジネスソフト、エンターテインメントの世界と幅広く、あらゆる業種・ビジネス・家庭に関わってくるライセンスである。

　アニメーション「カレン・ビュー・ストーリー」がコンピュータ・プログラムとして商品化され、ソフト商品名「カレン」としてライセンス販売が開始されるとしよう。ライセンサーを、トレードシークレット・ライセンス契約、商標ライセンス契約の紹介のときと同じアメリカの「Karen View Corporation（San Francisco）」としよう。

　また、相手側（ライセンシー、販売店）をトレードシークレット・ライセンス契約の紹介と同じ日本の「Aurora Borealis Corporation（Tokyo）」とする。略称をそれぞれ、「KVC」「ABC」としよう。前文、リサイタル条項以下の例文の紹介にあたっては、バリエーションを持たせたい。カレン・ビュー・コーポレーション（KVC社）は、自社のコンピュータ・プログラム「カレン」のライセンス・ビジネスだけでなく、英国のロビン・フッド・カンパニーが開発したコンピュータ・プログラムである「Robin」の販売代理店（マスター・ライセンシー）ビジネスもすることとしよう。英国のロビン・フッド・カンパニーは、アメリカでカレン・ビュー・コーポレーションと提携している一方で、日本向けに直接ライセンスするビジネスも展開しているとしよう。

　ソフトウエア・ライセンス契約は、まずアメリカにおいて、その保護のための著作権法改正（1980年）が、世界に先駆けて行われたこと、世界標準的なコンピュータ・ソフトウエアがアメリカの企業によって、次々と世界のマーケットに紹介されたことなどの経緯から、ライセンス契約自体がアメリカの契約実務の影響を大きく受けている。ソフトウエア・ライセンスビジネスは、トレードシークレット・ライセンス以上に、アメリカはじめ海外諸国と国境のないボーダーレスな取引と競争が展開されている。

第3章／著作権ライセンス契約の基本条項とドラフティング

② 契約当事者・前文とリサイタル条項

　ライセンサーがコンピュータ・プログラムの開発をどのように行ったか、あるいはどのような経緯でライセンサーがこの契約でのライセンスを行う権利があるのかを簡単に説明する。厳密には、契約の一部として意図されていないが、商品と契約当事者の関わりなどが簡潔に紹介されることが多く、契約の解釈の助けになる。

◇例文95　契約当事者・前文・リサイタル条項・末尾文言・署名欄
　　　　——一定の地域で独占的なライセンス権を許諾する場合

SOFTWARE LICENSING AND DISTRIBUTION AGREEMENT

　THIS AGREEMENT is made on the first day of April, 2030, by and between
　(1)　Karen View Corporation, a California corporation, having its principal office at xxx California Street, San Francisco, California, U.S.A.("KVC"),　and
　(2)　Aurora Borealis Corporation, a Japanese corporation, having its principal office at x-x, Kanda-Surugadai 1-chome, Chiyoda-ku, Tokyo, Japan ("ABC").

　Whereas, KVC has developed, markets and licenses on a worldwide basis and owns all copyright and other proprietary rights to or has the right to license the computer software programs called "Karen" (the "Program"),　as described more fully in Exhibit A attached hereto;
　Whereas, ABC has considerable experience in connection with the promotion, marketing, licensing the computer software products within the country of ＿＿ (the "Territory"), and desires to obtain an exclusive license from KVC to market and sublicense the Products in the Territory.

　NOW, THEREFORE, in consideration of the mutual promises

171

第 2 部　著作権ライセンス

and covenants herein contained, the parties agree hereto as follows:

ARTICLE 1. Grant of License
（本文省略）

IN WITNESS WHEREOF, the parties hereto have caused this Agreement to be duly executed as of the day and year first above written.

LICENSOR
Karen View Corporation

LICENSEE
Aurora Borealis Corporation

_____

_____

Karen View
CEO & President

Shion Keats
CEO & President

［対訳］

　　　　　ソフトウエア・ライセンスならびに販売店契約

　本契約は、

　(1)　合衆国カリフォルニア州サンフランシスコ市カリフォルニアストリート**xxx**番地に主たる事務所を有するカリフォルニア法人のカレン・ビュー・コーポレーション（以下「KVC」という）と、

　(2)　日本国東京都千代田区神田駿河台1丁目＊＊＊番地に主たる事務所を有する日本法人のオーロラ・ボレアリス株式会社（以下「ABC」という）との間に、2030年4月1日に締結される。

　契約締結に至る経緯：KVCは、世界に向けて、「カレン」という名称で呼ばれるコンピュータ・ソフトウエア・プログラム（添付別紙Aに詳細に規定）（以下「プログラム」）を開発、販売、使用許諾しており、かつ、「プログラム」の著作権および他のすべての権利を保有し、その「プログラム」を使用許諾する権利を保有している。

　ABCは、＿＿＿＿＿＿の地域（以下「許諾地域」という）でコンピュータ・ソフトウエア・プログラムを販売促進、マーケッティング、ライセンシングに関して相当の経験を有しており、かつ、KVCから許諾地域で、

第3章／著作権ライセンス契約の基本条項とドラフティング

独占的にマーケティングを行い、プログラムをライセンスする権利を取得したいと希望している。

　そこで、本契約に含まれる相互の約束と誓約を約因として、両当事者は以下の通り合意する。

第1条　著作権の使用許諾
（本文省略）

　以上、契約の証として、両当事者は、本契約の冒頭の年月日付で本契約書を正当な代表者により調印せしめる。

署名欄
ライセンサー：　　　　　　　　　ライセンシー：
カレン・ビュー・コーポレーション　オーロラ・ボレアリス・コーポレーション

_____　　　_____
カレン・ビュー　　　　　　　　　紀伊津志音
CEO兼社長　　　　　　　　　　CEO兼社長

■解説■
1　斬新とはいえないが、標準的なスタイルとして広く使用されている形である。
2　WHEREASは、これから、契約締結に至る経緯、締結理由を説明するという表示である。「AS」と同じ意味であるが、英文契約では、定型的なスタイルの1つとして「Whereas」が使用される。リサイタル条項とも、Whereas条項とも呼ばれる。契約に至る背景・経緯・動機の説明である。
3　リサイタル条項は、契約の本文で互いの権利・義務として規定しているわけではないが、契約を理解するのに有益な説明である。著作権ライセンスビジネスの世界では、代理人やそのソフトウエア・作品の関係者が多数にわたることが少なくない。ライセンサーが常にライセンス対象のソフトウエアの開発者・著作権者であるとは限らない。正規のディストリビューターやライセンシング・エージェント（代理人）であれば問題がないが、無権限者であることがある。また、ライセンサーがその許諾地域で独占的なライセンス権を有していると信じていたら、非独占的なライセンス権しか有していないことがある。その場合は、ライバルがもっと有利なロイヤルティー、条件でライセンスを取得する可能性がある。ライセンス契約実務上、リサイタル条項は、有用なことが多い。契約交渉で、リサイタル条項を追加あるい

173

第2部　著作権ライセンス

は挿入することを主張して、相手方のドラフトを見て初めて、相手方がライセンス対象の権利の保有者でないことがわかることがある。

4　この例文では、契約締結に至る背景として、まず、ライセンサーがソフトウエアの開発・販売・ライセンスを行う権利を有する正当なライセンサーであることを説明している。次に、ライセンシーがその分野のビジネスにおいてライセンサーが的を絞っているマーケットでの相当の経験があり、かつ、その地域で独占的・排他的にマーケッティングを展開したいという意図を確認している。

5　契約者・前文・リサイタル条項・署名欄の例文スタイルについては、「トレードシークレット・ライセンス」「商標ライセンス」の部で紹介する例文・解説も併せて参照願いたい。

6　本例文の前文の当事者の表示で「California corporation」「Japanese corporation」とあるのは、それぞれ、カリフォルニア州法にもとづいて設立された会社、日本の会社法にもとづいて設立された会社という意味である。アメリカには、アメリカ連邦会社法がない。実務上、契約交渉の段階で、「an American corporation」という表示をしばしば見かけるが間違いである。一方、カナダには、連邦会社法があるため、連邦会社法によって設立された会社を「a Canada corporation」ということができる。ところが、オンタリオ州会社法にもとづいて設立された会社をこう呼ぶと間違いとなる。「a corporation incorporated under the laws of the Province of Ontario」か、「an Ontario corporation」と表示する。日本語では、カナダもアメリカも「州」と訳しているが、現地では、それぞれ「province」「state」という用語を使っている。

7　契約当事者名の正確な表示も重要である。国によって、その法人の種類、名称が異なる点にも注意が必要である。たとえば、契約当事者がフランスの会社で「Lynx Corporation S.A.」となっていれば、フランスの公開株式会社のことである。S.A. は、Société Anonyme の略である。株式会社であることを示す略語も、アメリカでは「Inc.,」「Incorporated」が使用されることが多いが、イギリスでは、「Ltd.,」「Limited」が多い。インドネシアでは、株式会社は、「P.T.」から始まる。

　前文から、契約の当事者や経緯・背景を読み取ることができるのである。

◇**例文96　リサイタル条項──コンピュータ・ソフトウエア・プログラムの使用許諾に関わる非独占的な権利を許諾する場合**

WHEREAS, KVC has the right to grant a license to customers in ＿＿＿＿ (the "Territory") to use a computer software program called "Robin", developed by Robin Hood Company Limited of ＿＿＿＿＿ , England; and, WHEREAS, ABC desires to obtain and KVC is will-

第3章／著作権ライセンス契約の基本条項とドラフティング

ing to grant to ABC the said license;

[対訳]
　KVC社は英国_____のロビン・フッド・カンパニー・リミテッドによって開発された「ロビン」と呼ばれるコンピュータ・ソフトウエア・プログラムを_____（許諾地域）の顧客に使用許諾する権利を有しており、ABC社はそのような使用許諾を得たいと希望し、KVC社はABC社に与えたいと考えている。

■解説■
1　この例文では、例文95の場合と契約当事者は同じであるが、ライセンス対象のソフトウエアの開発者が、ライセンサーのカレン・ビュー・コーポレーションではなく、イギリスのロビン・フッド・カンパニー・リミテッドである。著作権ライセンス・ビジネスでは、このように、ソフトウエアの開発者・著作権者とそのマーケティングを推進する者とが異なることが少なくない。KVC社は、ロビン・フッド社からそのディストリビューションの権利を許諾されているのである。リサイタル条項は、このような契約の基盤・背景を紹介するのが役割である。

③ 著作権（プログラム）使用許諾条項

　ソフトウエアがどのようなビジネスの目的のために使用許諾されたのか、いったいどのような種類の使用許諾が行われたのか、いわば、著作権ライセンス契約の核心となる規定である。
　①のビジネスから見た契約形態のタイプのいずれに属するものか、を明確にするとともに、法的には、「独占性・排他性（exclusiveness）」の有無と、「著作権の許諾地域（territory）」「許諾された著作権の使用態様・範囲」が重要である。

175

第2部　著作権ライセンス

◇例文97　コンピュータ・ソフトウエア・プログラムの
独占的なサブライセンス権許諾

KVC hereby grants to ABC and ABC accepts the exclusive non-transferable right and license to promote, market, sublicense the Program within the Territory under the terms set forth herein.

Except with the prior written consent of KVC, ABC shall not promote, market or solicit customers for sublicense the Program outside the Territory.

［対訳］
　KVC社はABC社に対して、許諾地域において「プログラム」の販売促進、マーケッティング、サブライセンスを行う、独占的で、譲渡不可能な権利を許諾し、ABC社は本契約に定める条件でこれを引き受ける。
　別途KVC社の事前の書面による同意がないかぎり、ABC社はプログラムを許諾地域外で、サブライセンスのために販売促進したり、マーケッティングしたり、顧客を探したりしてはならない。

　■解説■
1　著作権ライセンス契約でライセンシー側にとって最も重要な規定が、使用権許諾条項である。ライセンス契約では、売買契約などで一般的な表現である将来の義務を約束する「shall」という用語を使わず、現在形で、「主語＋grants（許諾する）」と言い切るところが特色である。それだけに、ライセンシーとしては、具体的に何が許諾されているのかをしっかり見極めることが基本である。
2　使用許諾条項では、「使用許諾された権利は独占的な権利か、非独占的な権利か」「使用許諾地域はどこか」「使用許諾がされたのは、どのような権利なのか……生産か、販売か、リースか、複製か、単純使用か」「サブライセンスは許されているか、自由にサブライセンスできるか、それとも、ライセンサーの同意が必要か」「使用できる形態について、地域以外に制限があるか」など、チェックポイントが多い。実際にビジネスの展開をシミュレーションし、利用形態を思い描きながら、ライセンス契約を見ていくことが大切である。ライセンシーがその内容をよく吟味しないまま、ロイヤルティーの交渉に入るのはリスクが大きい。
3　この例文では、「exclusive」で、「non-transferable」なソフトウエア（著作権）使用許諾である。

「Exclusiveness（独占的な使用許諾）」が認められるのは、「Territory（許諾地域）」内のみである。

したがって、ビジネス上は、許諾地域の定義が、決定的に重要である。著作権ビジネスでは、通常、コンピュータ・ソフトウエア・プログラムに関わる著作権をライセンサー側に残したまま、使用許諾を行う。ライセンシーには、ソフトウエアのマーケッティングやサブライセンス（再使用許諾）を行う権利を許諾しても、ライセンシーがソフトウエアに関する著作権等の権利を第三者に「transfer（移転・譲渡）」することは認めない。そのことを明示するために、「non-transferable」という表現を使っている。

4　本例文の「under the terms set forth herein」は、「この契約の条件のもとで」という趣旨である。英文契約実務上、新人がよく混同する用語に「term」と「terms」がある。「terms」は契約条件のことを指し、「term」は契約期間を指す。

5　この例文の第2文の狙いと効果は何か？　第2文がない場合には、どのような問題が起こりうるか？　ソフトウエアの実務で、契約者双方の思い込みによって意外に起こりやすい契約解釈紛争の1つが、独占的なライセンスが一定の許諾地域（territory）に認められた契約では、何も契約に規定のない他の地域について、いったいどのような権利が互いにあるのかという問題の解釈である。ライセンサーからみた場合、素直に解釈すれば、ライセンスの許諾規定のない地域については、一切のライセンス権がない、という解釈になるはずである。ところが、ライセンシーから、契約交渉の過程で、ライセンサーが契約に規定のない地域については、非独占的な通常のライセンスを認めるという了解であったという主張がなされることがある。いったいどちらが正しいのか？　どの解決が合理的なのか、一見、簡単にライセンサーが勝ちそうで、なかなかその通りにいかないことがある。さらに、ライセンシーの国の独占禁止法や、技術や著作権ライセンスの導入について、内国民や中小企業を保護する制度・指導があったら、どうなるか？

6　本例文の第2文は、商品の独占的なディストリビューション契約の場合と同様なスタイルで、ライセンシー国の独占禁止法に配慮しつつ、ライセンシーによる積極的な許諾地域外でのマーケッティング活動を禁止・抑制しようとする規定である。これにより、ライセンサー、ライセンシーの利害を調整し、この問題に対処しようとしている。第1文で認められた独占的なサブライセンス許諾地域外から、ライセンシーに当該ソフトウエアのサブライセンスを求める申し出があったら、ライセンシーはそれを受けることができるか？　それとも、ライセンサーに移牒しなければならないか？　実務上の解釈からいくと、ライセンシーとライセンサーの言い分が衝突するおそれがある。この規定のみでは、まだ、そのいずれかは完全には明確ではないのである。

第2部　著作権ライセンス

◇例文98　コンピュータ・ソフトウエア・プログラムの
非独占的・限定的使用権許諾（サブライセンス権付与せず）

1. Subject to the terms and conditions hereof, KVC grants to ABC, and ABC accepts, a non-transferable and non-exclusive license to use Robin.

2. The license granted hereby is solely for the internal use of Robin by ABC for the purpose set forth in Exhibit B.

[対訳]

1. KVC社は、本契約の条件に従って、ABC社に対して、譲渡不可能で非独占的な「ロビン」の使用権を許諾し、ABC社はその許諾を受ける。

2. 本契約のもとで許諾された権利はABC社による「ロビン」の添付別紙Bに記載された目的のための社内の使途のためにのみ使用されるものとする。

■*解説*■

1　本例文で「Robin（ロビン）」というのは、上記例文96で使った「Robin」という商品名のコンピュータ・ソフトウエア・プログラムのことを指す。コンピュータ・ソフトウエアのライセンスは、あたかもそのソフトウエア・プログラムを入れたパッケージが通常の商品（動産）の売買のように取引されることがある。ところが、その場合でも、契約上は、商品の中核をなす「著作権」はユーザーに対して単に使用権が与えられるだけである。ライセンサーは、ユーザーがその複製を作ったり、複製を販売することについての同意を与えてはいない。後掲の例文で紹介するような1回払いでの取引でも同様である。

2　このライセンスは、ABC社を最終的なユーザーとして、許諾される。いわば、本章の□1の第三の類型である。ABC社の業務に使用することはできるが、ソフトウエア「ロビン」として、ディストリビューションを行う権限はない。単に、譲渡不可能で非独占的なライセンスというよりは、第2文によって、極めて明確に用途が限定されている。実際のソフトウエアの使用許諾にあたっては、契約条件によって、さらにソフトウエアのサイト（場所）や企業内の部門を制限したり、マスターディスク、マスターテープの複製の本数やオンラインで使用できる範囲を制限したりすることがある。極端なケースでは、バックアップコピー以外は、一切、複製を認めないソフトウエアの販売方法（1回限りの支払いによる半永久的なライセンス

178

許諾）もある。

　コンピュータ・ソフトウエアの著作権ライセンスという契約方式をとる場合、用途については、契約によって厳格に制限される。まず、複製が禁止され、ユーザー社内での使用に限定される。ライセンサーが予期しないような複製ソフトが大量に製作され、マーケットで販売されると、著作権者であるライセンサーのライセンス活動に大きな障害になってしまうからである。たとえ、ユーザー内部の複製使用であっても、ライセンサーのビジネスの機会を奪ってしまう。許諾製品を使用できるユーザーの事務所や部門名を指定し、さらに使用できるコンピュータの機種・番号まで指定することもある。使用できる地域の制限も行われる。

3 　使用許諾された製品をライセンシー側で自由に変更したり、改良してよいかどうかという問題がある。通常は、そのような改変は禁止・制限されることが多い。現実の世界で頻繁に起こっている問題は、マーケット向けに別な言語のバージョンを作成したり、マーケットに合った再編集版が作成されるようなケースの対応である。最も単純な改変制限条項を紹介する。

　"The license granted by this Agreement does not include the right to develop or modify the licensed Products."

◇例文99　テレビ番組・映画（プログラム）の
放映・使用許諾（Television Broadcasts Rights）

　KVC社は映画・テレビ番組・映像・音楽番組など映像ソフトウエア・音楽ソフトのライブラリーとディストリビューション部門を持っている。KVC社は、カリフォルニアの権利者からのソフトウエアの買収・ディストリビューション権取得とイギリスをはじめとする欧州、中国を中心とするアジアからもソフトウエアを取得している。プロダクションも持っている。イギリスのロビン・フッド・カンパニーもカレン・ビューに映像ソフトウエアを提供している。

　ABC社も近年、映像ソフトウエア・音楽部門に力を入れている。まだ、小規模であるが、映像・音楽ソフトライセンスを有望とみている。両社間で、ライセンス提携が行われることとなった。

　KVC hereby grants to ABC, and ABC hereby accepts, a limited exclusive and non-transferable license to the television broadcast rights, including the right to sublicense such broadcast rights to Aurora Borealis Television Network ("ABTN") and such other ABTN Affiliates

第2部　著作権ライセンス

pursuant to a valid sublicense agreement, to the television programs and films under the title of "Karen View Story", set forth in Exhibit C in _____ (the "Territory") and in the English, Japanese and Chinese languages.

［対訳］
　KVC社は、添付別紙Cに規定する「カレン・ビュー・ストーリー」というタイトルのテレビ番組と映画の_____（許諾地域）における英語・日本語・中国語による制限付きの独占的な譲渡不可能な放映権を、有効なサブライセンス契約に従って、オーロラ・ボレアリス・テレビジョン・ネットワーク（ABTN）とABTNの関連会社に対し許諾し、ABC社はこれを承諾する。

■解説■

1 著作権ライセンス契約は、その対象商品がさまざまである。映画やテレビ番組など、映像作品・番組の国際的なライセンスもある。放映権、上映権、ビデオグラム化権など、その利用形態も多彩である。キャラクター・マーチャンダイジングが対象となることもある。現実の使用形態、マーケッティングの状況を見極めて具体的な交渉を行う。

　どの程度の独占的な権利を与えるのか、その対象、使用形態、地域などさまざまな要素をもとに制限を加えていく。

2 映像著作物、テレビ映像番組（映画、アニメーションなど）の放映ライセンスには、当然には、その番組の主人公などのキャラクターについて商品に使用するといういわゆる商品化権（キャラクター・マーチャンダイジング）は含まれない。そのためには、特別なライセンス契約が必要になる。後掲の例文102・103で紹介する。

◇例文100　映像ソフトウエアのライセンス①

　映像作品のライセンスで最も単純なライセンスの1つにフィルム（マスターディスク、マスターテープ）を渡して、DVD、Blue Ray制作・販売などその複製権等を与えるライセンス方式がある。

KVC hereby grants to ABC the exclusive rights to manufacture or cause to be manufactured master video tapes of the Films "Robin Hood 20___"("Master Tapes or Discs") for the sole purpose of mak-

ing copies and duplicating DVD or video cassettes ("Videograms")
and distributing in the Territory under the terms of this Agreement
and during the term.

［対訳］
　KVCは、本契約条件に従って、本契約期間中にフィルム「ロビン・
フッド20＿」のマスター・ビデオテープまたはディスクを、本契約の
有効期間中に本許諾地域におけるDVDまたはビデオカセットのコピー・
複製を制作・販売するための独占的な権利を、ABCに許諾する。

■解説■
1　映画産業では、昔は、劇場上映で収入を確保することが可能であったが、テレ
ビジョン、貸しビデオなどの普及により、現在では、タイトル、ジャンルによって
は、その収入の半分以上が、ビデオグラム化権やテレビ放映権、キャラクター・マー
チャンダイジングなどの、いわば付随的な収入によってまかなわれている。典型的
なライセンスがビデオグラム化権の許諾である。この例文は、劇場映画として制作
された作品を、DVD化、ビデオカセット化し販売することを許諾するライセンス
形態の1つである。DVDなどビデオグラム化の具体的な方法については、技術の
発展をふまえ、ビジネスタームと考えてとりきめる。たとえば、Blue Ray制作が中
心なら、それも明記すればよい。
2　この映画のビデオグラム化ライセンス契約では、契約期間やロイヤルティー、
許諾地域、製造対象となる言語、販売範囲については、他の条項で取り決められる
ことが前提となっている。

◇例文101　映像ソフトウエアのライセンス②

　テレビ番組のライセンスの例をもう1つ紹介したい。ライセンスの主
目的は、テレビの放映である。
　ところが、近年の情報通信・メディアの発達で、従来の標準的で簡潔
なライセンスの規定だけの場合、どこまで、ライセンスの許諾の範囲に
入っているのか、境界線が不明確なケースが出てきた。40年前あるい
は30年前にはなかった新しいメディアが登場し、成長の兆しを見せて
いる。たとえば、衛星放送の種類、局数は飛躍的に増加している。ペイ・
パー・ビュー（pay-per-view）というシステムの衛星放送も営業を開始し

第2部　著作権ライセンス

ている。これらの放送が事業として成長し続けるか、それとも失敗・縮小への道をたどるかを決定する鍵は、何なのだろうか。

　映像ソフトも、DVD等のデジタル化、ブルーレイの活用が進んでいる。さらに、インターネットなどの発達による映像ソフトの利用の場が増えている。勝負は、コンテンツにかかっているといえよう。コンテンツとは、魅力ある映像番組・音楽ソフトウエアである。

　映像ソフトウエアの著作権ライセンスビジネスでは、どこまでの利用方法をライセンスの対象とするのか、除外するのか、きめの細かい精確な取決めが紛争予防のために大切な時代になってきた。ライセンサーの立場からは、ライセンス対象から除外する項目を明確に規定するのが一番わかりやすい。

　Robin hereby grants to ABC, subject to the payment of Royalty provided for in Article__ below and to the due performance by ABC of its other obligations hereunder, and ABC hereby accepts, the exclusive and sole license to distribute the Performance Rights of the Pictures to the television broadcasting stations through the air and via or cable in and throughout the Territory. Notwithstanding the provisions above, the license granted in this Agreement does not cover the facilities of satellite television, including subscription, or pay-per-view television, motion picture theater distribution, home video or DVD (including Blu-Ray Disc) distribution. In this Agreement, the Performance Right includes the rights to broadcast and exhibit the Picture in the media licensed herein.

　［対訳］
　ロビンは、ABCに対して、ABCが第____条に規定するロイヤルティーの支払いを行い、かつ本契約上の他の債務を期日に履行することを条件に、本映画の「放映権」を、許諾地域におけるテレビ放送局に対し、地上放送とケーブル放送により放映するためにライセンス販売する権利を許諾し、ABCは、本契約によりその権利のライセンスを受ける。上記の規定にかかわらず、本契約により許諾されるライセンスには、受信契約やペイ・パー・ビュー放送を含む衛星放送を含まれないものとし、また、

第3章／著作権ライセンス契約の基本条項とドラフティング

劇場上映館での上映やホームビデオ、（ブルーレイディスクを含む）
DVD による販売も含まれない。本契約における「放映権」とは、本契約
で許諾されたメディアで本映画を放映・上映する権利のことをいう。

■解説■

1 この例文では、放映権の範囲をかなり限定し、除外項目をリストアップして規
定している。規定の仕方としては、リストアップしていないものは、すべてライセ
ンスの対象外であるという取決め方があるが、どちらがふさわしいかは、ケース・
バイ・ケースである。

2 実際には、ライセンス対象の映画作品については、その放映について、回数・
時間・分割して放送する場合の制約条件などさまざまな条件がライセンサーによっ
て付加される。

◇例文102 キャラクター・マーチャンダイジング
（Character Merchandising）の使用許諾①

1. KVC hereby grants ABC a non-exclusive right and license to
use and utilize the character "Karen" (including the title "Karen
View" of the television animation movie programs) in connection
with the manufacture, sales, distribution and exploration of the
goods designated in Exhibit D in the territory of _____ (the "Li-
censed Territory") under the terms of this Agreement.

2. ABC shall submit to KVC, for its approval, samples of each
items of the designated goods and application of the advertisement
and sales promotion plan for each year before the commencement of
any advertisement or sales promotion to the public by ABC.

［対訳］

1. KVC は ABC に対して、（テレビジョンのアニメーション映画の「カ
レン・ビュー」のタイトルを含む）キャラクター「カレン」を、_____
_____の地域（「ライセンス地域」）において、添付別紙 D の製造・販売
（小売り・卸売り）開発に関連して本契約の条件に従って使用する権利
とライセンスを許諾する。

2. ABC は、その製品化した商品を実際に販売したり、公衆に展示す

183

第2部　著作権ライセンス

> る前に、指定商品の品目ごとに、その見本をKVCに提出し、その承認を得なければならない。毎年の宣伝・拡販プランについても同様とする。

■解説■

1　本例文は、ライセンサー（カレン・ビュー社）のキャラクターがテレビのアニメーションで人気を呼んだために、そのキャラクターを使用したいという申出があり、ライセンスするというケースを想定している。

2　実務から見ると、その使用許諾の対象となる商品の種類、販売の範囲（地域）、許諾が独占的・排他的なものかどうかを、まず第1に明確にしなければならない。細かくいえば、そのアニメーションに登場する他のキャラクターが使えるかどうか、また、期間、ロイヤルティー、新しいシリーズのストーリー、登場キャラクターがどう影響するかなども考えておく必要がある。

3　キャラクター・マーチャンダイジングのライセンシーが実際に商品化して発売する場合、ライセンサーは何ら関心を持たないこともあるが、現実にはそのキャラクターのイメージの保護・維持のため、ひとつひとつその見本段階で確認し、承認手続をとるケースも多い。

4　キャラクター商品のライセンス契約では、その商品の品質維持・管理については、ライセンサーの能力には限界がある。一方、キャラクターの使い方、商品の販売の戦力として広告に登場する場合のイメージなどについては、ライセンサーは判断できる。ライセンサーとしてとくに注意しなければならないのは、そのキャラクターが販売広告などで社会から反発を買ったり、不快感をもたらすような役割を演じさせられるケースである。キャラクターの特徴を生かすために、キャラクターに「失敗」や「犯罪行為と紙一重のいたずら」「悪役」を演じさせる行為・ストーリーや、一定の層の人々の心を傷つける「ことば」には、とくに気をつける必要がある。

◇例文103　キャラクター・マーチャンダイジング
(Character Merchandising) の使用許諾②

> KVC grants to ABC an exclusive license to use the character Karen under ABC's control, including the title "Karen", "Karen View" of Motion Pictures and all the names and shapes of the character appearing in the Motion Pictures, which are protected under copyright, trade mark, fair competition or any other applicable laws in the Licensed Territory, for the purpose of sales promotion or advertisement of the merchandise and services of ABC, set forth in Exhibit A.

第3章／著作権ライセンス契約の基本条項とドラフティング

[対訳]
　KVCはABCに対し、添付書類Aに規定するABCの商品・サービスの販売推進活動と宣伝のために、許諾地域で当該国の著作権法・商標法・不正競争防止法または他の適用法によって保護される本映画の「カレン」「カレン・ビュー」と本映画に登場するあらゆる名前・形・キャラクターを含む、カレンのキャラクターを、ABCのコントロールのもとで、独占的に使用する許諾を与える。

■解説■

1　商品・サービスのマーケッティングにキャラクターが使用される例には、銀行・証券・保険等金融機関、サービス企業のイメージ・キャラクターがある。イメージ・キャラクターとしての使用にも、店舗の看板・ポスターへの使用から、預金通帳までさまざまである。チョコレート・文房具のケースへの使用なども典型的な使用例である。

2　この例文では、商品だけでなく、広くサービス産業への使用を対象として、カバーしようとしている。映画には、主役だけでなく、脇役やその映画の中で紹介された個性あるデザインの服装や車・道具まで、顧客をひきつけることがある。このライセンスは、広く映画に登場するさまざまなキャラクターをライセンスの対象としている。実際に各ライセンス対象国でどこまで保護されるかは、各国法律次第であり、必ずしも明確ではない。たとえば、スーパーマン、バットマン、キューティーハニー、セーラームーン、綾波レイ（新世紀エヴァンゲリオン）、サン（もののけ姫）、ウルトラマンは、キャラクターとして保護される。では、それらキャラクターの衣装や道具は保護されるか。キャラクターの衣装・道具だけが模倣されて広告・宣伝に使用されたり、マーケッティングや商品化されて販売された場合、差し止められるかという問題である。

3　アメリカのダラス・カウボーイズ・チアリーダーズ事件では、チアリーダーたちのユニフォームの色彩とデザインが単に機能的ではない特色があり、trademarkableであり、商標法・不正競走法にもとづき保護されるとの判決を得ている。ダラス・カウボーイズのチアリーダーたちは真っ白なビニールのブーツ、白のショーツ姿にブルーの星で飾った白のベルトをしめ、ブルーのボレロ・ブラウスに両側に3つの星で飾った真っ白なベストを身につけていた。訴訟は、Bambi Woodsを主演に「Debbie does Dallas」を制作・上映したPussycat Cinema側の完敗ゲームで幕を閉じた（1979年米国第2連邦巡回控訴裁判所判決）。ダラス・カウボーイズ・チアリーダーズ事件については『CIPICジャーナルNo.39』1995年3月号掲載の「知的財産契約の常識・第10回」（山本孝夫）で紹介した。

第2部 著作権ライセンス

④ ロイヤルティー（使用料）

ライセンサー、ライセンシーの両当事者にとって最も重要な契約条件の1つが、ロイヤルティー支払条件である。ロイヤルティーの支払条項は、ビジネスの数だけあるといってもよいほど、バラエティーに富んでいる。ここでは、代表的な条項を紹介する。契約期間が数年にわたり、毎年一定額のアニュアル・ロイヤルティーを支払う方法がある。また、毎年一定のミニマム・ロイヤルティーを支払う約束をした上で、さらに一定の条件のもとで追加のロイヤルティーを支払う方式も採用される。

最終ユーザー向けのソフトウエア・プログラムのライセンスには、商品の売買のように代金引換で許諾製品が引き渡される方式が一般的である。最終ユーザーとのソフトウエアのマーケッティングは、商品の売買に似た販売形態がとられている。

アメリカのUniform Commercial Code（米国統一商事法典）の第2章「Sales」の「特別編2B」として、「Software License」のモデル法案のドラフティングが行われたことがある。その後、UCCとは独立したモデル法典であるUniform Computer Information Transformations Act（UCITA）としてまとめられた。取引の実態を踏まえ、売買取引に近い取扱いをしている。

◇例文104　年額定額の著作権使用料を継続的に支払う場合

In consideration for the grant of license by KVC to ABC under this Agreement, ABC shall make a fixed annual payment of US$ ___ as a royalty for each year during the term of this Agreement.

［対訳］

本契約にもとづくKVCによるABCに対するライセンス許諾の対価として、ABCは本契約有効期間中毎年のロイヤルティーとして、毎年定

額＿＿＿＿米ドルを支払うものとする。

■解説■
1 具体的な支払時期については、別途規定する。毎年初め、四半期（3か月ごと）の初めなどさまざまな合意の仕方がある。

◇例文105　定額1回払い

In consideration of the license granted and the Products delivered by KVC, ABC shall, upon the delivery of the Products, pay a royalty in the amount listed in Exhibit A as the exclusive method of compensation under this Agreement.

［対訳］
　KVCによるライセンス許諾と本商品の引渡しの対価として、ABCは、本商品の引渡時に、本契約にもとづく唯一の対価の支払方法として添付別紙Aに規定するロイヤルティーを支払うものとする。

■解説■
1 コンピュータ・ソフトウエアなど商品の著作権がライセンシーに移転しない点を除けば、実質的に売買に近い最終ユーザーとの取引で利用されることが多い。
　パッケージに入ったものを現金引換で引き渡される取引では、あたかも売買のようにみえるが、その所有権、著作権がユーザーに移転しないという特色がある。
2 本例文は、商品の引渡時に代金を支払うという方式である。最も単純でわかりやすい支払条件である。

◇例文106　定額支払い

1.　The royalty for the license under this Agreement (the"Royalty") shall be United States Dollars＿＿＿＿, the breakdown of which are as follows:
　(1)　＿＿＿＿＿＿　　　US$＿＿＿＿＿＿

第2部　著作権ライセンス

(2) _____　　　　US$_____
　　　　　　　　Total　US$_____
　2.　ABC shall pay to KVC the royalty by telegraphic transfer on or before the April 30, 20___.

［対訳］
　1.　本契約にもとづくライセンスのロイヤルティー（「ロイヤルティー」）は、_____米ドルとする。その内訳は次の通りである。
　　(1)（ライセンス対象品目1）　　　　_____米ドル
　　(2)（ライセンス対象品目2）　　　　_____米ドル
　　　　　　　　　　　　合計額　　　_____米ドル
　2.　ABCはKVCに対し、20__年4月30日、またはその前に、電信送金によって支払われるものとする。

■解説■

1　本例文は、ソフトウエア、映像著作物のライセンスのいずれにも使うことができる。定額のロイヤルティーを電信送金で指定期日に支払うという、基本的な支払条件である。ライセンスの内容は、別途契約の中で定めることが前提になっている。

◇例文107　ミニマム・ロイヤルティー（年額）

　In consideration of the license granted to ABC pursuant to Article 1, ABC agrees to pay annually to KVC, in the manner set forth below, the minimum annual royalty.
　Royalty with respect to each of the Licensed Program shall be paid semiannually in advance on each April 1 and October 1 during the term of this Agreement for the six month period.

［対訳］
　第1条によってABCに許諾されたライセンスの対価として、ABCは以下に定める方法によって、最低年額ロイヤルティーを毎年KVCに対して支払うことに合意する。

第3章／著作権ライセンス契約の基本条項とドラフティング

　　許諾されたプログラムの各々についてのロイヤルティーは、毎年2回、4月1日、10月1日にそれぞれ6か月分があらかじめ支払われるものとする。

■解説■

1　本例文は、ミニマム・ロイヤルティーを年額ベースで決めておき、それぞれの許諾製品ごとに半年ずつ前払いする方法をとっている。3か月ごとの支払いの場合は、「semiannually」に代えて「quarterly」「on each January 1, April 1, July 1 and October 1」「for the quarter」などと置き換える。

2　ミニマム・ロイヤルティーと区別される「追加ロイヤルティー」については、別途規定する。追加ロイヤルティーの形態、金額については、具体的なビジネスごとに異なっている。定型的なフォームはない。

3　追加的なロイヤルティーがない場合は、実状に応じて、例文104のスタイルを参考に規定すればよい。

◇例文108　年額ロイヤルティー支払い

　　1.　ABC agrees to pay to KVC an annual royalty of _____ United States Dollars for the license of the use of the character "Karen" for the goods designated in this Agreement.

　　2.　ABC agrees to pay in cash the annual royalty set forth above within twenty (20) days after KVC's approval of the samples of any item of the designated goods, or on or before the first day of April of each year, whichever comes first.

　［対訳］

　　1.　ABCは、本契約で指定したキャラクター「カレン」を商品化して使用する許諾を受けるために、_____米ドルの年額ロイヤルティーを支払うことに合意する。

　　2.　ABCは、指定商品のいずれかの製品化の見本の承認の取得後20日以内、または毎年の4月1日のうちいずれか早く到来した日に、前項で定める年額ロイヤルティーを支払うものとする。

189

第2部　著作権ライセンス

■解説■

1　著作権ライセンスのうち、キャラクターライセンスのロイヤルティー支払いの取決めの例文である。例文102・103のキャラクター使用許諾条項と併せて読むとわかりやすい。

2　キャラクター・ライセンシングの実際は、商標ライセンスビジネスと非常によく似ている。キャラクターの名称、図柄につき、ライセンサーかライセンシー側で「商標登録出願」を行うこともよくある。他人が著作者とは無関係に商標登録出願をしてしまったあとで、キャラクター・マーチャンダイジングとしての著作権ライセンス、不正競争防止法などと優劣が争われることがしばしばある。ポパイをめぐるケースなどが有名であるが、結論にかかわらず、長期間、紛争になること自体が問題である。

　著名商標、周知商標のように、登録がなくとも保護される商標もあるが、登場したばかりのキャラクターについては、あまりあてにはできない。キャラクター・マーチャンダイジング・ライセンスビジネスでは、その保護を著作権のみに依存せずに、商標権を確立しておくことが戦略的には有効である。

3　商標ライセンス契約と同様に販売が好調な場合に備えて、「ランニング・ロイヤルティー」を支払うことを取り決めることが行われる。年額の定額ロイヤルティーに追加して販売高実績を基準として算出する支払いになる。第3部「商標ライセンス」で詳細にランニング・ロイヤルティーについて紹介、説明しているので、参照願いたい。キャラクターのライセンスであっても、商標権が確立すると商標ライセンス契約に似たものになってくる。近年、商標（Trademark）が次第に「商品生産・販売者の表示」機能を弱めて、商標自体の「識別力」「顧客吸引力」を武器に「他の商品との差別化」を行う「知的財産」という傾向が強まっている。たとえば、「ディズニー」キャラクターや「キティ」が子供たちをひきつける力を思い浮かべると理解しやすい。

4　純粋なビジネス条件の問題であるが、ソフトウエア・ライセンスやキャラクター・ライセンスでは、ライセンス導入の獲得競争が激しくなると、年額のミニマム・ロイヤルティーとは別に、契約締結時にまとまったダウンペイメント（down payment）と呼ばれる支払いが求められる。イニシャル・ペイメント（initial payment）、イニシャル・フィー（initial fee）とも呼ばれる。商標ライセンス契約のロイヤルティーの項でも紹介する。商標ライセンスを経験している方にはなじみがあるはずである。たとえば、冒頭に次のように規定する。

　　"ABC shall pay KVC an initial fee of Five Million United State Dollars (US$5,000,000) at the time of the execution of this Agreement."

　このような規定をおくときは、この金額があとで規定される年額アニュアル・ミニマム・ロイヤルティーの支払いの一部とみなされるのか、追加の支払いなのかなど、ビジネス条件の一部として考えながら、契約書を検討していく。ふた通りの解釈があると思ったら、ことばを足して1つの解釈しかできない表現に修正していく

190

第3章／著作権ライセンス契約の基本条項とドラフティング

のである。

◇例文109　数年にわたる年額ミニマム・ロイヤルティー
(Annual Minimum Royalty) 支払い

1. During the term of this license Agreement, ABC shall pay an annual minimum royalty of at least the amounts listed below:
(a)　First Year　　　　　　　　US$500,000
(b)　Second Year　　　　　　　US$600,000
(c)　Third Year　　　　　　　　US$700,000
(d)　Each Year after Third Year　US$800,000
2. The annual minimum royalty set forth above shall be paid within fifteen (15) days after the end of each quarterly period ending on March 31, June 30, and September 30, December 31. The first payment of annual minimum royalty under this Agreement shall be paid on or before the_____ day of_____ , 2020.

[対訳]
1.　本ライセンス契約の有効期間中、ABCは少なくとも下記の年間ミニマム・ロイヤルティーを支払うものとする。
(a)　第1年度　　　　　　　　50万米ドル
(b)　第2年度　　　　　　　　60万米ドル
(c)　第3年度　　　　　　　　70万米ドル
(d)　第4年度以降（毎年度）　80万米ドル
2.　上記の年額ミニマム・ロイヤルティーは毎年3月31日、6月30日、9月30日、12月31日に終了する四半期終了の日から15日以内に支払われるものとする。本契約上の第1回目の支払いは2020年____月____日、またはそれ以前に支払われるものとする。

■解説■
1　上記の例文は、数年にわたるミニマム・ロイヤルティーを決めた規定である。実務からいえば、ライセンス契約の期間の更新（延長）・途中解除がライセンシー側からどのようにできるかとのバランス（兼ね合い）で検討しておく必要がある。マーケットの状況が激変してしまって、ライセンス対象の著作権の商品価値がなく

191

第2部　著作権ライセンス

なっているにもかかわらず、継続的にミニマム・ロイヤルティーの支払いをしてい
かなければならない規定だとすれば、慎重な対応が必要となる。

2　ロイヤルティーの金額の妥当性の基盤には、ライセンサーの技術開発力に対す
る判断と期待がある。長期間にわたる著作権契約のミニマム・ロイヤルティー条項
を検討していくと、著作権ライセンスのエッセンスは、実は、すでに制作されて形
になっている製品の著作権のライセンス（使用許諾）にはなく、開発を続けている
ライセンサーの製品開発チーム・スタッフ・創造的な技術力に依存しているのだと
いうことに気づく。ライセンシー側からみたとき、ライセンサーは常に一段階上の
改良版・関連製品を開発中である。常にライバル社との競争状態にある、たとえば
マイクロソフト社の「Windows 3.1」「Windows 95」「Windows 98」「Windows XP」
「Windows Vista」「Windows 7」、現行の「Windows 10」そしていまだマーケットに
出ていないアップル社やマイクロソフト社の次の商品を思い浮かべてみればよい。

3　ライセンサー側としては、このような継続的なミニマム・ロイヤルティーを受
領できる企業であることを金融機関・投資家に説明して、ファイナンスを確保した
り、いわゆるM&Aなどを企業価値判定の根拠とするために利用することがある。

⑤ *許諾製品の引渡しと電子取引化*

　ソフトウエア製品、映像著作物、出版物（定期刊行物、書籍）など、
許諾製品によって引渡条件の定め方は少しずつ異なる。ドラフティング
を行う立場からいえば、引渡方法、時期について、ビジネスマンとして
の当事者の理解のとおり表現されているかどうかが、まず最初のポイン
トになる。ライセンシー側で、複製品やライセンシーのマーケット向け
に翻訳した製品を制作するのであれば、その旨が明瞭であればよい。個
別のビジネスの製品もすべてライセンサーから引き渡されるのであれば、
その趣旨が明瞭になるように規定しなければならない。

◇例文110　契約締結後一定期限内に引き渡す条件

> Within twenty (20) days after the execution of this License Agree-
> ment by both parties, KVC shall deliver one (1) copy of the Software
> called "Karen" by air in the form and manner set forth in Exhibit A
> to ABC.

第3章／著作権ライセンス契約の基本条項とドラフティング

[対訳]
　本ライセンス契約の両当事者による調印が行われた日から20日以内に、KVCは「カレン」という名称のソフトウエアを添付別紙Aに定める姿と方法で、ABCに引き渡すものとする。

■解説■

1　ソフトウエアの引渡しのための輸送方法は、手渡しから空輸までさまざまな方法がある。ソフトウエア製品の国際取引は、by air（空輸）であることが多い。国際郵便、DHL、Federal Expressなども活用される。契約の規定の仕方から見ると、ソフトウエア製品のライセンス契約の引渡しは、通常の商品売買の引渡条件の規定とあまり変わらない。ただ、ソフトウエア商品は小さくて軽く、コピー製品を作りやすいという特色がある。関税・消費税の課税と負担者について紛争になることがある。

2　ライセンシーとしては、自分が最終ユーザーとなる場合と、ソフトウエアのライセンシング代理店、あるいはいわゆるソフトウエアの販売店（実際は販売ではなくライセンシング）となるケースがある。ソフトウエアの販売店は外見上、パッケージとなったソフトウエア製品を代金を支払うユーザーに引き渡すことにより、所有権を完全に移転したように見える。しかし、著作権および契約の立場から見ると、そのソフトウエア商品の中核となる著作権についてはユーザーに使用許諾されているだけである。

3　ライセンシー側の立場から見ると、ソフトウエアの引渡条件の規定は、ライセンサー側で制作したソフトウエア本体（主要部分）あるいは製品の引渡しだけでは不十分である。さまざまな付随製品や関連製品（プログラム）、ユーザーマニュアル、広告用パンフレットなども引渡対象のリストとして検討しなければならない。そのため、契約時および将来の紛争を予防するため、著作権ライセンス契約で、ライセンス（使用許諾）される対象となる製品（プログラム等）の定義、範囲等を契約条件として、別紙で完全にリストアップすることが実務上の解決策である。

4　shipという用語は、航空機による空輸の場合にも使われる。船舶（ship）による海上輸送とは限らない。今後は、画像・音声送信技術の進歩に伴い、コンピュータ画面を通じた映像・音楽作品のshipmentもいっそう進展しよう。

5　shipmentの方法が電子化の進展により、電子取引化していく。決済も電子化していく。その電子取引の進展に対応して、関税やDoing business、PE（permanent establishment）の認定、VAT（value added tax）の課税方式は現状のままでよいのか。電子取引をめぐって、OECDやIFA（International Fiscal Association）や先進国各国の税務当局が関心を持って各国の課税と配分の対応方法について、検討を始めている。産業の発展を見守りつつ、事業者とユーザー・消費者国の各国間の税源の公

第2部　著作権ライセンス

平な配分というテーマを抱えている。

6　筆者は、電子取引（Electronic Commerce）についてはその成長・発展・設備投資の支援を行い育成することを目標として、消費者側の国は付加価値税・PE課税のいずれも課税をせず、リスクの大きい電子取引（E.C.）の定着を図るのが経済政策として正しいと考える。

◇例文111　代金支払後一定期間内に引き渡す条件

Within fifteen (15) business days after receipt by KVC of the full payment of the Royalty set forth in Article___ , KVC shall ship the Products to ABC by air.

［対訳］
　　KVCが第____条に規定するロイヤルティーの全額を受領した日から15営業日以内に、KVCは許諾製品を空輸でABCに送付するものとする。

■解説■

1　本例文は、ライセンサーにとって、最も単純な規定である。ロイヤルティーを全額受領してから許諾製品を送るから、債権を回収できないといったクレディットリスクはない。最終ユーザーとの契約条件のひとつとして活用される。

2　business dayというのは、日曜（Sunday）、祝日など営業日でない日を数えないで期間を計算する方法である。日本でいえば、年末年始、5月のゴールデンウィークの頃、アメリカでは、サンクスギビング・デイ、クリスマス・シーズンなど長期の休日がある。サウジアラビアなどイスラム教国では金曜が休日である。ラマダンには経済活動が停滞する。期日にからんだ紛争が起こりやすい場合、あらかじめ、期間の計算から休日を除く方法がbusiness dayの利用である。土曜（Saturday）をどう数えるか、双方の国で休日が異なるときは明確に取り決めることが必要である。

◇例文112　発注書到着後一定期間内に引き渡す条件

KVC agrees to deliver one (1) master tape or disc in English version the material of the Licensed Products to ABC within thirty (30)

第3章／著作権ライセンス契約の基本条項とドラフティング

days after the written confirmation of the order issued by ABC.

[対訳]
　KVCはABCが発行する書面による発注書を受領後30日以内に、許諾製品の英語版のマスターテープまたはディスクを引き渡すものとする。

■解説■

1　ソフトウエア製品や映像著作物の中には、ライセンス対象となっている製品がもともとライセンサー側の国の言語で作成されていることが多い。商標ライセンスの場合は、外国語の表示そのものが顧客吸引力を持っていることが少なくない。その場合、マーケッティング上、言語の相違がもたらす障害は小さい。一方、著作権ライセンスにおいては、そのターゲットとする顧客層の幅を広げようと思えば、そのマーケットの言語に翻訳することが不可欠である。文化の差もあり、翻訳版のできばえが販売力を決定することもある。

2　著作権ライセンス契約の中には、販売店契約・ディストリビューター契約と呼ばれるものがある。いわばライセンシング販売店契約の場合は、引き渡されるのは、「Master copy」（ソフトウエア・プログラム）、「Master tape」「Master disc」あるいは「Mother tape or disk」（映像著作物）だけである。

3　ライセンシー側としては、マーケッティング上、ライセンサーの国の言語版（たとえば、英語版）、マーケッティングの対象となる国の言語版（たとえば、日本語版）のいずれをライセンス販売するかを決定する。映像著作物の場合は、英語版（日本語字幕作成）、日本語（吹き替え）版、英語・日本語の多重言語版などいくつかの組合せから選択してマーケッティング方法を決定し、ライセンス契約の条件の交渉を行う。本例文では、英語版のマスターテープの引渡条件のみを規定しているので、翻訳版制作については、別な規定をおくことになる。翻訳版の著作権など権利の帰属の問題など契約で別途解決しなければならない問題がある。

4　ライセンシーがそのマーケット向けにマスターテープまたはディスク（原作）をもとに大幅に改良を加え、まったく新しい製品を新しく制作することができるかどうか、また、その場合の著作権の帰属はどうなるのか（ライセンシーか、ライセンサーか、共有か）、という問題もある。著作権の帰属のさせ方についてはさまざまな組合せがある。それだけ紛争の種になりやすく、契約の役割が大きくなる。

第2部　著作権ライセンス

◇例文113　出版物の引渡し

KVC shall furnish two (2) copies of each of the Licensed Products in a complete printed form to ABC not later than fifty (50) days before the publication set forth in Article___.

［対訳］
　KVCは許諾製品のそれぞれのコピー2部ずつを、第___条に規定する出版の少なくとも50日前までに完全に印刷しあげた形態で、ABCに引き渡すものとする。

■解説■

1　本例文は、許諾製品の出版権に関わる原稿の引渡しを規定する。実際のビジネスでは、ライセンサーの国の言語のまま出版するかどうか（翻訳）の問題もある。
　出版形態によって引渡し、あるいは出版の予定日が変わってくる。本例文では、別条で「publication（出版）」について規定をおくことを予定している。別条では、ライセンサー、ライセンシー側両国での出版計画について規定される予定である。
2　出版ライセンスの対象が月刊誌、季刊誌など定期的に発行される出版物の場合は、時間との戦いになる。内容の新鮮さが出版物の命である。マーケティング上、意味のない出版はできない。したがって、原稿送付期限の短縮をはじめ、ファクシミリ、E-mailの活用など送付の方法も、工夫される。完全な印刷された姿の原稿の送付に代えて、初期の校正用原稿の段階で送付し、変更を加えていくことも行われる。それぞれのビジネスの成功に必要な条件を文章で正確に表現するのが契約条件のドラフティングである。ビジネスに合わせて契約を作っていくのである。

◇例文114　ソフトウエアの電子引渡

Promptly following the effective date hereof, but not later twenty (20) days after the effective date, KVC shall deliver to ABC the Licensed Products by electronic means where possible.

［対訳］

196

第3章／著作権ライセンス契約の基本条項とドラフティング

> 本契約の発効日から速やかに、かつ、（遅くても）本契約の発効日から20日以内に、KVCは、許諾製品を、可能である限り、電子的な方法で引き渡すものとする。

■解説■

1 近年は、コンピュータ、通信方法の発達により、ソフトウエア、著作物、映像作品、プロフェッショナルの意見書・書籍（原稿）などにつき、インターネットを活用して電子的な方法により送信・引渡しが行われるようになってきた。

2 ただ、高度な品質の維持、秘密保持、傍受・誤作動に対するセキュリティーなどいくつかの観点から、昔ながらの「by air」「by sea」も、現在でも多く用いられている。

⑥ *許諾製品の著作権（copyright）・所有権（ownership）の帰属*

　本章の冒頭でも紹介したが、著作権ライセンス契約の特徴として、ソフトウエア製品は、外見上、売買のような取引形態がとられることが多いにもかかわらず、その製品の所有権・著作権は代金を支払ったユーザーには移転せず、ライセンサーのもとに残っている。

◇例文115　ライセンサーに帰属する①

Copyright and full ownership of the Licensed Products and all materials relating thereto shall at all times remain in KVC.

［対訳］
　許諾製品の著作権、所有権ならびに許諾製品に付随するあらゆる資材は（ライセンシーへの引渡しにかかわらず）、いつの時点でもKVCに帰属するものとする。

第2部　著作権ライセンス

◇例文116　ライセンサーに帰属する②

ABC acknowledges and agrees that the exclusive rights to all copyrights and trademarks used on or in connection with the Licensed Products shall remain in the sole property of KVC.

[対訳]
　ABCは、許諾製品の著作権ならびに関連して使用される商標に関するあらゆる排他的な権利がKVCに帰属している財産であることを確認し、同意する。

■解説■

1　例文115も116も、ライセンスされた製品の著作権の帰属がライセンサー（KVC）にあることを宣言する簡潔な規定である。

2　著作権ライセンス契約交渉の実務上、上記例文の規定でカバーしていない論点に、ライセンシーが改良した製品の著作権の帰属問題がある。頻繁に紛争が起こるのが、ライセンシーが制作した翻訳版（日本語版等）などライセンシーのマーケット向けの製品に関わる著作権・所有権の帰属である。その制作や開発にまとまった期間と費用、才能が必要な場合には、とくに重要な論点となる。ロイヤルティー金額交渉や一部の開発費用の分担問題もある。ビジネス判断で決断されることが多いが、契約で不明な場合、法的な論点として重要なポイントとなる。

3　改変・翻訳版の制作と関連著作権問題の交渉の方法は、さまざまである。ライセンサー側の提案では、ライセンシーによる改良・変更をいっさい禁止したり、ライセンサーに著作権を帰属させることにライセンシーが同意する条件で改良・変更を認めたりする場合がある。一方、ライセンシー側は、改良版・翻訳版の著作権はライセンシーに帰属させ、ライセンサーにはライセンサーの国はじめ一定の地域で無償の使用を許諾することを条件にしようとする。

◇例文117　ライセンサーに帰属する③

Notwithstanding KVC's grant to ABC of a license to the Licensed Programs under this Agreement, it is expressly agreed by the parties that KVC is and will continue to be the holder of any and all copy-

第 3 章／著作権ライセンス契約の基本条項とドラフティング

rights with respect to the Licensed Programs.

［対訳］
　本契約にもとづくKVCによるABCに対する許諾製品のライセンスの許諾にかかわらず、契約当事者間では、KVCが現在ならびに将来の許諾製品に関するすべての著作権の所有者であり、かつ、あり続けることに合意する。

■解説■

1 　例文115で紹介した、「製品の引渡しにもかかわらず著作権が移転しない」不思議な仕組みの確認の規定である。許諾製品がソフトウエア製品の場合だけでなく、映像著作物・テレビ番組等の（放送等のための）使用許諾の場合にも利用できる例文である。複製テープの作成、放送での利用など「著作権（copyrights）」を念頭に作成された規定である。

◇例文118　コンピュータ・プログラムの財産権
（Ownership of the Computer Programs and the Proprietary Information）

All the Computer Programs and the Proprietary Information provided or licensed by KVC to ABC hereunder shall remain the exclusive property of KVC, and ABC shall have no rights, by license or otherwise, to use the Proprietary Information except as expressly provided in this Agreement.

［対訳］
　本契約にもとづき、KVCによりABCに提供され、使用許諾されたすべてのコンピュータ・プログラムと秘密情報は、KVCの排他的な財産のままであり、ABCは本契約で明示的に規定された場合を除き、（使用）許諾によるか否かを問わず、秘密情報を使用する権利を一切有しない。

199

第2部　著作権ライセンス

7 ライセンサーによる著作物の品質保証と
保証・適合性保証の排除

　コンピュータ・ソフトウエア、画像、情報、映像作品などの品質については保証（Warranty）の問題は契約上、交渉の対象となる。その契約条件は、著作権ライセンス取引の対象となる作品によってさまざまであるが、比較的、一般的な契約条件を紹介する。ライセンサー側にたったドラフトである。

◇例文119　著作物の品質保証と保証の排除条項

> 1. KVC warrants that KVC products will conform to descriptions described in Exhibit A attached to this Agreement.
> 2. The express warranties set forth above in this Article are the only warranties given by KVC.
> KVC makes no other warranties or representations with respect to KVC products and disclaims all implied warranties, including but not limited to implied warranties of merchantability, fitness for a particular purpose and non-infringement.

　[対訳]
　1. KVCは、KVC製品が本契約の添付書類Aに記載の説明仕様に一致することを保証する。
　2. 本条の上述の明示保証は、KVCが与える唯一の保証である。
　KVCは、KVC製品について上述の保証以外には他のいかなる表明も保証もしないものとし、商品性保証、特定の目的に対する適合性、第三者の権利を侵害しないことの保証を含むいかなる黙示的な保証も排除する。

　■解説■
1 著作物についても、動産の売買と同様に、保証を排除する規定がおかれることが多い。とくに、バグのあるのが通常のコンピュータ・ソフトウエア製品のライセ

200

ンス取引では、ライセンサー側からは、むしろ、商品性排除条項が提案されるのが通常となっている。ライセンシーがこれを受けるかどうかは、個別の取引の性格とコマーシャルタームにかかっている。第1項の規定についても、契約書に説明した仕様に対しても単純に「conform」というと、合致することの保証になる。「substantially conform」という言い回しにとどめて、少々の差・不一致については、保証を避けることがある。後者は「大体一致する」「実質的に合致する」というニュアンスである。ハードウエアの環境・コンパティビリティーや使い方の技術水準によっては、期待どおりの結果・性能が発揮できないことや誤解されることもあるからである。

2 ベンチャー企業との取引では、ベンチャーは、その開発したソフトウエア製品や試作品を「as is」ベースでライセンス許諾しようとすることも少なくない。「as is」ベースのライセンスでは、文字どおり、現状有姿の取引であり、保証は一切ない。次の例文120で紹介する。

3 メインティナンスや補修サービスを一定期間（たとえば、45日）行うことを規定することもある。ただ、いつも、完全に補修できるとは限らないため、ライセンサーのオプションで新品と取り替えるか補修する約束にとどめることがある。極端に聞こえるかもしれないが、補修の保証がないことを言い切ってしまうことがある。

◇例文120　著作物の品質保証とその制限・排除条項

この例文はKVC（カレン・ビュー・コーポレーション）が、イギリスのロビン・フッド・カンパニー・リミテッド（RHC）から米州・アジア向けにライセンス販売権を得ているソフトウエア製品（ロビン製品）を日本のABC社に 'as is' ベースでサブライセンス（再使用許諾）するケースである。KVCもRHC社も現状有姿でのライセンスを主張し、一切の品質保証をしない。

---

1. ABC confirms and agrees that Robin products are hereby licensed and supplied to ABC on an "as is" basis. ABC agrees to accept the license to use Robin products and the delivery thereof on an "as is" basis.

2. THERE ARE NO WARRANTIES EITHER BY KVC OR ROBIN HOOD COMPANY ("RHC") , WITH RESPECT TO ROBIN PRODUCTS OR ANY PROPRIETARY RIGHTS THEREIN, EXPRESS OR IMPLIED, INCLUDING, BUT NOT LIMITED

第2部　著作権ライセンス

TO, THE IMPLIED WARRANTIES OF MERCHANTABILITY
AND FITNESS FOR A PARTICULAR PURPOSE.

> ［対訳］
> 　1. ABCは、ロビン製品が本契約によりABCに対して、現状有姿条件で、使用許諾され、供給されることを確認し、同意する。ABCは、ロビン製品を現状有姿条件で、使用許諾を受け、その引渡しを受諾することに合意した。
> 　2. ロビン製品あるいはその知的財産権については、KVCからもロビン・フッド会社（RHC）のいずれからも、明示・黙示をとわず、商品性の黙示保証・特別な目的への適合の保証を含む一切の保証が与えられない。

■解説■

1　例文の第2項が大文字（capital letter）で記載されているのは、アメリカの統一商法典の第2編の商品売買の規定（2-316条）にもとづく。2-316条は、商品性保証等の排除のためには、契約書にConspicuousな文字で規定しなければ、裁判になったときその排除条項のEnforceability（強制力）を認めないと規定している。Conspicuous〔目立つ〕であるためには、大文字や、赤色を使えばよい。こっそり目立たない排除規定を認めないというアメリカのフェアネスにもとづく考え方を基盤としている。草案として準備されたUCCの2B編（ソフトウエア・情報ライセンス）でも、UCC第2編（売買）の取引の際に認められている保証排除（2-316条）と同じ方法で保証を制限・排除できると規定していた。それは後日、Uniform Computer Information Transactions Act（UCITA）というモデル法典としてまとめられたが、それ以前に、契約実務として、物品売買と同様のスタイルの排除規定を置くことが先端をゆくソフトウエア企業に普及し、定着した。

2　付随損失や間接損失等の賠償責任の排除についても、売買契約と同様である。ライセンス契約でも、ライセンサー側からの提案では、「direct or indirect damages」や「incidental or consequential damages」を排除・制限するのが通常である。次の例文121で紹介する。

◇例文121　ライセンサーの損害賠償の制限条項①

1. KVC or RHC shall not be liable to ABC for any damages,

第3章／著作権ライセンス契約の基本条項とドラフティング

whether direct or indirect, incidental or consequential, under any circumstances whatsoever.

2. KVC's maximum liability to ABC shall in no event exceed the amount of the royalty received by KVC from ABC.

[対訳]
　1．KVCもRHCも、ABCに対して、どのような条件のもとでも、直接損害・間接損害、付随的損害・結果的損害をとわず、一切の損害につき、賠償の責任を負わない。
　2．仮に前項の規定が有効でないとされた場合であっても、どんな条件のもとでも、KVCのABCに対する損害賠償の最高限度額は、KVCがABCからロイヤルティーとして受領した金額を超えてはならない。

■解説■
1 ライセンサーは、ライセンシーに対し、損害賠償を一切しないという規定の仕方もあるが、悪意の場合など、うっかりすると、そのような免責規定は無効になることがある。ある程度の損害賠償責任を負い、その代わり、一定限度以上の責任は負わないと上限を定める方法がある。第2項は、一見、逆効果で、何のためにあるのかわからないという批判を受けることがあるが、いわば、第1項の防波堤が破れた場合に、第2の防波堤にしようとするものである。上限を "fifty percent of the amount of the royalty received by KVC ..." という取り決め方もある。
　あまりに一方的に一方に有利な条件はうっかりすると、裁判で無効（ineffective）あるいは、拘束力が認められない（unenforceable）とされるリスクがある。
2 第2項を全額（上限）により規定するのもよく行われている。個別のケースごとに、対応を考えればよい。
　"Notwithstanding the foregoing, in no event shall KVC's liability and obligation to ABC exceed Five Hundred Thousand US Dollars(US$500,000)."

◇例文122　ライセンサーの損害賠償の制限条項②

In no event shall KVC be liable to ABC for costs of substitute products on services.

第2部 著作権ライセンス

[対訳]
　KVCは、（ABCがかけた）代替商品や代替サービスの費用について
ABCに対し（賠償）責任を負わないものとする。

■解説■

1 　ライセンス契約にもとづきライセンサー（KVC）からライセンシーに引き渡された
ソフトウエアに不具合が発生したとき、緊急の場合には、ライセンシーは自社
の客先からの信用維持や自社のビジネス上の必要から、他社の同等のソフトウエア
で手当を行って、乗り切ることがある。

2 　上記の場合でも、ライセンサー（KVC）は代替品の費用を負担しない、という
のがこの例文のねらいである。あなたが飛鳥凛の立場なら、どのようなカウンター
プロポーザルを用意するか。

8 *著作権侵害に対する対応*

　第三者による著作権侵害が起こった場合にどのように対応するかは、
ビジネス上重要な問題である。何もしないで放置しておけば、コピー
キャット（侵害者）がのさばって、正規の著作権料を支払って制作・販
売されている製品を駆逐してしまうことになりかねない。香港などでは、
コンピュータ・ソフトの違法コピーが市場に出回っている。音楽、コン
ピュータ・ソフトの違法コピーの氾濫は、文化をめぐる国際問題にも
なっている。

◇例文123　ライセンサー主導で防御

---

　1. ABC shall promptly notify KVC of any infringement or at-
tempted infringement or misappropriation of any copyrights, trade-
mark or trade secrets of KVC to the Licensed Products.

　2. KVC will take all reasonable steps to defend ABC against such
infringement or misappropriation. ABC shall, upon KVC's request,
cooperate with KVC in such reasonable measures as KVC may elect

第 3 章／著作権ライセンス契約の基本条項とドラフティング

to take with respect to such infringement or misappropriation.

［対訳］

1. ABCは許諾製品の著作権、商標権または営業秘密が（第三者によって）侵害されたり、侵害される危険がある場合や悪用されている場合には、ただちにKVCに通知するものとする。

2. KVCはABCのためにそのような侵害や悪用から損害をこうむらないようあらゆる合理的な方法をとるものとする。KVCの要請があるときは、ABCはKVCがそのような侵害や悪用に対抗して選択する合理的な手段について協力するものとする。

■解説■

1 第三者による著作権侵害に対抗してとるべき防御方法は、実際には困難な問題を抱えている。ライセンサーから、一方的にライセンシーに防御義務を課すると、その紛争処理や訴訟の巧拙によっては、ライセンサーに不利な結果に終わってしまうことがある。ライセンサーですべて完全に防御しようとすると、余計な費用ばかりかかる可能性がある。

2 本例文は、原則的には、防御遂行はライセンサー側の義務であり、権利（オプション）として、ライセンシーの協力を得る方式を採用している。

◇例文124　ライセンサー・ライセンシーが協議し、
共同で防御またはライセンサー判断による単独防御

If ABC finds any infringement or attempted infringement of any copyrights to the Licensed Products in the Territory, ABC shall promptly notify KVC of such infringement. Upon such notification, KVC and ABC shall discuss whether or not any action should be taken against such infringement. In case KVC and ABC decide that a certain action should be taken, then KVC shall take, in its name, an appropriate action against such infringement. All outside expenses incurred and all damages recovered for such action shall be equally shared by KVC and ABC.

In case actions are instituted by KVC without such discussion with or agreement of ABC, all the expenses incurred for such actions

205

第2部 著作権ライセンス

shall be borne by KVC, and all the damages recovered therefrom shall belong to KVC.

[対訳]
　ABCが、第三者が許諾地域内で許諾製品の著作権を侵害していたり、侵害のおそれがあることを発見したときは、ただちにKVCに対してそのような侵害について通知するものとする。通知を受け次第、KVC、ABC両者は、何らかの防御手段を講ずるかどうかについて協議する。両者が防御手段を講ずると合意したときは、KVCは、自己の名前で、侵害に対して適切な措置をとるものとする。その対抗措置のために費やした費用ならびに回収した損害賠償額については、両者で均等に分担または分配するものとする。
　KVCが著作権侵害に対する防御措置をABCとの協議または合意なしに開始した場合は、その費用も（回収した）賠償額もKVCに帰属するものとする。

■解説■

1　本例文では、原則として第三者への対抗措置をどうするかについてライセンサー、ライセンシー間で協議して決めることとしている。両者間で対抗措置を（共同で）とることを決定したときは、費用は折半となり、回収した損害賠償も半分ずつ受け取る。ただ、KVCが一方的に対抗措置を進めたときについては、その費用も損害賠償額もABCは関与しない。

206

第4章

著作権ライセンス契約のその他の条項と
ドラフティングの基本

　前章まで、著作権ライセンス契約の基本的な条項とそのドラフティングの実際を、詳細に例文によって紹介した。著作権ライセンス契約で一番重要なのは、やはり、その使用許諾される著作権の具体的な内容・条件とロイヤルティーの支払条項である。著作権ライセンス契約は、その種類が多岐・多彩にわたるため、それぞれのライセンスビジネスを成功させるための特有のビジネス条件を編み出してドラフティングを行っていくことも必要である。

　著作権ビジネスは今伸び盛りである。ビジネスが進歩を続けるかぎり、ドラフティングの技術も内容・条件も進歩・成長を続けなければならない。

　なお、いわゆるコンピュータ・ソフトウエアの販売店契約（distributorship agreement）については、その構成、代表的な条項とチェック・ポイントを、『英文契約書の書き方・第2版』（山本孝夫、日経文庫、2006年）の「第4章　各種契約の主要条項」の「ソフトウエアの販売店契約」の項で簡単に紹介した。また、ソフトウエア、トレード・シークレット等を含む知的財産のライセンスに関わる契約の読み方については、『英文契約書の読み方』（山本孝夫、日経文庫、2006年）、『英文ビジネス契約書大辞典増補改訂版』（山本孝夫、日本経済新聞出版社、2014年）でも扱っているので、併せて参照いただきたい。

　契約書は、ひとりひとりの身体に合わせて服をつくるように、それぞれのビジネスに合わせてつくるものである。契約書に合わせてビジネスをつくるわけではない。

　実際に契約書のドラフティングにかかるときは、決まったフォームを選ぶというよりは、まず、そのビジネスの構想・狙いと成功を確保するための条件の確認、検討作業から開始する。ビジネスに合った契約書を

第2部　著作権ライセンス

作成するためには、「ドラフティングの前に」、「契約書作成の手順」（前掲『英文契約書の書き方・第2版』の第1章）として、ビジネスのポイントをしっかり把握して取り掛かることが大切である。

　著作権ライセンス契約では、他のライセンス契約と同様に、ライセンサーによる保証（warranty）・サービスの範囲、ロイヤルティー支払いに伴う源泉徴収税、租税条約の適用と所得税納付書の送付に関わる条項や途中解除条項が規定されたり、条件交渉の項目に取り上げられることも多い。著作権ライセンス契約では、ライセンス対象のビジネスにより、契約期間は無期限のことも、有効期間が規定されることもある。ソフトウエア・ライセンスでは、あたかも売買のごとく、ライセンス許諾時に対価（法的には使用料）を全額支払い、契約指定条件どおりに使用しているかぎり、期限に限度なく、半永久的に使用することが認められる取引も少なくない。一方で、上演・映画上映など期限が決められた使用許諾もある。

　秘密保持条項、不可抗力（フォースマジュール）、通知、仲裁など紛争解決条項、準拠法なども大切になってくる。

　このような条項の標準的な例文については、そのバリエーションとともに、本書の第1部の「トレードシークレット・ライセンス」のドラフティングの項で詳細に紹介したので、参照していただきたい。トレードシークレット・ライセンスと著作権ライセンスとの相違はあっても、一般的な共通条項として共通の問題点・条項が多いのである。たとえば、準拠法の規定では、あらかじめCISG（国際物品売買契約に関する国際連合条約）の適用をどうするかを考えておきたい。飛鳥凛やNancyはCISG適用を排除する規定を愛用している（例文87など参照）。一般的な共通条項については、前掲『英文契約書の書き方・第2版』（日経文庫）の第2章「ドラフティングの基本」、前掲『英文ビジネス契約書大辞典・増補改訂版』も併せて参照いただきたい。

第3部

商標ライセンス

第1章 | 概説
第2章 | 商標ライセンス契約の構成と主要条項
第3章 | おわりに

第3部　商標ライセンス

第1章

概　説

① ブランド・ビジネス

　婦人服・ハンドバッグ・化粧品・スキー用品をはじめとする繊維製品・雑貨小物のマーケットにおけるブランドの顧客吸引力の強さは目をみはるものがある。西洋からの輸入品を舶来ものとして尊重した明治時代の西洋文化への憧れが姿をかえて生き続けているのだろうか。中学・高校生、大学生も巻き込んだ若年層のブランド志向も顕著である。プラダ、ジルサンダー、ラルフローレン、カルバンクライン、ダナキャラン、バーバリ、シャネル、イブサンローラン、セリーヌ、グッチ、JPゴルチェ、バレンチノガラバーニ、ベルサーチ、ルイヴィトン、ジバンシー、エルメス……。さまざまなブランドがイメージとマーケッティングを競っている。20年～40年の単位で振り返ると、ブランドの盛衰が激しい。

　時代の感性に合ったブランドだけが、世界のマーケットで継続的な成長を続けることができる。デザイン、色彩、品質、マーケッティング手法、パブリック・リレーションズにおいて差別化が求められる時代である。

　日本の企業がヨーロッパ各国、アメリカ企業の著名ブランドの商品を輸入・販売したり、国内やアジアでライセンス生産を行って、国内で販売するビジネスは近年の円高の追い風を受けて一層増加傾向にある。並行輸入も対象商品・分野・数量を増してその激しさは加速している。

　一方で、国際的なOEM生産も増加している。化粧品ですらOEM生産されているのである。欧州をはじめ香水の香りの国際的なOEMビジネスも盛んである。繊維製品、コンピュータ・チップもそうである。イタリアやフランスのデザインルームで描かれた婦人服、スカーフのデザインやカリフォルニア・シリコンバレーのチップ研究開発室デザインルームで生まれたチップのデザインによって、世界のメーカーに下請発

210

注され、ライセンス生産される。自社生産もある。そのビジネスの生産・流通・販売形態はさまざまであり、発展を続けている。

ブランドによる企業イメージ確立とともに成長を続けた Virgin、Body Shop、ベネトンなどがある。

近年は、情報産業界の覇者ともいうべき GAFA（Google, Apple, Facebook, Amazon）の成長も著しい。巧みな命名、ブランドも力になって成長を支えている。

国産品においても、電気製品（SONY、FUJITSU、HITACHI）・化粧品（SHISEIDO、KAO、POLA）・衣料品はじめその企業名とブランドの持つ顧客吸引力は重要性を増している。松下電器産業が、その社名を商標（Panasonic）に合わせてパナソニック（PANASONIC）に2008年10月に変更したのも、世界中で親しまれる、呼びやすいブランド重視の流れの一端といえよう。

日米間の特許紛争や裁判など新聞・テレビの報道を見ていると、あたかも特許やソフトウエアの著作権が国際的知的財産ビジネスの花形のように見える。しかし、紛争はともかく、知的財産ビジネスでの真の花形の1つはブランド・ライセンス・ビジネスである。特許権の寿命（有効期間）は限りがある。一方、商標権は使用するかぎり、何度でも更新可能であり、不死の寿命を授けられている。しかし、マーケットでの寿命は別問題である。安全性・品質管理を軽んじ、消費者を欺き、消費者の支持を失えば、あっという間にブランドの寿命は尽きる。近年、そのように廃業に追いこまれる企業があとをたたない。法律上の登録商標の有効期間とは無関係に経済的価値は消えてしまう。ブランド・ビジネスでは、名声維持のための継続的な努力が欠かせない。

② ブランドに対する法的な位置づけ・保護の変遷

歴史的に遡ってみると、「ブランド」「商標権」は、もともと、誰がその商品を製造・販売しているか、製造者・販売者を明示して、その信用のもとに商品の販売を円滑にするという側面が強かった。同じ事業者から市場に提供される同じ性能・品質・企画の商品であり、その事業者が

第3部　商標ライセンス

その保証をしているという安心感が販売の原動力となっていた。商品の出所明示機能といってもよい。

　したがって、その企業丸ごとの譲渡（M&A）の場合は別として、生産・販売の当事者やその商品から切り離され、「ブランド」だけが独立した商品価値を持ってライセンス、譲渡されていくことは、きわめて例外・異例であった。ところが、近年のブランドビジネスでは、キャラクターのマーチャンダイジングにも見られるように「ブランド」の顧客の吸引力の面に注目され、「ブランド」自体が独立したいわば商品価値を持って取引の対象とされるようになってきている。企業名を離れたサブブランドも成長してきている。企業名をヒット商品のブランド名に変更することも少なくない。ブランドの売買や地域を分割し、独立した企業が保有するケースもある。

　特許・商標登録当局の役割も、近年のイギリス商標法の改正にみられるように、従来の公益や政策にもとづく職権による登録指導から、商標の財産的価値を尊重した経済活動重視の現実的な対応に向かって変遷しつつある。ブランドとしては知られているが、商標登録がなされていないケースもある。

　このような経済・社会・法的環境のもとで、国際的なブランド・ライセンス契約はどのように交渉し、ドラフティングしていけばよいのだろうか。相手方の契約書フォームにもとづくドラフトが提示されて、交渉が始まるケース、当方からドラフトを作成して、提示するケースなど交渉の経緯もバラエティーがある。

　現実のビジネスの諸条件を踏まえてブランド・ライセンス・ビジネスと契約について、その形式、ドラフティング上の留意点を紹介する。

第2章

商標ライセンス契約の構成と主要条項

1 国際的商標ライセンス契約の形式と構成

1 商標ライセンス契約の形式

　国際的な商標ライセンス契約では、使用言語は英語が一般的である。商標ライセンスの対象とされるブランドでは、まだイギリス・フランス・イタリアを中心とするヨーロッパ各国、アメリカ・カナダなど北米の企業に根強い人気がある。

　日本からの商標ライセンスもアジア各国・欧米各国向けの場合、ライセンス契約の使用言語は英語である。実務上、国際商標ライセンス契約のドラフティングは、英文契約の書き方が基本になる。

　英文契約の構成と用語は英米法の考え方や法律用語がその基盤になっている。イギリスだけでなく、法的には大陸法系に属するフランス、イタリアなどの欧州の国々がライセンサーとなるケースでも、準拠法はともかく、ライセンス契約のスタイルとして、英米法系の形式・構成がとられる。

　それは、日本国内で交わされる和文の契約書に比べてどのように違うのであろうか。その形式と構成の両面から見ていきたい。

2 商標ライセンス契約の構成

　国際的商標ライセンス契約に使用される典型的なスタイルの、はじめの部分と末尾の結びの部分を中心にいくつか紹介したい。

　商標ライセンス契約は、次の部分から構成される。

　①契約書の表題（License Agreement または単に Agreement）

　②前文（契約当事者名、その設立地、住所、ライセンス契約締結に至る簡単な経緯、ライセンサーによる商標権の保有・使用許諾する権利の確認、契約を締結することの確認文言）

第3部 商標ライセンス

③本体部分（第1条は、定義条項か、または商標権の使用許諾条項。
　第2条以下には、商標権使用許諾対象商品名、地域、ロイヤル
　ティーと支払方法、商標使用許諾期間、商標権の登録・保証等詳細
　に規定）
④末尾文言（署名権限のある代表者・代理人により契約を調印するこ
　との確認文言）
⑤署名欄

② *商標ライセンス契約書の形式*

　以下に各種条項のフォーム、ドラフトを紹介するが、すべての例文で、
初めに英文テキスト、次に和文テキストを掲げる。国際的なビジネスの
多いブランド・ライセンス契約では、英文・和文契約の区別なく、両テ
キストになじむことを勧めたい。国際的な契約では、英文が中心である
から、英米法的な考え方をベースにドラフティングしているが、ビジネ
スとしては、和文契約であっても、紛争を防止し、契約条件を明確にす
ることの大切さは変わらない。

1　商標ライセンス契約書の前文・リサイタル・末尾のスタイル①──斬新・エレガントなスタイル

　典型的なライセンス契約書のスタイルを紹介する。すっきりしたスタ
イルで、わかりやすいフォームである。特許・技術ライセンス契約書の
スタイルと一部共通しているが、厳密には、契約当事者に続くリサイタ
ル（契約締結に至る経緯の説明）の文言は当然異なってくる。

　世界の商標ライセンス契約実務の世界で標準的なスタイルから修得す
ることが大切である。ブランドのライセンスはエレガントで魅力的で美
しさを備えた商標・デザイン・ノウハウ・イメージを伴う総合的なライ
センスであることが多い。契約書のスタイルにもトレードマークが表示
されたり、美的センスを感じさせるものがある。

第 2 章／商標ライセンス契約の構成と主要条項

◇例文 125　斬新・エレガントなスタイル

LICENSE AGREEMENT

THIS AGREEMENT is made on the first day of June, 20＿ ,

PARTIES
1. Robin & Company Limited, a company incorporated under
the laws of England, having its registered office at London_____ , En-
gland (hereinafter referred to as "Licensor"), and
2. Aurora Borealis Corporation, a company incorporated under
the laws of Japan, having its registered office at _____ , Kanda-Suruga-
dai Chiyoda-ku, Tokyo, Japan (hereinafter referred to as "ABC")

RECITAL :
Licensor has agreed to grant ABC on the terms and conditions of
this Agreement a license to manufacture and sell specified products
incorporating certain of the trademarks and trade names of Licensor.

AGREEMENT
ARTICLE 1. DEFINITIONS
(本文)

IN WITNESS of this Agreement, the duly authorized representa-
tives of the parties have executed this Agreement on the date speci-
fied at the beginning of this Agreement.

For and on behalf of
ROBIN & COMPANY LIMITED

By

_____

Robin Hood
Managing Director,
Robin & Company Limited

215

第3部　商標ライセンス

For and on behalf of
AURORA BOREALIS CORPORATION

By
_____

Shion Keats,
President
Aurora Borealis Corporation

［対訳］

ライセンス契約書

　1．本契約はイギリス法のもとで設立された会社で、イギリスのロンドン市_____に登録住所を有するロビン株式会社（以下「ライセンサー」と呼ぶ）と、
　2．日本法のもとで設立された会社で、日本国東京都千代田区神田駿河台_____に登録住所を有するオーロラ・ボレアリス株式会社（以下「ABC」と呼ぶ）
　との間に20__年6月1日に締結される。

　締結経緯
　ライセンサーは、ABCに、ライセンサーに関わる商標と商号を使用する商品を、契約に定める条件に従って製造・販売することを許諾することに合意した。

　合意内容
　第1条（定義）
　（本文）

　以上、本契約締結の証として契約当事者の正当な代表者をして冒頭の日付で本契約書を調印せしめる。

　署名欄
　ロビン株式会社のために

216

第 2 章／商標ライセンス契約の構成と主要条項

ロビン・フッド
代表取締役（社長）、ロビン株式会社

オーロラ・ボレアリス株式会社のために

紀伊津志音
社長、オーロラ・ボレアリス株式会社

■解説■

1 前文の当事者名（Parties）は、説明のためにこの第3部では「Robin & Company Limited」（英国法人）と「Aurora Borealis Corporation」（日本法人）を使っている。"Aurora Borealis"は「Northern Lights」で、北極光（北のオーロラ）である。筆者は、例文用に『英文契約書の書き方・第2版』（日経文庫）、『英文契約書の読み方』（日経文庫）等で、後者の名称を使用している。省略すると、「ABC」社となる。本書第1部第2章[3]（27-29頁）でAurora Borealis社のメンバーと成りたちを紹介した。

2 前文は通常、THIS AGREEMENTから始まる。タイトル（表題）とは別に文章として始める。表題に続けて「Made…」と前文をはじめるのは異例であり、勧められない。ただし、相手方ドラフトで使われているなら争う必要はない。

　表紙のタイトルとして使用する場合もタイトルに続けてよい。

　たとえば、「License Agreement dated April 1, 20__ , between _____ and ____ 」というように表示する。

3　THIS AGREEMENTのあとを本例文のスタイルのように、「is made」と続ける文章と「made and entered on ___ the day of ____ , 20__ 」のように続けるスタイルがある。前者は、「本契約は……締結された。」という構文である。後者は、「THIS AGREEMENT（which is）made and entered ......」の省略型である。つまり、「……に締結された本契約は（以下のことを証する）」という構文である。現在、国際契約実務では、どちらのスタイルも同じ程度に頻繁に使われている。本例文のスタイルの方が構文としてシンプルであり、勧めたい。

4　「is made」のあとに「on」「as of」という語句を使って「いつ付けで」契約が締結されたのか説明することが多いが、本例文のように省いてもよい。「on」「as of」がなくとも日付があれば、それは締結日であることが明瞭である。末尾文言でも契約書の冒頭に記載の日に調印（Execute）されたと確認している。文法的にもこのままで正しい。「made and entered」等と同義語を繰り返す必要はないが、英文契約では、重ねて使われることがいまだに多い。当方からのドラフトにはいずれか1語

217

第3部　商標ライセンス

でよいが、相手方のドラフトであれば、そのスタイルを尊重すればよい。ビジネス
契約書のドラフティングで大切なのはビジネスを獲得し、受け入れられる契約条件
を確認することである。美しい、あるいは、正しい文法の契約書を作ることではな
い。ビジネス上、重要な契約条件について、しっかり交渉することが大切なのであ
る。

5　国際的な商標ライセンス契約では、契約当事者の確認にはとくに注意が必要で
ある。ブランド・ライセンスビジネスでは、タックスプランニング上の理由やもと
もとの家族経営的企業を国際企業化させたり、ライセンスビジネス展開用に子会社
の設立や代理店が起用されたりすることがある。そのため、交渉の相手方（ライセ
ンサー）が、真正な商標権者、ライセンサーとしての適格者かどうかの確認が容易
ではないからである。商標の国際的な売買、商標管理・保有会社をめぐる Merger
and Acquisition（合併・事業買収）も頻繁に行われている。契約交渉の最終段階に
なって、契約の締結者がバミューダ、ケイマンやオランダ領アンティルなどタック
ス・ヘイブン（Tax Haven）の企業であることを知らされて驚くことがある。相手
方の履行能力・意志・誠実さの評価とともに、親会社の履行保証・連帯保証を求め
ることが必要になることがある。契約書フォーム・内容は現実のビジネスのリスク
を評価して選択・決定していくものである。

6　リサイタル条項は契約締結の経緯を説明するためのものである。例文よりもっ
と詳しい経緯を説明することも多い。ただ、実務上、本当に必要なのは上記例文程
度でも十分である。リサイタル条項自体はなくとも差し支えない。レター・アグ
リーメント形式のライセンス契約書ではリサイタル条項はないことが多い。日本の
国内取引の契約書では、リサイタル条項を置かないのが標準である。

　リサイタル条項の契約で果たす役割にはあまり重要性がないという議論がある。
しかし、実務上、リサイタル条項を見れば、契約全体の経緯・主目的が読み取れる
ことが多いので、ビジネス上は有益である。

7　第1条（Definitions＝定義）以下本文の各条項を規定する。国際的な商標ライ
センス契約書では10条から20条、ボリュームも10数頁から30〜50頁にわたるこ
とが多い。添付書類なども加えるとさらにボリュームが厚くなる。

8　最後の調印欄はサインを行う。印鑑だけ捺印という日本の調印方式は国際的に
は通用していない。調印者の氏名・役職等を明示し、その調印権限を明瞭にしてお
く。署名欄の表示の仕方にはバリエーションがある。たとえば、上記の例文のうち、
それぞれの署名欄の1行目の「For and on behalf of」を省略することがある。逆に、
1語加えて、「Signed for and on behalf of」と表示することも行われる。

9　契約書で一番大切な箇所がこの署名欄・署名なのである。上記例では、それぞ
れの会社の役職者がサインを行っているが、契約当事者の委任を受けて、弁護士や
いわゆるエージェントなど代理人（Attorney in Fact）がサインすることがある。そ
の場合は、委任を証明する委任状（Power of Attorney）を添付したり、委任者の署
名が真正なものであることを証明するために認証（Notarization）の手続をとるこ

218

とが賢明なケースがある。

　ビジネス条件が不利に展開しそうになると、あとになって、当事者が「代理署名
委任した覚えがない」「偽造である」と主張する例があとを絶たないからである。
近年（2008年3月）も、リーマン・ブラザーズが、丸紅に対し、丸紅の元契約社員
により不正に偽造されたと主張する「丸紅保証書」にもとづき、352億円を請求す
る訴訟を東京地裁に提起したことがある。「保証書」や「委任状」を取り付ける際に、
その署名をめぐる偽造や無権限の主張などの紛争を予防するための方法の1つは、
取締役会議事録等の取付けと公証人役場（Notary Public）を利用することである。
最近、報道され、注目を集めた地面師グループによる積水ハウスの不動産売買詐欺
事件も、公証人役場で契約書を作成・調印すれば、起こりえない。

10　署名の真正さ、契約の成立についての争いを防ぐための工夫として、立会人
（Witness）を立てることがある。契約書の成立・調印について将来当事者で争いが
起きた場合に証人となることを期待して行われる。ビジネスの仲介人など第三者を
立てるケースと、それぞれの当事者から1人ずつ立会人として追加して署名する
ケースの両方がある。

　立会人はサインをしても契約の当事者ではない。立会人は契約の履行については
責任を負わない。

11　もし、相手方の契約履行能力や誠実さに疑問がある場合は、その親会社、第
三者（銀行等）、仲介者等に履行を保証してもらうことが必要になる。このような
ケースでは、保証人（Guarantor）としての署名を求めることになる。別途、保証
状（Letter of Guaranty）を発行してもらうこともある。重要な「保証状」を取り付
ける際には、公証人役場（Notary Public）を利用することが常識であり、不可欠と
いってもよい。

　仲介人（第三者）として、署名を求められる場合に、注意して署名欄を読まない
と、「Witness and Guarantor」となっていることがある。ビジネスでは、契約書は
調印前に常に熟読することが大切である。

2　商標ライセンス契約書の前文・リサイタル・末尾のスタイル②──斬新・標準的なスタイル

　すっきりしたスタイルのバリエーション（もう1つのVersion）を紹
介する。構成は同じであるが、それぞれの展開において用語が少し異な
る。

　「BETWEEN」「WHEREAS」「NOW IT IS HEREBY AGREED」という
語句で段落が結ばれている。それぞれ例文125の「PARTIES」「RECIT-
AL」「AGREEMENT」にあたる。この例文126の用語の方が少し古典的

第3部　商標ライセンス

であるが、現在も使用されることが多い。

　また、このフォームでは、リサイタル条項で、独占的なライセンスであること、その許諾地域内で、サブライセンシーを指定（再許諾）できる権利が与えられることが明示されている。

◇例文126　斬新・標準的なスタイル

LICENSE AGREEMENT

THIS AGREEMENT is made and entered into the first day of April, 20＿ ,
BETWEEN:

(1)　Karen View Corporation, a California company, whose registered office is at ＿＿＿ California Street, San Francisco, California U.S.A. ("Licensor"); and

(2)　Aurora Borealis Corporation, a Japanese company, whose registered address is at ＿＿＿＿ Kanda-Surugadai Chiyoda-ku, Tokyo, Japan ("ABC")

WHEREAS:

1.　Licensor is the owner of the well-known trade mark "Karen View" ("the Trademark") and of the substantial goodwill and reputation associated with it.

2.　ABC desires to obtain an exclusive license to use the Trademark in order to manufacture and market Products in the Territory set forth herein and wishes to be permitted to grant those rights to the sublicensees listed in Exhibit to this Agreement.

NOW IT IS HEREBY AGREED as follows:

ARTICLE 1. GRANT OF LICENSE

第2章／商標ライセンス契約の構成と主要条項

（本文）

IN WITNESS WHEREOF, the parties have caused this Agreement to be signed by their duly authorized officers the day and year first above written.

（署名欄）

LICENSOR
Karen View Corporation

LICENSEE
Aurora Borealis Corporation

_____

_____

Karen View
President

Hiroharu Hidaka
General Manager
Intellectual Property Dept.

［対訳］

ライセンス契約書

本契約書は
　(1)　米国カリフォルニア州サンフランシスコ市カリフォルニア・ストリート_____に登録事務所を有するカリフォルニア法人のカレン・ビュー株式会社（以下「KVC」という）と
　(2)　日本国東京都千代田区神田駿河台_____に登録事務所を有する日本法人のオーロラ・ボレアリス株式会社
　の両者間に、20__年4月1日に締結される。

締結経緯

　1．KVCは、有名な商標であるカレン・ビュー・ブランド（「本商標」という）の保有者であり、それに付帯する相当なのれん・評判の保有者でもある。

　2．ABCは、本契約に定める本製品を製造・販売するために本商標を使用することを許諾される独占的なライセンスを取得することを希望し、

221

第3部　商標ライセンス

　　また、本契約の添付書類にリストアップしたサブライセンシーに再許諾するライセンスを得たいと希望している。

　　ここに以下の通り合意する。

　第1条　（商標使用許諾）

　（本文）

　　以上本契約の証として両当事者はそれぞれ正当に調印権限を与えた役職者により、本契約の冒頭に記載した日付で契約書にサインせしめる。

　（署名欄）

ライセンサー（ライセンス許諾者）　　　ライセンシー
カレン・ビュー株式会社　　　　　　　　オーロラ・ボレアリス株式会社

―――――――――――――　　　　　―――――――――――――
カレン・ビュー　　　　　　　　　　　　日高尋春
社長　　　　　　　　　　　　　　　　　知的財産部長

　■*解説*■
1　WHEREASは契約締結に至る経緯、締結理由をこれから説明するという表示である。リサイタル条項とも、Whereas条項とも呼ばれる。
　本例文では、ライセンサーが契約対象の有名な商標の正規の権利者（保有者）であること、ライセンシーが使用許諾を受けたいと望んでいることを説明している。前掲例文125より少し詳しいがより標準的な条項といえよう。
2　本例文はサブライセンスを許諾することを契約の目的とし、あらかじめ再許諾先（サブライセンシー）名をリストとして明示している点に特徴がある。このような特色をあらかじめ注目させる方法で契約書に記載しておくことは、契約交渉をスムーズにする効果がある。
　本例文は現実の国際ライセンス取引では、最も標準的なスタイルの1つである。

3　商標ライセンス契約の形式――フォーマルなスタイル

　商標ライセンス契約のスタイルはさまざまである。もう1つの典型的

なスタイルを紹介する。古典的なスタイルであるが、現在でも相手先から提示される契約書ドラフト等では、広く使用されている。最もオーソドックス（本格的）なスタイルといってもよい。相手から提示された場合に理解できるように、なじんでおくことが必要である。ただし、実務上、日本側から提案できる新興国等とのライセンス契約書の交渉では上記（例文125・126）などのシンプルなスタイルの方を使うことを薦めたい。

◇例文127　フォーマルなスタイル

LICENSE AGREEMENT

THIS AGREEMENT, made and entered into this __ day of __ 20__ , in _____(City) , by and between;

Serena Park Investment, S.A. a corporation organized and existing under the laws of France, and having its principal place of business at _____ Paris France, (hereinafter referred to as "LICENSOR") , in the first part,
and

Rie, Kaoruko, Maki & Maihoo-kai Limited, a corporation organized and existing under the laws of Japan and having its principal place of business at _____ Kanda-surugadai Chiyoda-ku, Japan (hereinafter referred to as "MLS"), in the second part,

WITNESSETH:

WHEREAS, LICENSOR has the right to use and grant licenses in the Territory below under JILL, JAZZ AND CONRAN TRADE-MARKS defined herein;
WHEREAS, MLS is desirous of obtaining a license to use the JILL, JAZZ AND CONRAN TRADEMARKS in connection with the manufacture, marketing, distribution in the Territory defined below of the Product defined herein, and LICENSOR is willing to

---

第 3 部　商標ライセンス

grant such a license to MLS on the terms and conditions set forth herein.

NOW, THEREFORE, in consideration of the mutual promises and covenants herein contained, the parties agree hereto as follows:

ARTICLE 1. Grant of License

IN WITNESS WHEREOF, the parties hereto have caused this Agreement to be duly executed as of the day and year first above written.

SERENA PARK INVESTMENT, S.A.

_____

Name: Serena Park
Title: President

RIE, KAORUKO, MAKI & MAIHOO-KAI LIMITED

_____

Name: Rie Minamitani
Title: CEO & President

［対訳］

ライセンス契約

　フランス国パリ市_____に主たる事務所を有するセリーナ・パーク・インベストメント株式会社（以下「ライセンサー」という）を一方の当事者とし、日本国東京都千代田区神田駿河台_____に主たる事務所を有する梨絵・香子・麻希アンド舞法会リミティッド（以下「MLS」という）をもう一方の当事者として20__年__月__日に_____（市）で締結された本契約は以下のことを証する。

224

ライセンサーは本契約で定義されたジル・ジャズ・アンド・コンラン商標についての使用を許諾する権限を有しており、MLSは本契約に定義する本製品の本許諾地域における製造・販売についてジル・ジャズ・アンド・コンラン商標を使用するライセンスを取得することを希望しており、ライセンサーはMLSに対して本契約の条件に従って許諾する用意がある。

そこで、本契約に含まれる相互の約束と誓約を約因として、両当事者は以下の通り合意する。

第1条　（商標使用許諾）
（本文）（以下略）

以上契約の証として、両当事者は本契約の冒頭に記載の年月日付で本契約書を正当に調印せしめる。

署名欄

セリーナ・パーク・インベストメント株式会社

_____

氏名：セリーナ・パーク
肩書：社長

梨絵・香子・麻希アンド舞法会リミティッド

_____

氏名：南谷梨絵
肩書：CEO兼社長

■解説■
1　本例文の第1文の主語は「THIS AGREEMENT」である。述語（動詞）は、12行目の「WITNESSETH」である。WITNESSETHは「証明する（witness）」の古い用法の三人称単数現在時制の動詞である。「NOW, THEREFORE,」も「したがって」という意味である。「WHEREAS」は「as」と同義である。
2　本文2行目の「in ___」は契約調印場所（in Paris）を明示したり、部数（In duplicate）を表示したりするために使われる。

第3部　商標ライセンス

3　Serena Park Investment, S.A. の「S.A.」はフランス会社法のもとでの株式会社を指す。Société Anonyme（公開株式会社）の略である。

4　会社名の名称の決め方や英文での表記のし方にはさまざまな方法がある。ことばの持つひびき、ニュアンス、語源、長さ、美しさ、会社設立時の思い、仲間などを考えて、自由に選択し、決定すればよい。「株式会社」であることを示すにも、末尾に "& Co. Ltd." "Corporation" "Limited" などを使うことができる。たとえば、"Mitsui & Co. Ltd."（三井物産）、"Mitsubishi Corporation"（三菱商事）、"Fujitsu Limited"（富士通）のように使われる。

③ 定義条項 *(Definitions)*

　商標ライセンス契約の本文の第1条は定義条項か、商標使用許諾条項（Grant of License）である。ここでは、国際的な商標ライセンス契約に典型的な定義条項の例文を紹介する。アルファベット順に並べることもあるが、並べ方にとくにルールはない。定義の対象となる用語も範囲もさまざまである。代表的な用語を紹介する。定義に必要な主要な用語としては、「the Territory（商標使用許諾地域）」「the Trademark（商標）」「the Licensed Products（許諾製品）」がある。この3つの用語は、商標ライセンスビジネスの最も重要な条件である。

　ブランドイメージの統一性・維持を図るため、ライセンサーからそのノウハウ等商標に付随する他の知的財産の開示、技術情報・指導が提供されることがある。その場合は、「Know-how（ノウハウ）」「Technical Information（技術情報）」「Other Intellectual Property（他の知的財産）」が定義されることがある。他の知的財産の中には「デザイン（意匠）」や「特許（Patent）」「著作権（Copyright）」が含まれることがある。その場合は、商標ライセンス契約といいながら、実体は複合的な知的財産ライセンス契約といえよう。現実のビジネスはむしろ単純なブランド使用許諾だけの商標ライセンス契約の方が稀といってもよい。品質の同一性を確保するためのノウハウの開示を伴う。

　本章の商標ライセンス契約の書式の紹介において、とくに強調したいのは、契約書は実際のビジネスにふさわしい契約条件を正確に反映してドラフティングがなされなければならないということである。「契約書

第2章／商標ライセンス契約の構成と主要条項

フォームが初めにありき」ではない。

1　許諾地域（Territory）

◇例文128　Territoryの定義条項①

"The Territory" means Japan and Australia.

［対訳］
商標使用許諾地域は日本とオーストラリアとする。

■解説■

1　ビジネス条件としては、この許諾地域が独占的（Exclusive）か、非独占的かが重要な問題である。同許諾地域に多数のライセンシーが指定されるケースと1社だけのケースでは、そのマーケッティング、宣伝、製造・販売数量等が大きく変わってくる。「商標許諾条項」（Grant of License）でしっかり取り決めることが大切である。

2　実務から言えば、「日本」だけでは契約目的によって規定として不充分と扱われる場合がある。次の場合、あなたが飛鳥凜ならどう答えるか。あるライセンス（導入）契約を扱っているとき、飛鳥凜は紀伊津志音氏に呼ばれ、質問を受けた。「Territoryは販売地域のみについての規定ですか？　もしライセンシー側で、国内工場を閉鎖して、海外（アジア）工場、それも合弁会社などで生産する場合は、この契約書案でその事態に対処できますか？」

　この質問を受けて、飛鳥凜が実際にドラフティングを行い、KVCのNancy弁護士に提案した案文をのちに例文131として紹介する。

◇例文129　Territoryの定義条項②──許諾地域が複数国のケース

"The Territory" shall mean the United States of America, Canada and Mexico.

［対訳］

227

第3部　商標ライセンス

「商標使用許諾地域」は米国、カナダ、メキシコとする。

■解説■

1　定義では地域（国名）がリストアップされるのが通常のスタイルである。ただ、本当は、その許諾地域内でどのような権利がライセンサーから許諾されるのか、その地域の外では商標使用許諾製品の販売や下請生産発注ができるのかどうかなどを契約書の本文の規定でしっかり規定しておかなければならない。筆者の交渉相手の間では、「means」の使用の方が優勢であったが。

「means」と「shall mean」はどちらも使うことができる。ただ、1つの契約書の定義条項ではどちらか一方に統一して使う。

◇例文130　Territory の定義条項③
——数か国を指定し、さらに合意の上追加するケース
（許諾地域が日本だけでなく、数か国にわたるときの例文）

"The Territory" means Japan, China, Hong Kong, Singapore, South Korea and other Asian countries upon which the parties hereto agree as such from time to time.

[対訳]
　「商標使用許諾地域」は日本、中国、香港、シンガポール、韓国および両当事者間で都度合意するアジア各国とする。

■解説■

1　「upon which」のwhichは「other Asian countries」を受けている。
2　「agree as such」は「the Territoryとして（指定することに合意した）」という意味である。
3　紛争を避けるためには、できるかぎり、国名を正確にリストアップしておく。
4　海外への商標ライセンス契約では、たとえばアメリカ向けの場合、州（カリフォルニア州）、西海岸地域、東海岸地域だけというふうに国を分割して許諾地域を指定すると、反トラスト法の規制と衝突することがある。

反トラスト法は強行法規であり、抵触した契約の効力に影響が生じる。無効になったり、修正を求められることがある。契約の効力が合意通り生じないだけでなく、相手方が契約違反をしても、裁判で不利な取扱いを受けることがある。相手方

228

第2章／商標ライセンス契約の構成と主要条項

（ライセンシー）がライセンサーによる反トラスト法違反の行為（不当な条件の押しつけ等）によって損害をこうむったと主張するからである。また、ライセンス生産した製品の販売ルートや工場生産地、下請生産、OEM発注先をめぐって複数のライセンシー間で問題や紛争を起こす可能性が増大する。

◇例文131　Territoryの定義の補充――許諾製品の販売（許諾）地域と
　　　　　　生産（許諾）地域が異なってもいいという規定

The license granted by KVC to ABC for the sales and distribution of the Licensed Products in this Agreement is limited to the countries of Japan and Australia ("Territory") only.

KVC, however, agrees to allow ABC to manufacture the Licensed Products in the People's Republic of China, Malaysia, Indonesia and Thailand pursuant to the procedures agreed by the parties hereto and attached as Exhibit ___ . The Licensed Products manufactured in these countries shall be immediately shipped entirely to countries where ABC is permitted to sell and distribute the Licensed Products, i.e. Japan or Australia.

［対訳］
　本契約に基づき許諾製品の販売・卸売のためにKVCがABCに与える（使用）許諾は、日本とオーストラリアの両国（「許諾地域」という）に限定される。
　KVCは、それにもかかわらず、ABCが許諾製品を中国、マレーシア、インドネシアおよびタイで両当事者が合意し、添付別紙__として添付した手続にしたがって製造することを許容するものとする。かかる国々で製造された許諾製品は、全量、ABCが販売を許されている国々、即ち日本かオーストラリアに直ちに輸送されなければならない。

■解説■
1　本例文は、例文128の解説**2**で紹介した紀伊津志音氏からの質問に応えて、飛鳥凜がドラフト（文案作成）したものである。販売（許諾）地域は日本とオーストラリアに限定されているが、生産・製造地域は添付別紙に所定の手続にしたがってKVCに申請すれば海外（指定国）でもよい、という規定である。

229

第3部　商標ライセンス

2　飛鳥凜は、日高尋春氏からの次の言葉を励みにしている。「飛鳥、KVCとの交渉でドラフティングをするときは、最初は英語を完璧に文法やつづり、用法ミスなしに書き上げようと思わなくてかまわない。ただ、ねらいだけはしっかりと書くように。一眼レフのレンズでいえば、明るい単焦点レンズを目指せ。英語のミスなどあっても、KVCのNancyが洗練された文章にしてくれるから、恐れるな。当社の狙いをしっかり表現してくれれば合格だ。まちがっても、倒置法や二重否定などを使って、格好よくドラフトしようなどと考えるな。」

2 「商標」(Trademarks)

ライセンス対象となる商標の定義を行う。許諾地域での商標登録、出願が行われているかどうか、カバーされる商標の範囲を明確にするのが目的である。

◇例文132　Trademarksの定義条項①

"The Trademarks" means all the trademarks listed in Schedule 1 to this Agreement, registered or covered by applications and any other trademarks hereinafter to be registered in the name of KAREN VIEW within the Territory.

[対訳]
「本商標」は本契約の添付書類1にリストアップした、本許諾地域において出願によって登録またはカバーされているKaren Viewのあらゆる商標を指す。また、今後本許諾地域においてKaren View名義で登録される他の商標を含む。

■解説■
1　商標の定義規定では、通常契約締結時に出願登録されている商標と出願中のものとを含む。実際に登録されているか、出願中なのか、またその権利者の名義、有効期間（更新時期）、対象国、登録商標番号、出願番号については、別紙でリストを作成し、添付する。日本も近年、サービスマークが商標として登録できるようになっている。
2　商標が文字（言葉）だけなのか、図柄やロゴなどを含むのか明示しておくことも大切である。日本での使用や登録出願においては、日本語名（カタカナ）、ライ

230

第2章／商標ライセンス契約の構成と主要条項

センサーの母国でのブランドの両方についても考慮する必要がある。ライセンスに
もとづき、商標を使用する場合、そのマーケットの文化、嗜好に合わせて、色彩、形、
文字（現地語）などをどのように変更するのか、制限があるのかも交渉項目の1つ
である。

3 国際的な商標ライセンス契約では、他の第三者によって類似商標が許諾予定国
で登録されていることも少なくない。また、商標・ブランドライセンスの対象が商
標権以外の法的な権利で守られなければならないケースがある。不正競争防止法や
紛争防止のための現実的な注意を払うためにも正確な把握が必要である。

4 また、商標ライセンスでも、その範囲にサービスマークや意匠・型紙等の使用
許諾（デザイン）や開示（ノウハウ）などが含まれることがある。ドラフティング
の際にもその許諾される権利の範囲についての注意が大切になる。

◇例文133　Trademarksの定義条項②

"The Trademark" means Karen View and the trademark registrations and applications in the Territory listed in Exhibit 1 to this Agreement.

［対訳］
「本商標」は本契約の添付書類1にリストアップしたカレン・ビューとその登録商標と登録出願を意味する。

■解説■

1 前掲例文132より簡潔であるが、内容は変わらない。詳細な商標リストは契約
書の添付別表で規定する。添付別紙のことを、Schedule, ExhibitあるいはAppendix
と呼ぶ。1つの契約で統一して使うかぎり、3つのうちどの用語を使ってもよい。

3　使用許諾対象商品

◇例文134　使用許諾対象商品の定義条項①

"The Licensed Products" means _____.

231

第3部　商標ライセンス

［対訳］
「商標使用許諾製品」とは＿＿＿＿＿＿＿＿を意味する。

■解説■

1　商標許諾対象となる商品名をリストアップする。ライセンサーとライセンシー間でその解釈について誤解や紛争が発生しないように明確な規定をするようにこころがける。

　たとえば、漠然と「繊維製品（textile products）」と規定しただけではその範囲がはっきりしない。具体的に個別の品目を数が多くなってもよいから完全にリストアップするように努める。品目が多くなる場合は本文の規定（Licensed Articles等）か、あるいは添付別紙（Schedule、Exhibit、Appendix等）に記載すればよい。

◇例文135　使用許諾対象商品の定義条項②

　　“The Licensed Products” means the following items bearing the Trademarks manufactured or imported from ＿＿＿＿＿＿＿＿ by Licensee pursuant to this Agreement.
　　　　1.＿＿＿＿＿＿＿＿＿＿＿＿＿＿＿＿＿＿＿＿＿＿＿＿
　　　　2.＿＿＿＿＿＿＿＿＿＿＿＿＿＿＿＿＿＿＿＿＿＿＿＿
　　　　3.＿＿＿＿＿＿＿＿＿＿＿＿＿＿＿＿＿＿＿＿＿＿＿＿

［対訳］
　「商標使用許諾製品」は本契約に従ってライセンシーによって製造または＿＿＿＿＿＿＿＿から輸入される本商標を付している品目のことをいう。
　　　1.＿＿＿＿＿＿＿＿＿＿＿＿＿……（以下略）

■解説■

1　商標ライセンス契約には、許諾製品のライセンシー側国内における生産と販売中心になるが、中にはライセンサー本国からの製品輸入・販売を伴うケースもある。輸入については、ライセンス生産が軌道に乗るまでの暫定的なケースと、高級品など一部については、契約期間中を通じて継続的に輸入するケースがある。

232

第2章／商標ライセンス契約の構成と主要条項

　後者の場合は、ライセンス契約とディストリビューター契約を組み合わせた契約という性格を持つ。現実のビジネス形態は多様である。ライセンサー側から見た場合、ライセンシーによる生産能力、品質管理能力に限界があると判断し、高級品や一定の品目をライセンス対象から除外することがあるからである。この場合の対価は、ライセンス契約についてはロイヤルティー（使用料）、輸入契約分については製品売買代金になる。輸入契約分については、ロイヤルティーの支払いは不要である。

4　技術情報

　ブランドイメージの維持を図るため、ライセンサーのブランドにふさわしい品質の製品を製造するために必要なノウハウ・デザイン・特許などがライセンサーから提供されることが多い。個別のビジネス次第であるが、定義することがある。

◇例文136　技術情報の定義条項

　"Technical Information" means all know-how, technical information and data, design and other intellectual property related to the Licensed Product and required for the manufacture and distribution of the Licensed Products, particulars of which are specified in Schedule ＿ to this Agreement.

[対訳]
　「技術情報」とは許諾製品に関連し、許諾製品の製造・販売に必要なすべてのノウハウ、技術情報、データ、デザインならびに他の知的財産のことをいう。その詳細については、本契約の添付別表＿＿＿＿に規定される。

■解説■
1　商標ライセンスの対象にはその製品の品質・技術水準が非常に高いものが少なくない。そのブランドの名声の維持にふさわしい技術情報が開示されることが契約の重要な要素になる。
2　開示される技術情報の範囲・内容は個別のブランドライセンス次第で千差万別

233

第 3 部　商標ライセンス

である。むしろ、ノウハウの開示・ライセンスが主目的と見られるブランドライセンスビジネスも少なくない。たとえば、ライセンシー側の国にこれまでなかった高級アイスクリームのライセンスを思い浮かべるとよい。

3　特許権・意匠権には法的に産業財産権（従来の工業所有権）としてその独占的な実施が保護される期限は有限であり更新ができない。一方、商標権は繰り返し更新可能であり、その寿命は永久・不滅である。顧客の吸引力、ブランドの寿命という観点から見ると、商標権は他の工業所有権にはない強力な永続性のある資産である。品質と名声を維持するかぎり、ブランドビジネスには長期のビジネスとしての魅力がある。そのためには、繊維の分野でいえば、毎年のコレクション（collection）発表、デザイン画作成・送付、高技術製品、通信情報・ソフトウエア分野においては、絶え間ない新技術・製品開発競争とその知的財産権としての権利の確立・保護のための努力が要求される。ブランドはそのような総合的な商業的・芸術的・科学的競争の成果の果実である。

5　その他の定義用語

　国際的な商標ライセンス契約では、上記の主要用語のほか「Net Sales Price」「the Wholesale Price（または the Wholesale Value）」「the Effective Date（または Commencement Date）」「the Sublicensees」「Licensed Year」等を定義することがある。

　ただ、ライセンス契約実務からいえば、定義条項はあくまで便宜上のものであり、なくともよい。本文で各用語を定義していけばよい。当方側でドラフトするケースでは契約書全体の長さやドラフティングの便宜を勘案して方針を決めればよい。プラント建設契約やローン契約、リース契約などでは、用語の定義条項は詳細にわたり、数頁にわたるほど長いが、商標ライセンス契約では、定義する用語は多くない。

４　*商標使用許諾（Grant of License）条項*

　本条項はロイヤルティー規定、許諾期間の規定とともにライセンシーにとって最も重要な条項である。その許諾対象となる商標、地域、使用許諾範囲、独占的な使用許諾かどうか等を規定する。
　典型的な独占的商標使用許諾条項を紹介する。

第 2 章／商標ライセンス契約の構成と主要条項

◇例文137　商標の独占的使用許諾

Article ___ (Grant of License)
Licensor hereby grants to ABC an exclusive and non-assignable right and license to manufacture, sell, distribute the Licensed Products in the Territory, and to use the Trademarks for the Licensed Products under the terms of this Agreement.

［対訳］
　第__条　（使用許諾）
　ライセンサーは本契約により、ABC に対して、使用許諾地域において許諾製品を製造、販売（小売り、卸売り）し、また本契約の条件に従って許諾製品のために本商標を使用する独占的で譲渡不可能な権利とライセンスを許諾する。

■解説■
1　"exclusive right" という用語は「独占的な権利」であり、ビジネス条件として最も重要な条件の1つである。"sole and exclusive" と重複して、ていねいに規定することもある。意味は変わらない。
2　ただ、"sole"、"exclusive" といった場合に、ライセンサー自身が許諾地域に対して、その商標を使った製品を輸出・販売できるかどうかについては議論が残っている。曖昧なのでさまざまな解釈が可能になる。とくに "sole" の場合に議論の対象となりやすい。対応策としては、実際の了解内容を明文で規定すればよい。
3　商標ライセンス契約の独占的な権利の中に「exclusive right to import the Licensed Products」を規定するのも、実務的な対応の1つである。ライセンシー側のディメリットとして、最低輸入数量または金額を課される可能性がある。ライセンサーとのビジネス上のかけひき、交渉項目となろう。サンプル条項については次の例文138を参照。
4　ライセンサーの立場に立てば、ライセンシーの製造・販売能力、販売見込み・計画とその信頼性を十分検討せずに、独占的な使用許諾を与えるのは問題である。たとえば、ライセンシーが業務不振に陥ったり、別な事業を優先した場合どうなるか。実務的な対応として、年間販売数量・金額の目標額やミニマム・ロイヤリティーの約束を取り付け、契約書に規定する方法がある。目標を達成できないときは独占的な使用許諾権を失わせたり、契約を解除できるように取り決めておく。

235

第3部　商標ライセンス

5　"non-assignable" right というのは、ライセンシーが使用許諾を受けた権利が、第三者に譲渡できないものであることを確認するために挿入されている。non-transferable ともいう。

　商標ライセンスをはじめとして、ライセンスビジネスには自ら権利を行使することを初めから考えず、権利だけを取得して第三者に売り払うようなビジネスがある。あらかじめ、譲渡不能であることを明確にしておくことはそのような事態や紛争を防止するために有効である。

6　非独占的な商標使用許諾の場合には、「Licensor grants a non-exclusive and non-assignable right to use the Trademarks ......」というように規定すればよい。"exclusive" または "sole" という独占的なライセンスであることを指す言葉がなければ、非独占的な権利にすぎないからあえて言わなくてもよいとの考えもある。しかし、何も書いていなければ「期待していた」と、思いがけない議論が起きることがある。はっきりさせておいた方が問題発生の予防になる。

7　非独占的なライセンス契約では、許諾地域の他のライセンシーとの間で販売・価格競争が起きる。ライセンシー間で価格協定や販売地域の協定をすると、競争者間（水平的）の競争制限のための協定にあたり、独占禁止法、反トラスト法との抵触問題が起きる。

8　使用許諾対象となる商標（the Trademarks）については、定義条項や本文の「商標（Trademarks）」あるいは「保証（Warranty）」「権利侵害に対する保証（Indemnification）」の規定で詳細に取り決め、確認する。ライセンシーにとっては、ライセンサーの国だけでなく、ライセンシーの国や許諾地域のどの国にどの程度、登録あるいは出願されているのかを、しっかり確認しておくことが実務上大切である。

◇例文138　独占的輸入のライセンスが規定されている

　Licensor hereby grants to ABC the exclusive right to import into the Territory the Products manufactured in ＿＿＿＿＿＿＿ either by Licensor or its duly authorized licensees in ＿＿＿＿＿＿＿＿ , and to manufacture, sell and distribute the Products in the Territory.

［対訳］
　ライセンサーは本契約によりABCに対して、ライセンサーまたはその指定する＿＿＿＿＿（国名）のライセンシーによって＿＿＿＿＿（国名）で製造された「本製品」を「独占地域」に輸入する独占的な権利と「本製品」を「独占地域」で製造・販売（小売り・卸売り）する独

占的な権利を許諾する。

■解説■

1　ライセンシーのライセンサーとその指定製造業者からの「独占地域」向けの独占的な輸入・販売権を明記した規定である。例文137を参照。

◇例文139　サブライセンシーに再許諾する権利を取得するもの

　　Licensor grants to ABC the exclusive right to grant sublicensees under the terms and conditions of this Agreement below for the use of the Trademark and the other intellectual property provided by Licensor in the manufacture, sale and distribution of the Licensed Products in the Territory.

　　ABC agrees that (1) each sublicensee will be bound by terms and obligations under this Agreement, and (2) royalties will be payable by ABC to Licensor in respect of Licensed Products manufactured and sold or distributed by sublicensees under this Agreement.

[対訳]

　ライセンサーはABCに対して、（ABCが）サブライセンシーに許諾地域において、本商標とライセンサーが提供する他の知的財産を使用して許諾製品を製造・販売（小売り・卸売り）することを以下の本契約の条件に従って再許諾する独占的な権利を許諾する。

　ABCは(1)各サブライセンシーが本契約上の条件・義務に拘束されること、(2)サブライセンシーが許諾製品を製造・販売（小売り・卸売り）した分についても、ABCがロイヤルティーの支払いをライセンサーに対して行うことに合意する。

■解説■

1　本例文はABC社がいわばマスターライセンシーとして、ライセンサーのブランド使用許諾製品の製造・販売について許諾地域内でサブライセンシーを指定する権利を獲得するための規定である。近年は商標ライセンス契約だけでなく、国際的なフランチャイズ契約でも同趣旨のマスターライセンス契約が締結されることが一般

第3部　商標ライセンス

的になってきている。マーケティングの方法は多様である。

2　実際には、サブライセンシーの範囲・数・選択はマスターライセンシー（ABC社）に一任されるケース、添付別紙でリストアップし、ライセンサーとの間で確認しておくケースなどさまざまである。一任される場合は、ライセンシーに対する信用か、ミニマム・ロイヤルティー、販売目標等の約束（Undertakings）などにもとづく。ビジネス上の約束だから、マスターライセンシーは取得した権利に見合う責任とリスクを負担するわけである。

3　「other intellectual property」というのは、その許諾対象として商標権だけでなく、デザインやライセンサーのブランドの信用を失わない品質を維持するために必要なノウハウの開示・指導を伴うケースを念頭においている。ブランド・ビジネスでは、そのブランドイメージを守るために商標権の使用許諾に加えて、さまざまなノウハウの伝授が必要な場合がある。材料の選択もその1つであり、材料の供給をライセンサーの指定業者から受けることもある。

4　本例文の第2文はサブライセンシーについて、マスターライセンシーがライセンサーに対してライセンス契約上負担している条件・義務を遵守させることを約束している。マスターライセンシーの信用によってライセンサーが契約締結し、サブライセンシーの指定まで許諾したにもかかわらず、サブライセンシーが品質不良な製品を製造・販売したり、許諾商標以外のブランドで販売したり、許諾地域外へ輸出・販売したりするリスクがある。ブランドの信用にかかわる事件に発展しかねない。また、サブライセンシーが倒産し、その製品が差し押さえられたり、ロイヤルティーの支払いが行われないリスクがある。本例文は、そのようなリスクについてマスターライセンシーが責任を負うことをはっきりさせるための規定である。

◇例文140　許諾商標をライセンシーの商標と結合して使用するオプションあり。
　　　　　ただし、ライセンサー品質等ライセンサーの検査・許可条件付き

Licensor grants to ABC, during the term of this Agreement, the exclusive right to use the Trademark "Karen View" whether in combination with ABC's own trademarks or not, with respect to the manufacture, sale and distribution of the Licensed Products in the Territory, provided that the form and method of use, including the color and size of the Trademark, shall be approved by Licensor in advance.

［対訳］

> 　ライセンサーは、ABCに対して、本契約期間中、「カレン・ビュー」
> 商標の使用について、ABCの自己の商標と結合し、あるいは切り離し
> て単独で、許諾地域で、許諾製品の製造・販売（小売り・卸売り）につ
> いて使用することを許諾する。ただし、その商標の使用の形態と方法に
> ついては、本商標の色彩、大きさも含めて、ライセンサーの事前の承諾
> を受けなければならない。

■*解説*■

1　ビジネスとしては、ライセンサーのブランドイメージに一体化して、許諾製品
の販売促進を図るケースとライセンシーの自己商標と結合して販売を図るケースが
ある。繊維製品・バッグ等小物のブランドライセンス生産では、ライセンシーの自
己商標・商号を合わせて使用するメリットは少ない。しかし、食品・エレクトロニ
クス・通信情報製品等、高技術製品では、ライセンシーの企業や技術信用力が販売
に役立つことがある。そのような場合には、ライセンサーからライセンスされたブ
ランドとノウハウに自己の信用力を加えて新製品として発売する戦略もある。その
ような場合に備えて本例文を紹介した。

2　本例文のただし書き（プロヴィソ）は、ライセンサーとして最終的に使用され
るブランドの表示方法についてライセンシーの国の言語・文字のものも含めて、ライ
センサーブランドのイメージを損なわないように承認する権利を留保する規定で
ある。このような留保はとくにライセンシー側から、ライセンシー商標と結合して
ライセンサーブランドを使用するオプションを求められたときは重要であろう。イ
メージダウンを防ぐためにも必要である。商標の表示の仕方では色彩も重要な要素
である。

◇例文141　ライセンサー指定商標のみを付して
許諾製品を販売する義務をライセンシーに課する規定

　ABC shall only use the Trademark "Karen View" on the Licensed
Products which are manufactured in accordance with the terms of
this Agreement and only in a way approved in advance in writing by
Licensor.

　ABC shall not sell or distribute the Licensed Products using any
other trademark than the Trademark "Karen View", except in the
case where ABC obtains Licensor's prior written approvals.

第3部　商標ライセンス

> [対訳]
> 　ABCは、本契約の条件に従って製造される許諾製品に対して、本商標「カレン・ビュー」のみを使うものとし、ライセンサーがあらかじめ文書で承認するような方法でのみ本商標を使うものとする。
> 　ABCは、許諾製品を本商標「カレン・ビュー」以外のいかなる商標をも使用して販売してはならないものとする。ただし、ABCがライセンサーの事前の承認を得た場合はその限りではない。

■解説■

1　商標ライセンス契約では、ライセンサーにとって、そのブランドイメージの維持・高揚が主要な関心事である。契約上の制限にかかわらず現実に第三国への流出は防げないことも多い。許諾地域の購入者が転売し、輸出する可能性は否定できない。各国とも、並行輸入（Parallel import; Gray market）を容認する傾向にある。消費者の利益保護や内外価格差の解消という目的があり、各国法制・判例上も並行輸入の推進に追い風が吹いている。

2　ブランド・ライセンスを受けて許諾製品を製造しながらライセンシーが別な商標（ライセンシーブランド、サブブランド等）をつけて販売すると、ロイヤルティー算定上、販売数量の対象になるかどうか問題が生ずる。また、ライセンシーが許諾製品の類似品にそのような別なブランドを使って低価格で販売すると、本来の許諾商標使用製品の販売にも影響が出て、問題が一層複雑になりかねない。そのため、許諾製品の販売についてライセンサーの指定商標を指定の様式でのみ使用させるよう規定したのがこの例文である。

3　一方、商品によっては、ライセンシーのブランドと結合して販売することを認めることがある。次に紹介する例文142のケースである。

◇**例文142　ライセンサーが商標を付した製品を製造する権利を留保し、代わりに許諾地域に輸出・販売しないことを約束するケース**

Licensor reserves the right for itself to manufacture or have manufactured Products bearing the Trademark "Karen View" in the Territory for the distribution and sale outside the Territory. Licensor, however, shall not grant any licenses to any third party for the distribution or sale of the Products bearing the Trademark "Karen View" in the Territory, except through ABC. Licensor shall not export the

第 2 章／商標ライセンス契約の構成と主要条項

Products bearing the Trademark "Karen View" into the Territory, except through ABC.

［対訳］
　ライセンサーは、許諾地域外での販売のために、「カレン・ビュー」商標使用製品を（ライセンシーの）許諾地域において自ら製造、または（下請先に）製造させる権利を留保する。しかしながら、ライセンサーは、許諾地域内での「カレン・ビュー」商標を使用した製品の販売のライセンスについては、ABC経由以外のルートでは、与えないものとする。ライセンサーは「カレン・ビュー」商標を付した製品を、ABC経由以外のルートで許諾地域に輸出しないものとする。

■解説■
1　本例文はライセンサーが許諾地域内で許諾商標をつけた商品を製造する権利を留保するが、条件として許諾地域内では販売しないことを約束するものである。
2　また、ライセンサーは、使用許諾商標（例文では、カレン・ビュー商標）を付した製品を許諾地域に輸出しないことを約束し、また、輸出することになるようなライセンスをしないことを約束している。
3　本例文はビジネス上、「販売」と「製造」を完全に分けて考えている。しかしながら、実際のビジネスでは、許諾地域内で同じブランドの製品が下請工場やOEMによって製造されるということは、現実に技術の移転を伴う。ライセンサーとライセンシーの契約や期待とは別に下請先やOEM提携先がライセンサーとの約束に違反したり、提携終了・解消後、類似品がマーケットに流される可能性がある。条文としてのドラフティングとは別に現実の問題として、ライセンスビジネスの対応の困難な問題である。
4　本例文の目的の達成には、ケースによっては、反トラスト法上の問題（販売地域の分割・協定、不当な拘束条件つき契約、競争制限条項等）を引き起こすおそれがある。アメリカをはじめとして、商標や知的財産ライセンスと独占禁止法の関係については、今後注意を必要とする分野である。
5　本条項でカバーしようとしている内容については、"Territory"（許諾地域）等他の条項で規定されることもある。個別のライセンス契約の具体的な構成はさまざまである。
6　本例文5行目の「the Products bearing the Trademark」の「bear」という言葉は商標ライセンス契約の用語として重要である。商品がブランドを使っているときには「use」でなく、「bear」を使う。会社でも自然人でも人（person）がブランドを

241

第3部　商標ライセンス

使う場合には「use」を使う。商標使用許諾条項では、「an exclusive right to use the Trademarks」が正しい用法である。

　また、「bear」には、いずれの当事者が「expenses」「costs」（費用）を負担するのかという問題を扱う規定で、「負担する（bear）」という重要な用語としても登場する。この場合は「bear」の主語は「人」になる。

⑤ *ロイヤルティー（商標使用料）*

　商標使用ライセンス契約においては、ライセンサーとライセンシーの間で製品・材料の売買取引はない。ライセンサーのブランドの使用の対価としてロイヤルティー（使用料）が支払われる。国際的な商標ライセンスでは商標使用料は通常「Royalty」と呼ばれる。ライセンス契約書の規定でもロイヤルティーという用語が使用される。しかし、その支払いの金額、支払時期、支払いの根拠、計算基準は一様ではない。いったい、何のための支払いなのか厳密にはよくわからないものすらある。とくに許諾製品の生産・販売が期待通りに伸びないケースではロイヤルティーの支払いや契約の打ち切りをめぐって紛争の原因になりかねない。

　ロイヤルティーの規定は、ライセンサーにとってもライセンシーにとっても最も重要なビジネス条件である。とくにミニマム・ロイヤルティー、契約締結時の一時金支払い、許諾製品の製造・販売数量に見合うランニング・ロイヤルティーの率と算定方法が重要である。ノウハウ等技術情報が提供される場合には、商標の使用料とは別にその使用料（ロイヤルティー）の支払いが要求されることがある。

　特許・ノウハウなどの技術開示・指導に重点を置くライセンス契約に比較すると、商標ライセンス契約はミニマム・ロイヤルティーとランニング・ロイヤルティーの取決めに重点が置かれることが多い。ノウハウ・技術指導契約に比べると契約の初期の集中的な指導・技術移転の期間・コストが軽微ですむことが多い。したがって、技術導入契約に比較すると、契約時のダウン・ペイメント（頭金）の全契約期間中のロイヤルティー支払額に占める割合は小さいことが多い。

　商標ライセンス契約は、技術移転を中核とする特許・ノウハウライセンス契約に比べると、長期的にブランド使用の利益を受けようとするも

のであるからである。また、とくに繊維分野では、毎年のコレクションの発表など継続的なライセンサーからのデザインの供給・サービスが要求される点に特色がある。

近年発達してきたフランチャイズ契約のロイヤルティーのように商標、商号、サービス・販売システムの総合的な指導と許諾に対するロイヤルティーもある。サービスマークも商標である。

ここでは、商標ライセンス契約について、いくつかの代表的なロイヤルティー条項を例文として紹介したい。

◇例文143　ランニング・ロイヤルティー（Running Royalty）

Article ＿＿ (Royalty)

ABC agrees to pay to Licensor for the license hereby granted a running royalty equal to:

(1)　for the first contract year (April 1, 2020 to March 31, 2021): eight (8) percent of the aggregate Net Wholesale Price

(2)　for the second contract year (April 1, 2021 to March 31, 2022): eight (8) percent of the aggregate Net Wholesale Price

(3)　for the third contract year (April 1, 2022 to March 31, 2023): seven and seven tenth(7.7) percent of the aggregate Net Wholesale Price

(4)　for the fourth contact year (April 1, 2023 to March 31, 2024): seven (7) percent of the aggregate Net Wholesale Price

［対訳］

第＿＿条（ロイヤルティー）

ABCはライセンシーに対して本契約により許諾されたライセンスの対価として下記の額のランニング・ロイヤルティーを支払うものとする。

(1)　第1契約年度（2020年4月1日〜2021年3月31日）
　　　純卸売り販売額合計の8パーセント

(2)　第2契約年度（2021年4月1日〜2022年3月31日）
　　　純卸売り販売額合計の8パーセント

(3)　第3契約年度（2022年4月1日〜2023年3月31日）

第3部　商標ライセンス

　　　　純卸売り販売額合計の7.7パーセント
　(4)　第4契約年度（2023年4月1日〜2024年3月31日）
　　　　純卸売り販売額合計の7パーセント

■解説■

1　本例文はランニング・ロイヤルティーの支払いについての規定である。毎年の純卸売り販売額の合計を基準にして毎年フラット（一定レート）のランニング・ロイヤルティーを支払う。

2　実際には、このレートは2〜3パーセント位の率から、5パーセント、高率では10パーセントから12パーセント程度までさまざまである。

3　ランニング・ロイヤルティーの算定基準として何の金額か、計算期間をどうとるかが重要である。期間としては「半年」(semi-annual) ベース、四半期（quarterly）ベースの取り方もある。

4　基準となる金額としても製造した数量を一定基準額でかけあわせる方法も考えられる。

5　本例文では現実の純卸売り販売額を計算して算出する方法をとっている。

6　実際のブランドライセンスでは許諾製品の販売額が大きくなるとロイヤルティーのレートを下げるフォーミュラが採用されることがある。ライセンシー側からの交渉項目の1つである。「Net Wholesale Price」の定義が必要になる。次にその例文を紹介する。

◇例文144　純卸売り販売額（Net Wholesale Price）の定義

　　Net Wholesale Price referred to in this Agreement is defined as the amount of the gross sales by ABC of the Licensed Products to ABC's customers in the Territory, less customary trade discounts (not exceeding six percent), insurance premiums, transportation and delivery charges, taxes and duties (VAT).

　　In computing the Net Wholesale Price, no deduction shall be made for costs incurred in manufacturing, distributing, advertising, selling or storing the Licensed Products and for uncollectible accounts.

［対訳］

244

第 2 章／商標ライセンス契約の構成と主要条項

> 　本契約の中で使う「純卸売り販売額」とはABCによる許諾製品のその顧客向け販売額から、通常の値引き（ただし、6パーセント以下）、保険料、運送・引渡費用、税金を差し引いた額である。
> 　「純卸売り販売額」を算出するにあたっては、許諾製品の製造・販売（卸売り）、広告、販売（小売り）、保管にかかった費用や回収不可能な勘定を差し引かないものとする。

■解説■

1　Net Wholesale Price の定義をしっかりしておかないと、ロイヤルティーの計算上の紛争が避けられない。計算基準としての Net Wholesale Price の「Net」（純、正味）に重点をおいて差し引く項目を明確に規定した。

2　本例文のABCはライセンシーである。サブライセンシーを指定する契約では、卸し売上高の計算基準はサブライセンシー（sublicensees）によるその顧客向けの売上額になる。その場合は、上記の「ABC」は「sublicensees」に置き換えることになる。

　「Net Wholesale Price」は「Net Wholesale Turnover」という用語を使うこともある。

3　現実のビジネスでは、ライセンシーがどこまで正確、誠実に許諾製品の販売高を計算し、ライセンサーに開示するかという問題がある。ライセンシーのCharacter（信頼、信用）がポイントになるが、裏付けとして、帳簿書類・売上記録資料の整備、会計士等専門家による調査などによって確認する。そのための手続を契約書で取り決めておく。トラブルを予防し、確実に一定額（最低額）のロイヤルティーを確保しようとする工夫の1つがミニマム・ロイヤルティー（最低使用料）の取決めである。

◇例文145　ミニマム・ロイヤルティー（Minimum Royalty）

> 　1. ABC agrees to pay to Licensor during the term of this Agreement the minimum royalty for each contract year as set forth below:
> 　Minimum royalty: Fifty Thousand United States Dollars (US$50,000)
> 　2. The amount of the guaranteed minimum annual royalty for each year shall be paid by ABC to Licensor by remittance to the bank account as designated by Licensor on or before the 22nd day of December of the year in question.
> 　3. The amount of the minimum annual royalty paid by ABC to

245

第3部　商標ライセンス

> Licensor will be credited against the payment of running royalty accruing under this Agreement.

［対訳］
　1．ABCは本契約期間中、毎年、下記のミニマム・ロイヤルティーをライセンサーに対して支払うことに合意する。
　ミニマム・ロイヤルティー：5万米ドル
　2．支払いを約束した年間ミニマム・ロイヤルティーは毎年その12月22日までにライセンサーが指定した銀行口座に振り込むことによって支払われるものとする。
　3．ABCがライセンサーに支払った年間ミニマム・ロイヤルティーは本契約のその年に支払うランニング・ロイヤルティーに充当されるものとする。

■解説■

1　ミニマム・ロイヤルティーの支払いをライセンサーが要求するのは、ライセンシーの許諾製品の売上高が少ない場合でも、最低限のロイヤルティーを受け取れるようにするためである。現実の販売が伴わないため、ブランドイメージの浸透や高揚には役立たないという問題は残る。

2　米ドルの表示には必ず、「United States Dollars」「U.S. Dollars」というように記載する。単に「Dollars」とだけ記載すると、カナダ、香港、オーストラリアなどとの契約では、カナダドル、香港ドルなど、どこの国の通貨か紛らわしくなり、紛争の種をまくことになる。

3　商標許諾品目が複数になるライセンス契約では、品目ごとにミニマム・ロイヤルティーの規定をおくことがある。

4　ライセンシー側からみると年間ミニマム・ロイヤルティーとランニング・ロイヤルティーの関係が必ずしもはっきりしない。ランニング・ロイヤルティーに追加して支払うものなのか、毎年、ランニング・ロイヤルティーが一定額に達するという保証なのかが区別できないからである。

　上記例文の3項はその解釈を明らかにして、そのような誤解や紛争が生じるのを防いでいる。

　1項にその趣旨を追加してドラフティング（表現）することもできる。

5　ミニマム・ロイヤルティーの支払時期はさまざまである。ライセンサーにとっては、各契約年度の年度初めに支払われるのが理想的である。しかしながらライセンシー側からいえば、年度の終わりか、または四半期ごとに分割して支払うほうが

246

第 2 章／商標ライセンス契約の構成と主要条項

有利である。結局、ビジネス条件として交渉して取り決めることになる。本例文では、期中であるが後半に支払うことになる。クリスマス休暇前にするために12月22日を選んだ。翌期期初（翌年4月1日）の3か月前という考え方である。ライセンサーの観点からはロイヤルティーの支払いがなければ更新を拒絶できるように契約期間を取り決めるのも1つの考え方である。ライセンス契約のドラフティングでは、「契約書式」という考え方ではなく、ビジネスへの対応の具体的なストラテジーの反映として取り組むことが要求される。

◇例文146　ミニマム・ロイヤルティーが
ランニング・ロイヤルティーに充当される規定

　　ABC shall pay to Licensor the following guaranteed annual minimum royalties which shall be regarded as part of, and deducted from the running royalties set forth hereinabove:
　　(1)　For the first contract year: ＿＿ Million Japanese Yen
　　(2)　For the second contract year: ＿＿ Million Japanese Yen

［対訳］
　　ABCはライセンサーに対して下記の保証年間ミニマム・ロイヤルティーを支払うものとする。そのミニマム・ロイヤルティーは本契約に定めるランニング・ロイヤルティーの一部を構成するものとし、ランニング・ロイヤルティーから差し引かれなければならない。
　　(1)　契約第1年度：＿＿百万日本円
　　(2)　契約第2年度：＿＿百万日本円

■解説■
1　ミニマム・ロイヤルティーを取り決めるには米ドル、英ポンド、仏フランなど外国通貨ベースの場合と日本円を使うケースがある。ドルには米ドル、カナダドル、香港ドル、オーストラリアドルなど各種があるが、「Yen」は日本円しかない。訳としては、「円」のみでもよいが、英文契約では、「Japanese Yen」と記載する。どこの国の通貨かを明確にし、誤解の発生を防ぐのに有益である。
　ライセンサーは、自国の通貨か米ドルを主張することが多いが、近年のように円高傾向が続いていると、日本が支払い側のケースでは日本円で合意することも増えてきた。ビジネス条件と割り切って対応すればよい。現在は、国際的な円経済圏は

247

第3部　商標ライセンス

ないが、円決済が推進できる経済環境を構築していくことは、企業（とくに国際化を図る企業）としても、国家としても考慮する必要がある。

2　一方、ミニマム・ロイヤルティーとランニング・ロイヤルティーを峻別してランニング・ロイヤルティーを追加して支払いを求める契約形態もある。ミニマム・ロイヤルティーの分については、たとえば、毎年、契約年度の初めに支払いを求め、追加としてその年度の販売数量について一定レートのランニング・ロイヤルティーの支払いを求める方法がある。ミニマム・ロイヤルティーのランニング・ロイヤルティーへの充当や差引きを認めない方式である。他方、現実のビジネスでは、さまざまな組合せが考えられる。たとえば、許諾製品の売上高が一定の金額を超えたケースにその超過金額分に対するランニング・ロイヤルティーの支払いを求めるフォーミュラがある。次の例文147で紹介したい。

◇例文147　一定額以上の販売額に達したとき、
（ミニマム・ロイヤルティーに加えて）ランニング・ロイヤルティーが
支払われるケース、ブランドと技術情報が同等に重要なライセンス

1. In consideration for the licenses of the Trademark "Karen View" and Technical Information granted under this Agreement, ABC shall pay to Licensor the minimum royalty for each contract year as set forth below:

(i) In consideration of the license of the Trademark "Karen View" Minimum royalty: _____ United States Dollars

(ii) In consideration of the license of the Technical Information Minimum royalty: _____ United States Dollars

2. In case the aggregate amount of the Net Wholesale Price during any contract year exceeds _____ United States Dollars, ABC shall pay to Licensor an additional running royalty of four (4) percent of the aggregate amount of the Net Wholesale Price of the Licensed Products as set forth below:

For the part of the Net Wholesale Price exceeding _____ United States Dollars or equivalent Japanese Yen, ABC shall pay to Licensor a royalty of two (2) percent of the Net Wholesale Price for license of the Trademark "Karen View", and two (2) percent of the Net Wholesale Price for the use of the Technical Information.

第2章／商標ライセンス契約の構成と主要条項

[対訳]

　1．本契約で使用許諾された「カレン・ビュー」商標と「技術情報」の使用の対価として、ABCは毎年、下記のミニマム・ロイヤルティー（最低使用料）を支払うものとする。

（ⅰ）「カレン・ビュー」商標の使用許諾のミニマム・ロイヤルティーとして：
　　　＿＿＿＿＿米ドル

（ⅱ）「技術情報」の使用許諾のミニマム・ロイヤルティーを：
　　　＿＿＿＿＿米ドル

　2．ABCは「カレン・ビュー」商標と技術情報の使用の対価としての下記の追加のランニング・ロイヤルティーを許諾製品「純販売額」の4パーセント分支払うものとする。

　許諾製品の「純販売額」の合計が＿＿＿＿＿米ドルまたは同等の日本円を超えた部分について、その超えた分の2パーセントを「カレン・ビュー」商標の使用の対価として、また、さらに2パーセントを「技術情報」の使用の対価として支払う。

■解説■

1　本例文のビジネスでは、商標使用許諾と技術情報の開示・使用許諾が同じ程度の比重を占めている。商標ライセンス契約といっても、ブランドだけに価値があるわけではない。むしろ本例文は、技術情報（トレードシークレット）の開示と商標ライセンスの融合したライセンス契約を思い浮かべてドラフトし、紹介している。

2　ミニマム・ロイヤルティーの支払いを原則としてロイヤルティーを取り決めているが、許諾製品の売上高が一定の目標額を超えた場合、その超えた売上高分の一定比率（上記例文では商標使用について2パーセント、技術情報使用について2パーセント、合計4パーセント）の追加ランニング・ロイヤルティーを支払う約束としている。

3　たとえば、一定額に達するまでは、合計6パーセントのロイヤルティーをもとにミニマム・ロイヤルティーを算出する方式を考えれば、この例文はビジネスの実用的な目的に合わせて活用できる。一定の売上額（想定）までのロイヤルティーをミニマム・ロイヤルティーとして売上高の如何にかかわらず支払う方式とするのである。

4　2段階（6パーセント、4パーセント）のランニング・ロイヤルティーのレートを取り決めるケースに比べて、第1段階のロイヤルティーが確実に支払われる点がライセンサーにとって有利である。

第3部　商標ライセンス

6 ロイヤルティーの支払条項 *(Payment of Royalty)*

　一部については、5のロイヤルティー条項で紹介したが、ロイヤルティーの支払条件をどのように取り決めるかは、ビジネス上、商標ライセンス契約の重要な条項である。ロイヤルティーの支払時期、支払方法についての重要性は当然としても、源泉徴収税に関わる規定も忘れることができない。商標ライセンス契約にからんで紛争が起こりやすい原因の1つがロイヤルティー支払いに伴う源泉徴収税の負担問題である。

◇例文148　ランニング・ロイヤルティーを四半期ごとに支払う条件
(Payment of Running Royalty)

Article ___ (Payment of Royalty)
1. The payment of the running royalty shall be made by ABC to Licensor within sixty (60) days after the end of each calendar quarter of the contract year during the term of this Agreement (June 1, September 1, December 1, and March 1), less the annual minimum royalty as required under the provision of this Agreement and actually paid by ABC since the beginning of the contract year.
2. All payments by ABC to Licensor under this Agreement shall be made in United States Dollars by telegraphic transfer into Licensor's bank account at _____ Bank of _____ or such other account as designated by Licensor.

［対訳］
第__条（ロイヤルティーの支払い）
　1．ランニング・ロイヤルティーの支払いは、ABCによってライセンサーに対して、それぞれの四半期ごとに、その四半期最終日から60日以内（6月1日、9月1日、12月1日、3月1日まで）に、その契約年度のはじめに支払ったミニマム・ロイヤルティー額を差し引いた上、なされるものとする。
　2．本契約上のABCからライセンサーへのすべての支払いは、米ドル

第2章／商標ライセンス契約の構成と主要条項

により、_____（所在地）の_____銀行の口座または別途ライセンサーが指定する銀行口座に電信送金でなされるものとする。

■解説■

1 支払条件の規定では、支払時期と支払方法をはっきりさせることが重要である。例文では、ランニング・ロイヤルティーの支払いを四半期ごとにした。

2 もちろん、半年ごと（semi-annual）、毎年1回（annual）とすれば、ライセンシーには有利になる。ただ、ライセンシーも含めて両者で販売状況をタイムリーに把握しマーケティングに協力してあたったり、途中解除へ備えたりするためには、四半期ごとの支払いも有益なこともある。

3 送金方法はライセンサー指定銀行口座宛の米ドルによる電信送金としている。国際的なブランドライセンスでは標準的な支払方法である。送金先の口座は単一と想定している。送金先の銀行は、通常、ライセンサーの所在地の銀行が指定される。

4 送金先銀行が、タックス・ヘイブンや外国（第三国）やいくつかの国の銀行に分散して送金するよう指定されたときはどうするか。単にドラフティングを行う前に、同国の経済法、強行法規への抵触問題が発生しないか、税務上の問題がないか、検討することが必要である。分散の理由が、海外の取引先の合法的なタックスプランニングや国際為替リスク、カントリーリスク対策の一環なら問題がないが、常にそうとは限らない。激しい国際経済の変動に対してダイナミックなストラテジーを展開する外国企業の戦略を修得する機会にもなろう。

◇例文149　ミニマム・ロイヤルティーを
年2回に分けて支払う条件（Semi-annual Payment）

1. The amount of the minimum annual royalty for each year shall be divided into two equal remittances and each such remittance shall be paid by ABC to Licensor on or before June 1 and December 1 of each year in question, respectively.

2. The amount of the minimum annual royalty paid by ABC to Licensor shall be credited against the payment of the running royalty accruing under this Agreement, but shall not be otherwise refundable.

［対訳］

251

第3部　商標ライセンス

　　1．毎年の年間ミニマム・ロイヤルティーの金額を2回の均等額に分割し、送金するものとし、それぞれの送金はその年度の6月1日、12月1日になされるものとする。
　　2．ABCによって支払われた年間ミニマム・ロイヤルティーの金額はランニング・ロイヤルティー支払いに対してクレディットされるものとするが、それ以外の方法で返還されることはない。

■解説■

1　ミニマム・ロイヤルティーの支払いの時期の規定である。1回で支払う方法もあるが、この例文では、期中に2回に分割して支払うことを取り決めている。
2　2項はミニマム・ロイヤルティーがランニング・ロイヤルティーの支払いのときに差し引くことができることを明記している。ただし、現実の売上高により計算したランニング・ロイヤルティーがミニマム・ロイヤルティーの額に、計算上達しなくとも返還されることはない。次の年度に繰り越すこともない。

◇例文150　ランニング・ロイヤルティーを年2回支払う条件

　　1．The payment of the running royalty shall be made within sixty (60) days after the end of each half contract year, namely, before March 1st and September 1st, 2020, 2021, 2022 and 2023.
　　2．The payment of royalty provided for in this Agreement shall be made in United States Dollars by telegraphic transfer remittance to Licensor's account in the bank designated and notified by licensor.

[対訳]
　　1．ランニング・ロイヤルティーの支払いは契約年度の半年ごとにその半期終了後60日以内、すなわち、2020年、2021年、2022年、2023年の3月1日、9月1日までになされるものとする。
　　2．本契約上のロイヤルティーの支払いは、米ドルにより、電信送金によってライセンサーの指定する銀行口座に対してなされるものとする。

■解説■

1　標準的なロイヤルティー支払条項の1つである。ランニング・ロイヤルティーを年2回支払う条件である。期間終了後40日以内とするか、それとも60日、ある

252

いは、90日とするかは、ビジネス上の選択である。

2　支払通貨を米ドルとしているが、相手方により、英ポンド、仏フラン、日本円（Japanese Yen）など選択の余地がある。円高傾向の状況では、支払いは米ドル等外国通貨、受取りは日本円で交渉してみるのが、1つの現実的な対応である。実際の交渉では「米ドル」に落ち着くことが多い。

3　現実には反対の条件（支払いは日本円、受取りは米ドル）の方が相手方が受けやすいであろう。日本円の支払いの場合は上記例文の2項は「in Japanese Yen」を使う。

4　日本を許諾地域とする場合、支払通貨も日本円で契約を取り決めれば、換算レートの問題や紛争を避けることができる。

◇例文151　為替レート（Exchange Rate）の基準 ——売上高とロイヤルティーの計算

> In the event of the royalty being paid in a currency other than that in which the relevant Licensed Products were invoiced or sold, then the exchange rate shall be the official rate as published or announced by ＿＿＿ Bank of ＿＿＿ , or such other bank as designated by Licensor subject to the consent of ABC in advance, as the case may be, on the last working day of the period in question.

［対訳］
　ロイヤルティーが許諾製品について代金請求したり、販売する通貨とは異なる通貨で支払われる場合には、その両通貨間の換算レートについては、＿＿＿＿（所在地）の＿＿＿＿銀行または、ライセンサーが別途ABCの事前の同意を得て指定した銀行によって公表された為替換算レートで、関係する（販売）期間の最終営業日のものを適用する。

■解説■

1　為替換算レートとして採用するものの選択に関わる規定である。あらかじめ規定しておかないと、ライセンサー、ライセンシーの双方がそれぞれ自社に都合のよいレートの適用を主張して紛争に発展するリスクがある。

2　予測できない急激な為替換算レートの変動に備えて、安定した予測を立てるための方策として、ロイヤルティー額の算定のために一定の固定レートを取り決める

第3部　商標ライセンス

方法がある。プラントや海外工事契約などでも活用されることのある手法であるが、契約当事者の相手方には厳しい結果をもたらすことがある。

◇例文152 源泉徴収税（Withholding Tax）の負担と
支払証明（Official Tax Receipt）

Article＿ (Withholding Tax on Payment of Royalty)

Any Japanese withholding tax or income taxes, if any, levied by Japanese Government on the royalties to be paid by ABC to Licensor shall be borne by Licensor, and withheld by ABC in accordance with the provisions of tax laws of Japan.

ABC will effect payment of the withholding tax or income taxes so withheld to the appropriate tax authorities of Japan, and will furnish to Licensor official tax receipts or other evidence issued by such tax authorities so that Licensor may claim for credit to against the income tax of the country of Licensor for the income taxes so withheld and paid in Japan.

[対訳]

第＿条（ロイヤルティーの支払いに対する源泉徴収税）

　ABCからライセンサーに支払うロイヤルティーについて、日本政府により課される源泉徴収税、所得税がある場合には、そのような税金はすべてライセンサーが負担するものとし、日本の税法に従って、ABCにより源泉徴収されるものとする。

　ABCは源泉徴収税または所得税を日本の税務当局に納付するものとし、ライセンサーがライセンサーの国の税金納付の際に日本で納付した所得税について差し引くことができるように、日本の税務当局の発行する正式な納付証明書または他の証拠書類をライセンサーに送付するものとする。

■解説■

1　ロイヤルティーの支払いについては、2国間の租税条約で軽減税率が決められていることがある。日本も租税条約を締結している国々とは多くのケースで10パーセント程度の軽減税率の規定がある。米国との改正租税条約では、ロイヤル

ティー支払いにつき源泉徴収税の免除措置も規定されたので、実務上、注意が必要である。

2 ロイヤルティー支払いに関わる源泉徴収税や所得税は本来所得を受け取るライセンサーが負担すべきものである。本例文では、その負担者をライセンサーであると明示するとともに、その所得税納付書の送付を義務づけた。

3 租税条約の軽減税率の適用の申請・届出手続をロイヤルティーの第1回支払時までにしないと、軽減税率適用の恩典が受けられない。上記例文をさらに詳しくドラフティングし、租税条約にまで言及したのが例文153である。

◇例文153　ロイヤルティーの支払いに関わる源泉徴収税の負担と
租税条約（Tax Treaty）による軽減税率の適用の確認の規定

The amount of withholding tax levied on any payment of royalties to be made by ABC to Licensor shall be borne by Licensor, provided, however, that all such tax shall in no event exceed the maximum rate of ＿＿ (＿) percent provided for in Article ( ) of the Convention for the Avoidance of Double Taxation and the Prevention of Fiscal Evasion with respect to Taxes on Income between the Governments of (Japan) and (＿＿＿).

ABC shall withhold the tax from such payment to Licensor and pay any such tax to the appropriate governmental authorities and shall immediately send to Licensor the tax certificate and any other applicable documentation evidencing the payment of such tax to enable Licensor to support a claim for credit against ＿＿＿ income taxes for such withheld and paid tax.

［対訳］
　ABCがライセンサーに支払うロイヤルティーのいかなる支払いに対して課される源泉徴収税額もライセンサーによって負担されるものとする。ただし、そのような源泉徴収税のいかなる支払額も日本と＿＿＿＿（国名）政府間に締結されている「所得税に関する二重課税と脱税を防止するための租税条約」の第＿＿条の規定に定められた軽減税率の＿＿パーセントを超えることはないものとする。
　ABCはライセンサーに対する支払いからの源泉徴収額を税務当局に

第3部　商標ライセンス

納付し、ライセンサーが_____（国名）の納税の際にクレジット（控除）できるように、すみやかにライセンサーに対して源泉徴収税納付証明書ならびに納付を証明する他の適切な証拠書類を送付するものとする。

■解説■

1　各国とも、租税条約による軽減税率の規定がなければ20パーセントから30パーセントの源泉徴収税（所得税）の課税を受けることが多い。軽減税率は、5パーセントから15パーセント程度まで幅がある。10パーセントあたりが標準であるが、米国との改訂租税条約（2004年3月発効）のように商標・特許・著作権などのロイヤルティーについて免税となったというケースもある。条約の恩典の適用を受けるための具体的な手続をとるためには、契約締結後、ロイヤルティーの最初の送金前に所轄税務署に手続をとることが大事である。ブランドライセンスビジネスでは、租税条約による軽減税率の適用の有無の確認が怠れない。

◇**例文154　税をロイヤルティーの支払者（ライセンシー）が負担するという規定**
──価格をネットベースで取り決め、税金が賦課されたときは支払者が負担し、
最終的な受取りがネットベースになるようグロスアップすると規定する

　(1)　All payments by ABC under this Agreement shall be made without deduction for or on account of any tax.

　(2)　All taxes in respect of payments under this Agreement shall be for the account of ABC, and will be borne and paid by ABC prior to the date on which penalties shall apply.

　(3)　If ABC is compelled by law to make payment subject to any tax and KVC does not actually receive on the due date a net amount equal to the full amount provided for under this Agreement, ABC shall pay all necessary additional amounts to ensure receipt by KVC of the full amount so provided for.

［対訳］

　(1)　本契約に基づくABCによる支払いの一切は、税金のための、又は税金を理由とする差引なしになされるものとする。

　(2)　本契約に基づく支払いに関する税金の一切はABCの勘定で行われ、違約金が適用される日の前に、ABCがこれを負担し、支払うものと

する。

　　(3)　ABCが法律により税金の対象となる支払いを行わなければならず、KVCが期日に本契約に規定される金額全額と（税引後ベースで）同額を実際に受領しない場合、ABCは、本契約の規定する金額につきKVCが受領することを確保するために必要な追加額の一切を支払うものとする。

■解説■

1　本例文中の"net amount"というのは、税込み金額ではなく、（税引後の）純受取金額を指している。

2　グロスアップの方法による対価の調整（増額）には、両当事者の計算方法に差違があることが少なくない。添付別紙として、いくつかの場合の実際の計算式と算出した数値を添付しておくと、のちの争いを予防できる。

７　*商標使用許諾期間（Term）*

　商標ライセンス契約では、許諾期間はビジネス条件として重要である。ライセンサーの立場からみれば、ライセンシーの選択を誤ると、あるマーケットへの進出・販売伸張目標を達成できないだけでなく、ブランドイメージの低下をもたらす。ライセンシーの立場から見ると、まったく市場に受け入れられないブランドのライセンスを許諾されて、見返りに膨大なミニマム・ロイヤルティーを長期間にわたって支払い続けることになりかねない。

　では、どのような商標許諾期間とその取決め方が適切なのだろうか。

　それは、ブランドの評判・評価、ライセンシーの信用、販売展開力等具体的条件によって、個別に考える必要がある。いくつかの取決め方がある。まず、典型的な許諾期間条項を紹介したい。

◇例文155　標準的な規定①

Article___ (Term)
This Agreement shall have effect from April 1, 2020.

第3部　商標ライセンス

The term of the rights granted to ABC under this Agreement shall run from April 1, 2020 and shall end on March 31, 2023, unless renewed by the parties hereto further. Period of such extension and terms shall be agreed between the parties in writing on or before March 31, 2022.

[対訳]
第＿条（期間）
　本契約は2020年4月1日に発効する。
　本契約によってABCに許諾される権利の有効期間は2020年4月1日に開始し、両当事者がその期間をさらに更新しないかぎり、2023年3月31日に終了する。そのような更新の期間、条件については、2022年3月31日までに両当事者間で書面により合意されるものとする。

■解説■
1　期間を当初3年間とし、以降については、当事者間の合意により更新できる取決めとしている。更新してもよいし、両者の意向が合わなければ更新しない。
2　ただし、ライセンシーにとっては、更新はビジネスの死活問題になりうる。あらかじめ、早めに、更新の有無の見通しをつけるために、更新の有無、条件について、許諾期間終了の1年前までに交渉し、確認する取決めとしている。もちろん、半年前までに取り決めることにしてもよい。
3　ライセンシーの販売力と交渉力が強ければ、契約期間中の許諾製品の販売目標額（年額）を決めておき、それを達成した場合には、更新のオプションを確保するような取決めをすることも一案である。ただし、達成できない場合には、契約を打ち切られるという覚悟がいる。
4　この場合、「契約期間」「商標許諾期間」は「Term」であって、「Terms」ではない。「Terms」にすると、「契約の条件」になってしまう。

◇例文156　標準的な規定②

This Agreement and licenses granted in this Agreement shall become effective on the first day of June, 2020, provided that the validation of the government of ＿＿＿＿ has been obtained by ABC required by applicable laws, if any, and shall continue for a term of five

(5) years to and including May 31, 2025, unless sooner terminated in accordance with the provisions hereof.

Licensor and ABC agree to meet and confer concerning renewal of the term of this Agreement no later than twelve (12) months prior to its expiration.

In case of non-renewal beyond May 31, 2025, no compensations shall be payable by either party hereto.

［対訳］

　本契約で許諾されたライセンスは、必要な場合＿＿＿＿＿（国名）の政府の認可がABCによって取得できることを条件として、2020年6月1日に発効する。そして、本契約の規定にもとづいて途中解約されないかぎり、2025年5月31日までの5年間存続する。

　ライセンサーとABCは本契約の期間の満了の12か月前までにその更新について会って、協議するものとする。

　2025年5月31日以降契約が更新されない場合でも、双方とも相手方から損害賠償を支払われることはないものとする。

■*解説*■

1　前掲例文155と同様に標準的な取決め方の1つである。例文155が「更新しないかぎり」と「期間延長」とその手続にウェイトをおいてドラフティングしたのに対して、本例文は、途中解除に関心を持ってドラフトを作成してみた。「5年」と期間を少し長くしたことも関心が途中解除に向かった根拠の1つである。

2　本例文では、更新がなされない場合でも、ライセンサー、ライセンシーいずれからも損害賠償請求をしないことを確認している。現実のビジネスでは、更新問題は、突然の解除や売れ行きが順調なケースの更新拒否など、紛争の種になりやすいところである。通常は、ライセンシー側からライセンサーによる更新拒絶に対してクレームを提起するケースが多い。更新され、ビジネスが継続できた場合を想定して期待利益をもとに損害賠償を請求しようとするのである。

3　とくにトラブルがないときにも本当にライセンサーから無条件に更新拒絶し、解除できるのかどうかは、現実には、必ずしも明確でない。代理店保護法の解除制限と類似の考え方が新興国などで導入されるかどうか、注目の必要がある。たとえば、商標ライセンスをも包含するフランチャイズ契約について、サウジアラビアは、代理店保護法の解除制限、自国民保護と類似した考え方から、自国のフランチャイジーを保護する立法を行っている。契約書フォームまで法令で指定している。

第3部　商標ライセンス

◇例文157　一方から更新拒絶通知がない場合、自動更新（Automatic Renewal）

This Agreement and the license granted in this Agreement shall become effective on the first day of June, 2020 provided that the validation of the government of _____ has been obtained by ABC as required by Section _____ and shall continue for a term of four (4) years to and including May 31, 2024, unless sooner terminated pursuant to the provision of this Agreement.

This Agreement and the license herein granted shall thereafter be automatically extended for successive periods of two (2) years each, unless either party shall have otherwise notified to the other party in writing at least six (6) months prior to the expiry of this Agreement or any extension thereof.

［対訳］

　本契約ならびに許諾された権利は、本契約の＿＿項の規定で要求されている＿＿＿＿＿＿（国名）の認可を取得することを条件として、2020年6月1日に発効し、規定によって途中解約されないかぎり、2024年5月31日まで4年間有効とする。その後は、本契約とその許諾された権利は、いずれかの当事者が本契約または延長期間の終了の前の少なくとも6か月前までに更新しない旨の通知を相手方に対して書面で連絡しないかぎり、さらに2年間ずつ延長されるものとする。

■解説■

1　ライセンス契約の期間の定め方の1つの選択肢として自動更新条項を利用することができる。ライセンシーもライセンサーもお互いに相手方の履行状況をみて、次の期間も契約延長するか、解除あるいは別途条件の変更をするかを検討することになる。

2　この自動更新条項つきの許諾期間取決めをした場合のライセンシー側の不安は、次の期間が本当に自動更新になるか、それともライセンサーから延長しないという通知が来たり、想像もしなかったロイヤルティーの増額の申入れを条件とする延長提案が来たりすることである。自動更新条項がなければライセンシーはもっと不安定な立場になる。本条の方が原則延長が期待できるだけ有利との考え方もできるが、ライセンサーから更新拒絶通知が来る可能性が残る。このような不安解消の具体的

260

な対応策の１つは、更新拒絶通知（Notice）の期限をもっと早くすることであろう。そうすれば対応のための猶予期間となる。たとえば、例文の６か月の代わりに12か月とするなどの方法である。

3 上記**2**の不安を解消するためのスキームの１つとしてとられるのに、一定の額または数量以上のライセンス製品をライセンシーが販売した場合は、自動更新されるという規定がある。ライセンシー側の努力と成果次第で更新が確保されるという安心感がある。フェアな解決策である。実際の契約で利用できる例文を次に紹介する（例文158）。

◇**例文158　ライセンシーによる一定額の販売達成の場合の自動更新条項付き**

This Agreement shall commence in full on the first day of July, 2020, and shall be effective for a period of two (2) years up to June 30, 2022.

If during the said two year period ABC shall have made Net Sales of the Licensed Products of at least _____ U.S. Dollars, then the term of this Agreement shall be automatically extended for a further period of two (2) years each.

ABC shall inform the Licensor of the estimated amount of sales of the Licensed Products during the said two year term at least one (1) month prior to the expiry of the effective term hereof or any extension thereof.

［対訳］
　本契約は2020年７月１日に有効となり、2022年６月30日までの２年間有効とする。
　もし、その２年間にABC（ライセンシー）が最低_____米ドル以上の許諾製品を販売した場合には、本契約はさらに２年間ずつ自動的に更新されるものとする。
　ABCはライセンサーに対して期間終了の１か月前までに当該２年間の予想販売額を連絡するものとする。

■解説■
1 当初の商標使用許諾期間に一定額の許諾製品を販売した場合には、自動的に契

第3部　商標ライセンス

約が更新される。ライセンシーにとって有利な規定である。本条に関連して、万一、最低目標販売数量の達成ができないときは、更新がどうなるのか、あらかじめ取り決めておくことが必要である。独占的ライセンスを非独占ベースにしたり、販売目標額が達成できなくともミニマム・ロイヤルティーの支払いがなされれば延長を認めたり、さまざまである。規定が明確でなければ、ライセンサーとライセンシー間で延長について協議して取り決める、というあたりが通常の対処方法であろう。

2　目標の販売額が達成できたかどうかの判断については、厳密には集計の期間が必要である。実務上は、3か月前の四半期ごとの数値や当初の18か月間の販売実績を基準にして2年間の販売数量を算定する方式などバリエーションがある。上記例文では販売見込額を通知することで対応している。

3　ライセンサー側から見ると、ブランドイメージの浸透・維持を考えると、重点商品の販売状況は更新を決定する際の重要な要素になる。ミニマム・ロイヤルティーの支払いさえなされれば販売実績が振るわなくても自動更新、というわけにはいかないこともある。

4　ライセンサーが自ら現在の許諾地域に子会社あるいは合弁会社方式で進出を計画することがある。そのような可能性のあるケースでは、例文156・157のように一定期間の使用許諾条項を採用し、以降については協議という取決めの方が適切である。協議を行う場合は継続が前提にはならないが、本例文では、販売実績さえ目標額を超えればライセンサー側から更新拒絶ができない。

8　ブランドの名声維持と品質コントロール
(Control of Quality)

　商標許諾された商品の名声維持と品質のコントロールは、ライセンサーにとってもライセンシーにとっても不可欠である。では、両者のニーズを充たし、利害を調和させるには、どのようにライセンス契約で規定すればいいのだろうか。

　ライセンシーが、その商品について高い品質のものを生産する技術・ノウハウを保有している場合と、ほとんど初めて参入するケースでは、同じ契約条項というわけにはいかない。後者のケースは当然、前者の場合でも、ライセンス契約では、ライセンサー側からのライセンシーに対する許諾製品製造・販売に関わるノウハウの開示、技術指導、商業生産・発売前のサンプル検査、生産工場への立入検査などが規定されることが多い。個別・具体的なケースでの両者の関係次第でバリエーションがあ

262

第 2 章／商標ライセンス契約の構成と主要条項

り、標準的な規定としての普遍的な条項はない。次にいくつかの条項を
紹介する。

◇例文159　品質コントロール（Control of Quality）

Article__ (Control of Quality)
ABC agrees that the Licensed Products manufactured and sold un-
der this Agreement shall be of high standard and such quality as to
enhance the reputation and prestige of the Karen View Trademarks.
ABC undertakes to manufacture and distribute all of the Licensed
Products strictly in accordance with samples, models approved by the
Licensor and its instructions as to shape, color and materials.
ABC shall submit to the Licensor for its approval before starting
the production of the Licensed Products for sale, samples or models
which ABC plans to sell or offer for sale under Karen View Trade-
marks.

［対訳］
第__条（品質コントロール）
ABC（ライセンシー）は、本契約のもとで製造・販売される許諾製品
が高い水準のものであり、カレン・ビュー商標の評価と威信を高める品
質であることに合意する。
ABCは、許諾製品をライセンサーの見本、モデルならびに型、色彩、
材料についての指示に厳密に従って生産・販売するものとする。
ABCは許諾製品の販売のための生産を開始する前に、ABCがカレン・
ビュー商標のもとで販売、または販売の申込を行おうとしている見本や
モデルをライセンサーに対してその承諾を得るために提出するものとす
る。

■解説■
1　本例文では、冒頭にその名声維持という目的を規定し、続いて具体的にサンプ
ルやライセンサーからの指示に従うことを規定している。ライセンサー側からの指
示には品質の同一性・高級イメージを維持するための技術・ノウハウが含まれるこ
ともある。

263

第3部　商標ライセンス

2　商標使用許諾製品の許諾地域向け販売にあたっては、ライセンサー本国の同商標製品と同じ規格の場合と、その許諾地域の消費者の嗜好を勘案して、デザイン・色彩・型・大きさなどに工夫を加えることがある。典型的なのは現地の言語によるブランド表示の追加である。ライセンサー側としては、ロゴや美観も総合的に評価して承認する手続をとる。

3　見本、プロトタイプの提出、承認は、最も標準的な品質管理の手法である。許諾地域だけの商品開発の際も、同様の手続をとる。その場合、ライセンサーは、品質評価だけでなく、そのような新分野での商品に自己のブランドを使用許諾することがそのブランド全体のイメージを傷つけないかどうか、慎重に検討することになる。

4　ライセンシーによる生産であっても、ブランド名による顧客誘引を利用して、素材、デザインの粗悪な品物を販売すれば、短期間のうちにブランドイメージは凋落する。短期的なロイヤルティーの極大化戦略が、長期的にはマイナスになることさえある。普及品・廉価品のライセンスは慎重に行い、むしろサブブランドを採用してメインブランドに傷をつけない配慮がなされることが多い。逆に化粧品への進出などにより、繊維製品のブランドイメージを高める場合もある。化粧品への進出は各ブランド・オウナーの夢といわれる。

5　一方、イメージを落とすような分野・商品・サービスへの使用許諾は拒絶する。現実には経済活動は利益がからみ、激しいものである。有名ブランドの無断使用は世界中で頻繁に起こっている。ニセモノビジネス、アンダーグラウンドビジネスとの戦いである。日本においても、ディズニー、シャネル、ニナリッチなどが、それぞれポルノショップ、ラブホテル、風俗喫茶などと訴訟提起により差止めを求めて対決しており、その判決文は生々しい。いずれも原告側が勝訴している。それにもかかわらず、さまざまな業種で外国の著名ブランドの無断使用は、事業名や商品名で広く行われている。対決するには、商標法のみでなく、不正競争防止法の力を借りることになる。では、このような紛争についてライセンシー、ライセンサーのいずれが責任をもって対応するかが次の問題になる（例文160）。

◇例文160　定期的な見本提出・指導員の派遣
(Submission of Samples and Dispatch of Licensor's Representatives)

1. ABC shall deliver twice a year in advance of each Season to the Licensor free of charge samples of each item of the Licensed Products currently being manufactured by ABC or its sublicensees, including labels and packings in order to exercise the Licensor's rights of quality control.

第2章／商標ライセンス契約の構成と主要条項

ABC shall ensure that ABC or its sublicensees comply, observe any recommendation of the Licensor to ensure compliance with the high standard of quality of the Licensed Products bearing Karen View Trademarks.

2. The Licensor may at its option once a year send one or two of its representatives to visit the premises of ABC and its sublicensees in order to assist ABC or its sublicensees in manufacturing the Licensed Products to conform to the high standard of quality. The costs of such trip and stay of the Licensor's representative to ABC's country shall be borne by the Licensor.

［対訳］

1. ABC（ライセンシー）は、年に2度、各シーズン前に、ABCまたはそのサブライセンシーによってその時期に生産された許諾製品の見本を、無料で、ラベルと包装とともに、ライセンサーが品質コントロールの権利を行使できるように、送付するものとする。

ABCは、ABCまたはそのサブライセンシーが、カレンビュー商標を付した許諾製品の高品質に合致することを確保するために、ライセンサーの推奨事項を遵守させるものとする。

2. ライセンサーは、その自由裁量で、年1回、ABCまたはそのサブライセンシーが高品質に合致するように生産できるよう援助するために、その事務所に、ライセンサーの代理人を派遣することができる。派遣に関わる旅費・滞在費はライセンサーが負担するものとする。

■解説■

1 例文159で紹介したブランドイメージ・品質コントロールの基本的な条項に加えて、定期的にその維持・チェックを図るためのスキームが採用されることがある。1項は、実際に生産販売される見本を定期的にシーズンごとにライセンサーに送付するプランである。製品を開発して生産開始した時点では高い品質であったものでも、年月を経てもマーケットに歓迎されるかどうかは、微妙な問題である。サブライセンシーや生産工場が変われば、できばえや品質が変化することもある。消費者の嗜好が変わることもある。何でもないようで、定期的な見本送付というスキームは品質管理に役立つことがある。本項は、ライセンサーが実際に遅滞なく見本を検査し、ライセンシーにその結果を通知することが前提である。たとえば、見本送付

265

第3部　商標ライセンス

後30日経過しても、ライセンサーから合格（Acceptance）もしくは不合格（Rejection）のいずれの通知もないときは合格したとみなす、などの取扱いをすることを取り決めておくことが、ライセンシーの側からは望ましい。

2　ライセンサーからの定期的なライセンシー工場への品質指導アドバイザーの派遣も品質管理の方法の1つである。その派遣費用をライセンシー側に負担させるケースもある。費用節減を考えるか、派遣されたメンバーの独立性を考えてライセンサー側の負担としておくか、その考え方や負担の仕方にはさまざまなバリエーションがある。ロイヤルティーにどう織り込むかの問題でもあり、交渉事項である。ライセンサーのRepresentative(s) は本国からその技術者（senior engineer; senior employee）を派遣してもよいし、費用を節約するために商標許諾国の技術者や会計士などを起用するオプションもある。

3　本例文のケースで、ライセンサー側からのアドバイスをライセンシーがどこまで尊重すべきかは、契約条項として明文化することもある。ライセンサー側に一方的に有利な規定が置かれることが多い。

◇例文161　ライセンサーの規格・水準（Standard of Quality）未満品の
　　　　　　生産差止請求権——拒絶された見本（Rejected Samples）

In case any of the samples or models submitted by ABC is rejected by the Licensor, ABC shall not manufacture or distribute such rejected samples or models under Karen View Trademarks, and shall take the same out of collection of the Licensed Products.

If ABC manufactures or distributes any of such rejected items of the Licensed Products in violation of this provision, the Licensor may at its sole discretion terminate this Agreement or any part of this Agreement by giving written notice to ABC.

［対訳］
　もし、ABCが提出した見本またはモデルがライセンサーによって（承認を与えることを）拒絶された場合には、ABCは拒絶された見本あるいはモデルの許諾製品の品目をカレンビュー商標を使って生産または販売してはならない。
　万一、ABCがそのような（承認）拒絶された見本やモデルの品目をこの規定に違反して生産・販売した場合には、ライセンサーはその裁量で、

266

第2章／商標ライセンス契約の構成と主要条項

> 本契約の全部または一部を、ABCに書面で通知を行うことにより、解
> 除できる。

■解説■

1 例文159・160の品質コントロールの裏付けとして、ライセンサーによる不適合品の拒絶権を明確にしたものである。素材・仕上りなど品質そのものが不十分な場合とその商品のデザインなどイメージがライセンサーの求める基準と合わないことがある。

2 イメージが合わないという理由の拒絶は、ライセンシーの身になって考えれば厳しい。たとえ、ライセンシーによって許諾地域のみで販売されても、並行輸入などによって第三国に商品が販売されることもありうる。ブランドイメージの統一性を守るため、ライセンサーが拒絶することがあるのもやむをえないところであろうか。ライセンシー、ライセンサー間で話し合って解決すべきであろう。

9 *許諾商標の登録と侵害の排除*（*Registration of Trademarks and Proceeding against Third Party for Infringement*）

　商標許諾契約でライセンシー側からみて重要なチェックポイントの1つは、ライセンスの対象となる商標（ブランド）が許諾地域で許諾対象商品について商標登録がされているかどうか、そしていつまで有効か、である。更新手続を忘れては大変である。

　世界的に有名な商標であっても、許諾対象国でライセンサーが商標登録をしていないケースは少なくない。第三者が類似商標を登録している可能性もある。以前に短期間ディストリビューターやライセンシーに指定された企業が商標登録をしてそのままになっている例もある。不正競争防止法でそのような第三者と戦うことができるとしても、ライセンス契約の締結にあたっては登録状況の確認が欠かせない。

　また、商標の使用をめぐって、ニセモノ騒ぎなど紛争が発生した場合に、ライセンサー、ライセンシーのどちらが解決にあたるのか、そのリーダーシップ、費用負担、責任の帰属も含めてあらかじめ取り決めておくほうがよい。紛争解決のための費用と労力は大きな負担である。

　近年は、商標については、並行輸入が認められている。内外価格差の

267

第 3 部　商標ライセンス

解消という理由のもとで、並行輸入が奨励される風潮にある。ライセンサーが許諾地域の近隣諸国でどのような商標ライセンスを行っているか、よく確認しておくことが肝要である。円高対応の一環として海外生産も考えられる。許諾地域も柔軟に検討することになる。

◇例文162　許諾商標の登録確認と第三者の商標を侵害しない旨の保証規定
(Representation of Licensor as to Trademarks)

1. The Licensor represents that it is the owner of Karen View Trademarks and that Karen View Trademarks have been duly registered (or applied) in_____ :
(1)　Trademarks: Karen View
Karen View Device
(2)　Class: _____
(3)　Registration Number: _____
_____
_____
Status of Registration (Registered or Application):
_____
(4)　Date(s) of Registration and Renewal:
_____
_____

2. The Licensor represents and warrants that Karen View Trademarks are and will be valid trademarks in the Territory during the term of this Agreement or any extension thereof and that the use of Karen View Trademarks in the Territory will not infringe on any other person's trademarks.

3. The Licensor agrees to indemnify and hold ABC harmless from third party's claim for losses and damages which may arise from the use of Karen View Trademarks by ABC in the Territory under this Agreement.

［対訳］
　1.　ライセンサーは、ライセンサーがカレン・ビュー商標の所有者で

あり、同商標が＿＿＿＿＿＿＿（使用許諾国）で正当に登録されている（または、登録の出願がなされている）ことを確認する。

(1) 商標名：カレン・ビュー

カレン・ビュー模様（図柄）

(2) 商品分類：＿＿＿＿＿＿＿＿＿＿＿＿＿＿＿

(3) 商標登録番号：＿＿＿＿＿＿＿＿＿＿＿＿＿

＿＿＿＿＿＿＿＿＿＿＿＿＿＿＿＿＿＿＿＿＿＿＿

登録の状況（登録済み／登録出願中）

＿＿＿＿＿＿＿＿＿＿＿＿＿＿＿＿＿＿＿

(4) 登録ならびに更新の日：

＿＿＿＿＿＿＿＿＿＿＿＿＿＿＿＿＿＿＿＿＿

＿＿＿＿＿＿＿＿＿＿＿＿＿＿＿＿＿＿＿＿＿

2. ライセンサーは、カレン・ビュー商標が契約期間またはその延長期間中、有効な商標であることを保証し、その許諾地域での使用が第三者の商標権を侵害しないことを保証する。

3. ライセンサーは、万一第三者がABCに対してその許諾地域におけるカレン・ビュー商標の使用にもとづく損失・損害賠償を請求してきた場合、一切ABCに迷惑がかからないようにすることに合意する。

■解説■

1 本条の1項の狙いは、許諾地域（国）でライセンス対象の商標が、いつどのような登録をされているかについて確認することにある。商品分類がライセンス契約の許諾対象製品を充分にカバーしているかどうかもチェックポイントの1つになる。現地国の文字による登録出願がなされ、登録済みかどうかもチェックする。

2 偶然、ときには悪意の第三者が、現地で先によく似た呼び方や模様の登録商標を保有していることがある。アメリカに進出しようとした日本の高級車「レクサス」が、リーガル情報サービスの「レクシス」から類似と主張されて紛争になったことがある。これは業種も異なり、非類似と判断して不思議のないケースであったが、紛争解決には相当の期間がかかった。訴訟にまで発展しない商標侵害紛争を数え上げれば枚挙にいとまがない。アルファベットや数字3文字から成る商標は、進出先で別な事業や商標とぶつかることが多い。世界的に著名な商標であれば、国内の第三者による類似商標の登録にもかかわらず、不正競争防止法などで、著名商標として一定の保護が享受できることがある。しかしながら、排他的な権利を確立するためには、やはり、商標登録が一番である。商標、著作権の不正使用は巨大な産業となっている。戦うためには、一定のコストを負担する覚悟が必要である。

第3部　商標ライセンス

3　2、3項は、ライセンサー側が、第三者からの商標侵害クレームからライセンシーを保護するという趣旨である。ライセンシー・ライセンサー間の力関係や交渉次第では、逆にライセンシー側が自らの責任でそのようなクレームに対応しなければならないケースもある。

4　3項の"Hold harmless"条項はライセンサーにとって非常に大きな負担になることがある。結果としてまったく非類似のケースであっても、第三者がビジネス上の理由で、商標権の侵害あるいは、不正競争防止法等にもとづきクレームをつけてくることがある。訴訟を起こして使用差止めを求めてくることがある。それぞれの地域・分野で、Good Faithに使用されてきたブランド、商号が、たまたまその事業活動の国際化・多角化の結果、外見上、競合・侵害し合うことになることがある。

5　資力の充分でないベンチャーが初めて海外に進出を図る場合などは、その新しい進出先での商標登録手続でライセンシー側で協力したり、一定のリスクを分担するケースがある。

◇**例文163　ライセンサーによる許諾地域における商標登録が未登録で、商標登録はライセンサーが契約調印（Execution of Agreement）後行うという条項**
(Registration of Trademarks)

1. The Licensor warrants that it has a valid trademark registration of _____ in _____ covering the Licensed Product, and that it has the right to license the Karen View Trademarks in the Territory according to the terms of this Agreement.

2. The Licensor warrants that it will submit an application for trademark registration of Karen View Trademarks covering the Products in the Territory immediately after the execution of this Agreement.

3. ABC agrees to assist the Licensor in the procurement of any protection of the Licensor's right pertaining the Karen View Trademarks, at the Licensor's request and at its expenses.

［対訳］

1. ライセンサーは、ライセンサーが_____（国名）において許諾製品をカバーする_____（商標名）に関する有効な登録済みの商標権を保有していることを保証し、また、許諾地域においてカレン・ビュー商標を本契約の条件に従って使用許諾する権利があることを保証する。

2. ライセンサーは、本契約調印後、直ちにカレン・ビュー商標の登録出願を行うことを保証する。

　3. ABCは、ライセンサーの要請とその費用で、ライセンサーのカレン・ビュー商標の権利に関わる保護の取得に協力することを約束する。

■*解説*■

1 　例文162に比べると、本例文は許諾地域における商標の権利確立についてのライセンサーの保証がない。本国では商標登録されていても、商標は、各国ごとの商標登録制度であるから、許諾地域で登録されていなければ、第三者が類似の商標を先に登録している可能性がある。その場合、ライセンサーが登録できないこともありうる。

2 　2項では、商標登録のための出願手続をライセンサーが行うことを約束しているだけである。特許庁が登録を認めるかどうかは別である。

　実務上、紛争を予防するためには、この段階では、少なくともライセンサー側で、許諾地域において類似の商標の登録がないことと、許諾商品について使用されていないことの確認がされていなければならない。契約上の文面からは不明である。ライセンサー側が調査することを期待しても、契約で規定したとしても、実際には類似商標を見落とすことがある。現実の紛争の遠因をはらむ重要なチェックポイントである。

　契約書上の取決めがどうであれ、ライセンシー側でも協力して調査したほうがビジネスとしては実際的であることが多い。侵害事件が発生したとき一番打撃を受けるのは、ライセンシーなのである。

3 　3項は、ライセンシー側の協力義務を取り決めたものである。本例文では、その費用は、ライセンサー負担であるが、実際の交渉では、ライセンシー側も一部負担することがある。

　ライセンサー側から、許諾地域で商標登録できる保証がないこと、第三者からの権利の侵害クレームについては責任を負わない旨の明示を主張されることがある。ライセンサーが未進出の国から、商標の使用ライセンスを申し出た場合の許諾条件は、イニシャル・ロイヤルティーの額を含めたビジネス上の交渉項目となる。条件は、力関係により千差万別である。決まりきったフォームも、法律上の強制もない。

◇例文164　第三者による商標侵害を排除する規定（ライセンサーの責任負担条項）(Proceedings against Third Party for Infringement and Counterfeit)

　　1. ABC shall forthwith upon coming to its knowledge notify the Licensor of any infringement or threatened infringement or counter-

第3部　商標ライセンス

feit of the Karen View Trademarks.

2. In case of any infringement or counterfeiting as referred to above, the Licensor and ABC shall immediately mutually consult on the course of action to be taken. After its consultation with ABC, the Licensor will, to the extent it considers necessary, take at its expense all appropriate actions, including the commencement of any suit or other proceedings against such infringer or counterfeiter.

3. ABC shall at the Licensor's request render all reasonable assistance in connection with such actions.

［対訳］

1. ABCは、カレン・ビュー商標が（第三者により）侵害されたり、侵害されそうになったり、偽物が作られていることを知ったときは、直ちにライセンサーに知らせるものとする。

2. 上記のような侵害、偽物が発生した場合は、ABCとライセンサーは、直ちに、とるべき対応措置について協議するものとする。ABCとの協議の後、ライセンサーは、ライセンサーの費用により、必要と判断する範囲で、侵害者、模倣者に対する訴訟やその他の手続を含むすべての適切な対応措置をとるものとする。

3. ABCは、ライセンサーの要請があるときは、かかる対応措置に対して合理的なあらゆる協力を行うものとする。

■解説■

1　本条の狙いは、商標許諾地域で第三者からの商標権侵害が発生した場合に、その侵害行為に対してどのように排除するかについて、対応方法、対応責任者、費用負担者をあらかじめ取り決めることにある。

　国際的な商標ライセンス契約では、侵害行為を排除するための対応措置については、誰が責任をもって決定し、実行するのか、あらかじめ取り決めておくことが、実務上紛争防止に役立つことが多い。第三者による侵害に対して何も取り決めずに、協議条項に委ねるのは勧められない。

2　商標権がライセンサーに帰属することから、ライセンサーがすべての責任を負担し、ライセンシーは一切の責任も費用を負わないと規定するのも、1つの方法である。しかし、現実には、ライセンシー側からの情報提供や協力がなければ、ライセンサー側は有効な対応措置がとれない。そのため、何らかのライセンシー、ライセンサー間の相互の協力を取り決めることが一般的である。

3 本例文では、ライセンシー側は侵害事実の情報提供とライセンサーの侵害行為排除の措置に対する協力義務を定めている。侵害行為を排除するための対応措置は、訴訟も含めて、相互に協議するが、具体的にとる対応措置は、ライセンサー側で決定し、その費用で実施することとしている。

4 侵害行為には、ライセンス商品の売れ行きや信用維持にほとんど影響のない小規模の侵害行為、有効な手だてのない相手先不明の侵害行為、侵害行為なのかそうでないのか明瞭でない場合などがある。

近年、いわゆる偽物、模造品など商標侵害品が増加する一方、並行輸入も盛んである。アメリカでは、Gray Market の問題として取り扱われている。日本では、商標に関する並行輸入については、「パーカー万年筆の並行輸入事件」など判例が積み重ねられ、合法的であることが確立している。したがって、「偽物」は税関で輸入差止めができるが、真正品の並行輸入は差し止められないという問題がある。たとえば、独占的なライセンス許諾の見返りとしてライセンシーが年間5億円ずつの宣伝・広告費を支出してそのブランドを有名にしても、並行輸入品はその恩恵だけを受けて（フリーライド）、輸入販売されることになる。宣伝費とサービス提供を負担するライセンシーと身軽な並行輸入業者との競争は、当該商標を付した商品のイメージ、売れ行きや価格に影響を与えることがある。ライセンシーとしては、並行輸入問題を勘案した上で、ライセンス契約の条件交渉を行うことになる。

5 本例文のバリエーションとしては、どのような対応措置をとるかの決定をライセンサー、ライセンシーが共同で行い、費用を分担する方法がある。また、一方的にライセンサーは何の対応措置もとらないケースもある。ライセンシーが侵害排除責任を負担するのである。ライセンサーの規模・資金力、ビジネス上の力関係、ロイヤルティーの決め方などさまざまな要素がからんで取り決められるために、本条のバリエーションは無数にある。

6 ライセンシーが侵害排除を引き受ける場合、たとえば、本例文の2項に続くバリエーションとして次のように取り決められる。

"If, however, the Licensor decides not to take any action to terminate such infringement or counterfeit, then ABC may take at its expenses all reasonable legal actions or other proceedings, including filing law suits against such infringer or counterfeiter and settlements with any of them, and shall been titled to receive all damages or proceeds, if any."

ただし、その訴訟・紛争解決の進め方によっては、ライセンサーの商標権の保護上、支障がおきる可能性がある。ライセンシーが商標侵害者と何らかのディール（取引）のもとに、和解し、ライセンサーの商標権を経済上の効果として使用許諾あるいは、一部譲渡してしまうリスクがある。ライセンシーにとっては、類似の商標の相手方であっても、一定の譲歩のもとに和解金を受け取り、弁護士料の節減を図るほうが魅力があるかもしれない。はたしてこのような条項が適切なのかどうか、ライセンサー、ライセンシーのいずれも侵害行為の排除のための措置をとらない場

第3部　商標ライセンス

合と比べながら、ビジネスとしての損得を計算する必要がある。

7　ライセンシー側に排除義務を負担させる規定を置く場合には、ライセンサーはその訴訟の提起の仕方（名義など）、解決の仕方（条件、和解金・損害賠償金の受取人など）について、しっかり取り決めておく必要がある。訴訟では、弁護士の起用・指示・証拠での協力の仕方によっては故意に敗訴することも可能なのである。故意にライセンサーに不利な和解をして訴訟を取り下げることも可能である。また、ライセンシーは善意でも、資金負担力や紛争解決能力が欠けていれば同じことになる。裁判所は和解条件の詳細については関与しない。

　理想論と聞こえるかもしれないが、商標権者であるライセンサーが第三者による商標侵害排除の責任を負担し、ライセンシーには商標権のプロテクションのための行為のリーダーシップは一切とらせないで、ライセンサーの指示する協力義務に限定するほうが、ライセンサーにとって賢明な解決方法であろう。

10 許諾製品の宣伝広告・販売努力に聞する規定

　許諾地域（Territory）における独占的な商標ライセンス契約の場合はもちろん、非独占的なライセンス契約の場合でも、ライセンサーにとっての関心の1つはライセンシーによる本格的な販売努力である。ライセンシーはいったい、どのような陣容、販売ネットワーク、宣伝広告によって、商標許諾製品の販売を行っていくのかという問題である。

　具体的に宣伝・広告費にいくら充てるかを規定することがある。売上高の一定比率あるいは一定金額（初年度など）を基準として、その金額を規定するのである。

　場合によっては、宣伝広告費、拡販費の一部をライセンサーが負担したり、販売に協力するケースがある。本国での商標品のカタログ、繊維製品の春秋などシーズンのコレクション開催（新作発表）による協力もある。許諾国における商標ライセンス生産と本国からの製品輸入が混在する場合などは、とくにこの協力関係が必要になる。商標ライセンスの対象品目ごとにライセンシーを別々に起用するライセンス方式もある。

　ライセンシーの販売努力義務を規定する方法として、具体的には、組織、ネットワーク、店舗数（専門店、直営店）、二次販売店の規模を規定する方法もある。商標ライセンスビジネスの中には、フランチャイズ方式も含まれる。ライセンスした商品の販売が成功し、期待どおりの売

第2章／商標ライセンス契約の構成と主要条項

上げを達成し、ブランドのイメージアップに成功することは、ライセンシー、ライセンサー共通の関心事でもある。

ここでは、一般的なライセンシーの販売努力義務・広告宣伝義務に関わる条項を紹介する。

◇例文165　ライセンシーの宣伝広告・販売努力義務①
(Advertising and Sales Promotion)

1. ABC shall exercise throughout the term of this Agreement all reasonable efforts to promote and advertise the Licensed Products in the Territory.

2. At least ABC shall in each year spend on advertising and promoting the Licensed Products an amount equal to _____% (_____ percent) of the total Net Sales Amount of the Licensed Products invoiced in the preceding year or _____ U.S. Dollars, whichever is greater, in accordance with the advertisement plan to be approved by the Licensor.

［対訳］

1. ABCは本契約期間中、本許諾地域で許諾製品の販売促進と宣伝を行う合理的な努力をするものとする。

2. ABCは毎年、最低限、前年度の許諾製品の純売上高の_____パーセントまたは_____米ドルのいずれか多い方の金額を、ライセンサーが承認する宣伝計画に従って、宣伝・販売促進のために使うものとする。

■解説■

1　本例文の1項は、ライセンシーの販売宣伝義務をいわば努力義務として抽象的に規定したものである。ライセンシーが、生産はしておいてまったく販売・宣伝をしないということはまず考えられないから、ライセンシーが本項に違反することはあまり考えられない。

また、ライセンス契約中にミニマム・ロイヤルティー条項があれば、本項はなくとも足りるという考え方もある。契約条項として規定するかどうかにかかわらず、

275

第3部　商標ライセンス

ライセンシーが果たすことを期待される義務である。

2　1項の規定だけでは、ライセンシーの販売努力義務について客観的な基準がない、とライセンサーが不安を抱くことがある。そのような問題の解決のためには、2項のように具体的にライセンシー側の宣伝・販売促進の予算額を決めておく方法がある。例文ではライセンサーに計画案を提示してその承認を受けることとした。このような規定が必要か、また有効かどうかは、ライセンシーの販売実績、販売網等へのライセンサー側のビジネス判断と信頼次第である。ライセンス契約にとって不可欠の条項ではない。

◇例文166　ライセンシーの宣伝広告・販売努力義務②（バリエーション）

1. ABC shall at all times during this Agreement use its best efforts to promote and to sell all the Licensed Products under the Karen View Trademarks.

2. Samples of all promotional materials or plans of advertisements referring to the Karen View Trademarks for intended use by ABC shall be submitted by ABC to the Licensor for its prior approval before the commencement of ABC's advertising campaigns to the public.

[対訳]

1. ABCは本契約有効期間中いつでも、カレン・ビュー商標のもとですべての許諾製品を販売促進し、販売するための最善の努力をするものとする。

2. ABCが使用予定のカレン・ビュー商標に関わる販売促進資料の見本と広告の計画書は、ABCが公衆に広告活動を開始する前にライセンサーに提出し、その事前承諾を受けなければならない。

■*解説*■

1　本例文は、例文165の2項のような具体的な予算（金額）による販売促進活動を規定する代わりに最善の努力を規定する場合の条項として紹介した。何が最善の努力をしたことになる基準なのかについて、曖昧な点は残る。それぞれのマーケットにより、派手な宣伝よりも、有望な客先への地道な訪問、誠実な対応、優秀で訓練されたスタッフ、重点販売地域・客層の選定とそれに合わせた販売ネットワーク

第2章／商標ライセンス契約の構成と主要条項

（販売店網）の構築など、販売活動には、さまざまな戦略がある。ライセンシーにマーケティング戦略を任せるのも1つの方法なのである。

2 2項の場合、ライセンシーが使用しようとする広告番組・宣伝計画や販売促進資料の内容をライセンサー側でチェックできるようにしている。販売促進方法については、ライセンシー側に任せてしまう方法もあるが、放任すると、ライセンサーの予想を超えた比較広告や虚偽の説明などが加わることがある。ブランドイメージに打撃を与えたり、変更してしまう広告がないとも限らない。広告でも社会性の強いメッセージを加えたり、イメージ広告を展開する場合、不運な場合には、その国の風俗・習慣に合わず、放映・発表禁止処分や紛争に発展することさえある。本2項はそのような広告による紛争がライセンシーの行為によって発生するのを予防するため、ライセンサー側で、事前にチェックする機会を確保したいという狙いがある。

11 生産・販売記録と帳簿 （Accounting and Records）

ライセンサー側にとっては、実際の生産・販売に見合ったロイヤルティーを受け取るためには、ライセンシーからそのライセンス生産した製品の数量、販売額についての正確な記録と計算書の提出を受け取ることが必要である。ライセンシーがサブライセンシーを起用するときは、サブライセンシーの生産・販売額を含めた記録と数字が必要になる。ライセンサーから見ると、ライセンシーやサブライセンシー側には、実際の生産・販売額より少ない数字を提出し、ロイヤルティーを少なく支払う誘惑がある。どのように不正を防止すればよいか。ライセンサー側に立って考えてみる。ライセンサー側で、ライセンシーの帳簿を閲覧したり、必要な項目の抜粋資料の提出を求めたりできるようにしておきたい。実際には、ライセンシーに対する信用、検査の費用と実効性を勘案して取り決める。

◇例文167　ライセンシーの許諾製品の生産・販売記録・帳簿作成・保存とライセンサーの閲覧権

1. ABC shall keep full and accurate records and accounts relating to the manufacture and sales of the Licensed Products.

277

第3部　商標ライセンス

> 2. ABC shall make its records and accounts available for inspection by the Licensor or its duly authorized representatives upon reasonable advance notice.

[対訳]
　1.　ABCは許諾製品の製造・販売に関する完全・正確な記録と勘定を保存するものとする。
　2.　ABCは、ライセンサーから合理的な事前の通知を受けたときは、その記録・勘定をライセンサー、またはライセンサーが指定した代理人による検査に提供しなければならない。

■解説■

1　1項は、商標ライセンスにおけるロイヤルティーの計算の正確さを確認するために、最低限必要な項目を規定している。帳簿が、粉飾・記載もれなど、ライセンシー側の故意・過失あるいは能力不足などによって、現実の許諾製品の製造・販売記録を正確に反映していないと、本条項の違反になる。記載項目を厳密に規定することもある。

2　2項ではライセンサー側から検査員を派遣する方式を定めている。この規定案では、費用をライセンサー側の負担としているが、一部をライセンシー側の負担とする取決め方もある。検査の結果によって、費用負担者を決める方法もある。ライセンシー側の数字が不正確であることが判明し、その結果、ランニング・ロイヤルティーの割増（修正）支払いを求める場合には、派遣費用をライセンシーの負担とする取決め方がある。想定される検査の雰囲気、両者間の協力体制への影響を勘案して方針を決める。

　検査員を派遣する代わりに、ライセンシーに対して、帳簿のコピーなどロイヤルティーの計算の裏付けとなる資料・数字の提出、送付を求める方法もある。費用と効果を比較して検討する。ドラフティングは、常に相手方との関係でどのように取り決めればビジネスがスムーズにいくかを考えて進めていく。

12　解除（Termination）と解除の効果（Effect of Termination）

　相手方の重大な契約違反、倒産などの緊急事態が発生した場合は、当初の契約期間にかかわらず、途中解除を考慮しなければならない。また、

第2章／商標ライセンス契約の構成と主要条項

どちらの事由でもないが、相手国に国連による経済制裁が課されたり、戦争・内乱・紛争や大規模な地震災害など異常事態が発生し、予定していた履行が困難になることがある。このような場合は、解除を考えなくてもいいのだろうか。

通常、前者は解除の問題、後者は不可抗力（force majeure）の問題として扱われる。実際に事態が発生してみると、後者の場合も、一定期間そのような事態が存続すると、解除の問題に発展することがある。一方（通常はライセンサーのみ）が、多くの具体的な解除事由を列挙して、相手方（ライセンシー）がその事由に該当する場合に、通知により解除できると取り決める場合がある。ロイヤルティーの不払い、販売地域違反、品質不良品の販売、帳簿保存義務違反などさまざまな解除事由が規定される。契約解除権の問題は、当事者の交渉力・力関係・ビジネス固有の事情によって左右される。

ライセンサー側の契約違反によって、ライセンシー側が契約解除した場合、ライセンシーは継続してその商標を使用できるだろうか。在庫品、仕掛品が大量にある場合どうなるか。別な商標を使えば、同じ商品を製造・販売できるだろうか。これは、解除の効果（Effect of Termination）として取り扱われる問題である。国際取引、契約法の基本的な問題の1つであり、契約のドラフティングによって、すべてが解決できるわけではない。

契約解除の事態が発生したときは、すでに紛争のさなかにある。実務上、紛争拡大予防のために、さまざまな工夫を凝らした解除条項が規定される。

◇例文168　契約解除（Termination）

Either party shall have the right to terminate this Agreement on the occurrence of any of the following events by giving a written notice to the other party of such breach and intention of termination. Unless the other party cures such breach within thirty (30) days after the receipt of such written notice of breach and intention of termination, this Agreement shall be automatically terminated on the

第3部　商標ライセンス

elapse of such thirty day period.

    (a)   In the event that any royalties or other payments due under this Agreement are not paid by ABC on or before the due date,

    (b)   In the event that control of ABC is acquired by any third party,

    (c)   In the event that either party fails to perform any of its obligations under this Agreement, or

    (d)   In the event either party files a petition in bankruptcy or a petition in bankruptcy is filed against it, or either party becomes insolvent or bankrupt, or goes into liquidation or receivership.

［対訳］

　契約当事者は、相手方が、下記の事由のいずれかに該当するときは、相手方に対して、その違反事由と解除の意思を通知することにより、契約を解除することができる。その契約違反事由と解除の意思の通知が相手方によって受領された日から30日以内にその事由が解消（治癒）されないときは、この契約は30日間の経過により自動的に解除されるものとする。

　(a)　ABC（ライセンシー）がロイヤルティーを支払期日に支払わないとき、

　(b)　ABC（ライセンシー）のコントロールが第三者によって取得されたとき、

　(c)　いずれかの当事者が契約の規定に違反したとき、または

　(d)　いずれかの当事者が破産申請を行うか、または第三者により破産申請を提出されたとき、またはいずれかの当事者が支払不能または破産状態になったとき、または、いずれかの当事者が清算手続に入るか、または財産管理人が指定されたとき。

■解説■

1　本例文は、比較的ライセンシーとライセンサーに公平に規定している。いずれの当事者の契約違反も解除事由になる。とくに、ライセンシー側からは解除するメリットがないのでは、という意見をときどき聞くが、ミニマム・ロイヤルティーの支払条項をはじめ、ライセンシー側にも解除したい根拠がある。

2　また、違反のない当事者から、相手方が陥っている解除事由と解除の意思の通

280

第2章／商標ライセンス契約の構成と主要条項

知を発送し、相手方（違反者）が受領してから30日という治癒期間をおいて、ゆったりしたスケジュールとしている。商標ライセンス契約では、融資契約や売買契約のように緊急に解除する必要性は小さいというビジネス判断を前提としている。

3 ロイヤルティーの支払遅延や自己破産の申立て、コントロールの変更の場合については、30日の治癒期間の余裕を与える必要はないという考え方もある。その場合は、(a)項に該当する場合は、「直ちに（immediately）解除できる」に、あるいは「7日間程度の治癒期間」を与えて解除できると定める方法もある。どちらにも一長一短がある。ビジネス上の判断によって決めればよい。

◇例文169　契約解除の効果（Effect of Termination）

> 1. When this Agreement is terminated pursuant to the provisions set forth above, ABC shall refrain from further use any of the Karen View Trademark and ensure the removal of the Karen View Trademark from all the Licensed Products remaining in the inventory of ABC or its sublicensees, if any.
>
> 2. The Licensor shall have the option to purchase ABC's stock of the Licensed Product or any portion of it at the price of _____ less a discount of _____ percent.
>
> 3. Any termination of this Agreement shall not impair or prejudice any right of such party not in default or insolvency accrued up to the date of such termination and shall not affect any obligations hereunder which are expressed to continue such termination.

［対訳］

1. 上記の規定にもとづいてこの契約が解除された場合には、ライセンシー（ABC）はその後許諾製品に対してカレン・ビュー商標の使用することを差し控えるものとし、ABCまたは（もしいれば）そのサブライセンシーの在庫製品からカレン・ビュー商標を除去することを約束するものとする。

2. ライセンサーはABCの在庫となっている許諾製品を_____の_____パーセント引きで買い取る選択権（オプション）を保有するものとする。

3. 本契約のいかなる解除もその解除の時点までに違反や支払不能に

第3部　商標ライセンス

> 陥っていない当事者の権利に悪影響を与えたり、失わせるものではない
> ものとし、また、解除のあとも存続すると規定された義務に影響を与え
> ないものとする。

■解説■

1　契約が解除されたあと、それまで継続していた商標ライセンスビジネスにどのような効果、影響があるのかは一般契約としては必ずしも明確ではない。ライセンシーは在庫や仕掛品、すでに買い注文を受けている商品の販売が完了するまで、あるいは、少なくとも契約解除後6か月間位の間は継続使用を希望したいと主張し、ライセンサーは直ちに使用を取りやめるよう要求することがある。本項（1項）の狙いは、ライセンサーの立場からあらかじめその原則を明確にしようとするものである。

2　2項の狙いは、ライセンサーが希望するときは、ライセンシーの在庫品を一定の割引率で買い上げるオプションを得ておくことにある。例文では割引率を30パーセントから50パーセントあたりで考えている（数字をブランクに記入）。個別のマーケットと解除後のマーケッティング次第で決めることになろう。

オプションの割引率や実際の買上価格は、その商品の特性、人気、相場、品質、数量、利益率等によって左右される。デザイン、ブランド、サブブランドには、はやり、すたりがあり、生鮮食料品と同じように時期を過ぎると売れないものがある。割引率が小さければオプションが活用されるチャンスが小さくなる。ライセンシーの契約違反により解除されるときは、ライセンサーの選択により在庫品の破棄処分というような厳しい措置もある。

3　3項で存続する義務として想定されているのは、秘密保持条項である。契約終了後の一定期間の競合禁止、販売地域の制限、販売価格の制限規定などは、もともと規定そのものが独占禁止法との抵触の問題をはらんでいることが多い。解除後の制限存続の有効性には疑問が残る。

13 *契約解除の効果*

契約期間中の解除の効果としては、契約書では、あらかじめ詳細な取決めができていない事項による処理が少なくない。これからブランドライセンス契約を締結し、協力してビジネスを推進しようという段階で、それから数年後に起こる事態のすべてを見通すことができないのはむしろ自然である。そのような中で、なお取り決めようとすればできるいく

つかの事項がある。たとえば、ロイヤルティーの計算方法と支払時期、販売カタログ、マニュアル、ノウハウ資料等の返還・破棄、在庫品の販売許容期間と方法等である。

ライセンシーの契約違反にもとづく解除の場合には、ライセンシーの販売行為等への制限が厳しくなる。反面、その在庫品がライセンシーの担保として第三者や債権者の手に渡ってしまうことも多く、規定の実効性には不安がある。倒産、契約違反といった事態は、いわばビジネス界の戦争の勃発という側面があるからである。倒産した相手（ライセンサー）が契約条項に違反しても、損害賠償は現実には期待できない。

ライセンシー側の破産、清算、営業停止等の場合、ライセンス契約は、解除通知等がなくとも消滅する、という取決め方もある。この場合、契約消滅後の期間に対応するミニマム・ロイヤルティーの支払義務は残るか。別段の規定がないかぎり、消滅すると解釈すべきである。

◇例文170　販売の禁止・制限、商標品の廃棄

Upon termination of this Agreement for breach or three (3) months after its expiration of this Agreement,

(1)　ABC shall not distribute, sell nor accept for any further orders for the remaining inventory of any Licensed Products bearing the Karen View Trademarks or any trademark which are similar to the Karen View Trademarks.

(2)　ABC shall, upon KVC's instruction, deliver to Licensor or destroy all of Licensed Products and all advertising and promotional materials, including samples and catalogues, if any.

［対訳］
　契約違反により解除されたときはただちに、期間満了により終了したときはその終了後3か月経過以降は、
　(1)　ABC社は、カレン・ビュー商標または、類似の商標の許諾製品を販売したり、その注文を受諾してはならない。
　(2)　ABC社は、KVC社の指図により、許諾製品の在庫品、見本・カ

第3部　商標ライセンス

> タログを含む広告・宣伝資材をライセンサーに引き渡すか、または**廃棄**するものとする。

■解説■

1　途中解除したとき、ライセンシーの手元に残った在庫品の取扱いは、そのブランドの信用を守るために極めて大切な事項である。二束三文で叩き売られてしまっては、そのブランドイメージに傷がつく。保証期間のサービスにも不安がある。新しいライセンシーを指定する場合には、その円滑なマーケッティングにも悪影響がある。

2　在庫商品のライセンサーへの引渡しや廃棄を求める契約条項が守られるかといえば、誠実な履行はほとんど期待できないというのが実状であろう。もともと違反を犯す相手であるから、その品物がどのように処分されるかは、現実にはライセンサーのコントロールから離れてしまうリスクがある。倒産してしまった場合にもそのコントロールが及ばない。

　そのようなケースでも、明瞭な取決めがあれば、販売差止めなどの仮処分で対抗する道が残される。実際には、あたかも並行輸入品のように捌かれてしまうため、近年の価格破壊、並行輸入を賛美・保護する風潮の中では、実際に不公正な販売を差し止めるのは容易ではない。契約の相手方の選択、緊密な業績推移のフォローアップが重要である。

3　上記**1**・**2**の規定の効果・作用を、現実を見据えて控えめな評価をした場合、在庫商品の廃棄を要求する代わりに、その商標、ラベル等を除去して販売を認めるという妥協がある。現実的で最低限の要求である。必死なライセンシーやその債権者の行動を想定するとこれもビジネス上の選択肢の1つである。例文169の1項のドラフティングはそのような最低限の対応を包括的に要求している。

⑭ 商標ライセンス契約のその他の一般条項

　商標ライセンス契約のその他の一般条項については、本書の第1部の「トレードシークレット・ライセンス」で、詳細に例文とともに説明したものと共通なので、参照願いたい。また、『英文契約書の書き方・第2版』（山本孝夫、日経文庫、2006年）の第2章（ドラフティングの基本…一般条項）や、詳しくは、多数の例文を使って、『英文ビジネス契約書大辞典・増補改訂版』（山本孝夫、日本経済新聞出版社、2014年）の第3章（67-240頁）で解説している。併せて参考にしていただきたい。

第 2 章／商標ライセンス契約の構成と主要条項

　一般的な条項としては、「不可抗力事由（Force Majeure）」「契約譲渡
制限条項（Non Assignment）」「下請制限条項（Non Delegation）」「準拠
法（Governing Law）」「仲裁条項（Arbitration）」「合意管轄条項（Jurisdic-
tion）」「通知条項（Notice）」「最終的な完全な条項（Entire Agreement）」
「Non-Waiver条項」「使用言語（Language）」等が典型的である。特別な
条項としては「贈賄禁止条項（No Bribery）」（前掲書『英文ビジネス契
約書大辞典・増補改訂版』234-235頁、496-497頁）、「相殺禁止条項（No
Set Off）」（同236-238頁）、「国家主権免責放棄条項（Waiver of Sovereign
Immunity）」（同239-240頁）などがある。

第3部　商標ライセンス

第3章

おわりに

(1)　国際的な商標ライセンス契約では、これまで紹介したビジネス条件、契約条項のほかにも、そのビジネスの性格によってさまざまな規定が利用される。

たとえば、近年、全世界に発展し、伸張を続けているフランチャイズ・ビジネスに関わる契約なども、商標ライセンス契約の一形態と考えることができる。Body Shop、Virgin Megastore、スターバックスコーヒー、クリスピークリーム、ドトールコーヒー、ディズニーランド、ユニバーサルスタジオなどもライセンスの1つとして位置づけることができる。フランチャイズ契約は、トレードネーム、運営システムの開示・指導、サービスマーク（商標）ライセンスの総合的なライセンス契約である。第2版では、十分にフランチャイズ契約をカバーしきれず、将来の課題としていた。フランチャイズ契約の研究にはアメリカのマクドナルド・ハンバーガーチェーンのライセンス契約、リース契約などが参考になる。今回、本書では、新しく第4部を設け、その第2章で「テーマパークのフランチャイズ契約」を取り上げた。

(2)　また、商標ライセンス契約と似通ったビジネス形態として、キャラクター・マーチャンダイジングがある。キャラクター・マーチャンダイジングのライセンス契約の核心には、商標権と著作権によって守られたキャラクターがある。商標権よりも早く幅広く法的保護が行きわたり、その一方で、ライセンサーは基本的にその製品化された品質に対して責任を負わないというものである。ただし、社会的なイメージとキャラクターの商品価値を維持・高揚するために、ライセンサーは、商標権者と変わらない注意をライセンスの対象商品の限定などによって払っている。キャラクター・マーチャンダイジング（商品化権）の法的基盤は、必ずしも、商標権ではなく、むしろ、著作権によることが多い。ストーリー、アニメーション、ゲームソフト、映画・番組の主人公が人気を集め、商

286

品化されることが多いからである。ディズニーのキャラクターのように商標登録され、商標権で保護されることもある。ビジネスとしても、国内のアニメーションから生まれた綾波レイ（新世紀エヴァンゲリオン）が米国企業により、USB用キャラクターとして使用されることもある。プラダ（服、アパレル）やフェラーリ（車）が、携帯電話のデザインの一部として商標がデザインライセンスされ、魅力を与えている。フェラーリはデジタルカメラやノートパソコンのデザインとしてもライセンスされている。プラダやフェラーリは商標権で守られた商標であり、キャラクターではないが、異業種へのライセンスビジネスにはキャラクターマーチャンダイジングと呼ぶ方がふさわしい。

　第2版では、キャラクター・マーチャンダイジングの基本的な条項については、著作権ビジネスの1つとして、第2部の「著作権ライセンス」の項で紹介したが、詳しい研究と紹介は今後の課題としていた。今回、本書では、新しく設けた第4部の第3章で「映画の輸出ライセンス（Distribution）契約」、第8章で「キャラクター・マーチャンダイジング契約」を取り上げた。

　(3)　商標ライセンスビジネスは、いわば生き物である。消費者、マーケットを見据えて、たえず成長・発展を続ける。契約はそのビジネス推進のためのTool（道具）であり、その作成・ドラフティング・交渉のためには、一定のSkill（技術）が要求される。ブランドライセンスビジネスが国境、産業界、時間、言語と文化の壁という境界を超えて、絶え間ない成長と発展を続ける以上、そのいわば肖像画である契約書に永遠に変わらぬ定型的なフォームがあるわけがない。たえず、現実のビジネス、商品、ライセンシング形態、発展する関連法制・国際民事訴訟制度、マーケット情勢を見つめながら、新しい契約書のドラフティング技術を磨き続けることが要求されている。

第4部

エンターテインメント契約

第1章	概説
第2章	テーマパークのフランチャイズ契約
第3章	映画作品輸出ライセンス（Distribution）契約
第4章	テレビ番組・映像制作物（ビデオ作品を含む）の輸出ビデオグラム（DVD等）化ライセンス契約（ショートモデル）（英文版）
第5章	映画ビデオグラム化許諾契約（和文版）
第6章	アーティスト広告映像作品等出演契約（和文版）
第7章	エンドユーザー向け画像データ（情報）ライセンス契約
第8章	商品化契約（Merchandising Agreement）

第4部　エンターテインメント契約

第1章

概　説

　ライセンス契約に関する『知的財産・著作権のライセンス契約入門』
第2版を上梓する際（2008年）に、読者の方や舞法生（サブゼミ生）、
大学・大学院での受講生からのリクエストの中に、フランチャイズ契約
や、映画輸出入ライセンス契約、映画・テレビ映画のDVD化契約、ア
ニメーション映画の登場人物たちのキャラクター・マーチャンダイジン
グ契約、ミュージカルなどの海外公演招聘契約、アーティストの雇用・
起用契約などを取り上げてほしいというものがあった。いわゆる広義の
エンターテインメント契約と呼ばれる領域である。将来の課題として研
究することをお約束していたが、10年たち、このたび、本書（新版）で、
前掲書に新しく本第4部を加筆し、そのお約束を果たしたいと思う。た
だ、新版とはいえ、加筆できる頁数、ヴォリュームに制約があるため、
英文契約と解説のみとするか、または、英文契約と対訳のみの収録とす
るなど、解説を極力簡単にとどめ、契約フォームを中心に収録、紹介し
たいと思う。実務、ビジネス条件に関する理解を補うために、一部、国
内（和文）契約を収録、紹介する。エンターテインメント契約は、種々
の形態の契約を含むが、これまでの著作権ライセンス契約の部の概説な
どで、説明したことと共通の点も多く、説明は、紙面の制約もあり、省
略する。

第2章

テーマパークのフランチャイズ契約

　海外のテーマパークや、村（ヴィレッジ）、娯楽施設、カジノリゾート、レース場などのフランチャズ（ライセンス）ビジネス展開の場合、フランチャイズ契約にもとづく誘致方法がある。本章では、海外テーマパークの日本誘致を思い描き、そのテーマパークのフランチャイズ契約を紹介する。対象となるテーマパークをライセンサーの経営するカレン・ビュー・セージグリーン・ヴァレーアンドレーク・パークとしよう。フランチャイズ契約においては、許諾する側の当事者をFranchisor（フランチャイザー）と呼ぶこともあるが、契約実務上は、Licensor（ライセンサー）でよい。ライセンサーは、サンフランシスコに本社のあるカレン・ビュー社としよう。ライセンシーは、日本のオーロラ・ボレアリス社としよう。ライセンシーのオーロラ社は、共同出資者とともに、テーマパーク事業を所有し、運営する会社を設立することを考えており、将来、フランチャイズ契約をその事業会社に譲渡する前提で取り組んでいる。

① 競合する事業のライセンスを受けることを制限する条項

◇例文171　競合制限

　The Licensee agrees that it will not be directly or indirectly engaged in the business of _____ , which may compete with the business of _____ licensed by the Licensor to the Licensee under this Agreement during the term of this Agreement and two years after the expiry of this Agreement.

第4部　エンターテインメント契約

> [対訳]
> 　ライセンシーは、本契約の有効期間中および本契約の終了後2年間、本契約にもとづきライセンサーによりライセンシーに対し許諾される＿＿＿＿＿＿＿＿事業と競合する＿＿＿＿＿＿＿事業に直接的、間接的に従事しないことに合意する。

■解説■

　テーマパークのフランチャイズ契約では、ライセンスする立場からいえば、ライセンシーが開示をうけたノウハウを使用して競合するテーマパークを併設し、あるいは、場所は離れていても、同種のテーマパークを開園することは好ましくないと考えるのが通常だろう。そこで、まず、競合するテーマパーク事業には従事しないという約束を取り付けることを考える。間接的な従事を制限しているのは、ライセンシーが別会社を設立し、競合するテーマパーク事業を展開することを制限しようというのが、狙いである。ライセンサーとしては、ライセンシーは、直接であれ、間接であれ、競合事業には距離をおいて、許諾をうけた事業だけに専念してほしいのである。

② 前文、リサイタル条項

1　前文

◇例文172　前文

AGREEMENT

　This Agreement is made and entered into as of the ＿＿＿＿＿＿＿, 2020 by and between the Karen View Sage Green Valley and Lake Park Corporation, a ＿＿＿＿＿＿＿ corporation, having its principal office at ＿＿＿＿＿＿＿ ("Karen View" or the "Licensor") and Aurora Borealis Corporation, a Japanese corporation, having its principal office at ＿＿＿＿＿＿＿ Japan ("Aurora" or the "Licensee").

第2章／テーマパークのフランチャイズ契約

[対訳]

契約書

　本契約は、2020年＿＿＿＿＿付けで、＿＿＿＿＿＿＿＿に主たる事務所を有する＿＿＿＿＿法人であるカレン・ビュー・セージグリーン・ヴァレーアンドレーク・パーク株式会社（以下「カレンビュー」または「ライセンサー」という）と＿＿＿＿＿＿＿＿＿に主たる事務所を有する日本法人であるオーロラ・ボレアリス・コーポレーション（以下「オーロラ」または「ライセンシー」という）との間に作成され締結される。

2　リサイタル条項（経緯）

◇例文173　リサイタル条項

RECITALS

　1.　Karen View owns and operates a ＿＿＿＿＿＿＿＿＿ facility in ＿＿＿＿＿＿＿＿, where since 19＿ it and its predecessors in interest have held, and it continues to hold ＿＿＿＿＿＿＿ and related events, which are known worldwide as Karen View Sage Green Valley and Lake Park.

　2.　Aurora wishes to develop, construct, own and operate a world class ＿＿＿＿＿＿＿ facility in the area of ＿＿＿＿＿＿＿, Japan or in another area of Japan approved by Karen View.

　3.　Karen View is the owner of various trademarks relating to Karen View Sage Green Valley and Lake Park and merchandise license relating thereto.

　4.　Aurora wishes to name this new ＿＿＿＿＿＿＿ facility ＿＿＿＿＿＿, to obtain other merchandising right from Karen View, and to obtain advice and consulting services from Karen View, in order to enhance the prospects for success of said ＿＿＿＿＿ facility.

　5.　Karen View is willing to grant such license rights and provide with such consulting services to Aurora in the manner and to the extent provided in this Agreement.

293

第4部 エンターテインメント契約

[対訳]

経緯

　1. カレン・ビューは＿＿＿＿＿＿に＿＿＿＿＿＿施設を保有し、運営しており、それは、19__年以来、カレン・ビューとその前の所有者が、保有してきており、また、カレン・ビューは、継続してカレン・ビュー・セージグリーン・ヴァレーアンドレーク・パークとして、世界的に知られる＿＿＿＿＿＿ならびに関連行事（イベント）を保有し続けている。

　2. オーロラは、日本国＿＿＿＿＿＿＿地域または、カレン・ビューが認める日本の他の地域に、世界的クラスの＿＿＿＿＿＿＿を開発し、建設し、運営したいと希望している。

　3. カレン・ビューは、カレン・ビュー・セージグリーン・ヴァレーアンドレーク・パークに関連するさまざまな商標ならびにそれに関連する商品化権の保有者である。

　4. オーロラは、この新しい＿＿＿＿＿＿施設を、＿＿＿＿＿＿と名付けること、また、この＿＿＿＿＿＿施設の成功への展望を高めるために、カレン・ビューから助言ならびに相談サービスを受けたいと希望している。

　5. カレン・ビューは、本契約に定める方法と限度で、オーロラに対し、かかる権利を許諾し、コンサルティング・サービスを提供する用意がある。

---

③ 定義条項

1 定義条項

◇例文174　定義

Article 1　Definitions

1.1　As used in this Agreement the following terms shall have the meaning defined below.

(i) "＿＿＿＿＿＿＿ Inc." shall refer to the company to be estab-

294

第2章／テーマパークのフランチャイズ契約

lished pursuant to this Agreement to own, construct and operate the
_____ referred to in this Agreement.

(ii) "The Territory" shall refer to the geographic area of _____
and such other area as may be added and confirmed in writing by
the parties hereto.

(iii) "_____" shall mean "_____".

［対訳］
第1条　定義

1.1　本契約で使用する場合は、つぎの用語は、下記に定める意味を
有するものとする。

（ⅰ）「_____株式会社」は、本契約に規定される_____を保
有し、建設し、運営するために本契約にもとづき設立される会社を意味
する。

（ⅱ）「本地域」とは、_____の地理的地域ならびに、両当事
者間で書面により確認する他の追加地域を意味する。

（ⅲ）「_____」は、「_____」を意味する。

2　定義条項における追加事項；添付別紙（テーマパーク所有・運営会社の予定株主等）

◇例文175　定義（追加）

1.2　In connection with Section 1.1 (i) above, Exhibit _____
attached hereto sets forth the name of the candidate shareholders in
_____ Inc. and the investment each shareholder has agreed to
make in _____ Inc., the expected ownership of _____ Inc.,
which such shareholder will have, any expected loans to _____
Inc., and any agreement or arrangement of any kind that may be
contemplated in the future giving any shareholder the right to ac-
quire an additional ownership interest in _____ Inc.

第4部　エンターテインメント契約

[対訳]
1.2　1.1(i)に関連して、本契約に添付の別紙＿＿＿＿は、＿＿＿＿＿＿株式会社の株主候補、各株主候補が＿＿＿＿＿株式会社に対する予定出資額、各株主候補が、保有する予定の＿＿＿＿＿株式会社の持ち分、＿＿＿＿＿株式会社に対する予定貸付金、ならびに将来、株主に対し付与される＿＿＿＿＿株式会社の追加所有を獲得する権利についての合意またはアレンジメントを規定するものである。

4　許諾条項

1　許諾条項

　例文176の第2文は、Aurora社法務部新人・飛鳥凜がドラフトを作成し、交渉したいと提案している条項である。独禁法には抵触しないだろうか。カレン・ビューはどう対応するだろうか。

◇例文176　許諾

Article 2　Grant of License〜Facility and Event
　2.1　Subject to all of the terms and conditions of this Agreement, Karen View hereby grants to Aurora an exclusive license to name the world class international ＿＿＿＿ facility which it will construct and which will feature its ＿＿＿＿＿, in accordance with plans and specifications which will be subject to Karen View review and approval, in the area of ＿＿＿＿＿＿, Japan or in another area of ＿＿＿＿ approved by Karen View as "＿＿＿＿＿＿＿＿＿＿".
　Karen View agrees that it will not deverop or produce any theme parks or any attractions, rides, casino, pavillion or race track bearing Karen View trade marks in any theme parks in Japan, without the written consent of Aurora.

［対訳］
第2条　ライセンスの許諾～施設およびイベント

2.1　本契約の条項・条件にしたがって、カレン・ビューは、本契約により、ABCに対し、カレン・ビューがレビューし、承認する計画書ならびに仕様にしたがって、日本国_____または、カレン・ビューにより承認された_____の別な場所に、オーロラが、建設し、そして、_____を提供する世界的なクラスの国際_____施設に、_____という名称を名づけることを独占的に許諾する。

カレン・ビューは、日本におけるテーマパークでは、オーロラの書面の同意なしに、いかなるテーマパークまたはアトラクション、ライド、カジノ、パビリオン、レーストラックも建造、製作しないことに合意する。

2　パーク施設の名称

◇例文177　パーク施設の名称

2.2　Aurora agrees to name the said facility "_____".
Exhibit _____ is a map showing the currently proposed location of said facility.

Further, Karen View agrees in advance to Aurora to use the Licensee's name in combination with the name of _____.

2.3　Subject to the terms and conditions of this Agreement, Karen View hereby grants to Aurora to use the name of _____ for events of the _____ Sage Green Valley and Lake Park Festival held in the _____ Park in each season.

2.4　Further Karen View agrees that such event of _____ Sage Green Valley and Lake Park Festival may be used and called by _____ in combination with the name of an event sponsor on the condition that the report of plan shall be submitted by _____ in advance in writing.

In all circumstances where the name of an event sponsor is used in the event name, the sponsor's name shall always be given equal

第4部　エンターテインメント契約

prominence than the name of ＿＿＿＿＿＿＿. The color and size of such name shall be approved by Karen View.

［対訳］
　2.2　オーロラは、かかる施設を＿＿＿＿＿と命名することに合意する。
　別紙＿＿は、かかる施設の現在提案されている場所を示す地図である。
　さらに、カレン・ビューは、まえもって、オーロラに対し、ライセンシーの名称を、＿＿＿＿＿＿＿の名称と結合して使用することに合意する。
　2.3　本契約の条項・条件にしたがって、カレン・ビューは、本契約により、オーロラに対し、各シーズンにおいて、＿＿＿＿＿＿パークにおいて開催される＿＿＿＿＿＿セージグリーン・ヴァレーアンドレーク・パーク・フェスティバルのイベントのために＿＿＿＿＿の名称を使用することを許諾する。
　2.4　さらに、カレン・ビューは、＿＿＿＿＿＿セージグリーン・ヴァレーアンドレーク・パーク・フェスティバルのイベントが、イベントスポンサーの名称と結合して使用され、呼ばれることに合意するが、事前に書面で、かかるプランの報告が＿＿＿＿＿＿により、提出されることを条件とする。
　イベントスポンサーの名称が、使用される時は、すべての状況のもとで、＿＿＿＿＿＿＿の名称と均等の顕著さを付与されるものとする。かかる名称のカラーと大きさについては、カレン・ビューにより承認されなければならない。

5　商標・ロゴ、マスコット、キャラクター等の商品化に関する許諾

1　商品化活動に対する許諾

◇例文178　商品化の許諾

Article 3　Grant of License〜Merchandising Activity
　3.1　Subject to the terms and conditions of this Agreement and

subject to such later agreement as Karen View may reasonably request relating to merchandising activity, Karen View does hereby grant to Aurora an exclusive license to sublicense, merchandise and sell in the Territory various goods, products and services using trade names, trademarks, characters and service marks of _____, all deviation thereof, and any marks, names or logos developed hereafter that relate to _____ .

[対訳]
第3条　ライセンス許諾～商品化活動
　3.1　本契約の条項・条件に従い、また、商品化活動に関連して、カレン・ビューが合理的に要請する後日の契約に従って、カレン・ビューは、本契約により、オーロラに対し、許諾地域において、_____の商号、商標、キャラクターならびにサービスマーク、ならびにそれらの派生品を使用するさまざまな商品、製品ならびに_____に関連する本契約締結日以降に開発されるマーク、名称またはロゴについて、サービスを再許諾し、商品化し、販売する独占的な権利を許諾する。

2　キャラクター（ジル、サリー、ケリー）が許諾対象に含まれること
◇例文179　キャラクターの許諾

It is fully understood and agreed by the parties hereto that the character granted by Karen View to Aurora will include the world famous animation characters of "Jill Parker", "Sally Waterhouse" and "Kelly Wood" originally created by the author, _____, and exclusively licensed to Karen View for the use, including the right to sublicense, in the facilities in _____ stated herein.

[対訳]
　カレン・ビューによりオーロラに対し許諾されたキャラクターには、

第4部　エンターテインメント契約

元々、著作者の＿＿＿＿＿＿により創造され、カレン・ビューに独占的に許諾された世界的に有名なアニメーション・キャラクターである「ジル・パーカー」「サリー・ウオーターハウス」「ケリー・ウッド」がふくまれること、ならびに、それらが、＿＿＿＿＿＿ならびに本契約に規定する＿＿＿＿＿＿の施設に、再許諾の権利をふくむ、使用のために、許諾されることを両当事者間で、明確に理解され、合意されるものである。

3　商標、キャラクター等の帰属と登録

◇例文180　商標、キャラクターの帰属

3.2　All such marks, characters, names and logos shall be owned by Karen View, shall be registered by Karen View in Japan, and as the case may be, in ＿＿＿＿＿＿＿＿＿, and Karen View shall exclusively license Aurora to use them in the manner provided in this Agreement.

[対訳]
3.2　かかるすべての商標、キャラクター、名称およびロゴは、カレン・ビューにより保有され、日本ならびに、場合により、＿＿＿＿＿において、カレン・ビューにより登録されるものとし、また、カレン・ビューは、本契約に定める方法で、それらを使用することをオーロラに対し独占的に許諾する。

4　オーロラによる名称使用申請手続

◇例文181　名称使用申請

3.3　Aurora shall submit to Karen View for its review and written approval, on a periodic basis not less frequently than semi-annually, the proposed merchandising activity program of _____ using the form designated by Karen View.

This will include such information as Karen View shall reasonably request concerning the quality and types of merchandise, goods and services proposed to be manufactured, sold, provided or licensed by Aurora in _____.

[対訳]
　3.3　オーロラはカレン・ビューに対し、その吟味と書面による承認を得るため、_____の企画した商品化活動プログラムを少なくとも、カレン・ビューにより指定されたフォームを使用して、6ヶ月毎に、提出するものとするとする。
　これには、カレン・ビューが、_____においてオーロラにより製造され、販売され、または提供され、または、許諾される商品、品目ならびにサービスの品質、タイプ、合理的に要請する情報を含むものとする。

6 マーク、ロゴ等に関する知的財産権の帰属

1　マーク、ロゴ等はライセンサーの知的財産権であること

◇例文182　マーク、ロゴの財産権

Article 4　Rights of Ownership
　4.1　Aurora acknowledges and agrees that the Karen View marks, names, characters and logos are the sole and exclusive property of Karen View, and Karen View may, at any time, apply to register such marks, names, characters or logos or to extend the wares or services for which they are registered as Karen View sees appropriate.

第4部　エンターテインメント契約

[対訳]
第4条　所有権
　4.1　オーロラはカレン・ビュー商標、名称、キャラクターおよびロ
ゴは、カレン・ビューの単一・独占的な所有であること、ならびに、カ
レン・ビューが、いつでも、かかる商標、名称、キャラクター、ロゴを
登録し、また、カレン・ビューが登録することが適切と考える商品また
は役務に拡大することができるということについて、認識し、合意する。

2　ライセンサー商標、キャラクターをライセンシー名称と結合して使用しないこと

◇例文183　他の商標等との結合使用禁止

　4.2　Nothing in this Agreement, or otherwise, shall give Aurora
any right, title or interest in or to the Karen View marks, names,
characters and logos by themselves or in combination with any other
words, or any right to use the Karen View marks, names, characters
or logos by themselves or combination with any other words, except
in accordance with this Agreement.

[対訳]
　4.2　本契約の規定、または、それ以外であれ、本契約に規定する場
合を除き、オーロラに対し、カレン・ビュー商標、名称、キャラクター、
ロゴについて、それら自身、または、他の用語との結合であれ、いかな
る権利、処分権または権益を付与しないものであり、また、カレン・ビ
ュー商標、名称、キャラクターまたはロゴについて、それ自身であれ、
他の用語との結合であれ、使用する権利を付与するものではない。

第 2 章／テーマパークのフランチャイズ契約

7 地域における独占的代理人の指定

1 地域におけるカレン・ビュー商標の独占的代理人に指定

◇例文184 独占的代理人

Article 5　Designation of Aurora as Karen View Agent in the Territory
　5.1　Karen View agrees to designate Aurora as its sole licensing agent, with the right to sublicense, in the Territory subject to all of the terms and conditions of this Agreement, for goods and merchandise using Karen View trade names, trademarks, characters and services marks, and subject to the following conditions:

［対訳］
第5条　オーロラを地域におけるカレン・ビューの代理人に指定
　5.1　カレン・ビューは、カレン・ビュー名称・商標・キャラクターおよびサービスマークを使用する商品・マーチャンダイズ（商品化）について、本契約の条項・条件により、また、下記条件にしたがって、オーロラを、許諾地域におけるその単独の、再許諾権を有する、ライセンシング・エージェント（代理人）に指定することに合意する。

2 キャラクター使用許諾等に関する正式契約の締結

◇例文185 正式契約の締結

　(i)　Karen View and Aurora agree to enter into a definitive license agreement containing terms and conditions usually included in such agreement, generally consistent with the Aurora License Agreement form attached hereto as Exhibit ＿ , and also be satisfactory to Karen View, and providing for an advance payment to Karen View of not

303

第４部　エンターテインメント契約

less than _____ United Dollars (US$_____),
payable in United States Dollars, by remitting to the bank account of
Karen View of a bank in the country of the principal office of Karen
View, on the signing of such license agreement.

The abovementioned advance payment represents a non-refund-
able advance against future royalties.

(ii)　Said license agreement shall provide a guaranteed minimum
annual royalty of _____ United States Dollars (US$_____),
until _____ commences operations of the _____ Park,
and a guaranteed minimum annual royalty of _____ United
States Dollars (US$_____) commencing with the opening of
_____Park.

(iii)　Karen View will have a royalty interest in an amount equal to
seven percent (7%) of the gross sales defined in the license agree-
ment referred to above.

［対訳］

（i）　カレン・ビューとオーロラは、本契約に別紙＿として添付するオーロラのライセンス契約フォームと全般的に整合する、かかる契約書に通例含まれる条項・条件を含み、カレン・ビューに満足できるものであり、また、かかるライセンス契約締結時に、カレン・ビューに対し、カレン・ビューの主たる事務所のある国のカレン・ビューの銀行口座に米ドルで支払われる＿＿＿＿＿＿＿＿＿＿米ドル以上の前払い金を規定する正式なライセンス契約を締結することに合意する。

上記の前払い金は、将来のロイヤルティーに対する返還不能の前払いである。

（ii）　上記のライセンス契約は、＿＿＿＿＿＿＿＿が＿＿＿＿＿＿＿＿パークの創業を開始するまでは＿＿＿＿＿＿米ドル以上の年間最低ロイヤルティー額、＿＿＿＿＿＿＿＿＿パークの開園後は、＿＿＿＿＿米ドルの年間最低ロイヤルティーを規定するものとする。

（iii）　カレン・ビューは、上記に引用するライセンスに規定される総販売高の7パーセントに相当する金額のロイヤルティー収入を得るものとする。

第2章／テーマパークのフランチャイズ契約

8 ライセンサーによる本契約調印、ライセンス許諾が 他の契約、約定等に抵触しないという表明・保証条項

◇例文186　他の契約との抵触なきこと

5.2　Karen View represents and warrants that the execution, delivery and consummation of this Agreement is not prohibited by, and will not conflict with, will not constitute grounds for termination of, or result in a breach of the terms, conditions or provisions of, or constitute a default under any lease, note or agreement to which is a party, in particular, that Karen View has not granted any third party in the Territory any right which may conflict with any right licensed to Aurora hereunder or under the license agreement mentioned above.

[対訳]
5.2　カレン・ビューは、本契約の調印、交付および履行が、カレン・ビューが当事者になっている、いかなるリース、手形または契約のもとでも、禁止されておらず、また、矛盾せず、解除の原因にあたることがなく、また、条項・条件または規定の違反にあたらないこと、なかでも、カレン・ビューが、許諾地域でいかなる第三者に対しても、本契約あるいは、本契約で言及したライセンス契約でオーロラに対し許諾された権利と矛盾する権利を許諾していないことを表明し、保証する。

第4部　エンターテインメント契約

⑨ ライセンサーのコンサルティング・サービス提供

1　ライセンサーによるコンサルティング・サービス提供

◇例文187　コンサルティング・サービス

Article 6　Provision by Karen View to Aurora with Consulting Service
　6.1　Karen View agrees to provide with consulting services to Aurora and ＿＿＿＿＿＿ upon the request of Aurora or ＿＿＿＿＿＿ in respect to the following matters in accordance with terms set forth in Exhibit ＿ attached hereto;
　　(i)　Designing and Construction of ＿＿＿＿＿＿＿＿ Park;
　　(ii)　Safety measures at ＿＿＿＿＿＿＿ Park;
　　(iii)　Promotion of activities and events of ＿＿＿＿＿＿＿ Park;
　　(iv)　Operation and Maintenance of ＿＿＿＿＿＿＿ Park;
　　(v)　Sponsorship arrangements, and
　　(vi)　Managing training and/or technical training and assistance.
　6.2　Such consulting services will be provided by e-mail, telephone, letter and by periodic meetings in the city of ＿＿＿＿ and ＿＿＿＿＿, as agreed from time to time on the basis of a schedule established by mutual agreement in advance which does not materially conflict with normal Karen View operations.

［対訳］
第6条　カレン・ビューによるオーロラに対するコンサルティング・サービスの提供
　6.1　カレン・ビューは、下記事項につき、オーロラまたは＿＿＿＿＿＿から要請をうけたときは、オーロラおよび＿＿＿＿＿＿に対して、本契約に添付された別紙＿に定める条件にしたがって、コンサルティング・サービスを提供することに合意する。
　　(i)　＿＿＿＿＿＿＿＿＿＿パークの設計および建設
　　(ii)　＿＿＿＿＿＿＿＿＿＿パークの安全確保方法
　　(iii)　＿＿＿＿＿＿＿＿＿＿パークの活動およびイベントの促進

306

第 2 章／テーマパークのフランチャイズ契約

(iv) ＿＿＿＿＿＿＿＿＿＿＿＿＿パークの運営および維持
(v) スポンサーシップの手筈
(vi) 経営指導および / または技術指導・援助

6.2 予め、かかるコンサルティング・サービスは、カレン・ビュー
の通常の営業に重大な悪影響をあたえない、相互の合意により決定され
るスケジュールを基礎に＿＿＿＿＿市ならびに随時合意される＿＿＿＿
市においてイーメイル、電話、レターおよび定期的なミーティングによ
り提供されるものとする。

2 ライセンサーによるライセンシー施設へのアクセスならびにライセンシー（現地）指導のためのライセンサー人員の派遣

◇例文188 指導員の派遣

6.3 Following the signing this Agreement Karen View will give
Aurora and/or ＿＿＿＿＿＿ such access to Karen View ＿＿＿＿＿＿ Park
facilities, as Aurora may reasonably request, and Karen View also
provide with copies of such information concerning the Karen View
＿＿＿＿＿＿ Park facilities, details of which are provided in Exhibit ＿＿
attached hereto.

6.4 In addition to the consulting services set forth above in this
Article, Karen View agrees that, during the initial seven (7) years of
this Agreement, Karen View will make three (3) of its key manage-
ment employees and/or senior technical personnel available to visit
＿＿＿＿＿ of the Territory, at the expense of Aurora and/or ＿＿＿＿＿＿ ,
including the costs of transportation, meals and lodging, for three (3)
visits per year of a duration not to exceed two (2) weeks per visit.

［対訳］
6.3 本契約の調印の後、カレン・ビューは、オーロラならびに / また
は＿＿＿＿＿＿に対し、オーロラが合理的に要請した場合、カレン・ビ
ュー＿＿＿＿＿＿パーク施設に対するアクセスの機会を与えるものとし、

307

第4部　エンターテインメント契約

そのアクセス対象の詳細は、本契約に添付する別紙＿に規定する。
　　6.4　本契約上記に規定するコンサルティング・サービスに関連し、
カレン・ビューは、本契約の当初の7年間、カレン・ビューは、3名の
キーマネジメント従業員ならびに／または上級技術者を、派遣ごとに2
週間以内のベースで、年に3回を限度として、オーロラおよび／または
＿＿＿＿＿＿の費用負担により許諾地域の＿＿＿＿＿＿＿＿に派遣するも
のとし、そのオーロラ負担費用には、交通費、食事代ならびに宿泊費が
含まれるものとする。

10 ライセンサーに対する支払い

　支払金額および支払時期と支払方法（総収入（gross revenue）に対す
るロイヤルティーの計算、パーキング代金の扱い、広告収入、テレビ中
継、動画制作）を定める。

1　ライセンサーへの支払い

◇例文189　ライセンサーへの支払い

Article 7　Payments to Karen View
　7.1　In consideration of the licensing, merchandising and consul-
tation services and technical assistance to be provided by Karen View
hereunder, Aurora agrees as follows:
　(i)　On signing of this Agreement, Aurora shall pay Karen View
＿＿＿＿＿＿＿＿＿ United States Dollars (US$＿＿＿＿) .
　(ii)　On signing of the license agreement referred to in Section ＿
hereof, Aurora shall pay Karen View not less than ＿＿＿＿＿ United
States Dollars (US$＿＿＿＿).

　　［対訳］

第7条　カレン・ビューに対する支払い

　本契約のもとでカレン・ビューにより提供されるライセンス、商品化およびコンサルティング・サービスおよび技術指導の対価として、オーロラはつぎのとおり、合意する。

　（i）　本契約の調印時に、オーロラは、カレン・ビューに対し、_____米ドルを支払う。

　（ii）　本契約第__項に規定するライセンス契約の調印時に、オーロラはカレン・ビューに対し、_____米ドルを下回らない金額を支払う。

2　前払金は、返還不能の支払い、ただし、ロイヤルティーに充当可能

◇例文190　前払金

　(iii)　All payments to Karen View described in Sections 7.1 (i) and (ii) hereof shall be nonrefundable, but the advance payment described in Section 7.1 (ii) shall be credited against royalties payable under Section _____ hereof.

［対訳］

　（iii）　本契約の第7.1(i)および(ii)項に規定するカレン・ビューに対するすべての支払いは、返還不能とするが、第7.1(ii)項に定める前払い金は、本契約第__項のもとで支払われるべきロイヤルティーに充当されるものとする。

第4部　エンターテインメント契約

3　パーク運営からの収入（総売上高）の7パーセントのロイヤルティーの支払い

◇例文191　ロイヤルティー

(iv)　Karen View shall be paid in United States Dollars a royalty payment equal to seven (7) percent of all gross revenue, excepting any consumption taxes thereon applicable in the Territory, to _____ from its operation of the _____ Park, and all revenue from other operations using the name "_____", "_____", including, without limitation, revenue from parking, on-site merchandising, ticket revenues, advertising revenues, entry fees, which payments are hereby guaranteed to be not less than _____ United States Dollars (US$_____) per year commencing the first full year of operations of _____ Park in the Territory in accordance with the schedule described in Exhibit ___ attached here-to.

[対訳]
　(iv)　カレン・ビューは、_____の_____パークの運営からの、消費税を除く、すべての総収入ならびに「_____」、「_____」名称を使用するすべての他の運営からの総収入の7パーセントにあたるロイヤルティーを米ドルで、支払われるものとし、その対象収入には、限定的ではない例示的列挙で、駐車料、パーク内商品化商品の販売、切符代、広告収入、入場料が含まれるものとし、そのロイヤルティー支払額は、本契約に添付する別紙__に記載するスケジュールにしたがって許諾地域における_____パークの創業開始（開園）後、最初の満1年から開始し、年額_____米ドルを下回らないことを保証されるものとする。

第2章／テーマパークのフランチャイズ契約

4　サンフランシスコのライセンサー銀行口座に米ドルで支払われること

◇例文192　ロイヤルティー支払（送金）先口座

(v)　Karen View shall be paid in United States Dollars at San Francisco, including by wire transfer, a royalty payment equal to _____ percent (___ %) of Gross Sales, defined in a manner consistent with the definitions of Gross Sales in Exhibit __ , of _____, pursuant to the merchandising activity referred to in Section __ hereof.

［対訳］
　(v)　カレン・ビューは、本契約の第__項で言及される商品化活動による_____の、別紙__における総販売額の定義と一致するマナーで定義される総販売高の____パーセントに相当するロイヤルティーを電子送金により、サンフランシスコの口座に米ドルで支払われるものとする。

5　年1回以上の支払い

◇例文193　支払頻度

Such payment shall be made not less frequently than annually, and shall be accompanied by an accounting record of such sales in a form designated by Karen View.

［対訳］
　かかる支払いは年1回以上の頻度で支払われるものとし、また、カレン・ビューにより指定されたフォームにかかる販売の会計記録をともなうものとする。

311

第4部　エンターテインメント契約

6　サンフランシスコのライセンサー銀行口座に米ドルで支払われること

◇例文194　ライセンサー銀行口座

7.2　All payments to be made under Section 1 of this Article shall be made by Aurora in U.S. Dollars by wire transfer to the bank account of Karen View of a bank located in San Francisco and designated by Karen View in advance in writing.

[対訳]
7.2　本条の第1項のもとでのすべての支払いは、オーロラにより、サンフランシスコにあり、書面で事前にカレン・ビューにより指定されたカレン・ビューの銀行口座あてに電子送金により、米ドルで支払われるものとする。

11 テレビ放送権およびDVD制作・販売権

1　テレビ放送権等

◇例文195　テレビ放送権等

Article 8　Broadcast Right
8.1　Aurora shall retain all revenue from the sale of all broadcast, telecast, film and exhibition rights, including the Video-gram (DVD) rights, in the Territory for all events at _____ Park, and shall retain fifty percent (50 %) of all revenue from the sale of all broadcast, telecast, film and exhibition rights for all events at _____ Park in respect to sales outside the Territory.

第2章／テーマパークのフランチャイズ契約

[対訳]
第8条　テレビ放送権
　8.1　オーロラは、＿＿＿＿＿パークにおけるすべてのイベントに対する許諾地域におけるビデオグラム（DVD）化権をふくむ、放送、テレビ放送、映画化、展示の権利の販売からの収益を獲得し、また、許諾地域外における販売における＿＿＿＿＿パークのすべてのイベントに対する放送、テレビ放送、映画化、展示の権利の販売からの収益の50パーセントを獲得するものとする。

2　テレビ放送権収入の配分

◇例文196　テレビ放送権収入の配分

　8.2　Karen View shall retain fifty percent (50 %) of the revenue from the sale of all broadcast, telecast, film and exhibition rights, including Video-gram (DVD) rights, for all events at ＿＿＿＿＿＿ Park in respect to sales outside the Territory.
　8.3　Karen View shall have the right to act as representative of ＿＿＿＿＿ Park for all such sales outside the Territory.

[対訳]
　8.2　カレン・ビューは、許諾地域外における販売について、＿＿＿＿＿＿パークにおけるすべてのイベントに対する、ビデオグラム（DVD）化権をふくむすべての放送、テレビ放送、映画化ならびに展示の権利の販売からの収益の50パーセントを獲得するものとする。
　8.3　カレン・ビューは許諾地域外におけるすべてのかかる販売について＿＿＿＿＿パークの代理人として行動する権利を有するものとする。

313

第4部　エンターテインメント契約

[12] *権利行使について、相互に免責・補償する約定*

1　ライセンシーによるライセンサーの免責・補償①

◇例文197　免責・補償①

Article 9　Mutual Indemnifications
　9.1　Aurora agrees at all times to indemnify, defend and hold harmless Karen View, its officers, directors, agents and shareholders from and against any and all claims, damages, liabilities and expenses including legal expenses which Karen View may incur as a result of claim, any action or proceeding relating to or arising out of any act or omission involving Aurora, _____ or any person acting on behalf of Aurora or _____.

［対訳］
第9条　相互の免責
　9.1　オーロラは、常に、オーロラ、_____、またはオーロラあるいは_____のために行動したいずれかの者にかかわる行為、手続または不作為の結果として被るおそれのあるカレン・ビュー、その役職者、取締役、代理人および株主を、すべてのクレーム、損害、責任、弁護士料を含む費用について、免責し、防御し、補償することに合意する。

2　ライセンシーによるライセンサーの免責・補償②

◇例文198　免責・補償②

　9.2　Karen View agrees at all times to indemnify, defend and hold harmless Aurora, its licensees and agents and shareholders from and against any claims, damages, liabilities and expenses, including legal

314

第2章／テーマパークのフランチャイズ契約

expenses which Aurora or any person acting on behalf of Aurora, may incur as a result of claim, any action or proceeding relating to or arising out of any act or omission by Karen View in breach of its obligations under this Agreement.

［対訳］
　9.2　カレン・ビューは、常に、本契約に違反するカレン・ビュー、または、カレン・ビューによる行為または不作為に関連し、またはそれらから発生したクレーム、損害、責任または弁護士料をふくむ費用について、オーロラ、そのライセンシーおよび代理人、株主を免責し、防御し、補償することに合意する。

⑬ 契約譲渡制限

◇例文199　契約譲渡制限

Article 10　No Assignment
　10.1　This Agreement shall not be assignable by either party without the prior written consent of the other party except that Aurora may assign its rights under Article ___, ___ and ___ hereof to _____ , provided that such assignment is made in a form that is acceptable to Karen View.
　10.2　Aurora agrees to continue to be bound by this Agreement, even after such assignment described above in Section 10.1, and agree to guarantee the full performance by the assignee _____ for the first five (5) years after such assignment.

［対訳］
第10条　譲渡禁止

315

第4部　エンターテインメント契約

　10.1　本契約は、相手方の事前の書面の同意を得ない限り、いずれの当事者によっても譲渡されないものとするが、例外として、オーロラは、カレン・ビューが受け入れるフォームを使用してなされることを条件に、本契約第__条、__条ならびに__条の規定にもとづく権利を_____に譲渡することができるものとする。

　10.2　上記10.1項に規定するかかる譲渡がなされた後も、オーロラは、本契約に拘束されつづけことに合意し、その譲受人である_____による完全な履行をかかる譲渡後の最初の5年間、保証することに合意する。

⑭ 準拠法および仲裁

◇例文200　準拠法および仲裁

Article 11　Governing Law and Arbitration

　11.1　This Agreement shall be governed and interpreted in accordance with the laws of the _____, without reference to conflict of principle rules.

　11.2　Any dispute arising out of this Agreement shall be submitted to final and binding arbitration. If the respondent in such arbitration is Aurora, the arbitration shall be held in Tokyo, Japan in accordance with the rules of the Japan Commercial Arbitration Association.

　If the respondent is Karen View, the arbitration shall be held in San Francisco, California, USA in accordance with the rules of the American Arbitration Association.

［対訳］
第11条　準拠法および仲裁
　11.1　本契約は適用法選択ルールに関わらず、_____法に準拠し、

したがって解釈されるものとする。

11.2　本契約から発生するいかなる紛争も、最終的で拘束力ある仲裁に付されるものとする。もし、かかる仲裁の被申立人がオーロラである場合は、仲裁は、日本商事仲裁協会の規則にしたがって日本国東京において行われるものとする。

被申立人がカレン・ビューである場合は、仲裁は、米国仲裁協会の規則にしたがって、米国カリフォルニア州サンフランシスコにおいて行われるものとする。

15 契約期間と延長、更新権

1　契約期間

◇例文201　契約期間

Article 12　Term

12.1　This Agreement shall remain in effect until December 31, 2035, unless it is terminated by Karen View as follows:

(i)　Construction of ＿＿＿＿＿＿ Park has not been completed and operations commenced on or before December 31, 2025.

(ii)　Aurora or its assignee has materially violated the terms and conditions of this Agreement.

[対訳]

第12条　期間

12.1　本契約は、下記事由にもとづきカレン・ビューにより、解除されない限り、2035年12月31日まで有効とする。

(i)　2025年12月31日またはその前までに、＿＿＿＿＿パークの建設が完成せず、その創業が開始されないとき。

(ii)　オーロラまたはその譲受人が本契約の条項・条件について、重大な違反をしたとき。

第4部　エンターテインメント契約

2　パーク開園期限延長要請への配慮

◇例文202　開園期限延長

12.2　In the event Aurora or its assignee is unable to satisfy the date set forth in Section 14.1 hereof, Karen View agrees to consider a request for a reasonable extension of such date from Aurora.

Karen View further agrees that to the extent Aurora is able to demonstrate in a manner satisfactory to Karen View that substantial progress has been made in completing the necessary construction and action and that the construction and action will be completed by a date certain, Karen View will give favorable consideration to such request for an extension.

[対訳]
12.2　オーロラまたはその譲受人が本契約第12.1項に規定する期限を満足させることができないときは、カレン・ビューは、オーロラからの合理的な（期限）延長についての要請を検討することに合意する。

カレン・ビューは、オーロラがカレン・ビューの満足する方法で、必要な建設工事および行為（開園）の完成において実質的な進捗がなされ、かつ、建設工事および行為が確かな期日までに完了することを説明することができたときは、カレン・ビューはかかる延長要請に対し、承認にむけて検討することに合意する。

3　ライセンシー側からの更新権

◇例文203　更新権

12.3　Aurora or its assignee shall have the right, excisable in its sole discretion, to renew this Agreement for additional terms of ten (10) years each, by notifying Karen View of such decision, in writing,

on or before July 1, 2034, and on or before July 1, immediately pre-
ceding subsequent expirations date(s).

In the event of such renewal, the terms and conditions of such
agreement will be no less favorable to Aurora or its assignee than the
terms and conditions of this Agreement.

[対訳]

　12.3　オーロラまたはその譲受人は、その裁量により、2034年7月1
日まで、あるいは、その延長されている時は、その期限の前年の7月1
日またはその前までに、書面により、さらに追加の10年間ずつ延長す
る旨、カレン・ビューに対し通知することにより、本契約を延長する権
利を保有するものとする。

　かかる延長の場合、当該契約の条項・条件は、オーロラまたはその譲
り受け人にとって、本契約の条項・条件より、いささかも不利ではない
ものとする。

16 ライセンサーによる株式取得オプション

1 ライセンサーによる株式取得の選択権

◇例文204　株式取得オプション

Article 13　Option to Acquire Ownership Interest
　13.1　Karen View shall have the right, exercisable at its option at
any time on or before July 1, 2026, to acquire ownership interest of
not more than twenty-five percent (25 %) of ＿＿＿＿＿＿＿.

[対訳]
第13条　所有権の取得のオプション

319

第4部　エンターテインメント契約

13.1　カレン・ビューは、2026年7月1日まではいつでも行使できる、_____の25パーセントを超えない株式（所有権）を取得するオプションを有するものとする。

2　ライセンシーの株式購入権の行使期限

◇例文205　オプション行使期限

13.2　Such interest may be purchased by Karen View for a payment per share in United States Dollars, payable to said _____, on or before July 2026, in an amount not greater than the per share price paid by the shareholders of the Territory referred to in Section __ at the exchange rate published in the Wall Street Journal on the date of _____.

[対訳]
13.2　かかる株式（所有権）は、カレン・ビューにより、2016年7月1日、またはそれ迄に、_____の日付に発行されたウオールストリートジャーナルに第__項に規定する許諾地域において適用される為替比率により、株主が支払った株価より高くない金額と同等の米ドルで支払うことにより購入されるものとする。

3　株式譲渡制限

◇例文206　株式譲渡制限

Such interest of Karen View in the _____ may not be assigned or transferred by Karen View without the prior written consent of Aurora and shareholders of _____.

[対訳]
　かかるカレン・ビューの＿＿＿＿＿＿株式（所有権）は、オーロラおよび＿＿＿＿＿＿の株主の事前の書面の同意なしには、カレン・ビューにより譲渡または移転されないものとする。

17 通知条項

1 通知条項

◇例文207　通知

Article 14　Notices
　14.1　All notices to Karen View pursuant to this Agreement shall be sent by registered mail, postage prepaid, to the following:

　　　　Karen View
　　　　CEO and President
　　　　Karen View Sage Green Valley and Lake Park Corporation

　　　　＿＿＿＿＿＿＿＿＿＿＿＿＿＿＿＿＿＿＿＿＿＿＿＿
　　　　＿＿＿＿＿＿＿＿＿＿＿＿＿＿＿＿＿＿＿＿＿＿, USA

　14.2　All notices to Aurora pursuant to this Agreement shall be sent by registered mail, postage prepaid, to the following:

　　　　Shion Keats
　　　　CEO and President
　　　　Aurora Borealis Corporation

　　　　＿＿＿＿＿＿＿＿＿＿＿＿＿＿＿＿＿＿＿＿＿＿＿＿
　　　　＿＿＿＿＿＿＿＿＿＿＿＿＿＿＿＿＿＿＿＿＿＿, Japan

第4部　エンターテインメント契約

[対訳]
第14条　通知
　14.1　本契約にもとづくカレン・ビューに対するすべての通知は、郵便料金先払いの書留郵便で、下記あてに送付されるものとする。

　　　カレン・ビュー
　　　CEO兼社長
　　　カレンビュー・セージグリーン・ヴァレーアンドレーク・パーク・コーポレーション
　　　_____
　　　_____

　14.2　本契約にもとづくオーロラに対するすべての通知は、郵便料金先払いの書留郵便により、下記あてに送付されるものとする。

　　　紀伊津志音
　　　CEO兼社長
　　　オーロラ・ボレアリス・コーポレーション
　　　_____
　　　_____

18 *添付別紙*

◇例文208　添付別紙

EXHIBIT _____
（添付別紙　　　　　）

PROSPECTIVE SHAREHOLDERS IN THE _____INC.
AND AMOUNT AND PERCENTAGE OF ITS SHAREHOLDING

第2章／テーマパークのフランチャイズ契約

(_____株式会社に出資を予定する株主ならびにその出資金額および、株式保有比率)

NO.	COMPANY NAME	AMOUNT (MILLION YEN)	PERCENTAGE
	（会社名）	（金額：単位　百万円）	
1	AURORA BOREALIS CORPORATION	_____	40%
2	FUJI CONRAD CORPORATION	_____	35%
3	_____	_____	___ %
4	_____	_____	___ %
	合計_____	_____	100%

第4部　エンターテインメント契約

第3章

映画作品輸出ライセンス（Distribution）
契約

① *概要*

　近年、ビジネスや文化・エンターテインメントの国際化の進展を反映
し、エンターテインメント契約の役割が、増大している。アニメーショ
ン、ゲームソフト、映画、テレビ番組などの海外への輸出や、海外作品
の輸入のいずれも活性化している。また、合作映画や、海外映画への出
演、海外のミュージカルの国内への招聘、海外からのライセンスによる
公演も行われている。

　また、海外向けの作品の制作・販売に関連し、国内の事業者間、ある
いは、限定的なケースに限られますが、海外の事業者との間で、日本語
で契約を締結されるケースもあろう。本第3章では、日本からその映画
の制作者であるオーロラ社が米国のカレンビュー社の子会社であるカレ
ンビュー・エンターテインメント・アンド・ディストリビューション社
に対し、制作した映画を輸出ライセンス（Distribution）契約を締結す
る契約書を紹介する。慣行として、映画は興行とか、ディストリビュー
ション（配給）という用語を使うことがあるが、法的に見ると、その取
引は売買ではなく、ライセンスであり、著作権により保護された作品
（著作物）の使用許諾という性格を持つ取引なのである。オーロラ社は、
映画製作については、単独で完成させるほど、経験、実績はなく、エル
ノックス・グループ・ホールディングス社という共同制作者を得て、無
事、制作し、完成させることができたとしよう。本章でとりあげる映画
輸出ライセンス（Distribution）契約における契約条件は、あくまで、
契約書に親しむことと、契約英語表現のための例示設定であり、具体的
なビジネスでは、個別のビジネス条件によることは、言うまでもない。

324

第3章／映画作品輸出ライセンス（Distribution）契約

② 前文、リサイタル条項

1 前文

◇例文209　前文

MOTION PICTURE DISTRIBUTION AGREEMENT

THIS AGREEMENT, made and entered into as of June 1, 20＿,
by and between :

Karen View Entertainment Corporation, a ＿＿＿＿＿＿ corpora-
tion, having its principal office at ＿＿＿＿＿＿＿＿＿＿＿＿,
(hereinafter referred to as the "Distributor" or "KVE"), and,
　ELNOX Group Holding Corporation, a Japanese corporation,
having its principal office at ＿＿＿＿＿＿＿, Tokyo, ＿＿＿ Ja-
pan (hereinafter referred to as "ELNOX"), and
　Aurora Borealis Corporation, a Japanese corporation, having its
principal office at ＿＿＿＿＿＿＿, Tokyo ＿＿＿ Japan (herein-
after referred to as "Aurora") (hereinafter jointly may be referred to
as the "Licensor").

［対訳］

映画配給契約

　本契約は、下記の当事者の間に20＿年6月1日に作成され締結された。

　＿＿＿＿＿＿＿に主たる事務所を有する＿＿＿＿法人であるカレ
ン・ビュー・エンターテインメント株式会社（以下、「ディストリビュ
ーター」、または「KVE」という）と、
　日本国東京都＿＿＿＿に主たる事務所を有する日本法人であるエル
ノックス・ホールディング・コーポレーション（以下、「エルノックス」
と呼ぶ）と、日本国東京都＿＿＿＿に主たる事務所を有するオーロ

325

第4部 エンターテインメント契約

ラ・ボレアリス・コーポレーション（以下、「オーロラ」という）（両者
を総称して、「ライセンサー」と呼ぶことがある）。

2 リサイタル（契約締結の経緯）

◇例文210 リサイタル

RECITALS

1. the Licensor, ELNOX and Aurora, has jointly produced and
owns the copyright in and to the full length animation motion pic-
ture now entitled "Jill, Lynn and Serene Great Adventure Story",
2. KVE is a subsidiary company recently established under the
laws of _____ and is wholly owned by its parent company, Karen
View Corporation, a California corporation, having its principal of-
fice at _____, San Francisco, California _____ U.S.A.,
3. KVE wishes to distribute the above-mentioned motion picture
in the Territory set forth in this Agreement,
4. the Licensor is willing to appoint KVE as its sole and exclusive
distributor of the above-mentioned motion picture in the Territory
set forth herein under the terms and conditions set forth below,
5. the parties hereto have agreed to set forth herein the terms and
conditions of the sole and exclusive distribution agreement with re-
spect to the above-mentioned motion picture,

[対訳]
リサイタルズ＝契約締結の経緯

1. ライセンサーであるエルノックスとオーロラは、共同で、タイト
ルを「ジル・リン・アンド・セリーナ大冒険物語」とよぶ長編アニメー
ション劇映画を制作し、その著作権を保有しており、
2. KVEは、米国カリフォルニア州サンフランシスコ市_____に
主たる事務所を有するカリフォルニア法人であるカレン・ビュー・コー

ポレーションの子会社であり、最近、＿＿＿＿＿＿法のもとに設立され、
その株式の100パーセントが親会社により保有されており、
　3．KVEは、本契約に規定された許諾地域において上記の映画を配給
したいと希望しており、
　4．ライセンサーは、KVEを本契約に規定する許諾地域における上記
の単独で排他的な配給会社（ディストリビューター）に指定することを
希望しており、
　5．本契約当事者は、上記の映画に関する単独で排他的な配給契約の
条項、条件を本契約に規定することに合意したものである。

3　約因と契約締結合意

◇例文211　約因と合意

　　NOW, THEREFORE, in consideration of the mutual covenants
and promises set forth herein and other good and valuable consider-
ation, the parties hereto hereby agree as follows:

［対訳］
　したがって、本契約に規定する相互の誓約と約束および他の正当で価
値のある報酬を約因として、本契約当事者は、以下のとおり合意する。

③ 映画作品、許諾する権利と留保する権利、許諾地域

1　映画作品

◇例文212　映画作品

Article 1　Motion Picture
　The Motion Picture shall mean a ＿＿＿＿＿＿ minutes animated fea-

第4部　エンターテインメント契約

ture motion picture directed by Mr./Ms. _____ and currently entitled "Jill, Lynn and Serene Great Adventure Story".

［対訳］
第1条　本映画
　本映画は、_____氏により監督された_____分間の長編アニメーション劇映画である「ジル・リン・アンド・セリーナ大冒険物語」（現在の仮タイトル）を指すものとする。

2　許諾する権利と（ライセンサーに）留保する権利

◇例文213　許諾する権利と留保する権利

Article 2　Granted Rights and Reserved Rights
　2.1　The Licensor hereby grants to KVE, for the Term and in the Territory only, the following rights in the following languages (hereinafter referred to as the "Granted Rights") in and to the Motion Picture:
　Theatrical Rights, Non-Theatrical Rights, Video-gram Rights (_____ Format), Pay/Subscription Television Rights and Free Broadcast Television Rights in the local language subtitled or dubbed version.
　2.2　All rights not specifically granted to KVE above in Paragraph 2.1 hereof are expressly reserved to the Licensor, including but not limited to Airline Rights, Hotel/Motel Rights, Pay-Per-View Rights, Video-On-Demand and Interactive Rights, and all other rights in the Picture in all media, now known or hereafter discovered.

［対訳］
第2条　許諾される権利および留保される権利
　2.1　ライセンサーは、本契約により、**KVE** に対し、本契約期間、許諾地域においてのみ、下記の言語における下記の権利を許諾するものとする。

328

第3章／映画作品輸出ライセンス（Distribution）契約

劇場上映権、非劇場上映権、ビデオグラム許諾権（＿＿＿＿＿＿フォーマット）、有料・配信契約によるテレビ放送許諾権、無料放映テレビ放送許諾権（いずれも指定現地語字幕又は吹き替え版）

2.2　本契約2.1項に規定するKVEにより、特別に許諾されていないすべての権利は、ライセンサーに留保されるものとし、それらには、航空機内の権利、ホテル/モーテルに対する許諾権、ペイ・パー・ビュー制によるテレビ放送許諾権、ビデオ・オン・ディマンドによる放映許諾権、インタラクティブ（＝双方向性）のテレビ放送許諾権、ならびに、現在または将来発見されるあらゆるメディアにおける本映画の他の許諾権を含み、それに限定されない権利を含むものとする。

3　許諾地域

◇例文214　許諾地域

Article 3　Territory
　　The Territory shall mean ＿＿＿＿＿＿, ＿＿＿＿＿＿ and ＿＿＿＿＿＿.

［対訳］
第3条　許諾地域
　　許諾地域とは、＿＿＿＿＿＿、＿＿＿＿＿＿および＿＿＿＿＿＿を指すものとする。

4　《参考》映画作品海外販売に関する唯一・独占的な代理店の指定（上記の販売店の代わりに代理店を指定する場合の条項フォーム

◇例文215　代理店指定

　　The Licensor hereby appoints the Agent, on an exclusive basis, for the Territory and Term set forth below, as the Licensor's sole and exclusive sales agent to license the Motion Picture for distribution in

329

第4部　エンターテインメント契約

all media, now known or hereafter discovered, including the right to advertise and publicize the Motion Picture and make dubbed or subtitled versions of the Motion Picture.

[対訳]

　ライセンサーは、本契約により、本代理店を、現在および将来発見されたすべてのメディアにおいて、本映画を宣伝・広報を行い、本映画の吹き替え版または字幕版を制作することを含む、下記の許諾地域および契約期間中における独占的なベースで、ライセンサーの唯一かつ独占的な販売代理店に指定する。

④ *期間*（*Term*）

1　期間

◇例文216　期間

Article 4　Term

　The Term of this Agreement shall commence on the date hereof (hereinafter referred to as the "Commencement Date") and shall automatically terminate on a date five (5) years from the date of the Licensors' notification to KVE that the Licensor is prepared to deliver the first print of the Master (as defined in Exhibit ＿ attached hereto) of the Motion Picture to KVE.

[対訳]

第4条　期間

　本契約の契約期間は、本契約の日（以下「開始日」という）に開始し、ライセンサーのKVEに対する（本契約に添付する別紙＿に規定する）

第3章／映画作品輸出ライセンス（Distribution）契約

マスターの引き渡し準備が完了したというライセンサーのKVEへの通知の日から5年経過により自動的に終了するものとする。

2　自動更新条項つき契約期間

いずれか一方の当事者による更新異議申し出の通知がない限り、期初と同じ期間（4年）ずつ自動更新する条項フォームである。

◇例文217　自動更新

4.1A The initial period of this Agreement shall be four (4) years from the delivery of the Master of the Motion Picture as herein set forth, provided that said period shall be automatically renewed for an additional four (4) years each, unless at least three (3) months prior to the expiration of the then-current term, either party provides written notice to the other party of its intention not to renew this Agreement.

［対訳］
　4.1A　本契約の最初の契約期間は、本契約に定める本映画のマスターの引き渡しの日から4年間とするが、その期間は、当初期間（またはその延長した直前の有効期間）の満了の少なくとも3ヶ月前までに、いずれか一方の当事者がその相手方当事者に対し、本契約を更新しないという意図の書面による通知をしない限り、さらにもう4年間ずつ、自動的に更新されるものとする。

第4部　エンターテインメント契約

3　ディストリビューターの販売（ライセンス）実績（ミニマム・パーチェス不達成）により、ライセンサーが解除権を保有

◇例文218　解除権の保有

4.2A the Licensor shall be entitled to terminate this Agreement on the first anniversary of the effective date of this Agreement, in the event the Distributor has not secured minimum annual purchase as set forth in Exhibit __ attached hereto prior to such date or each subsequent anniversary date.

[対訳]
　4.2A　ライセンサーは、本ディストリビューターが、本契約の発効日の1年経過した日に、その最初の1年経過日、または、その次の1年経過日の直前1年間について、本契約に添付した別紙__に規定する年間最低購入額をクリアしていないときは、その日をもって、本契約を解除する権利を有するものとする。

5　ライセンス権付与の対価：最低額保証 *(Minimum Guarantee)*、その支払対象項目・内訳 *(Breakdown)*

　映画上映・テレビ放送・ビデオグラム化許諾権に対するアドバンスを規定する。

1　ライセンス権付与の対価：最低額保証 （Minimum Guarantee）

◇例文219　最低額保証

Article 5　Minimum Guarantee
　5.1 In consideration of the rights granted by the Licensor herein,

第3章／映画作品輸出ライセンス（Distribution）契約

KVE agrees to pay the Licensor the sum of Thirty Thousand US Dollars (US$30,000) net of any and all taxes and/or deductions (hereinafter referred to as the "Minimum Guarantee").

［対訳］
第5条　最低額保証
　5.1　本契約上のライセンサーにより許諾された権利の対価として、KVEは、ライセンサーに対し、税金・賦課金差し引き後、ネット（＝税引後の満額）ベースで3万米ドル（以下「ミニマム・ギャランティー」という）を支払うものとする。

2　ミニマム・ギャランティーの配分：劇場上映権、DVD化権、テレビ放送（販売ライセンス）権のアドバンス

◇例文220　アドバンスへの配分

　5.2　The Minimum Guarantee shall be apportioned:
　(i)　A Theatrical Advance of Fifteen Thousand US Dollars (US$15,000);
　(ii)　A Video (DVD) Advance of Seven Thousand and Five Hundred US Dollars (US$7,500);
　(iii)　A Television Advance of Seven Thousand and Five Hundred US Dollars (US$7,500).

［対訳］
　5.2　ミニマム・ギャランティーは、つぎのとおり、配分される。
　(i)　劇場上映のための前払い金（アドバンス）として15,000米ドル。
　(ii)　ビデオ（DVD）化権の前払い金（アドバンス）として7,500米ドル。
　(iii)　テレビ放送の前払い金（アドバンス）として7500米ドル。

333

第4部　エンターテインメント契約

3　ミニマム・ギャランティーの支払方法

◇例文221　支払方法

5.3　The Minimum Guarantee shall be paid as follows:

(i)　Twenty Percent (20%) i.e. Six Thousand US Dollars (US$6,000) via wire transfer, upon the execution of this Agreement, but not later than June 15, 20___;

(ii)　Eighty Percent (80 %) i.e. Twenty Four Thousand US Dollars (US$24,000) via wire transfer at the time of delivery of the Motion Picture.

[対訳]

5.3　ミニマム・ギャランティーはつぎの通り支払われる。

（i）　本契約の調印次第、しかし、遅くとも20__年6月15日までに、電子送金により20パーセント、すなわち、6,000米ドル。

（ii）　本映画の引き渡し時に、電子送金により80パーセント、すなわち、24,000米ドル。

4　ミニマム・ギャランティーの支払期限の重要部分（要素）

◇例文222　支払期限は重要部分

5.4　The payment dates provided above are the essence of this Agreement.

Failure to make payments within the time frames specified above will render this Agreement null and void without need for further notice.

[対訳]

第3章／映画作品輸出ライセンス（Distribution）契約

5.4　上記に規定する支払日は、本契約の重要部分（要素）を構成するものである。
　上記に記載する期間内に支払いがなされないことは、将来、追加の通知を必要とすることなく、本契約を、無効にするものとする。

⑥ 劇場上映、ビデオグラム（DVD）売上収入と受領金の配分方法 ： 控除可能費用（Recoupable Expenses）

1　劇場上映、DVD販売による売上収入の配分方法

◇例文223　売上収入の配分

Article 6　Division of Receipts
　6.1　Theatrical/Non-Theatrical Gross Receipts will be divided as follows and in the following order:
　(i)　First, KVE shall deduct and retain all Recoupable Distribution Expenses from One Hundred Percent (100 %) of the Theatrical Gross Receipts;
　(ii)　Secondly, after KVE has recouped all Recoupable Distribution Expenses as provided above, KVE shall remit to the Licensor Fifty Percent (50 %) of all Theatrical Gross Receipts derived after recoupment of all Recoupable Distribution Expenses and KVE shall be entitled to retain for itself Fifty Percent (50 %) of all Theatrical Gross Receipts derived after recoupment of all Recoupable Distribution Expenses.

［対訳］
第6条　受領金の配分
　6.1　劇場上映/非劇場上映・総収入は、つぎのとおり、また、つぎの順序で、配分される。
　(i)　最初に、KVEは、劇場上映（売上）総収入100パーセントから、

第4部　エンターテインメント契約

すべての控除可能配給費用を控除し、留保する。
　(ii)　第二に、KVEが上記の規定によるすべての控除可能配給費用を
差し引いた後に、KVEは、ライセンサーに対し、すべての控除可能配給
費用差し引き後のすべての劇場（上映）総収入の50パーセントを送金
し、(KVEは)控除可能配給費用控除後のすべての劇場（上映）総収入の
50パーセントを留保する権利があるものとする。

2　劇場上映総売上金のライセンサー割当分の留保

◇例文224　ライセンサーへの配分の前提

KVE shall be entitled to retain the Licensor's share of Theatrical
Gross Receipts until such time as KVE shall have recouped the
amount of the Theatrical Advance from the Licensor's share of such
receipts.

[対訳]
　KVEは、KVEがライセンサーのかかる受領金から劇場（上映）アド
バンス（前払い金）金額を控除する時期まで、ライセンサーの劇場（上
映）受領金取り分を留保する権利を有するものとする。

3　ビデオグラム（DVD）・ロイヤルティーの支払い

◇例文225　DVDロイヤルティーの支払い

6.2　KVE will pay to the Licensor a royalty (hereinafter referred to
as the "Video-gram Royalty") as follows:
　(i)　KVE shall pay the Licensor Thirty Percent (30 %) of the Video
(DVD) Gross Receipts, as defined in Exhibit ___ attached hereto, of

336

第 3 章／映画作品輸出ライセンス（Distribution）契約

each such Video-gram (DVD) sold, or rented by KVE and of all sums paid or credited to KVE in connection with the exploitation of Video-gram Rights hereunder.

［対訳］

　6.2　KVE は、ロイヤルティー（以下「ビデオグラム・ロイヤルティー」という）をライセンサーに対し、つぎの通り、支払うものとする。

　（i）　KVE は、ライセンサーに対し、本契約に添付する別紙＿に規定するビデオグラム（DVD）総収入の30パーセントを支払うものとし、その計算の基礎となる総収入は、本契約にもとづくビデオグラム化権に関連して、KVE による販売され、または貸し出された夫々のビデオグラム（DVD）について、KVE に対し、支払われ、または、（銀行送金により）口座払い込みされたすべての金額を指すものとする。

4　ビデオグラム化（DVD制作）と販売にかけた費用の控除

◇例文226　DVD制作・販売費用の控除

　(ii)　The Licensor and KVE agree that all expenses in connection with the Video (DVD) Release of the Motion Picture in the Territory, including but not limited to, manufacturing expenses and sub-distribution fees, if any, shall be recouped from KVE's share of Video (DVD) Gross Receipts.

　(iii)　KVE shall be entitled to retain the Licensor's share of Video (DVD) Gross Receipts until such time as KVE shall have recouped the amount of the Video (DVD) Advance from the Licensor's share of such receipts.

　(iv)　In no event shall the wholesale price of any Video-gram hereunder be less than Seventy Percent (70 %) of the suggested retail list price of such Video-gram, subject to all applicable laws in the each country of the Territory for such distribution.

第4部　エンターテインメント契約

[対訳]

　(ii)　ライセンサーとKVEは、許諾地域における本映画のビデオグラム(DVD)・リリースに関連するすべての費用が、ビデオ（DVD）総収入のKVEの割合から、控除されるものとし、控除対象費用には、ビデオ（DVD）制作費および販売費用を含むものとする。

　(iii)　KVEは、KVEが、ビデオ（DVD）アドバンスの金額（全額）を費用控除するまで、ライセンサーのビデオ（DVD）総収入の割合を（支払）留保することができる。

　(iv)　本契約のもとでのビデオグラムの卸販売は、かかるビデオグラムの示唆小売り価格の70パーセントを下回る価格とするが、その卸売り価格は、かかる卸売りに対する許諾地域の各国のすべての適用法にしたがうものとする。

7 テレビ放送権の販売（ライセンシング）代理
：テレビ放送権の許諾とその収入の配分

1　有料テレビジョン、フリーテレビジョン

◇例文227　有料TVとフリーTV

6.3　With respect to Pay/Subscription and Free Broadcast Television (hereinafter referred to as the "Television"):

(i)　KVE shall submit in writing to the Licensor all offers that KVE shall receive with respect to the Television Rights of the Motion Picture and the Licensor shall have the right, not to be unreasonably withheld, to approve such offer(s) within thirty (30) days after the receipt of the same by the Licensor.

If such offer is approved by the Licensor, KVE shall receive as sales commission, an amount equal to Twenty Five Percent (25 %) of the license fee received from such offer and KVE shall remit to the Licensor Seventy-Five Percent (75 %) of the license fee received from such offer.

[対訳]

6.3　有料および有線（有料）テレビジョンならびにフリー（無料）テレビ放送（以下「テレビ」という）について、

（i）　KVEは、KVEが本映画のテレビ放送権に関して受領したすべての申し込みについて、書面でライセンサーに対し、通知するものとし、ライセンサーは、ライセンサーによるかかる通知を受領後、30日以内にかかる申し込みを承認する権限を有するものとし、かかる申し込みは、不合理に留保されることはないものとする。

かかる申し込みがライセンサーにより承認されたときは、KVEは、販売コミッションとして、かかる申し込みから受領するライセンス・フィーの25パーセントにあたる額を受領するものとし、KVEはかかる申込みから受領するライセンス・フィーの75パーセントにあたる額をライセンサーに対し、送金するものとする。

2　テレビ放送権アドバンスの費用控除

◇例文228　アドバンス費用控除

KVE shall be entitled to retain the Licensor's share of the Television revenues to recoup the amount of the Television Advance.

[対訳]

KVEは、テレビ放送権アドバンスの額を費用控除するために、テレビ放送収入のライセンサーの割合を留保する権利を有するものとする。

第4部　エンターテインメント契約

3　テレビ放送権の付与に関する特別合意事項：KVEによる販売が期待通りでない場合のライセンサーによる買い戻しオプション

◇例文229　買戻しオプション

(ii)　The Licensor and KVE agree that if KVE fails to receive any offer with respect to the Television Rights from any Television station in the Territory, or does not receive any license fees from the Television, within three (3) years and six (6) months from the commencement of this Agreement, the Licensor shall have the option to repurchase of the Television Rights by paying to KVE an amount equal to ＿＿＿＿＿ (＿) percent of the Television Advance.　In the event of such repurchase, all Television Rights shall immediately revert free and clear to the Licensor.

［対訳］
(ii)　ライセンサーとKVEは、万一、KVEが、本契約の締結の日から3年6ヶ月以内に、テレビ放送権について、許諾地域のいかなるテレビ局からもいかなる申し込みも受けないとき、または、テレビからいかなるライセンス・フィーも受けとらないときは、ライセンサーが、テレビ放送許諾権を、KVEにテレビ放送アドバンスの＿＿＿＿パーセントにあたる額を支払って、買い戻すオプションを有するものとする。かかる買い戻しの事態においては、すべてのテレビ放送許諾権は、すべて、何らの負担のない完全な権利として、ただちにライセンサーに戻るものとする。

8　ホールドバック条項

具体的なホールドバック期間は、ビジネス条件であり、自由に個別に決定される。

340

第3章／映画作品輸出ライセンス（Distribution）契約

1　ビデオグラム化権の行使

◇例文230　ホールドバック①

Article 7　Holdbacks
　　7.1　KVE agrees that the Video-gram Rights hereunder will not be exploited within the Territory by KVE or any party authorized by KVE until thirty (30) months from the date of the initial Theatrical Release of the Motion Picture in the Territory.

［対訳］
第7条　ホールドバック
　　7.1　KVEは、本契約に基づくビデオグラム許諾権は、本映画の許諾地域における劇場（上映）公開封切り日から30ヶ月経過する迄は、許諾地域において、KVEまたは同社により権限付与された当事者によって、利用（商開拓）されないことに同意する。

2　有料テレビ放送配信

◇例文231　ホールドバック②

　　7.2　KVE agrees that the Pay/Subscription Television Rights in the Motion Picture will not be exploited within the Territory by KVE or any party authorized by KVE until eighteen (18) months from the date of the Initial Theatrical Release of the Motion Picture in the Territory.

［対訳］
　　7.2　KVEは、本映画の有料・契約配信テレビ放送許諾権については、許諾地域における本映画の劇場（上映）公開封切り日から、18ヶ月間経

341

第4部　エンターテインメント契約

過までは、KVEまたは、KVEにより権限付与された当事者により利用（商開拓）されないものとする。

3　無料テレビ放送許諾

◇例文232　ホールドバック③

7.3　KVE agrees that the Free Broadcast Television Rights will not be exploited within the Territory by KVE or any party authorized by KVE until twenty-four (24) months after the Initial Theatrical Release of the Motion Picture in the Territory.

7.4　The Licensor and KVE understand and agree that all holdbacks specified above in this Article are subject to the applicable laws of the Territory.

［対訳］

7.3　KVEは、フリー（無料）テレビ放送むけ放送許諾権については、KVEまたはその授権による当事者によって、許諾地域における本映画の上映（封切り）開始日から24ヶ月間経過するまでは、許諾地域における販路開拓はなされないことに合意する。

7.4　ライセンサーとKVEは、本条項の上記において定めるすべてのホールドバック（制限）は、許諾地域における適用法にしたがうことを了解し、合意する。

第3章／映画作品輸出ライセンス（Distribution）契約

⑨ 劇場上映開始（封切り）日とみなし封切り日

1 劇場上映開始（封切り）日（Initial Theatrical Release）

◇例文233　封切り日

Article 8　Initial Theatrical Release
　8.1　With respect to the Initial Theatrical Release;
　(i) The Initial Theatrical Release of the Motion Picture in the Territory shall take place no later than six (6) months after KVE's receipt of the Licensor's notice that the Licensor is prepared to deliver the Motion Picture.

［対訳］
第8条　劇場公開開始（封切り）日
　8.1　劇場公開開始（封切り）日については、
　（i）　許諾地域における本映画の劇場上映開始（封切り）は、KVEのライセンサーが本映画を引き渡す準備がととのったとの通知を受領した後、6ヶ月以内に行われるものとする。

2 みなし封切り日

◇例文234　みなし封切り日

　(ii)　For the purpose of the provision of this Article and other provisions hereof, such release shall be deemed to have occurred on the date six (6) months from the delivery if actual release has not occurred by said date.

第4部　エンターテインメント契約

[対訳]
　(ii)　本条規定および本契約の他の規定の目的上、かかる劇場での封
切りは、万一、現実の封切りが上記期限までに行われなかった場合には、
かかる劇場での封切りが上記引き渡しの6ヶ月経過の日をもって行われ
たとみなすものとする。

3　劇場上映開始（封切り）にあたっての通知

◇例文235　封切り通知

8.2　Not less than sixty (60) days prior to the Initial Theatrical Release of the Motion Picture in the Territory, KVE will give to the Licensor written notice of the initial release pattern, including any key city first-run exhibition engagements, release patterns, advertising and publicity budgets and concepts, and the number of prints to be used.

[対訳]
　8.2　許諾地域における本映画の劇場における封切りの60日前までに、
KVEは、その公開の方式について、書面の通知をするものとし、その通
知には、封切り公開を行う市、公開方式、広告、宣伝予算および考え方
ならびに使用するプリントの数を含むものとする。

4　劇場上映開始（封切り）の現地語版タイトルとその英訳の通知

◇例文236　現地語版タイトル

8.3　Coincidentally, with the notice mentioned above in Paragraph 8.2, KVE shall advise the Licensor of the local language title of the Motion Picture and the initial English translation of same that will be used in connection with the distribution of the Motion Picture in the Territory.

The Licensor shall have the right of approval with respect to such matters, such approval not to be unreasonably withheld.

［対訳］
　8.3　上記8.2項に規定する通知と同時に、KVEは、ライセンサーに対し、許諾地域における本映画の販売に関して使用する本映画の現地語版のタイトルおよびその最初の英語訳を連絡するものとする。
　ライセンサーは、かかる事項について、承諾する権利を有するものとするが、かかる承諾は、不合理に留保（拒絶）されることはないものとする。

10 支払い、報告、計算書および通知条項

1　支払条項

◇例文237　支払い

Article 9　Payments
　All payments required to be made by KVE to ELNOX and Aurora hereunder shall be payable respectively to:

ELNOX Group Holding Corporation
c/o Bank of ＿＿＿＿＿＿＿＿＿＿＿＿＿＿
(address of the Bank of ＿＿＿＿＿＿＿＿＿＿＿＿)
＿＿＿＿＿＿＿＿＿＿＿＿＿＿＿＿＿＿＿＿＿, Japan
＿＿＿＿＿＿＿＿＿＿＿＿＿＿＿＿＿＿＿＿＿
Account Number : ＿＿＿＿＿＿＿＿＿＿＿

第4部　エンターテインメント契約

Aurora Borealis Corporation
c/o Bank of _____
(address of the Bank of _____)
_____, Japan
_____

Account Number : _____
or such other bank as each of the Licensor, ELNOX and Aurora,
shall designate in writing at any time.

［対訳］
第9条　支払い
　本契約に基づきKVEによりなすことを要求された支払いは、それぞれ下記の宛先または、ライセンサーであるエルノックスおよびオーロラのそれぞれが、後日書面で指定する他の銀行口座あてに、なされるものとする。
（以下、自明であり、省略）

2　報告、計算書および通知条項

◇例文238　報告、計算書、通知

Article 10　Reports, Statements and Notices
　10.1　All reports, statements and notices which either party is required or desires to give to the other party hereunder shall be in writing and shall be sent by prepaid airmail or prepaid cable, telegram, or telex addressed as follows:

TO THE LICENSOR :
　　ELNOX Group Holding Corporation,
　　_____
　　_____, Tokyo, Japan

346

第3章／映画作品輸出ライセンス（Distribution）契約

Telephone : _____

Aurora Borealis Corporation

_____

_____, Tokyo, Japan

Telephone : _____

TO KVE:

    Karen View Entertainment Corporation

_____

_____

_____

Telephone : _____

or to such other address as each party may designate by written notice to the other parry.

［対訳］

第10条　報告、計算書および通知

　10.1　本契約にもとづき、いずれかの当事者が、相手方に与えることを要求され、または希望されたすべての報告、計算書および通知は、料金先払いの郵便、料金先払いのケーブル、電信またはテレックスにより、下記の宛先または、各当事者から相手方に対し書面の通知によりなされた他の宛先に対し、なされるものとする。

（以下、自明であり、省略）

3　通知の到達時期とみなし到達時期

◇例文239　通知の到達

10.2　All notices given by mail shall be deemed given when received, but in no event, later than ten (10) business days from the

347

第4部 エンターテインメント契約

date of postmark.

All notices sent by cable, telegram or telex shall be deemed given when received, but in no event, later than two (2) business days from the date deposit in the telegraph or cable office.

All notices given by personal delivery shall be deemed given when received.

［対訳］

10.2　郵便によるすべての通知は、受領した時になされたものとするが、いかに遅くても、消印の日付から10営業日後には、なされたものとみなされる。

ケーブル、テレグラムまたはテレックスにより送信されたすべての通知は、受領された時になされたものとするが、いかなる場合でも、電信またはケーブル事務所に発信（提出）した日から、2営業日以内になされたものとみなすものとする。

パーソナルデリバリー（手渡し）により与えられたすべての通知は、受領された時になされたものとする。

---

11 ライセンサーの標準条項による詳細規定

実務上、一般条項、ビジネス条件の詳細をライセンサーの標準条項および条件（別紙）にゆだねる方式をとることが多い。個別具体的な条件は各ケースごとの交渉次第、両者の力関係次第である。

1 ライセンサーの標準約款 (Standard Terms and Conditions of the Licensor)

◇例文240　標準約款

Article 11　Standard Terms and Conditions of the Licensor

11.1　The Standard Terms and Conditions of the Licensor (a copy

348

第3章／映画作品輸出ライセンス（Distribution）契約

of which is attached hereto for reference) and Exhibits (if any) are incorporated into and made a part of this Agreement.

［対訳］
第11条　ライセンサーの標準条項および条件
　11.1　（写しを参考までに本契約に添付する）ライセンサーの標準的な条項と条件および別紙は、本契約の一部を構成するものとする。

2　本契約の条項と標準約款の規定との齟齬ある場合の優先順位

◇例文241　優先順位

　11.2　In the event of any inconsistency between the provisions of said Standard Terms and Conditions and/or Exhibits and the foregoing provisions of this Agreement, the latter shall prevail.

［対訳］
　11.2　上述の標準的な条項・条件と本契約のこれまでの規定の間に齟齬が生じた場合には、後者（＝本契約の規定）が優先する。

12　ライセンシーの親会社による履行保証および契約締結文言

1　ライセンシーの親会社による履行保証

◇例文242　履行保証

Article 12　Performance Guarantee by the Parent Company of KVE

349

第4部　エンターテインメント契約

In consideration of the Licensor entering into this Agreement to grant to KVE an exclusive license for the distribution of the Motion Picture in the Territory, the Guarantor, Karen View Corporation of California, U.S.A., the 100 % parent company of KVE, hereby guarantees to the Licensor the full performance of this Agreement by KVE and hereby indemnifies the Licensor against any damages arising out of the breach of this Agreement by KVE.

［対訳］
第12条　KVEの親会社による履行保証
　ライセンサーがKVEと許諾地域における本映画の販売のための独占的ライセンス契約を締結することを、約因として、保証人であり、KVEの100パーセントの親会社である米国、カリフォルニアのカレン・ビュー・コーポレーションは、本条により、ライセンサーに対し、KVEによる本契約の完全な履行を保証し、本条により。ライセンサーに対し、KVEによる本契約の不履行により生ずるあらゆる損害について、補償するものとします。

2　契約締結文言

◇例文243　締結文言

IN WITNESS WHEREOF, the parties to this Agreement have caused this Agreement by their duly authorized representatives as of the day and year first above written.

［対訳］
　本契約締結の証として、本契約の当事者は、本契約冒頭の日付をもって、正当に授権された代表者をして、本契約に調印せしめた。

第4章

テレビ番組・映像制作物（ビデオ作品をふくむ）の輸出ビデオグラム（DVD等）化ライセンス契約（ショートモデル）（英文版）

テレビ番組や映画作品その他の映像制作物（フィルムとビデオ作品双方を含む）の現地（外国）におけるビデオグラム化を許諾する契約雛形（モデルフォーム）を紹介する。紙面の制約があり、興味を持つ方には内容は自明と考え、和訳や解説は付さない。詳細版英文契約モデルフォームや、雛形の和訳や解説について読者の方から加筆ご希望の声があるときは、次回改訂の際、検討したい。現地政府側で、自国の文化、宗教、良俗を保護するため、検閲制度があるケースを想定している。検閲がなければ、実務上、関連条項を削除し、簡素な条項とすればよいだけである。便宜上、見出しにのみ、和訳を付した。

1 テレビ番組輸出ビデオグラム（DVD等）化ライセンス契約

1　前文

◇例文244　前文

AGREEMENT
（契約）

This Agreement is made and entered into between:
(1)　ELNOX Group Holding Corporation, a ＿＿＿＿＿ corpora-

第4部 エンターテインメント契約

tion, with its principal office at ＿＿＿＿＿＿＿Tokyo, Japan (hereinafter referred to as "ELNOX" or the "Licensor"), and

(2) Lynx Film and Amusement Corporation, a ＿＿＿＿＿ corporation, with a principal office at ＿＿＿＿＿＿ (hereinafter referred to as "LYNX" or the "Licensee"),

and shall be effective as of the date the last signature is affixed hereto (the "Effective Date") upon the terms and conditions set forth below.

② 独占的ライセンスの許諾ならびにロイヤルティーの支払い

1 フィルムの独占的なビデオグラム（DVD制作・販売等）化ライセンス許諾

◇例文245　DVD化許諾

Article 1　Exclusive License
　　　　　　（独占的なライセンス）
　Subject to the provisions of this Agreement and upon payment in full of the royalty set forth herein, the Licensor agrees to grant to the Licensee, which the Licensee accepts, the exclusive and sole right to distribute and exhibit in the formats of Video-gram of the following film (hereinafter referred to as the "Film"):
　(i)　The title of the Film　：　"＿＿＿＿＿＿＿＿＿＿＿＿"
　(ii)　The Licensed Territory　：　＿＿＿＿＿＿＿＿＿＿＿ only
　(iii)　The Licensed Period　：　From the date of ＿＿＿＿＿
　　　　　　　　　　　　　　　　until the ＿th day of ＿＿, 20＿.

2 ロイヤルティーの支払い

◇例文246 ロイヤルティーの支払い

Article 2   The Royalty and its Breakdown
　　　　　（ロイヤルティーの支払いと内訳）

2.1   The Royalty for this License Agreement shall be Five Million United States Dollars (US$5,000,0000) Only, breakdown of which is as follows:

(i)　license fees for use of copyright per Chapter　　　US$450,000

(ii)　_____ tape (or disc) per Chapter　　　US$50,000

　　　Sub-total per Chapter :　　　　　　　US$500,000

　　　Total : US$500,000 × ten Chapter　　US$5,000,000

2.2   The Licensee shall pay to the Licensor the Royalty set forth above by telegraphic transfer to the bank account designated by the Licensor on or before the ___th day of _____, 20__ :

(i)　The name of the bank of the Licensor : _____

(ii)　The address of the bank : _____
　　　　　　　　　　　(the name of the country of the Licensor)

(iii)　The bank account : _____ (Current Account)

Article 3   Non-Refundable Payment
　　　　　（返還不能の支払い）

All payments made by the Licensee under Article 2 of hereof shall be not refundable.

第4部　エンターテインメント契約

③ 政府による検閲の要請ならびにマスターの引き渡し

1　政府による検閲の要請

◇例文247　検閲

Article 4   Governmental Requirements of Censorship
　　　　　（政府による検閲の要請）
　　In the event that either (i) the Film does not pass any requirement of the government approval for censorship of the country of the Licensed Territory, if any, on or before the __th day of _____, 20__, or (ii) the Licensee shall fail to notify the Licensor in writing the result of such approval (if any) by the government authority on or before the __th of _____, 20__, this Agreement shall be deemed to be terminated without any notice.

2　マスター等の引き渡し

◇例文248　マスターの引き渡し

Article 5   Delivery of the Master and other Materials of the Film
　　　　　（フィルムのマスター等の引き渡し）
　　5.1   Upon the Licensor being notified by the Licensee in writing on or before the __th of _____, 20__ that the Film has passed the censorship requirements of the _____ government and fulfillment of the payment of the Royalty set forth in Article 2 hereof by the Licensee to the Licensor, the Licensor will furnish and supply to the Licensee the following materials respective to the Film without delay and at latest on or before the __th of _____, 20__:
　　(i)　　one set of _____ Master
　　(ii)　　two copies of dialogue lists in the _____ language in writing.
　　5.2   All costs, handling charges, duties and custom fees, etc. in-

curred for the translation and delivery of the Film and the Materials shall be borne and paid by the Licensee.

3 輸送中のフィルムへの損傷リスク負担

◇例文249　輸送中のリスク

Article 6　Risk of Damages to the Film during the Transportation
　　　　　(輸送中のフィルムへの損傷リスク)
　6.1　All materials delivered to the Licensee in accordance with this Agreement shall be deemed to have been acknowledged and received by the Licensee as being suitable for the purpose of the exhibition or distribution in accordance with the provisions of this Agreement.
　6.2　The Licensor shall not be responsible to any damages or defects caused to the said materials in the course of delivery to the Licensee.

Article 7　Time is of Essence
　　　　　((契約の履行) 時期は契約の要素)
　Time is of essence of this Agreement.

4 許諾地域における販売と改変行為

1 許諾地域における販売

◇例文250　販売

Article 8　Exhibition in the Licensed Territory
　　　　　(許諾地域における販売)

第4部　エンターテインメント契約

> The Licensee will not exhibit or distribute the Film outside the Licensed Territory and shall not use the Film in any other manner not expressly licensed to the Licensee under this Agreement.

2　フィルムに対する改変行為（編集）

◇例文251　フィルムの改変

> Article 9　Changes and Alterations of the Film
> 　　　（フィルムに対する改変行為（編集））
> 　9.1　Upon the full payment of the Royalty provided in Article 2 hereof, the Licensee shall have the right to make such changes, alterations, cuts, eliminations or other editing and to change the title of the Film, as the Licensee deems it necessary for the exploitation of the Film in the Licensed Territory.
> 　9.2　The Licensee shall also have the right to excerpt portions of the Film for use in promoting its exhibition.

⑤　一般条項ならびに契約締結文言

1　契約合意の全部

◇例文252　合意全部

> Article 10　Entire Agreement
> 　　　（契約合意の全部）
> 　10.1　This Agreement and/or Exhibit hereto, if any, are intended as the complete, final and exclusive statements of the terms of this agreement between the parties regarding the subject matter hereof and supersedes any and all other prior or contemporaneous agree-

ments or understandings whether written or oral, between the parties relating to the subject matter hereof.

10.2 This Agreement and/or Exhibit hereto, if any, may not be modified except in writing executed by both parties.

2 準拠法

◇例文253 準拠法

Article 11 Governing Law
(準拠法)
This Agreement will be governed by and interpreted in accordance with the laws of _____, without referring to choice of law rules.

3 仲裁条項

◇例文254 仲裁

Article 12 Arbitration
(仲裁)
(記載省略)

4 契約締結文言

◇例文255 契約締結

IN WITNESS WHEREOF, the parties hereto have signed this

第 4 部　エンターテインメント契約

Agreement on the day and year as written hereunder.

_____   _____
LICENSOR   LICENSEE

Date : _____,20___   Date : _____,20___

WITNESS   WITNESS
（立ち合い人）   （立ち合い人）
_____   _____
In the presence of : _____   In the presence of : _____

第5章／映画ビデオグラム化許諾契約（和文版）

第5章

映画ビデオグラム化許諾契約（和文版）

　本雛形は、本来、日本国内用の契約雛形として作成しているが、相手国、相手先やケースにより、可能・適切な場合、国外の相手先との契約に使用可能か試みる価値があろう。たとえば、日本企業の海外現地法人や出先の合弁会社とのケースや日本語が十分通ずる相手方などの場合である。

1 前文

◇例文256　前文

ビデオグラム化許諾契約書

　本契約は、東京都＿＿＿＿区＿＿＿＿＿＿＿に主たる事務所を有する日本法人であるオーロラ・ボレアリス・フィルム・アンド・エンターテインメント株式会社（以下「オーロラ映画社」という）と＿＿＿＿＿＿国＿＿＿＿＿＿＿＿市＿＿＿＿＿＿に主たる事務所を有する＿＿＿＿＿法人であるSouth Valley Pear Pictures Inc.（以下「SOUTH VALLEY」という）との間に、長編映画『＿＿＿＿＿＿＿＿＿＿＿＿＿＿』のビデオグラム化許諾について、契約を締結し、その契約条件を確認するものである。

359

第4部　エンターテインメント契約

② *契約の目的ならびにビデオグラム化の許諾*

第1条　契約の目的

◇例文257　契約の目的

　　オーロラ映画社は、映画製作者として、自己が著作権法上の権利を有するつぎの映画著作物（以下「本映画」という）について、SOUTH VALLEY が、本契約添付別紙＿＿＿＿＿＿＿に定める許諾地域（「許諾地域」という）において、下記映画作品について、本契約の有効期間中、本契約添付別紙＿＿＿＿＿＿＿に定める使用言語（原則は、制作時の言語によるが、SOUTH VALLEY の判断により、　拡販のために必要なときは、SOUTH VALLEY 負担による字幕版、吹き替え版を含む）で、独占的なビデオグラム（DVD 等）化権を許諾し、SOUTH VALLEY は、その権利許諾を受け、拡販につとめるものとする。

作品名：『＿＿＿＿＿＿＿＿＿＿＿＿＿＿＿＿＿＿＿』
原作：＿＿＿＿＿＿＿＿＿＿＿＿＿＿＿＿
脚本：＿＿＿＿＿＿＿＿＿＿＿＿＿＿＿＿
監督：＿＿＿＿＿＿＿＿＿＿＿＿＿＿＿＿
音楽：＿＿＿＿＿＿＿＿＿＿＿＿＿＿＿＿
制作：＿＿＿＿＿＿＿＿＿＿＿＿＿、＿＿＿＿＿＿＿＿＿＿＿＿＿＿＿、
　　　　オーロラ映画社
上映時間：＿＿＿＿＿＿＿＿＿＿＿＿
劇場公開：20＿＿年＿＿月〜20＿＿年＿＿月
発売予定：DVD 版　　　　20＿＿年＿＿月
　　　　　　ブルーレイ版　　20＿＿年＿＿月

360

第5章／映画ビデオグラム化許諾契約（和文版）

第2条　ビデオグラム化の許諾内容

◇例文258　ビデオグラム化の許諾

　　オーロラ映画社は、第1条において、許諾したビデオグラム化権に基づき、SOUTH VALLEY が制作したビデオグラム（以下「本ビデオグラム」という）について、SOUTH VALLEY が、許諾地域において、つぎの権利を含む本ビデオグラム販売ならびに利用などに関する一切の権利を専属的に保有することを確認する。
　(1)　複製権（SOUTH VALLEY 負担による許諾地域使用言語の字幕版・吹き替え版の制作を含む）
　(2)　頒布権
　(3)　_____

第3条　ライセンシーによるライセンサーの著作物の利用

◇例文259　映画著作物の利用

　　3.1　SOUTH VALLEY は、許諾地域における本ビデオグラムの広告宣伝のため、SOUTH VALLEY の本映画の全部もしくはその一部を解説書、ジャケット、パンフレット、ポスター等に自由かつ無償で、利用することができるものとする。
　　3.2　SOUTH VALLEY は、その利用対象および方法を、オーロラ映画社に事前に書面で通知するものとする。SOUTH VALLEY が引き渡された言語版以外の言語版の解説書、ジャケット、パンフレット、ポスター等を制作することを希望するときは、事前に書面によるオーロラ映画社の同意を取得するものとする。
　　3.3　本映画宣伝利用のポスターは、本映画の一部に含まれないものとし、ポスターの利用は、有償とする。

第4部　エンターテインメント契約

③ 許諾料と支払い

第4条　許諾料

◇例文260　許諾料

4.1　SOUTH VALLEY は、オーロラ映画社に対し、第1条から第3条の権利の許諾料として、つぎの方法により計算される金額を支払うものとする。
(1)　DVD　　税抜き小売価格の＿(25)＿パーセントに出荷枚数をかけた金額
(2)　ブルーレイ　　税抜き小売価格の＿(15)＿パーセントに出荷枚数をかけた金額
(3)　DVD およびブルーレイのセット売りの場合　　税抜き小売価格の＿＿＿パーセントに出荷セット数をかけた金額
(4)　＿＿＿＿＿＿＿＿＿＿＿＿＿＿＿＿＿＿＿＿＿＿＿
4.2　SOUTH VALLEY は、オーロラ映画社に対し、前項の権利の許諾料の最低保証額として、金50,000,000円（五千万円也）（消費税別）を支払うものとする。本条第1項の計算基準による許諾料の総額がこの最低保証額に達しない場合も、オーロラ映画社は、その差額の返還義務を負わないものとする。

■解説■
　上記の（　）内数値は例示にすぎない。4.1(4)項は DVD、ブルーレイ以外のビジネスなどに備えた条項（交渉事項）。

第5条　支払期日

◇例文261　支払期日

5.1　SOUTH VALLEY はオーロラ映画社に対し、第4条の最低保証額をつぎの通り支払うものとする。

第5章／映画ビデオグラム化許諾契約（和文版）

20__年__月__日までに、金50,000,000円（五千万円也）（消費税別）

5.2　SOUTH VALLEY はオーロラ映画社に対し、前項（第5.1項）に規定する金額をつぎのとおり、支払うものとする。

(1)　本契約締結時：支払金額の_(20)_パーセント　現金払い（オーロラ映画社指定銀行口座への振込）

(2)　ビデオマスター引き渡し時：支払金額の_(80)_パーセント　現金払い（オーロラ社指定銀行口座への振込）

5.3　最低保証額を超える分についての許諾料の支払いは、毎年、3月末、6月末、9月末、12月末の各月締めで翌月20日に全額現金で、オーロラ映画社指定銀行口座への振込により行う。

5.4　ただし、前項で締め日が、休日にあたる場合は、その前日を締め日とし、支払日が、休日にあたる場合は、その翌営業日を支払日とする。

第6条　第三者に対する許諾料

◇例文262　第三者に対する許諾料

6.1　第4条に規定する許諾料には、本映画ならびにこれに使用される原作・脚本等の現著作物および美術の著作物にかかわる一切の著作権および本映画の制作に関与した者に対するビデオグラム化の許諾料および著作権使用料・印税を含むものとし、これらの者に対する許諾の実務および許諾料の支払いは、一切オーロラ映画社の責任と費用において処理するものとする。

6.2　前項にかかわらず、本ビデオグラムの発売に伴い、一般社団法人日本音楽著作権協会が管理する楽曲に対する複製使用料の支払いが発生する場合は、SOUTH VALLEY の責任と負担において、処理するものとする。

363

第4部　エンターテインメント契約

4　マスターの貸与、引き渡し条件ならびに保証、
第三者による権利侵害と防止

第7条　マスターの貸与および交換

◇例文263　マスターの貸与

　7.1　オーロラ映画社は、SOUTH VALLEY が本映画の品質を損なうことなく、これを本ビデオグラムに収録できるよう、望みうる最高品質のビデオマスター（以下「本マスター」という）を SOUTH VALLEY に引き渡し、本契約期間中にこれを貸与するものとする。これにともない、SOUTH VALLEY は、本マスターの制作費用として本条第2項の品質確認がなされ次第、オーロラ映画社に対して、金＿＿＿＿＿＿万円を現金でオーロラ映画社指定銀行口座に振り込み、または、現金手渡し払いで、支払うものとする。

　7.2　SOUTH VALLEY は、本マスター受領後14日以内に本マスターの品質確認を行うものとし、当該期間内に本マスターに契約に適合する品質を有しないことが発見された場合、または、SOUTH VALLEY の社内規則によるビデオグラムのマスターとして定める基準品質に達しない時は、SOUTH VALLEY の申し出にもとづき、オーロラ映画社は、すみやかにこれを、契約適合品または、SOUTH VALLEY の求める基準品質を充たすものと無償で交換するものとする。本規定に関連する SOUTH VALLEY の社内規則の該当個所の抜粋については、本契約書の添付別紙に記載のとおりである。

第8条　保証

◇例文264　保証

　8.1　オーロラ映画社は、SOUTH VALLEY に対し、本映画が著作権、著作者人格権、著作隣接権その他いかなる第三者の権利も侵害していな

いことを保証する。万一、第三者からの権利侵害の主張または申し立てがなされた場合は、オーロラ映画社は、遅滞なく、自己の費用負担で、本契約によるビデオグラム化に支障がないように、適切な措置を講ずるものとし、また、SOUTH VALLEY が被った損害を賠償するものとする。

8.2　オーロラ映画社はSOUTH VALLEY に対し、本映画のテレビ放送または、本ビデオグラム以外の形態でのビデオグラムの発売を、本作品のDVD発売日より6ヶ月以内には行わないことを保証する。

第9条　第三者による権利侵害

◇例文265　第三者による権利侵害

9.1　オーロラ映画社とSOUTH VALLEY は、共同で、本映画に対する第三者による権利侵害の防止につとめるものとする。

9.2　万一、本ビデオグラムについての権利侵害が発生した場合は、SOUTH VALLEY の要請にもとづき、オーロラ映画社は、その費用負担で遅滞なく適切な対抗措置を講ずるものとする。

9.3　ただし、オーロラ映画社が遅滞なく適切な措置を講じない場合、SOUTH VALLEY は、第三者の侵害行為に対し、自ら適切な対抗措置を講じ、それに要した費用をオーロラ映画社に請求することができるものとする。

第10条　帳簿の備え付けと閲覧権

◇例文266　帳簿閲覧

10.1　SOUTH VALLEY は、本ビデオグラムの複製・頒布に関し、その複製・頒布枚数を疎明できる帳簿を備え付けるものとする。

10.2　SOUTH VALLEY の営業時間内において、オーロラ映画社の請求あり次第、いつでも、オーロラ映画社にこれを閲覧させることに同意

第4部　エンターテインメント契約

する。

⑤ *契約期間ならびに契約解除*

第11条　契約期間

◇例文267　契約期間

11.1　本契約の有効期間は、契約締結の日から6年間とする。
11.2　ただし、期間満了の2ヶ月前までに、オーロラ映画社、SOUTH
VALLEYのいずれからも、書面による契約延長を拒絶する旨の意思表示
がない場合は、本契約記載条件と同一の条件をもってさらに2年間ずつ
自動的に延長され、以降も同様とする。ただし、自動更新の場合は、本
契約の第4条の4.2項に規定する最低保証料について、新しく更新され
た期間について、ふたたび復活して適用されることはないものとする。

第12条　契約違反等にもとづく契約解除

◇例文268　契約解除

オーロラ映画社またはSOUTH VALLEYがつぎの各号のいずれかに該
当した場合は、他方の当事者は、書面で相手方に通知することにより、
本契約を解除することができるものとする。
(1)　本契約の各条項のいずれかに違反したとき。
(2)　破産、和議、会社更正、会社整理の申し立てをみずから行い、も
しくは、他からその申し立てをうけ、すみやかに却下させることができ
ないとき。

第5章／映画ビデオグラム化許諾契約（和文版）

第13条　契約期間終了後の措置

◇例文269　契約終了後の措置

13.1　契約期間の満了または、SOUTH VALLEYの不履行にもとづく解除により、本契約が終了したときは、SOUTH VALLEYは、第7条によりオーロラ映画社から貸与を受けた本マスターを直ちにオーロラ映画社に返還しなければならないものとする。

13.2　契約の終了前に複製した本ビデオグラムは、終了の日から6ヶ月間に限り、SOUTH VALLEYは、これを販売できるものとする。

13.3　本契約がオーロラ映画社の不履行に基づく解除により終了した場合で、第4条第1項により算出した許諾料の合計額が同条第2項の最低保証額に満たない場合は、オーロラ映画社は、SOUTH VALLEYの請求にもとづき、SOUTH VALLEYに対し、その差額を解除による終了の日から、30日以内に全額現金で返還し、SOUTH VALLEYは、第7条にもとづき、オーロラ映画社から貸与をうけた本マスターを契約終了後、直ちにオーロラ映画社に返還しなければならないものとする。

6 契約譲渡等の制限および秘密保持

第14条　契約譲渡の制限

◇例文270　契約譲渡制限

本契約の一方の当事者は、つぎの各号に掲げる行為をなす場合に、他の当事者の書面による同意を要するものとする。

（1）　本契約により生じる権利または義務の全部または一部を第三者に譲渡し、または、承継させること。

（2）　オーロラ映画社が本作品の原版または著作権の全部また一部を第三者に譲渡すること。

第4部　エンターテインメント契約

第15条　秘密保持義務

◇例文271　秘密保持

15.1　オーロラ映画社、SOUTH VALLEY は、本契約にもとづいて知り得た相手方の秘密情報ならびに他の機密を第三者に本契約の有効期間中および契約終了後5年間、漏洩しないものとする。

15.2　オーロラ映画社、SOUTH VALLEY が、前項の規定に違反したときは、故意過失をとわず、それによって、相手方に発生した損害の賠償の責めを負うものとする。

15.3　前2項の義務は本契約終了後も、3年間存続するものとする。

7 一般条項

第16条　協議事項

◇例文272　協議

オーロラ映画社、SOUTH VALLEY は、本契約の各条項を信義に則り、誠実に履行するものとし、本契約に規定しない事項または、本契約の各条項について、解釈の疑義が発生したときは、その都度、オーロラ映画社、SOUTH VALLEY 両者間で、その代表により協議の上、円満に解決を図るものとする。

第17条　修正・変更

◇例文273　修正・変更

本契約の修正または変更は、書面によるオーロラ映画社、SOUTH VALLEY 間の両者の合意によらなければその効力を生じないものと

する。

第18条　合意管轄

◇例文274　合意管轄

　本契約に基づく取引に関して紛争が発生し、両者による協議により円満に解決できないときは、東京地方裁判所を第一審の専属的合意管轄裁判所とする。

第4部　エンターテインメント契約

第6章

アーティスト広告映像作品等出演契約（和文版）

　日本国内向け販売広告目にアーティストを起用し、その広告作品（DVD、CD-ROMの広告・案内役等に使用する映像・動画・静止画像等）を制作し、アーティストが一定期間、宣伝活動サービスにも出演することを目的とする契約。

　本契約書雛形では、オーロラ映画社が、その業務遂行について、提携企業のNATSUMIX社に委託しているのが、特色である。NATSUMIX社はオーロラ社の業務を代行する履行補助者であり、アーティスト起用について直接の権利義務の当事者にはならない。実際には、このような事務を委託せず、直接みずから業務を遂行するケースもある。アーティスト起用契約は、さまざまな契約形態がありうるので、この雛形は、一つの種類のたたき台として制作したものである。

1 前文

◇例文275　前文

アーティスト出演契約書

　オーロラ・ボレアリス・フィルム・アンド・エンターテインメント・コーポレーション株式会社（以下「オーロラ映画社」という）、ナツミックス・エンターテインメント・インターナショナル株式会社（以下「NATSUMIX」という）とエルノックス・グループ・ホールディング株式会社（以下「エルノックス」という）とは、エルノックスに所属する

アーティスト"永見華凛（ながみ・かりん）"(以下「Karin」または「アーティスト」という）が、オーロラ映画社が販売するソフトウエア製品（『Io Hermes World（イオ・エルメス・ワールド）』）への出演およびそれに付随するサービスの広告宣伝、販売促進活動に出演すること（以下「本出演」という）に関して、つぎのとおり、契約を締結する。

② 出演依頼と出演承諾、オーロラ映画社による NATSUMIX への事務（連絡業務等）委託

第1条　出演承諾

◇例文276　出演承諾

　　1.1　オーロラ映画社は、Karin の本出演に関する交渉のすべてを NATSUMIX に委託し、NATSUMIX はこれを受諾した。エルノックスは、NATSUMIX に対して、オーロラ映画社の広告宣伝活動・販売促進活動に Karin を出演させることを承諾し、Karin が本契約に何ら異議がないことを表明・保証する。
　　1.2　広告制作物の企画ならびに販売促進資材類（プリペイドカードを含む）の制作使用（枚数、用途等）に関しては、事前にオーロラ映画社、NATSUMIX、エルノックス間で協議の上、実施するものとする。

第2条　出演業務の内容

◇例文277　出演業務

　　2.1　本契約にいうソフトウエア製品への出演・広告宣伝・販売促進活動の内容は、つぎのとおりとする。
　　(1)　『Io Hermes World』の表紙・包装紙、および、DVD・CD-ROM

第4部　エンターテインメント契約

本編
  (2)　電波媒体（テレビCM、ラジオCM等）
  (3)　印刷媒体（雑誌、新聞等）
  (4)　電子媒体（インターネット等）
  (5)　販売促進物（ポスター、カレンダー、カタログ、ファイル、POP等）
  (6)　屋外広告
  (7)　交通広告（電車内広告等）
  (8)　販売促進活動
  (9)　販売促進資材類（プリペイドカード等を含む）
  2.2　Karinの本出演において、収映収録されたものを、媒体および販促に利用するにあたっては、オーロラ映画社、NATSUMIXは、Karinのイメージを充分尊重して利用するものとする。
  2.3　上記の広告宣伝・販売促進については、オーロラ映画社はすべてNATSUMIXを通じて調整実施し、オーロラ映画社は、全面的に協力するものとし、結果について、エルノックスとKarinに対し、NATSUMIXと連帯して責任を負うものとする。

③ 契約期間

第3条　契約期間

◇例文278　契約期間

  3.1　本契約の当初の有効期間は、20__年6月1日から20__年5月31日までの2年間とする。
  3.2　上記有効期間については、当初の期限または延長した到来の3ヶ月前までに、オーロラ映画社、エルノックスのいずれの当事者からも、相手方に対し、期限延長について、第__条による通知による異議の申し出がない場合は、その後、2年間ずつ、自動更新されるものとする。
  3.3　上記3.2項の更新規定に関連し、NATSUMIXまたはKarinによる意思表明の希望がある場合は、それぞれ、オーロラ映画社、エルノック

第6章／アーティスト広告映像作品等出演契約（和文版）

スを通じて、相手方（エルノックス、オーロラ映画社）に通知するものとする。

　3.4　上記の3.2項の規定にもとづき、オーロラ映画社またはエルノックスのいずれか一方から相手方に対し、延長を希望しない意思の通知がなされた時は、本契約は、そのもとの有効期間の満了とともに、終了するものとする。

4 制作物の使用および競合する第三者への出演制限

第4条　制作物の使用権

◇例文279　使用権

　4.1　オーロラ映画社は、本契約により制作されたフィルム、テープ、DVD、写真等のすべての制作物ならびにKarinの肖像、音声、氏名（芸名）等を第3条に規定する契約期間中、オーロラ映画社の製品の広告宣伝（日本国内ならびに、オーロラ映画社とエルノックス間で追加して合意する地域に限定される）のために、媒体の種類、使用頻度等に関わりなく、自由に使用できるものとする。

　4.2　前項のほか、オーロラ映画社は、オーロラ映画社の事業報告書、社史等の広告宣伝物以外の記録物として使用する場合に限り、第3条に規定する契約期間に関わらず、前項のフィルム、テープ、DVD、写真等のすべての制作物を使用することができるものとする。

第5条　競合する第三者への出演の制限

◇例文280　競合第三者への出演

　5.1　本契約による契約期間中、エルノックスは、オーロラ映画社と

第4部　エンターテインメント契約

競合すると判断される第三者の商品・製品・サービスおよび広告宣伝
（映画・テレビ・ラジオ・舞台等、Karinの本来の芸能・芸術活動を除く）
および販売促進活動には、Karinを出演させることを制限することに同
意する。

　5.2　上記の規定に関連し、上記の商品・製品・サービスとの競合の
有無、程度について、オーロラ映画社とエルノックス間の見解に差違が
発生またはそのおそれが存在する場合がありうることを両社は、認識す
るものであり、万一、第三者から、エルノックスまたはKarinに対し、
そのような判断の困難な出演希望または依頼があった場合には、事前に
オーロラ映画社、NATSUMIX、エルノックス間で、協議し、誠実に解決
をはかるものとする。

⑤ *オーロラ映画社による NATSUMIX への* *出演契約者管理料ならびに出演管理料*

第6条　アーティストの出演料ならびに、オーロラ映画社によるNATSUMIX
　への出演契約管理料、出演管理料の支払い

◇例文281　出演契約管理料

　6.1　オーロラ映画社は、NATSUMIXに対して本契約の年間契約料と
して、金250万円（貳百五拾万円也）（源泉所得税別、消費税別）および
NATSUMIXの手数料10パーセント（消費税別）を20＿年6月30日まで
に第＿条に規定する現金振込で、全額支払うものとする。

　6.2　オーロラ映画社は、NATSUMIXに対して、Karinの出演の都度、
次に規定する出演料（源泉所得税別、消費税別）および、ナツミックス
の手数料10パーセント（消費税別）を支払うものとする。

　(1)　出演料（テレビコマーシャルフィルム、PRビデオ（DVD）、ラジ
オCM出演、スチール写真撮影、DVDおよびCD-ROM本編出演）

　　1日あたり、60万円也（源泉所得税別、消費税別）

　　半日あたり、40万円也（源泉所得税別、消費税別）

　　原則として、1回の出演拘束は、連続した8時間以内を1日とし、1

回の出演拘束時間が4時間以内の場合を半日とする。リハーサルおよびサウンドトラックの音声吹き込みもすべて出演と扱う。

(2) Karinのメイクに関してエルノックスまたはKarinの指定するヘアメイクを使用し、つぎに規定するヘアメイク拘束料（源泉所得税別、消費税別）およびNATSUMIXの手数料10パーセント（消費税別）を支払うものとする。

1回あたり25万円也（源泉所得税別、消費税別）

(3) オーロラ映画社がKarinに出張出演を依頼する場合は、Karinおよびマネジャーとヘアメイクの3名分の交通費、宿泊費の実費をオーロラ映画社がNATSUMIXを通じて支払うものとし、交通費、宿泊費の基準については、別途、オーロラ映画社、NATSUMIX、エルノックス間で協議し、確認した別表＿＿による。

(4) 海外ロケによる長期日数拘束に関しての出演料は、そのハードシップ等を勘案し、上記に定める国内出演料を基準として、最低150パーセント（1.5倍）割増レートを基本とし、最大250パーセント（2.5倍）割り増しまでとし、料金、航空座席、宿泊先、現地移動交通手段、通訳手配、マネジャー・ヘアメイク担当者の同行費用負担等詳細については、オーロラ映画社、NATSUMIX、エルノックス間で協議し、派遣地域別に別表（後日作成）により、確認するものとする。協議により合意し、別表されるまでは、エルノックス、Karinは、その裁量により、オーロラ映画社からの海外ロケ、海外出張の依頼をうけない権利を有するものとする。

6.3 第6.1項、第6.2項の契約料、出演料は、オーロラ映画社、NAT-SUMIXの使用する媒体の発行部数、掲載誌、掲載紙、放送局数、放送回数等を制限しないものとする。

第4部　エンターテインメント契約

⑥ エルノックス、アーティストの催事広報協力ならびに
アーティストの不可抗力等による出演不能

第7条　催事広報協力

◇例文282　催事広報協力

> 7.1　エルノックスは、オーロラ映画社が主催または協賛する催事広報活動へのKarinの出演に関し、Karinを積極的に出演させることに努力するものとするが、出演の態様、出演料等については、その都度、オーロラ映画社、NATSUMIX、エルノックス間で協議の上、決定するものとする。
>
> 7.2　前項の協議にあたっては、オーロラ映画社、NATSUMIX、エルノックスは、Karinの本業たる芸能活動、芸術活動ならびにKarinのイメージを尊重し、その趣旨、イメージと抵触するおそれがあるとき、または、Karin自身より出演辞退希望の表明があるときは、その出演を見送るものとする。

第8条　Karinの病気、不可抗力等による出演不能

◇例文283　病気、不可抗力

> 8.1　Karinが病気、または、天災地変等の不可抗力の発生、または、エルノックス・Karinの責めに帰せられない事由により、Karinの出演が不可能または困難になった場合、Karinの出演日を延期または、別途設定するなど、オーロラ映画社、NATSUMIX、エルノックス間の協議により、都度解決をはかるものとする。
>
> 8.2　前項のKarinの責めに帰することのできない出演不能のケースに、理由の如何をとわず、Karinの病気、負傷等にもとづく出演不能、出演困難の場合を含むことに、オーロラ映画社、NATSUMIX、エルノックスは、合意する。

第6章／アーティスト広告映像作品等出演契約（和文版）

⑦ 契約違反と損害賠償

第9条　損害賠償

◇例文284　損害賠償

　　オーロラ映画社、NATSUMIX、エルノックス（Karinをふくむ）のいずれかの当事者が、次の各項のひとつに該当するときは、他の当事者は、本契約を解除し、かつ、被った損害の賠償を有責者に対し、請求することができるものとし、その賠償額の範囲は、支払済のすべての料金および費用がふくまれるものとする。
　（1）　社会的信用の失墜をきたす行為を行ったとき。
　（2）　本契約の目的の達成に支障をきたす行為を行ったとき。
　（3）　エルノックス（Karinをふくむ）の責めに帰すべき事由により、Karinの出演が不可能または著しく困難になったとき。
　（4）　本契約の規定または履行に関連し、重大な契約違反を行ったとき。

第10条　精算

◇例文285　精算

　　本契約の解除が、エルノックス（Karinを含む）の責めによる場合は、エルノックスは、すでに受領した第6条の契約金のうち、期間未経過分を日割り計算により、NATSUMIXを通じて、オーロラ映画社に返還するものとする。

第4部　エンターテインメント契約

第11条　誠実履行

◇例文286　誠実履行

　オーロラ映画社、NATSUMIX、エルノックスは、本契約が遅滞なく、円滑に履行されるよう最善の努力をつくすものとし、各々、信義にもとづき、誠実にこれを行うものとする。

8 *解除と媒体除去*

第12条　媒体除去

◇例文287　媒体除去

　12.1　本契約の規定により、本契約の更新が行われず、本契約の有効期間が満了した場合、または、本契約が期間中に、合意または、契約違反等の理由により、終了したときは、オーロラ映画社は、本契約期間中に制作されたKarinが出演する広告物（ただちに撤去可能な電波媒体、印刷媒体、劇場コマーシャル、交通広告等をのぞく）は、契約満了または終了後3ヶ月間の猶予をもって、使用中止するように努めるものとし、即時、撤去または使用中止可能な媒体については、ただちに、使用をとりやめるものとする。

　12.2　オーロラ映画社は、契約終了時にすでに、市場に出荷、提供されている製品については、その回収の義務を負担しないものとするが、オーロラ映画社の責めに帰すべき事由により解除された場合は、オーロラ映画社内または、その管理下に在庫する製品については、新たな出荷は、控えるものとする。

第6章／アーティスト広告映像作品等出演契約（和文版）

⑨ アーティストの所属の解消ならびに対処条項

第13条　Karinの出演契約管理

◇例文288　出演契約管理

　　本契約の有効期間中に、Karinのエルノックスへの所属契約が解消され、または、解消のおそれが発生する場合においては、エルノックスは、遅滞なく、その趣旨をNATSUMIXに通知するとともに、エルノックスは、本契約上でエルノックスに課される義務ならびに、Karinに期待される役割の履行の確保の実現のために最大限の努力をつくすものとする。

第14条　誠意解決

◇例文289　誠意解決

　　本契約に規定されていない事項について、疑義、問題が発生した場合には、オーロラ映画社、NATSUMIX、エルノックスは、誠意をもって、解決にあたるものとする。
　　本契約締結の証として、本書3通を作成し、オーロラ映画社、NAT-SUMIX、エルノックスは、記名捺印のうえ、各1通を保有するものとする。

第4部　エンターテインメント契約

第7章

エンドユーザー向け画像データ（情報）ライセンス契約

　本契約雛形を参照される方には、内容は、自明と考え、和訳は省略し、代わりに、解説を付す。カレンビュー社とオーロラ社の合弁事業（本社をアメリカにおく）としよう。ライセンシー（最終ユーザー）は、世界中にいると想定する。ライセンシーによる最終ユーザーとしての用途に限定し、転売等は禁止する。

画像データ（情報）・ライセンス契約
（PICTURE DATA LICENSE AGREEMENT）

[1] 前文

◇例文290　前文

> 　　THIS LICENSE AGREEMENT is made and entered as of _____
> day of 20__ between: Karen View Aurora Corporation of _____
> ("KVA"), and, _____ of _____
> (the "Licensee").

　■解説■
　本フォームでは、画像データ（情報）とそのデータを活用した製品をライセンスの対象としている。衛星からの画像情報から、各産業の画像情報・データなどの提供・使用許諾など幅広くビジネス対象を想定している。それだけに、実際に使用するにあたっては、個別具体的にそれぞれのビジネスに応じて、そのビジネス特有の

380

ビジネス条件を規定していく必要がある。このことは、売買契約、ライセンス契約、サービス契約をとわず、いずれのビジネスの展開にもいえることであろう。

　本モデルフォームは、ライセンサーとそのデータ、データ製品の最終ユーザーの間のビジネスをあつかう契約である。転売や、ライセンス・ビジネスを再許諾ビジネスとして展開する、いわゆる販売ライセンス、ライセンスエージェントビジネスを想定していない。そのようないわば、仲介、または、マスターライセンスあるいは、ソフトウエア販売店契約とも呼ぶべきライセンス・ビジネスについては、むしろ、ライセンス契約のフォームを参考に取り組むことができるだろう。本契約モデルフォームでは、簡潔さを重んじ、リサイタル条項を置いていない。

② 対象製品：データ（情報）ならびにデータ製品

◇例文291　対象製品

Article 1　KVA Products

　1.1　This Agreement between KVA and the Licensee, who is the end user of the data products herein, governs the Licensee's use of the data products or documentation accompanying this Agreement, details of which are set forth in Exhibit A attached hereto and/or the Deal Terms (the "KVA Products").

　1.2　The KVA Products include both the KVA data and data products, and data and data products of third parties licensed to KVA for distribution.

■解説■

　本条で、このフォームが、ライセンサーとそのデータ、データ（情報）製品の最終ユーザーとの間の契約であることを明示している。また、ライセンス契約の対象には、ライセンサー自身による開発したデータ、データ製品と第三者から、ライセンス権を付与されたデータ、データ製品が含まれることを明示している。これは、いわゆる保証の規定などを行うときに、影響してくる。

第4部　エンターテインメント契約

③ ライセンスの範囲

◇例文292　ライセンスの範囲

Article 2　Scope of License

2.1　KVA grants to the Licensee a limited, non-transferable, non-exclusive license to use and create the Derivative Works (as defined below) of the KVA Products, solely for the Licensee's internal use by the Licensee's employees or contractors on a single information processing machine at the Licensee's Premises.

2.2　For the purposes of this Agreement, a "Premises" represents the Licensee's internal use of the KVA Products within the Licensee's country of incorporation or residency.

2.3　Within a Premises the Licensee is licensed to use the number of copies of the KVA Products specified at the time of order.

2.4　For the purposes of this Agreement, authorized "Derivative Works" include works based upon the KVA Products, such as a revision, modification, translation, abridgment, condensation, expansion, reprojection, resampling or any other form in which the KVA Products may be recast, transformed, or adapted, that contain identifiable KVA Products and/or product components and that, if prepared without authorization of the copyright owner, would constitute a copyright infringement.

2.5　Derivative Works consisting of hard copy prints of the KVA Products may be used for internal use with the following legend:
"© (year of publication), Karen View and Aurora Corporation or its suppliers, _____ Corporation (U.S.A.). All rights reserved."

■解説■
　データ、データ製品を扱うビジネスでは、その用途、使用可能場所、使用目的などを、厳密に規定することにより、その無制限な漏洩を禁止することが大事になる。ライセンスが、非独占的であることを明示するだけでなく、その使用可能場所を、ライセンシーの一定の場所（事務所、工場など）に限定し、他の用途や、他の国に

382

第 7 章／エンドユーザー向け画像データ（情報）ライセンス契約

流出されるリスクをなくしている。情報ほど、あつかいを間違えば、一挙にその価値、財産性を失うものはない。ライセンサー側は、そのリスク認識にもとづき、厳格、慎重な規定をおくことが、不可欠である。どのような限定を契約中におくかは、個別のビジネスごとに工夫を凝らすことが大事である。Derivative Works とは、派生品などを指し、ライセンス対象の元のデータ、データ製品をライセンシー側で、改良・変更を加え、ビジネス上、元の製品以上の価値を生み出す成果をあげるようなケースをさす。その知的財産の帰属や利用をライセンサー、ライセンシー両社間でどうあつかうか、また、そのような改変をみとめるかどうかなどについて、とりきめる。民生目的のものを、軍事的な目的や不法・犯罪につながる目的に使われるデリバティブが誕生するようでは困る。そのための工夫を契約条項で行う。デリバティブという用語が、金融の世界などで、独自の意味を保有し、使われるようになっているが、もともとの語源は、この Derivative Works である。

4 データ製品の使用上の制約

◇例文293　使用上の制約

Article 3　Restrictions on Use of the KVA Products

3.1　This Agreement is not a license to disclose, publish, sell, assign, sublicense, market or transfer the KVA Products, or any Derivative Works or to use the same in any manner or for any purposes not expressly authorized by this Agreement.

3.2　KVA reserves all rights not expressly granted to the Licensee by this Agreement..

3.3　The Licensee may not use the KVA Products on behalf of, or allow the KVA Products to be used by any affiliated organization or subsidiary whether or not controlled by the Licensee.

3.4　The KVA Products may be used only within the Licensee's country of incorporation or residency.

3.5　The Licensee acknowledges that the KVA Products and data within them are proprietary to, copyrighted by and contain trade secrets of, KVA or its suppliers.

3.6　Unauthorized reproduction, distribution, or display of the KVA Products or preparation of any Derivative Work of the KVA

第4部　エンターテインメント契約

Products in any manner not expressly authorized herein is prohibited.

■*解説*■

　用途を厳格に限定し、拡散を予防しようとしている。出版や第三者に対する開示、公開などを厳格に禁止している。複製にも制約を課している。

⑤ *秘密保持義務*

◇例文294　秘密保持

Article 4　Confidentiality

　4.1　The Licensee shall keep strictly confidential the contents of the KVA Products, which is confidential and any other confidential information related thereto disclosed by KVA under or in connection with this Agreement.

　4.2　The Licensee shall protect the contents of the KVA Products or any confidential information related thereto from unauthorized use or disclosure.

　4.3　The confidentiality and non-use obligation of the Licensee hereunder shall continue until the elapse of a period of seven (7) years after the delivery of the KVA Products hereunder or a period of five (5) years after the termination of Agreement whichever comes later.

■*解説*■

　いわゆる秘密保持条項である。契約終了後も5年間、開示から7年間のいずれか遅い方を、秘密保持期間として採用している。これは、個別ビジネス次第で、具体的に適切な期間を選択することだろう。むやみに「永久」と規定しようとすると、合理的でない場合では、無効とされるリスクが発生する。

⑥ *品質保証と制限*

◇例文295　品質保証

Article 5　Limited Warranty and Disclaimers

5.1　KVA warrants that (i) the copies of data in the KVA Products delivered to the Licensee will substantially conform to the description of such data set forth in Section 1.1 hereof and/or documentation published by KVA for such data or KVA Products, and (ii) the media used to carry the data of the KVA Products will be free from physical or material defects for twenty (20) days after the delivery of the KVA Products under this Agreement.

5.2　KVA's sole liability under this limited warranty shall be to replace the data if it is defective and the Licensee returns such to KVA within twenty (20) days of delivery.

5.3　EXCEPT　FOR THE　LIMITED　WARRANTY SPECIFIED HEREIN, THE KVA PRODUCTS ARE PROVIDED WITHOUT WARRANTY OF ANY KIND, AND ALL WARRANTIES OF MERCHNTABILITY AND FITNESS FOR A PARTICULAR PURPOSE ARE EXPRESSLY EXCLUDED.

5.4　FCA DOES NOT WARRANT THAT THE KVA PRODUCTS WILL MEET THE LICENCEE'S NEEDS OR EXPECTATIONS OR THAT USE OF THE FCA PRODUCTS WILL BE ERROR FREE OR UNINTERRUPTED.

5.5　IN NO EVENT SHALL KVA BE LIABLE FOR ANY CLAIM OR LOSS INCURRED BY THE LICENSEE (INCLUING, WITHOUT LIMITATION, COMPENSATORY, INCIDENTAL, INDIRECT, SPECIAL, CONSEQUENTIAL OR EXEMPLARY DAMAGES) IRRESPECTIVE OF WHETHER KVA HAS BEEN INFORMED, KNEW, OR SHOULD HAVE KNOWN OF THE LIKELIHOOD OF SUCH DAMAGES.

5.6　THIS LIMITATION APPLIES TO ALL CAUSES OF ACTION, INCLUDING, WITHOUT LIMITATION, BREACH OF

第4部　エンターテインメント契約

CONTRACT OR WARRANTY OR TORT.

5.7 IF KVA'S LIMITATION OF LIABILITY SET FORTH ABOVE IN THIS AGREEMENT SHALL FOR ANY REASON BE HELD UNENFORCEABLE, OR INAPPLICABLE, THE LICENSEE AGREES FCA'S TOTAL LIABILITY SHALL NOT EXCEED FIFTY (50) PERCENT OF THE LICENSE FEES PAID BY THE LICENSEE WITH RESPECT TO THE KVA PRODUCTS AT ISSUE.

■解説■

限定的な保証を付与し、米国統一商事法典（UCC）に規定する黙示保証をUCCの規定の趣旨に則って、排除、制限している。保証の範囲は、UCCのもとで、許容される最小限におさえている。厳密には、情報のライセンスに対しては、本来は、直接UCCは対象としておらず、UCCから独立したモデル法典（略称UCITA; Uniform Computer Information Transaction Act）として別途作成された。しかし、1990年代、当初、UCCの1項目（2B編）として、モデル法典がドラフティングされ、検討された経緯があり、米国では、実務的に先行して、情報ライセンスについても、動産の売買と同様の黙示保証排除、制限の条項がおかれるようになった。また、ソフトウエア製品の取引に対しても、動産の取引を規制する法律が適用されるケースもあり、動産とソフトウエアの取引の融合した取引も多くなってきているように見受けられる。乗用車や、家電にも、その部品として、コンピュータ、CPUや半導体製品が組み込まれ、その作動などに力量を発揮している。

7 ライセンシーによる使用に関する免責・補償

◇例文296　ライセンシーの免責・補償

Article 6　Licensee's Indemnification for Use

6.1 The Licensee shall indemnify KVA against all loss, damages, claims, expenses or attorney's fees which may be sustained by, or asserted against KVA arising from or connected with any breach by the Licensee of any provision of this Agreement or any claim that the

Licensee's use of a KVA Product other than as expressly permitted by this Agreement.

6.2 It is fully understood by both parties that the data delivered hereunder shall be used for lawful commercial purposes only.

■*解説*■

indemnifyというのは、免責し、補償するという趣旨である。 相手側が損害を被らないように、当方の費用と責任で守るという意味なのである。

同趣旨を Indemnify and hold harmless という熟語で表現することも多い。Indemnify も hold harmless も同義である。

Assertは主張するという意味で、実際には、その主張の内容が事実かどうか、不明だが、そのように、一方が、主張しているという趣旨をさす。用途について、Lawful commercial purposes に限定しているのは、うっかりすると、民生品のはずが、軍事目的や犯罪に使用されるリスクをともなうからである。本条項はライセンシーがライセンサー（KVA）を免責し、補償する。

⑧ *契約期間および解除*

◇例文297　期間と解除

Article 7　Term and Termination

7.1 This Agreement shall become effective upon the Licensee's use of the KVA Products or data therein or execution of this Agreement by the parties as the case may be, whichever is earlier, and shall continue in force until terminated as provided herein.

7.2 This Agreement shall terminate immediately if the Licensee fails to comply with any term or provision of this Agreement.

7.3 Upon termination of this Agreement, the Licensee shall deliver to KVA or confirm that the Licensee has destroyed all copies of the KVA Products in the Licensee's possession.

第4部　エンターテインメント契約

■解説■
契約の発効日は、本契約の調印または、契約対象データ、製品の使用開始か、いずれか早い日となる。契約により、解除されるときまで、有効とし、解除時には、製品ならびにそのコピーをFCA（ライセンサー）に返還するか、破棄するものとすると規定する。

⑨ 全部の合意

◇例文298　全部合意

Article 8　Entire Agreement
　8.1　This Agreement with the Deal Terms singed by KVA and the Licensee are the complete and exclusive statement of the agreement between the Licensee and KVA with respect to the use of the KVA Products.
　8.2　This Agreement may be amended or modified only in a written instruments signed by each of a duly authorized representative of KVA and the Licensee.

■解説■
本契約と両社で署名した取引書が本取引を規定するすべての合意であることを明示し、その条件の変更は、両者の権限ある代表者による署名による書面によることを規定する。

⑩ 分離可能条項

◇例文299　分離可能

Article 9　Severability
　If any provision of this Agreement is determined to be invalid or

unenforceable, the remaining provisions of this Agreement shall continue to be valid and enforceable.

■*解説*■
標準的な分離可能性条項を規定する。一部の規定が無効などになっても、他の規定には影響を与えない。

[11] *譲渡禁止*

◇例文300　譲渡禁止

Article 10　No Assignment
　10.1　Neither this Agreement nor any of the rights granted by it may be assigned or transferred by the Licensee without the prior written consent of KVA.
　10.2　This restriction on assignments or transfers shall apply to assignments or transfer by operation of law, as well as by contract, merger or consolidation.

■*解説*■
標準的な契約譲渡制限を規定する。両者とも、相手方の事前の書面による合意なしには譲渡しない。

[12] *政府許可*

◇例文301　政府許可

Article 11　Governmental Approvals
　The Licensee shall be solely responsible for obtaining any and all

第4部　エンターテインメント契約

required governmental approvals, including, without limitation, any import or export licenses and foreign exchange permits in connection with the performance with this Agreement.

■解説■

本契約の履行について政府許可取得が必要なときは、ライセンシーの責任とする旨を規定する。アメリカ等による新しい規制や政府認可制の導入も注視が必要である。

13 *存続条項*

◇例文302　存続

Article 12　Survival Clauses
　Articles 3, 4, 5 and 6 of this Agreement shall survive expiration or termination of this Agreement.

■解説■

第3条（用途制限）、第4条（秘密保持）、第5条（黙示保証の排除・制限）、第6条（使用に関する補償）の条項は、契約終了後も存続する旨を規定する。

14 *準拠法*

◇例文303　準拠法

Article 13　Governing Law
　This Agreement shall be construed and enforced in accordance with the laws of _____ notwithstanding its conflict of laws provisions.

■解説■

国際私法（準拠法選択）の規定（conflict of laws provision）にかかわらず、どこの国（州）の法を準拠法とするかを規定する。言い換えれば、実体法を定める。

15 仲裁

◇例文304　仲裁

Article 14　Arbitration

14.1　Any dispute arising out of or relating to this Agreement or interpretation, breach or enforcement of it shall be settled through binding arbitration in _____, _____, if such dispute cannot be amicably settled by mutual consultations to be held between the parties for a period of thirty (30) days after such dispute has occurred and either party has chosen to settle by arbitration and notifies its decision to the other party in writing.

14.2　Such arbitration shall be held and conducted in accordance with the rules of _____ Association.

14.3　Any award made by such arbitration panel shall be final, binding and conclusive on both parties for purposes and judgment may be entered any court having jurisdiction pursuant to this Agreement.

■解説■

紛争解決は仲裁によるとし、仲裁について、その場所、ルール、最終性を規定する。仲裁に付託するに先立ち、30日間は、当事者で解決する期間をおく。

第4部　エンターテインメント契約

16 締結文言ならびに調印欄

◇例文305　締結文言

IN WITNESS WHEREOF, KVA and the Licensee have caused this Agreement to be executed by their duly authorized representatives as of the date first above written.

Licensor:
Karen View and Aurora Corporation

_____

Licensee:
(Full Name of the Licensee)

_____

第8章／商品化契約（Merchandising Agreement）

第8章

商品化契約（Merchandising Agreement）

1 概説

　本第4部第3章で、とりあげた映画作品輸出ライセンス契約のビジネス展開に関連し、海外の相手先から、主人公のキャラクターたちや、映画作品の各場面やタイトル、ロゴなどについて、現地の商品販売ビジネスに使用したいという申し出、引き合いを受けることがある。本第8章では、そのようなニーズに応えるために、商品化契約のショートフォームをとりあげたい。紙幅の制約上、英文契約書雛形（フォーム）として、タイトルと見だしの対訳のみ付し、対訳・解説なしで、とりあげるが、各項目の見だしとともに、読んでいただけば、本書の読者の方には、むずかしくはないと思う。万一、読者の方から、対訳や解説について加筆するよう強いご要望がある場合は、将来改訂時に、勘案し、お応えするようにしたい。契約内容を単純化するために、本章の契約当事者は、ライセンサーは、エルノックス社1社とする。ライセンシーが、カレンビュー社である。

2 前文、リサイタル条項

1　前文

◇例文306　前文

CHARACTER MERCHANDISING LICENSE AGREEMENT

393

第4部 エンターテインメント契約

This Agreement is made and entered into in the city of San Francisco, California as of June ___, 20___,
between:
ELNOX Group Holding Corporation, a Japanese corporation, with a principal office at _____ _____, Tokyo, Japan (hereinafter referred to as the "ELNOX" or the "Licensor"), and
Karen View Picture and Entertainment Corporation, a California corporation, with a principal office at _____, San Francisco, California, U.S.A. (hereinafter referred to as "Karen View" or the "Licensee").

2 リサイタル条項

◇例文307 リサイタル

WHEREAS, ELNOX, the Licensor, has produced the feature length animation motion picture now entitled "Jill, Lynn and Serena Great Adventure Story" (hereinafter referred to as the "Picture") in which Jill, Lynn, and Serena are main characters (hereinafter referred to as the "JILS Characters");

WHEREAS, Karen View, the Licensee, desires to get permission from the Licensor to use the JILS Characters and the designs and visual representations of the Logo of the Picture (hereinafter referred to as the "Logo") as they appear in the Picture for the manufacture and distribution of certain products set forth hereafter in this Agreement;

WHEREAS, the Licensor is willing to grant to Karen View to use the JILS Characters and the Logo for the manufacture and distribution of the products, details of which are set forth below.

NOW, THEREFORE, in consideration of the mutual covenants set forth herein and other good and valuable consideration, the parties hereto hereby agree as follows:

第8章／商品化契約（Merchandising Agreement）

③ *商品化許諾条項*

1　商品化許諾条項：独占的許諾、許諾地域、対象商品

◇例文308　ライセンス

Article 1　Exclusive Licensing
　　　　　（独占的ライセンス）
　1.1　The Licensee will have the exclusive right to distribute the Merchandising Items bearing the Logo and the JILS Characters appearing in the Picture in the Territory and during the term set forth below with respect to the following articles (hereinafter referred to as the "Licensed Products" or the "Merchandizing Items"):

　Merchandising Items or the Licensed Products:
　（キャラクター使用品目）
　"T" Shirts, Sweatshirts, Postcards, Key-rings, Posters, Calendars, Buttons, Silk Scarves, Mugs, Toys, _____, _____, _____.

　The Territory:
　（許諾地域）
　_____, _____ _____, _____ and such other countries as may be added by agreement of the Licensor and Karen View in writing.

　The Term:
　（許諾期間）
　Commencing _____, 20__ and ending _____, 20__ subject to any extension by the agreement of both parties to be confirmed in writing.

第4部　エンターテインメント契約

2　追加了解事項：使用可能な映画の中のキャラクター等、商品の販売ルート

◇例文309　キャラクター、販売ルート

In addition to the above, Karen View may, with the prior written approval of the Licensor to be granted or withheld, in the sole and absolute discretion of the Licensor, use the name, likeliness of the JILS Characters and other characters or appearing in the Picture.

Karen View may distribute the Merchandising Items through department stores, outlet stores and/or retail stores during the term of this Agreement.

1.2　Any additions to the foregoing list of the Merchandising Items will be subject to prior written approval of the Licensor.

3　販売努力と最低販売数量

◇例文310　最低販売数量

Article 2　Maximum Potential Revenues
　　　　　（最大限の収入をあげる努力）

2.1　Karen View will make their best efforts during the term of this Agreement to exercise the right herein granted to generate maximum potential revenues therefrom.

2.2　Karen View will manufacture, distribute, and commence marketing at least _____ units of the Licensed Products no later than _____, 20__.

第8章／商品化契約（Merchandising Agreement）

4　キャラクター品の生産責任、第三者に対する商標侵害等の責任および高品質保証

◇例文311　品質保証

Article 3　Clearances and Permission
　　　　（許認可）
　3.1　Karen View will obtain at its own expense all clearances and permission other than those herein granted necessary to distribute the Merchandising Items.
　3.2　Karen View will bear all costs associated with the manufacture, publication and distribution of the Merchandising Items and the Licensor will have no responsibility or liability therefor.

Article 4　No Infringement of Patent or Copyrights of Third Parties
　　　　（第三者の特許、商標を侵害しないこと）
　Karen View will, at its responsibility, guarantees and secure that neither the manufacture, publication or distribution of any Merchandising Items nor the advertising or the publication thereof will infringe upon or violate any patent right, copyright, property right, contract right or any other right of any person or entity whatsoever.

Article 5　High Quality
　　　　（高級品質）
　Karen View will represent and guaranties that each Merchandising Items and the packaging thereof will be of high quality and standard and free of defects.

Article 6　Indemnification
　　　　（補償）
　Karen View will indemnify and the Licensor from and against all claims, damages, costs expenses (including legal fees) and liabilities arising out of any alleged failure by Karen View to fulfill any of its obligations hereunder.

第4部　エンターテインメント契約

④ ロイヤルティー、ミニマム・ギャランティーおよび支払方法等

1　ロイヤルティー、ミニマム・ギャランティー、支払方法等

◇例文312　ミニマム・ロイヤルティー

Article 7　Royalty
　　　　（ロイヤルティー）

　7.1　Karen View will pay semiannually to the Licensor a fee (hereinafter referred to as the "Royalty") amounting to twenty (20) percent of total gross merchandise sales net only of local sales tax and credit card commission.

　7.2　Notwithstanding above, Karen View will pay the minimum guarantee amount of _____ U.S. Dollars (US$_____) semiannually in the event the amount of the Royalty for each six months period calculated in accordance with the Paragraph 7.1 above is less than the guaranteed amount of the Royalty set forth in this Paragraph 7.2.

　The first payment of such minimum guaranteed amount set forth in this Paragraph 7.2 or the Royalty set forth in Paragraph 7.1 hereof, whichever is greater, shall be paid within sixty (60) calendar days after the elapse of the first six (6) months after the effective date hereof.

2　6ヶ月ごとのランニング・ロイヤルティー（またはミニマム・ギャランティーのいずれか高額な方）の支払いと計算書の提出

◇例文313　ランニング・ロイヤルティーの支払時期

　7.3　Payments of the Royalty or the minimum guaranteed amount of the Royalty, whichever is greater, will be made by Karen View

第8章／商品化契約（Merchandising Agreement）

semiannually and will be accompanied by true and accurate statements of sales itemizing all income and deductions therefrom.

7.4　Such statements will be certified as true and accurate by representatives of Karen View.

The Licensor will have the right to inspect books and records of Karen View pertaining to such sales income and deductions and to make copies of extracts from such books and records.

5　デザインの承認、無償見本、商標の表示、契約違反等

1　デザインの承認、無償見本

◇例文314　デザイン承認

Article 8　Approvals of Design
　　　　　（デザインの承認）
The Licensor will have the right to approve all designs used to manufacture, publish or package each of the Merchandising Items and all samples or such Merchandising Items prior to their distribution to the public.

Article 9　Free Samples
　　　　　（無償見本）
The Licensor will be entitled four (4) free samples of each of the Merchandising Items.

Article 10　Trademark
　　　　　（商標）
Karen View guarantees that, on each of the Merchandising Items, there will appear the trademark
"Jill, Lynn and Serena Great Adventure Story" and/or the Logo.

399

Article 11   Breach of Agreement
            (契約違反)

In the event Karen View shall breach any of the provisions of this Article and shall fail to cure such breach within fourteen (14) days of a written notice of the Licensor to Karen View thereof the grant of rights herein set forth will automatically terminate without prejudice to the right of the Licensor to recover damages and obtain relief as the Licensor may be entitled to.

Article 12   Inventory after Termination
            (契約終了後の在庫品)

Karen View will cease to have any rights to sell or distribute any of the Merchandising Items after _____, 20__ or the elapse of the last day of any extended term set forth in Paragraph 1.1 hereof and the Licensor at its sole discretion will have the right to purchase any existing inventory at thirty (30) percent of its costs to Karen View.

If the Licensor does not exercise said option, then all Merchandising Items then on hand will be destroyed by Karen View.

Article 13   Reserved Rights
            (ライセンサーに留保される権利)

All rights not granted to Karen View herein are expressly reserved to the Licensor for the Licensor's sole and exclusive use and benefit including but not limited to the right to sell or authorize the sale, outside the Territory, with respect to the Merchandising Items pertaining to the Picture.

It is fully understood that Karen View may not distribute or resell the Merchandising Items through any direct mail or internet channels.

あとがき

知的財産ライセンス契約の学び方、英文契約の修得の仕方（新人・学生の方に）

　新人の方が、これから継続してライセンス契約を学んでいくためには、どのような学び方をすればよいか。担当あるいは研究するビジネス次第であるが、「ヒント」として私のとった方法と参考書を新人時代から最近まで紹介させていただいて本書の結びとしたい。新人おひとりおひとりがそれぞれ、自己にふさわしいよりすぐれた方法を開発していただきたいと願っている。

1　ライセンス・ビジネスのポイントを押さえる

　ライセンス契約を修得するには、まず、対象となっているビジネスの内容・特質を理解することから始まる。その上で、そのビジネスでどんな条件が本当に大事なのかを十分に関係者間で議論する。ビジネスの内容・特質・相手方を知る努力なしに、契約書式の作成はできない。

　ライセンス・ビジネスのポイントとしては、そのライセンス対象のビジネスの理解が第一。これは、トレードシークレット、著作権、商標のライセンス・ビジネスに共通して言える。そのほか、大切なのは、開示内容・方法、技術指導の必要性、必要な保証の内容・条件、そして何より重要なのが、対価（ロイヤルティー）とその支払条件、許諾地域（独占的なライセンスか否か）とライセンスの期間とその延長条件である。許諾地域（独占・非独占）と期間（更新と途中解除をふくむ）については、この2つの条件だけで、数十にわたる重要なポイントがある。あと、そのビジネスに関わるリスクを個別に分析していく。さまざまなケースの設定、想像力の発揮が問題発生の予防に役立つ。

あとがき

2 参考書は手にとって選択する──読む参考書、使う参考書、手ほどきを
受けるための参考書

　現在では、多数の有益な参考書が出版されており、選択に困るほどであろう。図書館、三省堂書店、紀伊國屋書店、丸善、八重洲ブックセンター、ジュンク堂等で実際の書籍を手に取って、自己に合った参考書を選ぶのが一番よい。

　筆者が新人時代に使用したのは、『国際的開示のためのノウ・ハウの評価と算定』（松永芳雄、日刊工業新聞社、1967年）と、英文の書式集の "Jones Legal Forms" (Lexis Pub., 1962)（黒い背表紙の3冊の本）であった。また、ロンドンから取り寄せた商品取引所の各種商品の契約フォーム（書式集）も印象に強く残っている。ロンドンの契約フォームは穀物、穀物油脂や石油製品の国際取引約款が多かった。細長いフォームにぎっしり契約条項が印刷されていた。以降、ビジネスの現場で、次々と相手方から提示される契約ドラフトをもとに、現実のビジネスの交渉に立ち会ったり、カウンタードラフトのドラフティングにあたりながら、さまざまな現実の契約を学んできた。先輩・弁護士・相手方・ミシガン大学Law School（LLM課程）から契約知識を修得した。失敗や紛争から学んだ事柄も多い。『国際商事法務』の前身の『海外商事法務』誌からも学ぶことが多かった。1960年代の入門書としては、早川武夫『法律英語の常識』（日本評論社、1962年）、新堀聡『貿易売買入門』（同文館、1966年）、道田信一郎＝ロバート・ブラウカー『アメリカ商取引法と日本民商法』（東京大学出版会、1960年）が貴重であった。

　その後、土井輝生『国際契約ハンドブック』（同文館、1971年）や澤田壽夫『国際取引ハンドブック』（有斐閣、1984年）はじめ国際取引に関わる有益な参考書が出版された。必ずしも、ライセンス契約のみではなく、さまざまな国際取引契約を扱っていた。

　参考書を選ぶときは、読む参考書だけでなく、使う参考書を選択し、手元または、近くのライブラリーに置いておく。英文のテキスト（Legal Forms）では、古くは、"Warren's Forms of Agreements" と上述の "Jones Legal Forms"、"Milgrim on Licensing" (Matthew Bender, 1991) が使いやすかった。しかし、夢として理想論を言えば、出張や交渉で使うための参考書としては、自分で専用のコンパクトな英文契約辞典を制作するの

が一番使いやすい。また、書斎で英文契約のドラフティングをするには、自分専用（いわば私家版）の詳しく多彩な契約フォームと条項を収録した"English Contract Forms Dictionary"と"English Contract Terms Dictionary"の2冊を制作するのが理想的である。

　新人時代の印象に残る愛用書を1冊だけあげるとすれば、"Jones Legal Forms"である。新人時代の私には高度でよくわからないながらも、さまざまなフォームをながめ、案件にあわせて、自分流に手書きで書き直した。その上で、顧問のジョージ・ファーネス弁護士をたずね、筆をいれていただくのである。そのせいか、一番愛着があり、手にとると嬉しくなる書籍であり、身も心もひきしまる。ジョージ・ファーネス弁護士は極東裁判で重光葵氏を弁護した方であり、また、タイタニック号（Titanic）の最後の航海を描いた米映画『最後の航海（Last Voyage）』の船長か一等航海士を演じておられたそうで、スチール写真を部屋に飾っておられた。ドラフティングの助言の問いにも、なぜかタイタニック号の話題に移っていく。ミシガン大学 Law School に留学する際に、ジョージ・ファーネス弁護士から道田信一郎教授とともに、準備のご指導と激励の言葉を受け、推薦状を書いていただいた。『ジョーンズ・リーガル・フォームズ』とファーネス弁護士が私にとって英文契約の最初の先生・メンターにあたる。明治大学の「国際取引法ゼミナール」では、1999年（教授就任）から2014年まで15年間にしばしば、「タイタニック号沈没事件」を題材に模擬裁判を行った。清里セミナーハウスや模擬法廷やリバティタワーのゼミ教室や大教室でローズ対ホワイト・スターラインの訴訟をくり広げた。その度にジョージ・ファーネス弁護士のパイプをくわえた笑顔が浮かんだ。

3　カード式「Contract Terms Dictionary」の作成（私家版）

　ライセンス契約など英文契約のドラフティングに馴染む方法として、私が採用したのは、「京大カードの活用」である。京大カードとは、B6判のカードのことである。京大の梅棹忠夫教授が『知的生産の技術』（岩波新書）で提唱され、感銘を受けた。1970年代から、休日など余暇に机に向かい、国際取引契約に頻繁に登場するさまざまな重要な条項（Clause）をアルファベットの見出しのもとに「京大カード」に収集し

あとがき

ていった。文章はやさしい用語と構文を使い、何より自分にとってわかりやすい表現に練っていく。100枚、200枚、400枚と作っていき、やがて、自分が気に入った文章（スタイル）で頻繁に使うもののみを選んで、研究対象のビジネス契約ごとに取り出して、1冊宛にまとめて辞書とする。これを「英文契約辞典（Contract Terms Dictionary）」と呼んだ。ビジネスと法律の進展・変化に応じて、たえず、最新版を作っていく。

1980年代から1990年代にかけて、ロンドン、サンフランシスコ、東京と移るごとに、新しいカードを追加していった。1999年に明治大学に移ってからもカードは年々増え続けていく。新しい産業とビジネスが生まれ、成長するに従って、カードは増えていく。収集例文カード集を6,000枚（6,000例文）に目標設定していた。「竹取物語（人形劇）」のバックに流れる音楽をシンセサイザー奏者が演奏していたが、6,000の音（音源）があると聞き、それを目標としたのだ。永遠に完成せず、成長を続ける「Contract Terms Dictionary」である。

ひとつひとつの「契約条項（Contract Term）」に、30年をこえる期間、北米、欧州、ロシア、アジア、中東、アフリカなど世界中のあらゆる地でさまざまな失敗やトリックに出会った悔しさや思い出があり、さらに大学でも15年間研究を続けた。契約条項は、それぞれのケースに対しての解決策（Solution）を提供・提案している。

4　ポケット版「英文契約書の書き方（日経文庫）」の作成（携帯用）

プロジェクトや具体的な案件を担当している時や、客先や会議での交渉の際には、ポケットに入るくらいの携帯に便利な参考書が理想的である。著者（山本孝夫）自身が、そのような出張用にと、上記3のカードを選んでセットにして携行することもあった。1990年代、プラント部門のプロジェクトで集中的に頻繁に海外に出張し、外国企業・弁護士との契約交渉にあたることが多かった。また、1990年代には知的財産のライセンスで新しい分野でのビジネスが成長・拡大を始めた。コンピュータ・ソフトウエア、情報通信、エンターテイメント、音楽、映像分野のビジネスが急成長した。ライセンス契約を中心とする仕事で若手の指導が急務になった。そんな時（1992年夏）、たまたま日本経済新聞社の依頼を受けて、自宅で8か月間ほぼ毎日欠かさず（ふだん夜2時間、

休日に5時間ずつ）机に向かって仕上げたのが『英文契約書の書き方』
（日経文庫、1993年5月）である。前記3の京大カードの「Contract
Terms Dictionary」の発想・アプローチと作業を基盤にしている。一般
条項、売買契約、知的財産契約（ライセンス契約・サービス契約）に重
点をおいているのが特色の1つである。その日経文庫で、具体的なス
トーリーと場面設定をして、契約の説明をするために、「Karen View
Corporation（サンフランシスコ）」「若いオウナー社長Miss Karen View
（日本名：眺可憐、永見果林；永見華凛）」「日高尋春（知的財産部長）」
「Aurora Borealis Corporation（略称ABC社）」を登場させた。学問も知
識も具体的なストーリー（ケース）と楽しさを伴ったほうが目に浮かび、
印象に残る。しかも、署名欄や手紙、さまざまなケース設定で、イメー
ジがわき、わかりやすい。1993年4月から獨協大学で講義を担当した
「国際取引法」のサブテキストとして、「国際取引・知的財産法の学び方
──梁山泊としてのゼミナール」を『国際商事法務』に1994年1月よ
り1999年10月まで58回連載した。本書および『英文ビジネス契約書大
辞典・増補改訂版』（日本経済新聞出版社、2014年）、『英文契約書の読
み方』（日経文庫、2006年）には、カレン・ビュー社とオーロラ・ボレ
アリス社やNancy、飛鳥凛たちが登場している。アメリカのLaw School
のテキストと講義で使われるケース・メソッドの楽しさ、ユーモアを少
しでも採り入れることができれば、というのが願いであった。

　本書の制作にあたっては、「まえがき」でも少しふれたが、『知的財産・
著作権のライセンス契約入門・第2版』に引きつづき、1999年4月より
2014年まで15年間担当した「国際取引法ゼミナール」（明治大学法学部）
やそのサブゼミナール（舞法会など）で行った模擬裁判、模擬契約交渉、
法律英語・判例輪読会、UCC・CISG判例演習等からヒントを得た事柄
や例文もとり上げている。余談として添えると、登場人物のうち主人公
の2人の名前は、家族から提供・協力を得て名付けたものである。Kar-
en Viewは山本志織から提供をうけた。日高尋春は次の短歌からとった。
「休日の夫は幾度か日の高さを尋ねて眠る春浅くして」（山本美恵）。

　『知的財産・著作権のライセンス契約入門・初版』（1998年）の原型は、
1996年8月に刊行の『知的財産権Ⅲ研究開発・ライセンス』（共編著、
三省堂）の一部として、発表したものである。1998年、知的財産・著作

あとがき

権のライセンス契約の入門書・テキストとして刊行のため、全面的に書き改め初版が完成した。『携帯版（Portable）：知的財産・著作権のライセンス契約入門』をコンセプトに企業の新人育成、大学・大学院の講義用テキスト、ビジネス英語用テキストとして制作したものである。実用に資するため、例文を中核として実務と法務面からの詳細な解説を行った。初版刊行当初から10年毎の改訂をお約束し、2008年に第2版を上梓することができた。それ以降の10年余りのライセンス・ビジネスの変遷、発展をふまえ、今般、エンターテインメント契約編（第4部、144例文）を加筆し、大幅な増補改訂を行い、タイトルも『知的財産・著作権のライセンス契約』と改め、ハードカバー版の新版としてお届けすることができ、幸せである。

5 契約（Contracts）と法律（Law）

　国際取引契約では、契約書をいかに見事に作り上げたつもりでいても、それが役に立たないことがある。損害賠償、代金支払いの条項があっても、その金額や支払時期が不明確なことがある。履行が中断したような時、海外の相手先が支払わない時は、どうすればよいのか。ライセンサー・ライセンシー間で主張そのものが対立するとその解決が必要となる。不利な状況に置かれた相手方は、署名が無権限者によるとか、文書自体が偽造だと主張してくることがある。「委任状」、「保証書」、「重要で長期のライセンス契約」ではこの種の紛争が特に多い。日本で誕生したヒーロー「ウルトラマン」も、海外進出ビジネスでは大変な苦労をして、偽造契約問題と戦っている。日本では敗れ、タイでは勝ったが、戦いは続いている。サイン証明をとりつけるか公正証書にすれば偽造問題は予防できるが、費用と効率からして、実際にはそこまでできないことも多い。また、古い契約になると相手方の偽造を立証するのは容易ではない。国際取引では虚偽の鑑定書や偽証、偽造契約書は少しも珍しくない。契約解除通知や期間の終了後の更新拒絶はどうか。損害額をどう決定するか。準拠法と契約の履行についての解釈がからんでくる。

　解釈が判明しても、なおEnforcement（執行）の問題がある。執行には、民事訴訟制度、裁判・仲裁が関わる。仲裁の執行には執行に関する条約と相互の互譲が前提になる。外国判決の執行には、1998年1月に施行さ

れた現行民事訴訟法118条（外国裁判所の確定判決の効力、旧民事訴訟法では200条）もからんでくる。

　また、有効と思っていた契約条項が独占禁止法（Anti-Trust法）や、経済法規（強行法規）、税法等のために無効や違法となったり、当事者の期待にそわない結果に終わることがある。ライセンシー間の価格協定（ロイヤルティー）、地域協定なども問題になりうる。不当に拘束条件の厳しいライセンスの条件も見直されることになる。トレードシークレットなどでは、国によっては知的財産として期待された保護が受けられないことがある。日本でも、「営業秘密（トレードシークレット）」の保護が強化されたのは、最初が1991年6月の旧不正競争防止法（2条）改正によってである。現行法が平成5年（1993年）に制定されてからも、数次にわたる同法改正により、さらに保護が強化されている。

　トレードシークレットとともにライセンスの対象になることの多い商標についてみても、経済の実体からいえば、事実上、商標権は、並行輸入によってその権利が制約を受けている。独占的なブランド・ライセンス権を獲得しても、並行輸入品は第三者によって堂々と輸入され、マーケットでライセンシーの商品と競合している。日本の判決では、パーカー万年筆事件以来、商標権については、原則的に、並行輸入の合法性が確認されている。近年は、BBS事件（東京高等裁判所判決）にみられるように、ブランズウィック・ピン事件（大阪地判昭44．6．9〔昭43年（ワ）第3460号〕）の見解を覆して、特許権にまで並行輸入による制約を課す判決もあらわれて、世の中を驚かせた。ここで、「並行輸入による制約」というのは、輸入国で独占的な商標・特許権をもっていても、海外で1度マーケットにおかれた真正品を第三者が輸入し販売する行為を、当該商標権者・特許権者が差し止められないということである。このBBS事件の東京高裁判決の根拠となった特許権の国際的消尽説は、その後の最高裁判決では否定されるに至ったが、特許権者が最初に市場に提供する時に、その販売でよほど注意深く再販売制限（日本向け輸出禁止）条項と商品に表示を付さないかぎり、原則、並行輸入が可能である。ライセンス契約の締結にあたり、知的財産権の有効性、および他者の権利を侵害しないということの確認や、専門家（弁護士・弁理士）意見書を取り付けておくことが賢明な場合がある。これらは、ライセンス契約

に関わるリスクマネジメントの一環である。第三者による知的財産権の侵害の主張やライセンス対象の権利の無効・瑕疵の主張に対応し、紛争を解決に導くためにも、契約の知識だけでは充分ではない。契約法と知的財産関連分野の法律、判例動向、関連技術・商品の基礎知識を研究・修得することが必要になる。新人の方がライセンス契約のリスクを研究する第一歩として読むのに有益で楽しい判例として、「ウルトラマン事件」（日本とタイの各最高裁判決）、「宇宙戦艦ヤマト事件」（東京地裁、飯村判事）、「鉄人28号事件」（東京地裁、飯村判事）をお薦めしたい。

　近年では、敵対的買収も含め、M&Aや企業統合の動きが激しい。ライセンス契約の相手方が実質的に変わってしまうリスクも考えておかなければならない。M&Aを考えるには、概説書・判例だけでなく、日本経済新聞を読むことをすすめたい。M&Aや企業買収などの取引契約の成否は、法的側面のみをみていては、理解できない。

6　ライセンス契約と各国関連法令

　ライセンス契約を、実務上のリスクマネジメントの立場から深く検討するためには、たとえば、次のような関連法令・制度を調べることが有益である。

　各国（とくに、ライセンサー・ライセンシー・使用許諾対象国）の知的財産法（トレードシークレット・商標・特許・意匠法、著作権法）、租税条約、源泉徴収税法、輸出管理法令、反トラスト法、移転価格税制（トランスファー・プライシング）、タックスヘイブン対策税制、オランダ・米国・イギリスの税法の基礎知識、関税法、不正競争防止法（日本の場合、2条）、トレードシークレット法、工業所有権に関するパリ条約、米国関税法337条、Gray Market法（並行輸入関連法・判決）、仲裁に関する条約（ニューヨーク条約等）、国際私法（Conflict of Laws）。日本の民法（2020年4月1日施行の改正債権法を含む）、米国の契約法、Uniform Commercial Code（米国統一商事法典）、国際物品売買契約に関する国際連合条約（略称CISG）、民事訴訟法の知識の修得・判例研究が欠かせない。アメリカのモデル法典UCITA（Uniform Computer Information Transactions Act）やUCC、関連判例を眺めていると、ソフトウエア・ライセンスのドラフティングのヒントが得られる。CISGは近時米

国の判例などでITライセンスやソフトウエア・ライセンスに関わる契約にも適用されることがしばしばある。ソフトウエア・ライセンスも外観上、動産売買に類似していることを否定しきれない。英国にも動産売買法をソフトウエア・サービスに適用したセント・アルヴァンス事件がある。CISGは、動産売買契約当事者の所在する国の両国が加盟国だとすると、当事者の契約で排除しなければ自動的に適用される。日本も加盟国である。

7 契約と文化・風俗・常識・判例

　ライセンス契約に限らず、国際取引契約を扱うときには、関連する国の文化・風俗・常識・経済の実態を知ることが重要である。

　たとえば、ライセンシーがロイヤルティーの支払いを遅延した場合に、遅延損害金として遅延金利15パーセントと決めたとする。ところが、あとで実際に現地の経済の実態を聞くと、同国は激しいインフレと通貨（ソフトカレンシー）下落（対米ドル）で、通常の金利でさえ30パーセントを超えているということがあった。現地通貨と外国通貨の金利が極端にかけ離れていることも珍しくない。トルコ、南米各国の金利の高さを調べないで遅延金利の規定は作成できない。

　第三者の知的財産権侵害に対する対応、契約違反、準拠法、紛争解決方法、損害賠償などについては、表面的な法律問題だけでなく、その社会での現実の紛争の実例と解決策（Solution）の実態、そして、何よりも現実の感覚を学ぶことが大事である。相手方の国・社会・人々の常識といってもよい。

　契約のドラフティングの基本は、相手方の立場になって考えるということである。相手の立場になって考えるにはどうすればよいか。1つのトレーニングの方法は、さまざまな現実に起こる事件、契約紛争を題材にとりあげて、ゼミナール形式で模擬交渉と模擬裁判を実施することである。自社の中で相手先チームをつくればよい。私の担当する「国際取引法・山本孝夫ゼミナール」（明治大学法学部）では、1999年から2014年まで15年間にわたり、毎年夏に清里セミナーハウスに（3年生と4年生は別な日程で）合宿し、3日間にわたり3チームに分かれて模擬裁判や模擬交渉を実施した。ふだんのゼミでも英語（または日本語）による

あとがき

模擬契約交渉を実施した。当事者になりきって、真剣に模擬交渉や模擬裁判を行うことにより、楽しみながら、契約のおもしろさ、むずかしさを体得する。

　すぐれた契約書を作るには、書式だけでなく、ビジネスの背景となる相手方の国の経済・文化・風俗・歴史・人々にも関心を持ち、広い視野で取り組んでいく姿勢が要求される。英文契約書のドラフティングの力を伸ばすための有効なトレーニング方法の1つは、英米の判例（ケースブック）を読み物として親しむことである。スタートにはユージニア号事件（116頁）とボストン・オペラ事件を勧めたい。1956年のスエズ運河封鎖を扱ったユージニア号事件のデニング卿はこう結ぶ。「彼らはその事態を予見し、心配し、しかも契約書中に対処するための規定をおかなかった」。1980年のWolf Trapナショナルパークでの雨で公演が流れたボストン・オペラ・カンパニー事件でマクミラン判事が言う。「そう主張したいなら、a few secondsをかければ契約書に書けたのだ」。

　契約自由の原則にもとづき、国境を越えて行われる国際取引では、契約書のドラフティングとは、それぞれのビジネスで契約当事者を律する法を書き上げることなのである。

8　私家版 Contract Terms Dictionary と Contract Forms Dictionary の書籍化の実現

　なお、2項でふれた「夢」は、幸運にも2014年2月の『英文ビジネス契約書大辞典・増補改訂版』（山本孝夫、日本経済新聞出版社）と2019年2月の『英文ビジネス契約フォーム大辞典』（山本孝夫、日本経済新聞出版社）刊行により、実現した。

事項索引──英語

A

AAA（アメリカ仲裁協会；American Arbitration Association）·································137

absence fee（アブセンス・フィー）···75
　　　　技術指導のために本来の職場の仕事ができない期間につい
　　　　て、補償として支払われるフィーのこと。

acknowledgment（確認）···24
　　　　合意より、義務感が弱いという感じがある。実務には合意書
　　　　［agreement］と同じ目的で使われる。本文で補う。

act of God（自然災害などの不可抗力）···124
　　　　自然災害は含まれるが、ロックアウト・交通スト、停電、労
　　　　働争議等、人が引き起こすものが入るか明瞭ではない。フォー
　　　　スマジュールの事由としては、狭い。契約では具体的な他の事
　　　　由を列挙する。

annual minimum royalty（年間ミニマム・ロイヤルティー）································191
　　　　基本的にライセンス製品を販売した数量・金額に応じて計算
　　　　したランニング・ロイヤルティーを支払うというベースである
　　　　が、実際に販売数量が不確かなので年間最低ロイヤルティーの
　　　　支払いを約束するもの。

annual running royalty（年間ランニング・ロイヤルティー）·······························85
　　　　ライセンス製品の販売量・金額に応じて一定比率のロイヤル
　　　　ティーの支払いを約束するもの。

Arbitration（仲裁）···47,134,135,137
　　　　裁判に代わる紛争解決方法として利用される。上訴制度がな
　　　　いため、1回限りの勝負となる。迅速さが期待されている。

arbitration by WIPO（WIPO による知的財産紛争解決のための仲裁）···········48,134
　　　　調停・仲裁とも活用されている仲裁サービス（ADR）である。

as is（現状有姿）···42,96,201
　　　　本条件の狙いは、保証が何もないということをスマートに表
　　　　現することにある。

assignment（譲渡）···128
　　　　本書の中では、契約の譲渡に使われている。delegation［下

事項索引

請]を行って履行の補助を受けるのとは異なる。

a theatrical advance ··· 333

B

be automatically extended（契約が自動的に更新される）·············· 113,115
　　　　renewed ということもある。
become effective（契約が有効になる。発効する）······················· 111
breakdown ··· 332
burden of proof（挙証責任の負担）····································· 106
but not limited to（列挙した事由に限定されない）···················· 124
　　　　例示であって、全部ではない。

C

calendar quarter（四半期）··· 250
Character Merchandising
　　（キャラクター・マーチャンダイジング、商品化権ライセンス）············· 183,184
character merchandising agreement································· 393
CIF（運賃・保険料込み）··· 159
Commonwealth（州）··· 132
　　　　ペンシルベニア・マサチューセッツ州など4つの州のみに使
　　　　われる。
confidentiality（秘密保持）··· 25,384
confidentiality and non-disclosure agreement（秘密保持契約書）·······29
confidentiality obligation（守秘義務）································· 72
conflict of laws（抵触法）··· 47,133
　　　　1つの取引にいくつかの国の法律が関わってくる場合に、ど
　　　　の国の法律を適用するかを決めるためのルール。
conform to descriptions（契約の説明・仕様に合致させる）·············· 200
consideration（約因）··· 173,327
construed（解釈される）··· 131
control of quality（ライセンサーによる品質のコントロール）·············· 262
copycat（コピーキャット）··· 151

D

definitions（定義）··· 58,226
delivery of master tape（マスターテープの引渡し）····················· 180,195

412

映像作品の放映ライセンスではマスターテープまたはマスターディスクを渡す方法がとられる。

Distribution ··· 324,325
Due Diligence（デューディリジェンス）··· 25
DVD ·· 333,335

E

effective date（発効日）·· 46,84
elapse of term（契約期間満了）··· 119
entire agreement（完全なる条項、最終性条項）··································· 48,140
exchange rate（為替レート）··· 253
exclusive and non-transferable rights（独占的で譲渡不能な権利）··············· 62
exclusive license（排他的・独占的なライセンス）································· 62
exclusive method of compensation（唯一の支払方法）······················· 187
exclusiveness（排他的・独占的であること）····································· 175
execution（調印）··· 31
exhibits（契約書の添付別紙）··· 60,66
export restriction（国外への持出制限）··· 45

F

fixed annual payment（定額年間支払)··· 186
FOB（本船渡し条件)··· 159
force majeure（フォース・マジュール、不可抗力)················· 124,125,126

G

governing laws（準拠法）··· 47,131
grant-back（グラントバック）··· 99
ライセンシーによる改良技術のライセンサーに対する使用許諾。
grant of license（ライセンスの許諾）··· 61

H

has developed and owns（開発し、所有している）································· 30
"have made" clause（ハブ・メイド条項、下請生産条項）······················· 61
have manufactured（下請生産させる)··· 61
hereby（本契約により）··· 62

事項索引

herein （本契約中で）······································59
hereinafter （以降）······································29
hereto （本契約に）······································66
holdbacks ··341

I

ICC （国際商業会議所）····································133,135
implied warranty of merchantability （商品性の黙示保証）··········165
improvements （改良技術情報）····················67,68,99,100
including, but not limited to （を含み、しかも、それに限定されず）······124
in consideration of （を約因として。の対価として）·············84
INCOTERMS （インコタームズ）·······················159
indemnify （補償する。迷惑を一切かけない）················93
infringement （侵害行為）······························109
initial theatrical release································343
in no event （いかなることがあっても……ない）············203
intellectual property rights （知的財産権）·················21
International Chamber of Commerce （ICC）············133,135
interpreted （解釈される）······························132
is made （契約が締結される）··················29,56,171,215
is made and entered into （契約が締結される）·············220

J

Japan Commercial Arbitration Association （日本商事仲裁協会）······134,135
joint liability （共同責任）······························45

L

legend （表示）···81
letter agreement of acknowledgment （秘密保持確約書）········24
licensed territory···355
living expenses （生活費）······························75
London Court of International Arbitration （ロンドン国際仲裁裁判所）······137

M

M&A （合併・企業買収）··································25
man-days （マン・デイズ）······························77

414

man-months（マン・マンス） ··· 79

maximum liability（責任の最高限度額） ······························· 203

merchandising agreement ·· 393

minimum guarantee ··· 332,333

minimum purchase ··· 332

Motion Picture ·· 327

N

NDA（秘密保持契約書） ·· 24,72,104

Net Selling Price（純販売額） ·· 86

no assignment（譲渡禁止） ··· 128

null and void（無効） ··· 129

O

OECD（経済協力開発機構） ··· 11,193

OEM（オーイーエム方式） ··· 84

of essence ··· 355

official tax receipt（税の支払証明） ···································· 254

on an "as is" basis（現状有姿引渡条件で） ·························· 201

one-time royalty（1回全額払いのロイヤルティー） ·················· 82

P

parol evidence rule（口頭証拠排除原則） ····························· 141

petition in bankruptcy（破産申立て） ·································· 118

picture data license agreement ·· 380

proprietary rights（トレードシークレットなど財産的価値ある権利） ·········· 57

prospective licensee（顧客としてのライセンシー） ·················· 26

Q

quarterly（四半期ごとに） ·· 191

R

recipient（受け取り手） ·· 24

Recital ·· 326

recitals（リサイタルズ） ·· 29,56,293,326

records and reports（記録と報告） ······································· 96

415

事項索引

recoupable expenses ……………………………………………………………… 335
registration of trademarks（商標登録）……………………………………… 267,270
rejected samples（ライセンサーに拒絶された見本）……………………………… 266
remittance of royalty（ロイヤルティーの送金）…………………………………… 87
representation and warranties（表明と保証）………………………………………… 92
reserved rights ……………………………………………………………………… 400
restriction of copying（複製の制限）………………………………………………… 43
right to sublicense（サブライセンスする権利）…………………………………… 52
running royalty（ランニング・ロイヤルティー）……………………… 85,247,248

S

Schedule（添付別紙）………………………………………………………… 230,233
set forth（規定された）……………………………………………………………… 140
shipment（商品の引渡し）………………………………………………………… 193
signing（調印）……………………………………………………………………… 31
software licensing and distribution（ソフトウエア・ライセンス販売）……… 171
statutes of frauds（詐欺防止法）………………………………………………… 141
sublicensee（サブライセンシー）………………………………………………… 65
supersedes（優先する）…………………………………………………………… 140

T

tax treaty（租税条約）……………………………………………………………… 255
technical information（技術情報）………………………………………………… 57
telegraphic transfer（電信送金）………………………………………………… 87
television broadcasts rights（テレビジョン放送権）…………………………… 179
Term ………………………………………………………………………………… 330
term and termination（期間と解除）………………………………………… 111,387
Territory……………………………………………………………………………… 329
thereto（それに付随する）………………………………………………………… 197
third party infringement（第三者による侵害）………………………………… 109,110

U

UCC（米国統一商事法典）…………………………………………………… 165,386
UNCITRAL（国際連合国際商取引法委員会）…………………………………… 134

416

事項索引

V

visit for training（訓練を受けるための訪問）……………………………78

W

WIPO（世界知的所有権機関；World Intellectual Property Organization）………48,134
withholding tax（源泉徴収税）……………………………89,91,254
without prejudice to（不利をこうむることなく）……………………………118
WTO（世界貿易機関）……………………………7,147

事項索引——日本語

【あ】

アーティスト……………………………………………………………370
アーティストとの広告映像作品等出演契約（和文版）………………370
アドバンス…………………………………………………………332,333
アニメーション（animation）………………………………145,156,180
アブセンス・フィー（absence fee）……………………………………75
アメリカ知的財産保護強化立法……………………………………………3,4
アメリカ仲裁協会（American Arbitration Association；AAA）……137
イニシャル・ロイヤルティー……………………………………………84
委任状（Power of Attorney）…………………………………………218
インコタームズ（INCOTERMS）……………………………………159
内訳…………………………………………………………………………332
映画作品……………………………………………………………………327
映画作品の Distribution…………………………………………………324
映画作品輸出………………………………………………………………324
映画作品輸出ライセンス…………………………………………………324
映画のテレビ放送権ライセンス…………………………………………179
映画ビデオグラム化………………………………………………………359
映画ビデオグラム化許諾…………………………………………………359
営業秘密（trade secret）……………………………………………9,16,24
営業秘密の開示先の制限……………………………………………………32
映像制作物…………………………………………………………………351
エンドユーザー向け画像データ（情報）ライセンス…………………380
親会社による履行保証……………………………………………………349
オランダ領アンティル………………………………………………128,218

【か】

開園期限延長………………………………………………………………318
会社法………………………………………………………………………31
解除…………………………………………………………………………366
解除と媒体除去……………………………………………………………378

改良技術情報（improvements）·················· 67,68,99,100

カウンター・プロポーザル ···························· 26

カジノリゾート ··· 291

画像データライセンス契約 ···························· 380

株式購入権 ··· 320

株式購入権の行使期限 ································· 320

株式取得オプション ··································· 319

完全なる条項（entire agreement clause）········· 48,140

期間 ·· 330,372

技術指導（technical assistance）····················· 73

キャラクター ··· 298

キャラクターの使用許諾 ······························ 303

キャラクターの商品化 ································· 298

協議条項 ·· 272

競合する第三者への出演制限 ·························· 373

競合制限 ·· 291

許諾条項 ·· 296

許諾する権利 ··· 327

許諾地域（territory）···················· 61,227,329,355,395

許諾料 ··· 362

許諾料と支払い ·· 362

均等論 ·· 5

グラントバック条項（grant-back）····················· 99

軽減税率 ··· 89

計算・記録保管義務条項（ライセンス許諾品の販売額等）····96

計算書 ··· 345

ケイマン ·· 218

契約解除（termination）····························· 111

契約解除の効果（effect of termination）······ 120,278,282

契約期間（term）························· 111,317,366,372

契約期間および解除 ··································· 366

契約期間終了後の措置 ································· 367

契約期間と延長 ·· 317

契約条件（terms）····································· 177

契約譲渡（assignment）······························ 128

契約譲渡制限 ································· 128,315,367

419

事項索引

契約締結の経緯‥‥‥‥‥‥‥‥‥‥‥‥‥‥‥‥‥‥‥‥‥‥‥‥‥‥‥‥326

契約締結文言‥‥‥‥‥‥‥‥‥‥‥‥‥‥‥‥‥‥‥‥‥‥‥‥349,356,392

契約の目的‥‥‥‥‥‥‥‥‥‥‥‥‥‥‥‥‥‥‥‥‥‥‥‥‥‥‥‥‥360

劇場上映‥‥‥‥‥‥‥‥‥‥‥‥‥‥‥‥‥‥‥‥‥‥‥‥‥‥‥‥‥‥335

劇場上映開始‥‥‥‥‥‥‥‥‥‥‥‥‥‥‥‥‥‥‥‥‥‥‥‥‥‥‥343

劇場上映権‥‥‥‥‥‥‥‥‥‥‥‥‥‥‥‥‥‥‥‥‥‥‥‥‥‥‥‥333

劇場上映権のためのアドバンス‥‥‥‥‥‥‥‥‥‥‥‥‥‥‥‥‥‥333

検閲‥‥‥‥‥‥‥‥‥‥‥‥‥‥‥‥‥‥‥‥‥‥‥‥‥‥‥‥‥‥‥354

現状有姿（'as is'）‥‥‥‥‥‥‥‥‥‥‥‥‥‥‥‥‥‥‥‥42,96,201

源泉徴収税（withholding tax）‥‥‥‥‥‥‥‥‥‥‥‥‥‥89-91,254

源泉徴収税の納付証明（official certificate of tax payment）‥‥‥‥89,90

現地語版タイトル‥‥‥‥‥‥‥‥‥‥‥‥‥‥‥‥‥‥‥‥‥‥‥‥344

合意管轄‥‥‥‥‥‥‥‥‥‥‥‥‥‥‥‥‥‥‥‥‥‥‥‥‥‥‥‥‥369

合意裁判管轄‥‥‥‥‥‥‥‥‥‥‥‥‥‥‥‥‥‥‥‥‥‥‥‥‥‥138

工業所有権（industrial property rights）‥‥‥‥‥‥‥‥‥‥‥‥‥‥‥3

広告収入‥‥‥‥‥‥‥‥‥‥‥‥‥‥‥‥‥‥‥‥‥‥‥‥‥‥‥‥‥308

公証人役場（notary public）‥‥‥‥‥‥‥‥‥‥‥‥‥‥‥‥‥‥‥219

控除可能費用‥‥‥‥‥‥‥‥‥‥‥‥‥‥‥‥‥‥‥‥‥‥‥‥‥‥335

更新権‥‥‥‥‥‥‥‥‥‥‥‥‥‥‥‥‥‥‥‥‥‥‥‥‥‥‥‥‥317

口頭証拠排除の原則（parol evidence rule）‥‥‥‥‥‥‥‥‥‥‥141

合弁事業（joint venture）‥‥‥‥‥‥‥‥‥‥‥‥‥‥‥‥‥‥‥‥22

国際商業会議所（International Chamber of Commerce；ICC）‥‥‥133,135

国連国際商取引法委員会（UNCITRAL）‥‥‥‥‥‥‥‥‥‥‥‥134

コンサルティング・サービスの提供‥‥‥‥‥‥‥‥‥‥‥‥‥‥306

【さ】

催事広報協力‥‥‥‥‥‥‥‥‥‥‥‥‥‥‥‥‥‥‥‥‥‥‥‥‥‥376

最終性条項‥‥‥‥‥‥‥‥‥‥‥‥‥‥‥‥‥‥‥‥‥‥‥‥‥‥‥140

最低額保証（minimum guarantee）‥‥‥‥‥‥‥‥‥‥‥‥‥‥‥332

最低販売数量‥‥‥‥‥‥‥‥‥‥‥‥‥‥‥‥‥‥‥‥‥‥‥‥‥396

詐欺防止法（statute of frauds）‥‥‥‥‥‥‥‥‥‥‥‥‥‥‥‥141

サブライセンス（sublicense）‥‥‥‥‥‥‥‥‥‥‥‥‥‥‥‥‥65

ジーザス・クライスト・スーパースター事件‥‥‥‥‥‥‥‥‥162

自動更新‥‥‥‥‥‥‥‥‥‥‥‥‥‥‥‥‥‥‥‥‥‥‥‥113,331

支払い‥‥‥‥‥‥‥‥‥‥‥‥‥‥‥‥‥‥‥‥‥‥‥‥‥‥‥‥345

支払期限‥‥‥‥‥‥‥‥‥‥‥‥‥‥‥‥‥‥‥‥‥‥‥‥‥‥‥334

支払期日	362
重畳的債務引受け	131
修正・変更	368
重要部分	334
出演依頼	371
出演業務	371
出演契約管理	379
出演承諾	371
出演不能	376
準拠法（governing law）	47,131,168,357,390
準拠法および仲裁	316
純販売額（Net Selling Price）	86
ジョイントベンチャー（joint venture）	22
使用上の制約	383
譲渡禁止	389
商標、キャラクターの帰属	300
商標権使用許諾（Grant of license to use the trademark）	234,257
商標侵害	271,397
商標の表示	399
商品化契約	393
商品化活動	298
商品化許諾条項	395
商品化の許諾	298
使用料（royalty）	82,164,186,242
侵害（infringement）行為の排除	109
誠意解決	379
制作物の使用権	373
精算	377
正式契約の締結	303
誠実履行	378
政府許可	389
世界貿易機関（WTO）	6,147
全部の合意	388
前文	29,55,160,171,214,219,292,325,359,370,380,393
前文、リサイタル条項	29,171,214,219,292,325,393
相互免責・補償	314

事項索引

総収入（gross revenue）··308
ソクラテスメソッド···8
租税条約（tax treaty）···255
ソフトウエア・ライセンス···154,169,172
存続条項··390

【た】

第三者による権利侵害···365
第三者（third party）による侵害（infringement）行為の排除·············109
対象製品··381
代替的紛争解決方法（alternative disputes resolution；ADR）·············9,48
代理店指定···329
代理人（attorney in fact）···218
ダウン・ペイメント（down payment）·····································242
タックス・ヘイブン（tax haven）·····································218,251
他の契約との抵触ないことの表明・保証···305
他の商標等との結合使用···302
ダラス・カウボーイズ・チアリーダーズ事件·····································185
知的財産権（intellectual property right）·····································3
知的財産の帰属···305
知的所有権···2
仲裁（arbitration）·····································48,133,357,391
仲裁条約··134
仲裁裁定（award）···135
仲裁約款··134
帳簿備え付けと閲覧···365
著作権（copyright）成立、保護の特色·····································150
著作権ビジネス···144
著作権ライセンス契約の基本条項·····································159
著作権ライセンスの契約種類·····································153
著作物の利用···361
賃貸借契約とライセンス契約の類似·····································154
通商法（301条）··5
通知条項（notice）·····································139,321,345,346
通知の到達時期···347
通知のみなし到達時期···347

422

事項索引

定義条項	58,226,294
抵触法（conflict of laws）	47,133
DVD 化権	333
DVD 制作	337
DVD 制作・販売権	312
デザインの承認	399
データ製品の使用上の制約	383
テーマパーク	291
テレビ中継	308
テレビ番組	179,351
テレビ番組輸出	351
テレビ番組輸出ビデオグラム化ライセンス	351
テレビ放送	333,334
テレビ放送権	312,332,333,346
テレビ放送権収入の配分	313
テレビ放送権の許諾	338
電子取引（electronic commerce）と課税政策	194
添付別紙（exhibit）	60,66
動画制作	308
独占的許諾	395
独占的な代理人	303
独占的なビデオグラム化ライセンス許諾	352
独占的ライセンス	352
トレードシークレットの開示（disclosure）・提供（delivery）	66
トレードシークレット保護立法	5

【な】

日本商事仲裁協会（Japan Commercial Arbitration Association；JCAA）	134,135
ネット（税引後満額）ベース	256

【は】

配給	324
パーキング代金の扱い	308
パーク運営からの収入（総売上高）	310
パーク施設の名称	297

事項索引

派遣された人員の受入れ（ライセンシー側の受入条件）…………………78

派遣費用（ライセンス技術指導のためのエンジニアの派遣）…………75

バミューダ………………………128,218

半導体回路配置利用権…………………3

販売努力………………………274,396

ビデオグラム………………………335,351

ビデオグラム化………………………161,337,360

ビデオグラム化権………………………341

非独占的ライセンス（non-exclusive license）………………63

秘密保持………………………368,384

秘密保持期間………………………103,384

秘密保持契約書（non-disclosure agreement）………………24-34

秘密保持条項（confidentiality）………………103

品質保証………………………200,385,397

品質保証と制限………………………385

フィルムに対する改変行為………………356

フィルムに対する編集………………356

封切り………………………343

封切り通知………………………344

封切り日………………………343

不可抗力（force majeure）………………124

不正競争防止法………………………6

フランチャイズ………………………291

フランチャイズ契約………………291

ブランドの名声維持と品質コントロール………………262

紛争解決条項（settlement by court or ADR of disputes）………………47,133,167

分離可能条項………………………388

米国統一商事法典………………………154,165,386

別紙………………………322

返還不能（nonrefundable）の支払………………309

ベンチャー………………………22

報告………………………345

保証………………………364

ホールドバック………………………340

ホールドバック条項………………340

424

【ま】

マーク、ロゴの財産権 ……………………………………………… 301
マスターテープ（映像ソフトライセンスの著作物の引渡し）……………… 192
マスターの貸与 …………………………………………………… 364
マスターの引き渡し ……………………………………………… 354
末尾文言 …………………………………………………… 171,214,217
マン・デイズ（man-days）……………………………………………… 77
マン・マンス（man-months）………………………………………… 79
みなし到達時期 …………………………………………………… 347
みなし封切り日 …………………………………………………… 343
ミニマム・ギャランティー ………………………………… 332,334,398
ミニマム・パーチェス不達成 ……………………………………… 332
ミニマム・ロイヤルティー（minimum royalty）………85,188,247,398
無償見本 …………………………………………………………… 399
無体財産権 ………………………………………………………… 2
免責・補償 ………………………………………………………… 314,386

【や】

約因（consideration）…………………………………………… 173,327
約因と合意 ………………………………………………………… 327
優先順位 …………………………………………………………… 349
有料テレビ放送許諾 ……………………………………………… 338
有料テレビ放送配信 ……………………………………………… 341

【ら】

ライセンサー銀行口座 ………………………………………… 311,312
ライセンサーに対する支払い ……………………………………… 318
ライセンサーによる現地指導 ……………………………………… 307
ライセンサー（licensor）による保証（warranty）………………92,200
ライセンサーによる保証排除（exclusion）………………………… 200
ライセンサーの技術者の派遣 ……………………………………… 73
ライセンサーの許諾が他の契約に抵触しないという表明・保証………… 305
ライセンサーの損害賠償義務の制限………………………………… 202,203
ライセンシーからの更新権 ………………………………………… 318
ライセンシーによる使用に関するライセンサーの免責・補償……………… 386
ライセンシーの技術者の訓練受入 ………………………………… 78

事項索引

ライセンス権付与··332
ライセンスの範囲··382
ランニング・ロイヤルティー（running royalty）·······85,243,247,248,398
履行保証··349
リサイタル··326
リサイタル条項（recitals）·················29,160,293,326,394
留保する権利··327
隣接領域··3
連帯責任··45
連絡業務委託··371
ロイヤルティー（royalty）···················82,164,186,242,398
ロイヤルティー計算··308
ロイヤルティー支払（送金）先口座··311

謝　辞

　本書の基盤になったのは、1998年に刊行した『知的財産・著作権のライセンス契約入門』初版とその10年後に改訂・刊行した同書第2版（2008年）である。今般、第2版刊行後10年経過したのにあたり、新しく第4部（エンターテインメント契約）を加え、第2版（ソフトカバー版）の全310頁から全430頁の新版（ハードカバー版）として、タイトルも改め『知的財産・著作権のライセンス契約』として制作した。収録例文数も旧書（第2版）の170から新版（本書）では314と飛躍的に増加している。現場での使いよさと堅牢さの要請にお応えしたいと考え、活字も従来の9ポイントから10ポイントと1段階大きくし、見やすくなった。新版としての本書の制作・刊行にあたり、多くの方々のお世話になったことに対し、お礼を申し上げる。

　本書の基盤をなす著者の契約知識・技術・経験・学理は、1966年以来の大阪、ニューヨーク、ロンドン・サンフランシスコ駐在、中東の石油化学プロジェクト、東京（三井物産Legal部門）での契約交渉・紛争対応や、国際取引法研究会（内田勝一・早稲田大学名誉教授、円谷峻・横浜国立大学名誉教授・明治大学法科大学院元教授、後藤巻則・早稲田大学教授、中村肇・明治大学法科大学院教授、佐藤秀勝・國學院大學教授）、企業法学会〈JABL〉（田島裕・筑波大学名誉教授、高田淳彦・鹿島建設顧問、山口卓男・弁護士、高田寛・明治学院大学教授、児玉晴男・放送大学教授）、東京第一弁護士会（仲谷栄一郎・弁護士、宍戸善一・一橋大学大学院教授）、梅谷眞人氏（富士ゼロックス知的財産部）、加藤知子氏（富士通セミコンダクター法務部・弁護士）、石川文夫氏（元富士通セミコンダクター法務部）、吉田舞氏（元富士通セミコンダクター法務部・現富士通法務渉外部）、三井悟史氏（元日産自動車知的財産部・現富士ゼロックス知的財産部）、伊藤進・明治大学名誉教授、日本半導体商社協会（DAFS）（大西利樹氏）、国際商事法研究所（IBL）（姫野春一氏）、早稲田大学アントレプレヌール研究会（松田修一・早稲田大学名

誉教授、濱田康行・北海道大学名誉教授、鹿住倫世・専修大学教授）、日本国際知的財産保護協会〈AIPPI〉（松居祥二・弁理士、熊倉禎男・弁護士）、日本知的財産協会（宗定勇氏）、明治大学法学研究会（明治大学法律研究所）の各種研究会や、研修（ゼミナール、講師引受）などに参加し、話をうかがい、修得したものである。米国法については、ミシガン大学ロースクール（LL.M.）留学時にウイットモア・グレイ教授（契約法）、ジョン・ジャクソン教授（国際貿易法ゼミナール；WTO）、ジェームズ・ホワイト教授、ジェームズ・マーティン教授（商取引法；UCC）、ステファン・リーゼンフェルト教授（国際取引法ゼミナール）に学んだ知識・訓練が基盤となっている。英文契約のドラフティングの手ほどきはジョージ・A・ファーネス弁護士（極東裁判・重光葵元外相弁護人、佐藤・ファーネス法律事務所）から受けた。

　1999年に明治大学法学部専任教授として着任し、古稀退官（2014年）まで、15年間にわたり、国際契約模擬交渉、清里での夏合宿（模擬裁判）、サブゼミ（舞法会、碧法会）等を通じて、国際取引をともに学んだ第1期（1999年〜2001年）から、第14期（2012年〜2014年）の国際取引法（山本孝夫）ゼミナールのゼミ生や舞法生たち教え子から受けた質問や刺激も本書の基盤となった『知的財産・著作権のライセンス契約入門』第2版同様、本書（新版）の制作・内容に大きな影響を与えた。在学中のみならず、卒業後に知財・法務・事業部等の新人となった後も様々な機会・場所で会って話し、質問を受け、刺激を得た。これらの質問や刺激は、明治大学法学部教授退官を機に、教授退官記念講義のひとつの形としてビジネスロージャーナル誌に（100回越えを目標に）2014年5月号から連載開始した『英文契約書応用講座―新・梁山泊としてのゼミナール―』、（50回越えを目指し）2018年2月号から新たに会社法務A2Z誌に連載を開始した『山本孝夫の英文契約入門ゼミナール』や、本書の制作にあたり、ヒント、動機づけにもなった。彼らからのリクエストや質問、刺激が、本書に（基盤となった前掲書第2版までの3部構成に加え）新しく第4部「エンターテインメント契約」の部を設ける契機となった。ゼミ生の中には映画、テレビ、広告、航空、プロダクション、化粧品、金融、プラント、化学品、石油、小売り、商社、情報、情報機器、

監査、精密機器、IT、教育業界など様々な業界への進出が目立つように
なった。彼らの進出から、飛鳥凛やその友人・同僚たちのモデルとして、
現場の題材や解決策へのひらめきを得ることができ、ありがたかった。
そのようなゼミ生・協力者を代表し、下記諸君の名をあげておく。青木
新、安部美奈子、荒井達、市川楓子、糸瀬彰、内山麻美、大嶽愛、大塚
泰子、岡杏奈、奥野麻希、甲斐知幸、金親知憲、金子信、久津名美希、
倉内彩圭、倉田彩加、小池梓、小島正人、小林香子、齋藤友貴、櫻井真
理子、佐藤美緒、高橋里江、田島由芽子、土屋隆一郎、中岡さや香、朴
昭蓮、畑生理沙、原口夏美、原田さとみ、廣海舞、古舘麻美、堀幹弥、
松原千春、南谷梨絵、宮田佳代子、森幸、山本小百合、吉田有希（以上
五十音順、敬称略）。

　また、本書制作の際の追加テーマの策定にあたっては、明治大学教授
現役時代から引き受け、退官後も継続しているIBL（国際商事法研究所）、
DAFS（日本半導体商社協会）の講座、および、明治大学教授退官後、
引き受け、近年毎年開講している東麻布（レクシスネクシス・ジャパン
社）、西新橋（新社会システム総合研究所）での英文契約講座・ゼミナー
ルに参加していただいた方々からのご質問や、リクエストが、現場の声
としてヒントになることも多かった。これらの講座や連載を企画し、受
講者・読者の方々との橋渡し役として応援していただいている方を代表
し、つぎの方の名前をあげておきたい。梅津大志氏（ビジネスロー
ジャーナル誌編集長）、多田奈穂子氏（広報・セミナー担当）（以上、レ
クシスネクシス・ジャパン社）；大谷孝彦氏（COO、講座企画）、中村
絢子氏（セミナー担当）（以上、新社会システム総合研究所）；工藤真澄
氏・内藤杏里氏・須鎌裕子氏（会社法務A2Z誌編集者）（以上、第一法
規社）。
　『知的財産・著作権のライセンス契約入門』初版の企画・制作時には
三省堂編集部・佐塚英樹氏のお世話になった。同第2版と本書（新版）
の企画・制作にあたっては、同社編集部の福井昇氏に大変お世話になっ
た。
　また、本書制作にあたっては、『知的財産・著作権のライセンス契約
入門』第2版制作時につづき、本書の企画・構想、テーマ選定ならびに

謝　辞

例文の翻訳・英文表現等について、折りにふれ、娘の山本志織から貴重な助言や協力を得たことを記す。本書中の主要登場人物・会社名（Karen View、Aurora Borealis Corporation）も山本志織から提供をうけたものである。

　このたび、NDA（秘密保持契約）・ライセンス契約・エンターテインメント契約等の修得、英文契約・国際取引の研究をはじめる方、ライセンス契約英文契約のドラフティングや交渉力の強化を目指す方への教科書として、本書（新版）を上梓できることに感謝し、ご指導、ご厚誼をたまわったすべての方々に心からお礼を申し上げたい。

　　2019年4月　駿河台　山の上ホテル・ヒルトップにて

山本　孝夫

●著者●

山本 孝夫（やまもと たかお）

1943年　京都府生まれ

1966年　京都大学法学部卒業、同年三井物産株式会社入社

1973年　米国ミシガン大学大学院修了 L.L.M.取得。以降、東京、中東（合弁）、ロンドン・サンフランシスコなどの同社法務部門で、国際取引、プロジェクト契約、訴訟、海外店設置・運営法務、知的財産取引、エンターテインメント契約を担当。知的財産法務室長

1999年　明治大学法学部専任教授に就任（2014年3月退官）
　　　　早稲田大学大学院アジア太平洋研究科講師（ビジネスと法、1999〜2003年）、横浜国立大学大学院国際社会科学研究科講師（情報化社会と法政策、1999〜2003年）、司法研修所講師（知的財産ライセンス、1999〜2000年）、獨協大学法学部講師（国際取引法、1993〜2001年）、札幌大学大学院法学研究科講師（1997〜2011年）、東北大学工学部講師（知的財産権入門、1998〜2013年）、北海道大学経済学部講師（比較国際経済論〜国際取引、1994年）
　　　　中小企業診断士試験基本委員（2001年〜現在）、企業法学会理事（1995年〜現在）

著作：『英文ビジネス契約フォーム大辞典』（日本経済新聞出版社、2019年2月）、『英文ビジネス契約書大辞典〔増補改訂版〕』（日本経済新聞出版社、2014年）、『英文契約書の読み方』（日本経済新聞出版社、2006年）、『英文契約書の書き方〔第2版〕』（日本経済新聞出版社、2006年）、『知的財産・著作権のライセンス契約入門〔第2版〕』（三省堂、2008年）、『ベンチャー企業の経営と支援〔新版〕』（共著）（日本経済新聞社、2000年）、『シリーズ・ベンチャー企業経営2　ベンチャーマネジメントの変革－成長段階別の経営戦略とリスクへの対応－』（共編著）（日本経済新聞出版社、1996年）ほか

論文：「国際取引・知的財産法の学び方　梁山泊としてのゼミナール（連載58回）」国際商事法務22巻1号（1994年1月）〜27巻10号（1999年10月）、「英文契約書応用講座　新・梁山泊としてのゼミナール」ビジネスロー・ジャーナル（2014年5月号〜）、「山本孝夫の英文契約入門ゼミナール」会社法務A2Z（2018年2月号〜）ほか

●編集協力●

山本 志織（やまもと しおり）

　　　　東京大学法学部卒業、東京大学大学院法学政治学研究科修士課程修了（英米法専攻）
　　　　米国テンプル大学ロースクール修了（L.L.M.取得）
　　　　弁護士法人瓜生糸賀法律事務所　パラリーガル
　　　　日本翻訳者協会法律翻訳分科会（JATLAW）運営委員会委員

論文：「外国法人に対する人的裁判管轄権　J. McIntyre Machinery v. Nicastro」『アメリカ法判例百選（別冊ジュリストNo.213）』（共著）（有斐閣、2012年）、「アメリカ契約法・概念から詳説する契約書ドラフティング・レビューの着眼点と修正例」ビジネス法務2019年1月号（中央経済社）、「法律翻訳の学習方法―法律事務所で翻訳に従事している経験から―」通訳・翻訳ジャーナル2016年春号

知的財産・著作権のライセンス契約

2019年4月26日　第1刷発行

著　者		山　本　　孝　夫
発行者		株式会社　三　省　堂
		代表者　北口克彦
印刷者		三省堂印刷株式会社
発行所		株式会社　三　省　堂

〒101-8371　東京都千代田区神田三崎町二丁目22番14号
電話　編集　(03)3230-9411
　　　営業　(03)3230-9412
https://www.sanseido.co.jp/

© T. Yamamoto 2019　　　　　　　　　　　Printed in Japan

落丁本・乱丁本はお取り替えいたします。〈知的財産ライセンス契約・464pp.〉

ISBN 978-4-385-31457-0

本書を無断で複写複製することは、著作権法上の例外を除き、禁じられ
ています。また、本書を請負業者等の第三者に依頼してスキャン等に
よってデジタル化することは、たとえ個人や家庭内での利用であっても
一切認められておりません。